Margareth Rago
Alfredo Veiga-Neto
Organizadores

Alfredo Veiga-Neto
Ana Maria de Oliveira Burmester
André Duarte
Antonio Cavalcanti Maia
Carmen Lúcia Soares
Denise Bernuzzi de Sant'Anna
Durval Muniz de Albuquerque Júnior
Edson Passetti
Flávia Biroli
Frédéric Gros
Kleber Prado Filho
Luiz B. Lacerda Orlandi

Márcio Alves da Fonseca
Margareth Rago
Nathalie Piégay
Oswaldo Giacoia Junior
Pedro de Souza
Richard Groulx
Richard Miskolci
Salma Muchail
Sílvio Gallo
Tania Navarro Swain
Tony Hara
Vera Portocarrero

Figuras de Foucault

3ª edição

ESTUDOS FOUCAULTIANOS   autêntica

Copyright © 2006 Os autores
Copyright © 2006 Autêntica Editora

Todos os direitos reservados pela Autêntica Editora. Nenhuma parte desta publicação poderá ser reproduzida, seja por meios mecânicos, eletrônicos, seja via cópia xerográfica sem a autorização prévia da editora.

COORDENADOR DA COLEÇÃO ESTUDOS FOUCAULTIANOS
Alfredo Veiga-Neto

CONSELHO EDITORIAL DA COLEÇÃO ESTUDOS FOUCAULTIANOS
Alfredo Veiga-Neto (UFRGS); Walter Omar Kohan (UERJ);
Durval Albuquerque Jr. (UFRN); Guilherme Castelo Branco (UFRJ);
Sílvio Gadelha (UFC); Jorge Larrosa (Univ. Barcelona); Margareth Rago (Unicamp);
Vera Portocarrero (UERJ)

PROJETO GRÁFICO DA CAPA
Diogo Droschi
(Sobre imagem de Martine Franck © Magnum Photos/LatinStock)

PROJETO GRÁFICO DO MIOLO
Alfredo Veiga-Neto, Diogo Droschi

EDITORAÇÃO ELETRÔNICA
Alfredo Veiga-Neto, Ana Teresa Gotardo e Conrado Esteves

REVISÃO
Alfredo Veiga-Neto

EDITORA RESPONSÁVEL
Rejane Dias

       Rago, Margareth
R144f   Figuras de Foucault / organizado por Margareth Rago e Alfredo Veiga-Neto. — 3.ed. — Belo Horizonte : Autêntica Editora , 2013.

       296 p. (Coleção Estudos Foucaultianos)

       ISBN: 978-85-7526-224-5

       1.Filosofia. 2.Foucault,Paul-Michel.I.Veiga-Neto, Alfredo. II.Título. III. Série.

                                              CDU 1

AUTÊNTICA EDITORA LTDA.

Belo Horizonte
Rua Aimorés, 981, 8º andar . Funcionários
30140-071 . Belo Horizonte . MG
Tel.: (55 31) 3214 5700

Televendas: 0800 283 13 22
www.autenticaeditora.com.br

São Paulo
Av. Paulista, 2073, Conjunto Nacional, Horsa I,
23º andar, Conj. 2301
Cerqueira César . São Paulo . SP .
01311-940
Tel.: (55 11) 3034 4468

Sumário

9   Apresentação: Aquela história de pirotécnico...

13   Dominação, violência, poder e educação escolar em tempos de Império
Alfredo Veiga-Neto

39   Foucault e o Império
Ana Maria de Oliveira Burmester

45   Biopolítica e resistência: O legado de Michel Foucault
André Duarte

57   Deleuze leitor de Foucault: Elementos para uma crítica da cultura contemporânea
Antonio Cavalcanti Maia

75   Pedagogias do corpo: Higiene, ginásticas, esporte
Carmen Lúcia Soares

87   Fugir do próprio rosto
Denise Bernuzzi de Sant'Anna

97   Michel Foucault e a Mona Lisa
ou
Como escrever a história com um sorriso nos lábios
Durval Muniz de Albuquerque Júnior

109   Heterotopia, anarquismo e pirataria
       Edson Passetti

119   História, discurso e poder em Michel Foucault
       Flávia Biroli

127   O cuidado de si em Michel Foucault
       Frédéric Gros

139   Uma genealogia das práticas de confissão no Ocidente
       Kleber Prado Filho

147   O gato entre Alice e Foucault
       Luiz B. L. Orlandi

155   Para pensar o público e o privado: Foucault e o tema das artes de governar
       Márcio Alves da Fonseca

165   Foucault e as artes de viver do anarco-feminismo
       Margareth Rago

177   A erudição imaginária
       Nathalie Piégay

187   Foucault
       Oswaldo Giacoia Junior

205   O sujeito fora de si: Movimentos híbridos de subjetivação na escrita foucaultiana
Pedro de Souza

215   Existe uma ontologia em Michel Foucault? Para além da hermenêutica do sujeito
Richard Groulx

227   Estética da existência e pânico moral
Richard Miskolci

239   Da promessa à embriaguês: A propósito da leitura foucaultiana do *Alcibíades* de Platão
Salma Muchail

253   Foucault: (Re)pensar a Educação
Sílvio Gallo

261   Velha? Eu? Autorretrato de uma feminista
Tania Navarro Swain

271   Os descaminhos da nau foucaultiana: O pensamento e a experimentação
Tony Hara

281   Práticas sociais de divisão e constituição do sujeito
Vera Portocarrero

Apresentação
Aquela história de pirotécnico...[1]

É incrível observar que, mesmo depois de vinte e dois anos de sua morte, ocorrida em 1984, Foucault continue sendo uma importante referência para muitos. Para nós, sem dúvida alguma. A necessidade premente de ler sua obra, de conhecer suas problematizações, de nos deixar conduzir e impactar pelo seu olhar estranho; as surpresas e riscos que suscita com suas afirmações irônicas – como, por exemplo, quando se autodefine como "um pirotécnico", querendo incendiar e destruir muros com seus discursos, ou quando assina como "o filósofo mascarado", recusando as subjetivações impostas pelo Estado como forma de resistência política –; enfim, as emoções que nos provocam seus tantos textos nos levam a querer ouvir e falar sempre mais de Foucault, a querer desdobrar seu pensamento, acompanhá-lo, entendê-lo tanto quanto possível.

Já faz algumas décadas que esses sentimentos, que essa curiosidade em relação ao autor nos acompanha e, no entanto, ainda há muito para conhecer dessa imensa e vigorosa obra, que continua a nos chegar ininterruptamente. A cada ano, mais uma publicação inédita de seus cursos, aulas, entrevistas... Cercamos seus livros, olhamos vagarosamente, demoramos um pouco para nos aproximar e assim retardamos o tempo para completar a leitura de seus textos. Passamos horas tentando decifrar suas frases difíceis, enigmáticas, muitas das quais Roberto Machado traduziu e nos ofereceu como presentes.

É essa imensa vontade de ficarmos próximos de alguém que nos ajuda a pensar o mundo, o nosso mundo, a nossa atualidade, seja lá como chamamos a tudo isso que nos cerca. É esse desejo da companhia constante de alguém que nos acalma, ao ajudar a organizar conceitualmente a experiência vivida, mas dificilmente explicável e, paradoxalmente, a dificuldade de estudar continuamente esse escritor ainda maldito para muitos, especialmente historiadores, numa vida cotidiana que nos expõe a tantas outras solicitações e compromissos. É tudo isso que nos impulsiona a realizar alguns encontros de pesquisadores, intelectuais, professores, especialistas; enfim, profundos conhecedores de sua obra e que têm muito a dizer entre si e a dizer a cada um de nós.

É uma espécie de sustento espiritual, de necessidade vital de nos embrenhar por essas áreas tão diversas como a Filosofia, a Literatura, a Psicanálise, a Educação, o Direito, a Antropologia. Isso é mais do que importante, para mim, Margareth – historiadora, acompanhada pelo olhar de Foucault, que me apresenta paisagens tão diferentes e que atualiza o anarquismo-em-mim. E também para mim, Alfredo – instituído que fui no talvez estranho cruzamento entre a Música, a Biologia e a Educação, também acompanhado pelo olhar do filósofo, com quem aprendi o *ethos* da "crítica radicalmente radical" e da suspeita acerca de toda e qualquer declaração definitiva e universalizante. Trata-se, para cada um de nós, de um sentimento expansivo de aventura, como aquele a que o próprio Foucault se refere, quando diz num trecho antológico:

> De que valeria a obstinação do saber se ele assegurasse apenas a aquisição dos conhecimentos e não, de certa maneira, e tanto quanto possível o descaminho daquele que conhece? Existem momentos na vida onde a questão de saber se se pode pensar diferentemente do que se pensa, e perceber diferentemente do que se vê, é indispensável para continuar a olhar ou a refletir.[2]

Seja como for, foram todos esses afetos que me levaram a mim, Margareth, a organizar, junto com outras pessoas apaixonadas pelo filósofo, o "Colóquio Internacional *Michel Foucault, 20 anos depois*", no auditório do Instituto de Filosofia e Ciências Humanas da UNICAMP, entre os dias 16 e 18 de novembro de 2004, reunindo muitos incendiários, entre brasileiros e estrangeiros, vindos de várias partes do país e, ainda, de Paris e Montreal. O apoio das agências financiadoras – como a FAPESP, CAPES, FAEPEX – bem como do Programa de Pós-Graduação em História, da UNICAMP, além do *Centre Michel Foucault*, de Paris, foi certamente fundamental.

Decidimos, então, publicar os textos ali apresentados e assim nasceu este livro – *Figuras de Foucault*. De certo modo, ele dá sequência ao anterior – *Imagens de Foucault e Deleuze, ressonâncias nietzschianas* –, editado pela DP&A, do Rio de Janeiro, em 2002, e também organizado por nós e pelo colega Luiz Orlandi.

Figuras de Foucault reafirma a atualidade do filósofo, especialmente para aqueles que, como nós mesmos, não se conformam com os rumos perigosos que toma cotidianamente a configuração do mundo público e privado, e que acreditam na necessidade de mudanças urgentes, em múltiplas dimensões, especialmente em relação à constituição de uma nova ética e de novas formas de sociabilidade.

Encontramos respostas em Foucault; mas nele também encontramos novos modos de perguntar. Trata-se de um historiador que nos faz pensar muito mais no presente do que no passado. Um filósofo que se quer jornalista e ensina como olhar diferentemente para a História, como fazer novas questões ao que já foi, mas que ao mesmo tempo afirma a História do presente, deslegitimadora do instituído, revirando nossas noções conservadoras e enquadradas de tempo e de espaço.

Acima de tudo, pensamos que os efeitos que Foucault desejava provocar com livros-bombas – que dinamitassem com suas ideias, e que também funcionassem de maneira bela, como fogos de artifícios – aplicam-se muito bem ao nosso caso. Mas se aplicam também a muitos outros. Afinal, não são poucos, é bom lembrar, os leitores e as leitoras de Foucault; e também não são poucos os que buscam escapar das lógicas identitárias vigentes. Nosso Colóquio Internacional esteve repleto desses e dessas rebeldes e artistas, que compartilharam uma forte intensidade de energias e que reativaram suas heterotopias, especialmente naqueles dias em que se desenrolou o encontro. Os afetos nos conduziram naquela caminhada em busca de novas expansões do pensamento de Foucault. Com muita amizade, calor e generosidade. Esperamos que esses mesmos sentimentos se propaguem em quem ler os textos que compõem este livro. Esperamos, também, que todos eles sirvam para energizar nossas indagações e indignações acerca do nosso presente.

Margareth Rago
Alfredo Veiga-Neto

Notas

[1] POL-DROIT, Roger. *Michel Foucault: entrevistas*. São Paulo: Graal, 2006. p. 100.
[2] FOUCAULT, Michel. *O uso dos prazeres*. Rio de janeiro: Graal, 1984. p. 13.

Dominação, violência, poder e educação escolar em tempos de Império

Alfredo Veiga-Neto

Ao Jorge Ramos do Ó,
amigo arguto, provocador e generoso.

Em toda a parte se está em luta.
(FOUCAULT, 2003, p. 232)

Comecemos pelo óbvio: como o título anuncia, este texto trata de *dominação, violência* e *poder* em suas articulações com a *educação escolar*, tudo isso pensado numa nova ordem política global que está sendo chamada de *Império* (HARDT; NEGRI, 2003). Em seguida, o menos óbvio: tais articulações tomam, como eixo de referência, a filosofia analítica do poder desenvolvida por Michel Foucault. Esse "menos óbvio" fica por conta de que a referência ao filósofo não é explícita no título e de que a perspectiva foucaultiana nem é de uso corrente nos discursos pedagógicos brasileiros e nem mesmo é tomada como referência em boa parte da pesquisa educacional que se faz em nosso País.

Assim, as discussões que seguem talvez possam ser úteis como uma primeira entrada para os que estiverem interessados em conhecer algumas das possibilidades que aquela perspectiva pode oferecer no campo da Educação. E, para os mais familiarizados com o pensamento de Foucault, este texto poderá soar como uma provocação. Um pouco dessa provocação vem do fato de eu usar o adjetivo *analítica*, ao me referir à filosofia de Foucault; só isso já seria suficiente para abrir um debate entre especialistas... Não andarei por esse caminho. O mais importante da provocação estará em algumas articulações e nos deslocamentos conceituais que aqui proponho. Mas antes de entrar no núcleo das articulações e desses deslocamentos, é preciso fazer dois esclarecimentos.

Em primeiro lugar, este texto não oferece uma exposição sistemática e abrangente acerca das muitas e variadas contribuições de Foucault para os estudos sobre *dominação, poder, violência* e *educação escolar*. Além das dificuldades de tal empreitada, essa talvez seja uma tarefa por enquanto muito arriscada. As dificuldades decorrem não apenas da dimensão e da riqueza da sua produção filosófica e histórica, mas também por conta dos muitos deslocamentos conceituais e metodológicos que ele foi fazendo ao longo de suas próprias investigações. O risco decorre do fato de que boa parte das discussões de Foucault, nesse campo, foram travadas nos seus cursos no *Collège de France*, estando ainda não publicadas. À medida que vão sendo divulgadas as transcrições e anotações daqueles cursos, novas conceituações e novas possibilidades analíticas vão surgindo, de modo que num futuro próximo certamente se poderá ampliar, matizar e aprofundar tais discussões.

Mas nem as dificuldades nem os riscos impedem que se levem adiante as discussões inauguradas por Foucault sobre a *dominação*, o *poder* etc. Se é mesmo que estamos vivendo um período histórico de rápidas transformações políticas – para não falar nas transformações espaço-temporais[1], sociais, econômicas e culturais –, levar adiante aquelas discussões pode se mostrar, como argumentarei, muito produtivo. E, além de produtivo, talvez seja até mesmo necessário levá-las adiante, na medida em que hoje parece claramente estar havendo a própria dissolução do moderno – em termos das suas metanarrativas, das sua lógicas políticas e culturais, das suas formas de vida. Se boa parte do pensamento foucaultiano se plasmou em suas análises sobre a gênese da Modernidade, é preciso voltar a esse pensamento e examinar suas possibilidades frente, agora, à gênese da Pós-Modernidade.[2] Talvez ele seja produtivo para examinarmos as rupturas que agora estão se dando na passagem do moderno para o pós-moderno (BAUMAN, 1998), das lógicas espaço-temporais para as lógicas espaçotemporais dromo-lógicas (VIRILIO, 2000), da ênfase na disciplinaridade para a ênfase no controle (DELEUZE, 1992), das configurações imperialistas para as configurações imperiais (HARDT; NEGRI, 2003) etc.

Como detalharei logo a seguir, esse "levar adiante" pode ser entendido de várias maneiras. Pode tanto significar pavimentar e refinar os caminhos já abertos por Foucault, quanto estendê-los, ampliá-los e, se preciso for, desviá-los de modo a atualizá-los para esses tempos de Império. Pode significar, então, partir daqueles caminhos foucaultianos para experimentar novas direções conceituais ou, até mesmo, tentar cruzá-los com caminhos que estão sendo traçados e trilhados por outros autores. Este texto experimenta principalmente essas duas últimas possibilidades.

Em segundo lugar, a expressão "filosofia analítica do poder", usada pelo próprio Foucault, aponta para o caráter pragmático de sua filosofia política. Dito de outra maneira, tal expressão denota um tipo de teorização que, se situando fora do enquadramento das assim chamadas *Filosofias da Consciência*, insere-se naquele grupo que alguns vêm chamando de *Filosofias da Prática*.

Se falo em *teorização* é porque, com Foucault, não se trata propriamente de falar em *teoria*, se entendermos como tal uma ordenação sistemática, sequencial, lógica e hierarquicamente encadeada de enunciados, princípios, leis e respectivos processos metodológicos e recursos instrumentais.

E se falo em *analítica* é porque o mais importante é examinar e analisar as práticas concretas, em sua "microscopicidade", em sua especificidade, caso a caso, tratando de "descer ao estudo das práticas concretas pelas quais o sujeito é constituído na imanência de um campo de conhecimentos" (FOUCAULT, 2004, p. 237). Para ele, "as relações de poder não estão em posição de superestrutura, [uma vez que] o poder vem de baixo, isso é, não há no princípio das relações de poder, e como matriz geral, uma oposição binária e global entre os dominadores e os dominados" (FOUCAULT, 1993, p. 90).

Além de tudo isso, no caso de Foucault o que mais interessava era descrever e compreender as diferentes maneiras pelas quais as tecnologias do poder atuavam e atuam na prática, para nos individualizar e nos constituir como sujeitos (FOUCAULT, 1995).

Ao não pretender elaborar uma teoria, o filósofo coloca-se junto daqueles que Rorty (1988) chama de edificantes – aqueles que sendo "intencionalmente periféricos, destroem para o bem de sua própria geração (p. 286)" –, em contraste com os filósofos sistemáticos – aqueles que "como os grandes cientistas, constroem para a eternidade e querem colocar o seu tema no caminho seguro de uma Ciência" (p. 286). É claro que é preciso entender a destruição de que fala Rorty no sentido de um tipo de desconstrucionismo que faz da crítica uma prática permanente e intransigente até consigo mesma, de modo estranhar e desfamiliarizar o que parecia tranquilo e acordado entre todos. Estando sempre desconfiada, insatisfeita e em movimento, essa crítica radicalmente radical – à qual chamei de *hipercrítica* – não se firma em nenhum *a priori* – chamemo-lo de Deus, Espírito, Razão ou Natureza –, senão no próprio acontecimento. Desse modo, a hipercrítica "vai buscar no mundo concreto – das práticas discursivas e não discursivas – as origens dessas mesmas práticas e analisar as transformações que elas sofrem" (VEIGA-NETO, 2003, p. 30), sem apelar para um suposto tribunal epistemológico, teórico e metodológico que estaria acima de si mesma. E, ao proceder assim, a hipercrítica implica uma "atitude filosófica e cotidiana que precisa de 'permanente reativação'" (KIZILTAN; BAIN; CAÑIZARES, 1993, p. 219).

No caso de Foucault, trata-se de não assumir os universais antropológicos, aí incluídas as metanarrativas humanistas que declaram verdades transcendentes – e, por isso, atemporais – sobre o mundo e, particularmente, sobre o sujeito. Isso não significa, absolutamente, pensar que o sujeito não existe; ele existe porque foi inventado e, por isso mesmo, não é o núcleo da – ou ponto de partida para a – razão e ação. Trata-se, então, de entendê-lo não como fundante dos saberes e das práticas, mas como fundado pelos saberes e pelas práticas. Para o filósofo, "são as 'práticas' concebidas ao mesmo tempo como modo de agir e de pensar que dão a chave de inteligibilidade para a constituição correlativa do sujeito e do objeto" (FOUCAULT, 2004, p. 238). E entre as práticas, aquelas que envolvem relações de poder – principalmente do poder disciplinar – são da maior importância para compreender como nos tornamos sujeitos.

Esses (talvez) longos esclarecimentos têm por objetivo registrar e justificar o caráter quase-experimental deste texto. Com isso eu quero apontar no sentido de que me valho de Foucault para ensaiar uma discussão matizada acerca do poder – especialmente o poder disciplinar –, seguindo o filósofo inicialmente de perto, mas logo deixando-o um pouco para trás, na busca de novas possibilidades conceituais. Esse "deixando-o um pouco para trás" não significa se contrapor a ele. Não se trata, certamente, de promover alguma contra-argumentação aos brilhantes *insights* de Foucault, no campo da sua filosofia analítica do poder – o que não implica qualquer interdição em (ou constrangimento por contrariar aqueles *insights* foucaultianos). Não há por que temer contrariar Foucault, pois aqui "ninguém é guardião do templo nem aqui há religião; trata-se somente da vontade de saber" (BARRET-KRIEGEL, 1990, p. 186). Não se trata também de propor uma superação dialética, procedimento que nada tem a ver com o registro em que eu me movimento.

Aqui, a questão é outra. Meu objetivo é mais simples e mais modesto. Pretendo exercitar um pouco aquilo que o próprio Foucault aconselhava os outros a fazer: usá-lo "como um instrumento, uma tática, um coquetel *molotov*, fogos de artifício a serem carbonizados depois do uso"[3]. Por outro lado, esse "deixar Foucault um pouco para trás" pode parecer um tanto paradoxal, pois usá-lo como uma instrumento, tática ou coquetel *molotov* implica, no final das contas, não abandoná-lo mas, sim, reativando-o, recolocá-lo (no presente) e, desse modo, atualizá-lo.

Assim, o que me moveu na escrita deste texto foi a vontade de, escorado na perspectiva foucaultiana, propor novas direções conceituais, praticando a permanente reativação da crítica e experimentando novas possibilidades de compreender as práticas escolares, agora tomadas como práticas de dominação também a serviço da lógica imperial. Como proporei mais adiante, tais novas possibilidades implicam, até mesmo, deslocar um pouco o sentido que Foucault deu a *dominação*, de modo a situá-la como um gênero de relações sociais em que a *violência* e o *poder* são como que espécies nas quais o gênero *dominação* se subdivide. Para ser mais rigoroso e sintético, minha tese é de que *relações de violência* e *relações de poder* podem ser compreendidas como *modalidades de relações de dominação* e que tais modalidades são qualitativamente – e não quantitativamente – diferentes uma da outra. Tal entendimento desloca os conceitos foucaultianos, num processo de ressignificação. Tal ressignificação, conforme argumentarei, me parece muito produtiva para a análise pedagógica, especialmente nas novas configurações sociais e políticas contemporâneas.

De certa maneira, tal deslocamento não é descabido, pois é o próprio Foucault que, ao discutir o que ele chama de "necessidades conceituais", afirma que "a conceituação não deveria estar fundada numa teoria do objeto", pois "o objeto conceituado não é o único critério de uma boa conceituação" (FOUCAULT, 1995, p. 232). Desse modo, devemos "conhecer as condições históricas que motivam nossa conceituação. Necessitamos de uma consciência histórica da situação presente" (idem). É com a atenção nessa situação presente que tentarei extrair a máxima produtividade de tal deslocamento ou, se quisermos, de tal ressignificação.

Este texto também não se detém muito nos brilhantes *insights* de Hardt e de Negri, ao teorizarem sobre o (que eles mesmos denominaram) *Império*. Penso que bastarão aqui apenas algumas palavras, a fim de mostrar as conexões entre a perspectiva foucaultiana, os deslocamentos que proponho e as contribuições desses dois autores.[4] Ao analisarem as novas relações sociais e as novas configurações, econômicas, culturais, geográficas e políticas do mundo atual, Hardt e Negri mostraram que a lógica imperialista moderna está sendo rápida e profundamente substituída por uma nova lógica de dominação, semelhante àquela praticada pelo Império Romano, na Antiguidade. Valendo-se de uma incomum, inteligente e bem urdida combinação entre Marx, Foucault e Deleuze, aqueles autores argumentam que a crescente imaterialidade do trabalho, num pós-fordismo impensado por Marx, está conduzindo ao enfraquecimento – mas não ao desaparecimento – da soberania do Estado-nação, uma invenção típica da Modernidade.

Tal enfraquecimento da soberania é detectado como uma crise do Estado-nação. Trata-se de uma crise que, para ser mais bem compreendida, deve ser colocada no registro da própria (assim chamada) crise da Modernidade, ela mesma a manifestação atual e aguda de uma crise mais antiga e profunda. De fato, trata-se de uma crise que acompanha a Modernidade desde que ocorreu o desencaixe entre o princípio da imanência – sob o qual o mundo moderno se instituiu— e o princípio da transcendência – ao qual ele se subordinou a partir da Filosofia Transcendental de Kant (HARDT; NEGRI, 2003; NEGRI, 2003).[5] Na esteira de Hegel, os autores de *Império* explicam que "a sociedade civil serviu, por um período histórico, como mediadora entre as forças imanentes do capital e o poder transcendente da soberania moderna" (HARDT; NEGRI, 2003, p. 350). Na passagem de uma sociedade centrada na disciplina para uma sociedade centrada no controle – uma passagem que está afetando profundamente as instituições sociais (como a escola, a família, o hospital) –, está ocorrendo o definhamento da sociedade civil, de modo que ela tem cada vez menos condições de dar conta da mediação entre os imanentes "muitos" (capital) e o transcendente "um" (Estado). Além disso, assim como a ênfase na disciplinaridade significou – e ainda significa –, em termos institucionais, uma ênfase no plano da transcendência[6], a ênfase no controle significa uma ênfase no plano da imanência. Numa sociedade que se torna cada vez mais "imanentizada", crescem de importância todas as instâncias sociais que operam contínua e intimamente na produção das subjetividades. É isso que torna a Cultura tão central no mundo contemporâneo; é nisso – e a partir disso – que estão falando aqueles que tratam os espaços e as práticas culturais como espaços e práticas que são também pedagógicas. Ao falarem em pedagogias culturais, eles estão salientando como e o quanto, fora dos espaços estritamente institucionalizados, se ensinam, se aprendem e se naturalizam determinadas verdades, visões de mundo e práticas sociais.

Ao se enfraquecer no âmbito do Estado-nação, a soberania desloca-se agora para uma outra instância; na verdade, ela se propaga capilarmente para um não-lugar, de modo a estabelecer uma nova configuração para o espaço. Está-se diante de uma nova espacialização em que os espaços – materiais ou simbólicos, tanto faz – não são mais lisos, bem fronteirizados e estáveis; eles são cada vez mais sulcados, isso é, atravessados por linhas de força, móveis, instáveis, flexíveis e, por isso mesmo, altamente adaptativas. Essas linhas de força rompem as tradicionais e rígidas fronteiras modernas, sejam elas fronteiras culturais, religiosas, étnicas etc. No plano macropolítico, as linhas de força rompem as fronteiras entre os Estados-nação, do tipo westfaliano, sejam elas fronteiras geográficas, legais, jurídicas, militares, fiscais, etc. Resulta de tudo isso o estabelecimento e o reforço de novas configurações para as relações culturais e, talvez principalmente, para geografia econômica e política do mundo atual. *Globalização* vem a ser, justamente, o nome dado a essas novas configurações. No plano micropolítico, como voltarei a comentar mais adiante, aquelas linhas de força estão promovendo o deslocamento da ênfase nos dispositivos disciplinares para a ênfase nos dispositivos de controle, de modo a alterar substancialmente até mesmo os processos de subjetivação.

Na medida em que os espaços são cada vez mais estriados, menos lisos, e as novas linhas de força que o atravessam são cada vez mais móveis e instáveis, não faz muito sentido pensarmos num centro irradiador da soberania, ou seja, das decisões e da dominação mundial. Além de a distribuição das forças ser muito mais horizontalizada do que verticalizada – sem que tal horizontalização signifique, é claro, qualquer igualdade ou homogeneidade na economia daquela distribuição –, tais forças atuam em feixes que se combinam e se reforçam mutuamente. Hardt e Negri identificam três conjuntos principais de feixes: o do *dinheiro*, o da *bomba* e o do *éter*. É fácil entender que o primeiro desses conjuntos é de natureza *econômica*; o outro, *militar*; o terceiro é de natureza *comunicacional*. De todos eles, o que funciona como mais desterritorializado, ou seja, mais independente da tradicional espacialização moderna, é o conjunto dos feixes do éter.

Dado que aqueles três conjuntos de feixes passam, quase sempre, pelos mesmos gargalos e que tais gargalos estão nos Estados Unidos – localizados, respectivamente, nas cidades-ícones de Nova Iorque, Washington e Los Angeles –, fica-se com a impressão de que é esse país/Estado-nação que centraliza a dominação global. Hardt e Negri mostram que, ao contrário, até mesmo os Estados Unidos, enquanto Estado-nação, subordinam-se a essa lógica de dominação, adjetivada de *imperial* por aqueles autores.

Feitos esses esclarecimentos, passemos ao núcleo deste texto. Resumindo: começarei fazendo comentários acerca dos conceitos foucaultianos de *dominação, violência* e *poder*, bem como de alguns de seus "correlatos", como *estratégia, resistência, escape* e *disciplina*. Junto com tais comentários, já irei propondo os possíveis e (penso que) desejáveis deslocamentos na busca de uma maior produtividade de tais conceitos quando articulados entre si e "aplicados" à educação escolar, no mundo de hoje. No final, centrarei meus comentários mais especialmente sobre a educação.

Breves comentários, alguns deslocamentos

Se me refiro a "breves comentários" é porque, como esclareci na seção anterior, não considero pertinente, prudente ou necessário detalhar em maior profundidade, aqui, os entendimentos de Foucault sobre a *dominação*, a *violência*, o *poder*, a *resistência* etc. Seja como for, dedicarei a eles os comentários que considero necessários para ir promovendo meus deslocamentos. Também não se trata, aqui, de entrar em mais detalhes sobre as interessantes contribuições de Michael Hardt e Antonio Negri e sua teorização sobre o Império.

Se me refiro a "alguns deslocamentos", é porque, para ser rigoroso, talvez a minha proposta nem seja muito inovadora e ousada. De fato, é bem possível encontrar aberturas ou indícios, na obra foucaultiana, que não apenas estão em consonância com o que proponho, mas que até mesmo levam diretamente às minhas propostas. Se aqui há algo de novo é a aplicação, o enquadramento e a especificidade que procuro dar àqueles conceitos, de modo a ampliar e realçar sua utilidade como ferramentas de descrição, análise e problematização das transformações que, no campo da disciplinaridade, estão hoje ocorrendo em nossa sociedade e, mais especificamente, nas práticas da educação escolar. Seja como for, este texto é pouco mais do que uma introdução, uma primeira tentativa de polir alguns conceitos, de modo a usá-los como ferramentas analíticas mais afiadas para, com isso, compreendermos melhor a história do presente.

Comecemos pela *dominação*. Em termos etimológicos, é fácil compreender a relação de dominação como uma operação em que uma parte quer trazer a(s) outra(s) para o seu domínio, ou seja, para a sua casa, seu domo, sua morada – do latim *domus, i*: casa, habitação, pátria. Para que isso aconteça, é preciso conduzir esse(s) outro(s), isso é, governá-lo(s), impor a ele(s) um governo – do grego *kubernán*: guiar, dirigir, conduzir, controlar a ação ou o comportamento (originalmente, de um barco, e, depois, de alguma coisa ou de alguém). Assim é que a dominação – sobre o(s) outro(s) – implica uma ação de governar ou um *governamento*[7] – sobre esse(s) outro(s).

De uma forma um tanto radical, Foucault afirma que uma *relação de dominação* consiste numa situação estratégica ou numa relação de poder entre adversários. Mas de um modo um tanto ambíguo, ele afirma tanto que as relações de dominação *são* relações de poder que "se encontram bloqueadas e cristalizadas" (FOUCAULT, 2001, p. 266) – de modo que são muito reduzidas a mobilidade e as chances de escape da(s) parte(s) dominada(s) –, quanto que o poder *não é* uma dominação: "considero isso [as relações de poder] como alguma coisa diferente dos estados de dominação" (FOUCAULT, 2004a, p. 266).

No famoso texto *O sujeito e o poder* (FOUCAULT, 1995), o filósofo é categórico:

> a dominação é uma estrutura global de poder cujas conseqüências podemos, às vezes, encontrar até na trama mais tênue da sociedade; porém, e ao mesmo tempo, é uma situação estratégica mais ou menos adquirida e solidificada num conjunto histórico de longa data entre adversários". (idem, p. 249)

Considerando que Foucault redigiu esse texto já próximo ao final da vida, imprimindo-lhe um tom de quase-inventário de sua trajetória intelectual, vale a pena tomá-lo como referência importante para as discussões que aqui me interessa fazer. Com ele, pode-se articular os conceitos de *dominação*, *poder* e *estratégia*, entendendo essa última em seus três sentidos possíveis: a) como uma escolha racional de meios para atingir um fim; b) como uma seleção racional de procedimentos em função dos presumíveis procedimentos alheios; c) como uma escolha racional de procedimentos cujo objetivo é imobilizar o(s) outro(s) ou simplesmente vencê-lo(s). Assim, adotam-se estratégias de poder quando se empregam meios para chegar a uma ação de poder ou para mantê-la ativada. Da mesma maneira, há estratégias de poder quando se desencadeiam ações (antecipadamente) sobre as possíveis ações dos outros. E também se trata de estratégias de poder quando simplesmente se bloqueiam as possibilidades de o outro agir.

Assim, as relações de poder se dão sempre como estratégias (de luta), de modo que elas, as relações de poder, são intrinsecamente racionais; ou talvez seja melhor dizer: pode-se chamar de relações de poder aquelas relações de luta ou confronto que visam à dominação do(s) outro(s) segundo uma racionalidade própria. Tal racionalidade é assumida tanto por aquele(s) que se situa(m) – ou pretende(m) se situar – numa posição vantajosa na relação quanto por aquele(s) que se situa(m) – ou talvez melhor: são levados a se situar – no "outro lado". A suposição de uma racionalidade própria, intrínseca, numa relação de poder remete ao fato de que o(s) saber(es) funciona(m) necessariamente como operador(es) nesse tipo de relação, de modo que não deveremos chamar de relação de poder senão aquelas que se colocam em movimento mediante saberes e se sustentam graças a determinados tipos de saberes. Nas palavras do filósofo,

> temos antes de admitir que o poder produz saber (e não simplesmente favorecendo-o porque o serve ou aplicando-o porque é útil); que poder e saber estão diretamente implicados; que não há relação de poder sem constituição correlata de um campo de saber, nem saber que não suponha e não constitua, ao mesmo tempo, relações de poder. [...] Resumindo, não é a atividade do sujeito de conhecimento que produziria um saber, útil ou arredio ao poder, mas o poder-saber, os processos e as lutas que o atravessam e que o constituem, que determinam as formas e os campos possíveis do conhecimento. (FOUCAULT, 1989, p. 30)

Trata-se sempre de saberes específicos, que produzem efeitos de verdade e que são estratégicos, na medida em que podem ser usados em cada relação concreta. Assim, tal racionalidade, ainda que intrínseca a qualquer relação de poder, não se esgota "internamente" na relação, mas se extravasa de tal modo que nos abre a interessante possibilidade de compreender melhor qualquer relação de poder, analisando as estratégias envolvidas nos afrontamentos (FOUCAULT, 1995).

Tal estado de coisas não deve ser imaginado como tendo alguma estabilidade, senão que é sempre transitório e móvel, pois uma assim chamada "vontade de liberdade" está sempre fazendo parte desse jogo. Dado que tal vontade de liberdade perpassa por todos, os (pelo menos) dois lados em luta nunca se aquietam, se apaziguam ou se conformam em suas posições relativas. Assim, nas palavras de Foucault (1995), tais relações de dominação são agônicas e não propriamente antagônicas, se entendermos *agonismo* no sentido clássico de "combate permanente"[8].

Para o filósofo, um estado pode ser chamado de dominação quando "um indivíduo ou um grupo social chega a bloquear um campo de relações de poder, [de modo a] torná-las imóveis e fixas e a impedir qualquer reversibilidade do movimento – por instrumentos que tanto podem ser econômicos quanto políticos e militares" (FOUCAULT, 2004a, p. 266). Como tudo isso se dá em confrontos agonísticos, nem sempre tal bloqueio é total, nem sempre ele se efetiva de fato; e, mesmo quando efetivado, ele nem sempre se mantém por muito tempo. O filósofo é muito claro a esse respeito:

> Quero dizer que as relações de poder suscitam necessariamente, apelam a cada instante, abrem possibilidade a uma resistência; e é porque há possibilidade de resistência, e resistência real, que o poder daquele que domina tenta se manter com tanto mais força, tanto mais astúcia quanto maior for a resistência. De modo que é mais a luta perpétua e multiforme que procuro fazer aparecer do que a dominação morna e estável de um aparelho uniformizante. Em toda parte se está em luta [...], e a cada instante se vai da rebelião à dominação, da dominação à rebelião, e é toda essa agitação perpétua que gostaria de fazer aparecer. (FOUCAULT, 2003, p. 232)

Como não há como estar fora de toda e qualquer relação, não há um "fora do poder"; mas isso não implica que se esteja sempre ao alcance dessa ou daquela ação de dominação, ou irremediavelmente preso em suas armadilhas. Sempre é possível exercer uma resistência, nesse caso entendida como uma (re)ação ou, se quisermos, como uma ação de contrapoder. Resistir a uma ação de poder significa problematizar tal ação, valendo-se, para isso, também do poder.

Desse modo, a resistência a uma determinada ação de poder não é "um outro do poder", mas simplesmente é – ou funciona como – "uma outra ação de poder", em sentido inverso à primeira: "não há relações de poder sem resistências, que são tão mais reais e eficazes quanto mais se formem ali mesmo onde se exercem as relações de poder; a resistência ao poder não tem de vir de fora para ser real, mas ela não é pega na armadilha porque ela é a compatriota do poder" (FOUCAULT, 2003a, p. 249). A resistência "não é uma substância [...] anterior ao poder que ela enfrenta, [mas] coextensiva a ele e absolutamente contemporânea" (FOUCAULT, 1992a, p. 241). Na longa discussão sobre o método, no primeiro volume da *História da Sexualidade – A vontade de saber* (FOUCAULT, 1993) –, o filósofo explica que "lá onde há poder há resistência" e que as relações de poder só existem "em função de uma multiplicidade de pontos de resistência que representam, nessas relações de poder, o papel de adversário, de alvo, de apoio, de saliência que permite a preensão". Mais uma vez na contramão de outras perspectivas teóricas, para Foucault tais "pontos de resistência estão presentes em toda a rede de poder", e não em "algum lugar da grande recusa" (id., p. 91). Desse modo, talvez seja melhor falarmos em *resistências*, com inicial minúscula e no plural.

Além de resultar de uma ação (de poder) de um/uns sobre o(s) outro(s), o governamento, enquanto condução, pode resultar, também, de uma ação em que cada um se conduz a si mesmo, ou seja, de uma ação de alguém sobre si mesmo, sobre aquilo que pensa e aquilo que faz. Seja sobre os outros, seja sobre si mesmo, tais ações acontecem graças a determinadas técnicas, em geral muito específicas e refinadas. Quando se dão de uns sobre os outros, Foucault diz que tais técnicas são de *dominação* e de *poder*. Quando se dão de alguém sobre si mesmo, ele diz que se trata de *técnicas de si* – ou, como mais se usa na língua portuguesa, *tecnologias do eu*. Nas palavras de Foucault (2001, p. 1604) as tecnologias do eu são um conjunto de técnicas "que permitem aos indivíduos efetuar, por conta própria ou com a ajuda dos outros, certo número de operações sobre o seus corpos e sua alma, seus pensamentos, suas condutas, seu modo de ser", de modo que consigam uma transformação de si mesmos, cujo objetivo é "alcançar certo estado de felicidade, pureza, sabedoria, de perfeição ou de imortalidade" (idem).

Nesse ponto aparece claramente um dos (pequenos) deslocamentos que eu proponho neste texto: chamar de dominação a toda e qualquer técnica de governamento de um/uns sobre o(s) outro(s). Conforme aconteça essa dominação é que poderemos qualificá-la de *violenta* ou de *poderosa*.

A essas alturas, é importante atentarmos para o quanto a perspectiva foucaultiana se afasta das teorizações clássicas sobre a dominação e o poder, sejam elas empreendidas pelas tradições liberais – como, por exemplo, em Galbraith – ou pelas tradições weberiana e marxista. Na esteira de Nietzsche e na contramão da então mais do que influente esquerda francesa, em meados da década de 1970 Foucault resolve dar as costas para os assim chamados "postulados que marcaram a posição tradicional da esquerda" com relação às teorizações sobre o poder (DELEUZE, 1991, p. 34) a saber, os postulados da propriedade, da localização, da subordinação, da essência ou atributo, da modalidade e da legalidade.

Foucault pulveriza e descentra o poder; ele não trata o poder como uma "coisa" que emane de um centro, que se possua, que se transfira e que "tenha uma natureza ou substância própria, unitária e localizável" (VEIGA-NETO, 2003, p. 145). Para ele, o poder não é uma entidade externa de que se possa lançar mão numa relação social, seja essa uma relação de produção, de família, de sexualidade etc.; não vindo de fora, o poder está sempre intrincado em qualquer relação. Ele é imanente a qualquer relação simplesmente porque em qualquer relação sempre existe um diferencial entre aquilo de que uma parte é capaz (de ser, ter ou fazer) e "aquiloutro" de que a outra parte é capaz (de ser, ter ou fazer). Assim, o poder deve ser compreendido e analisado em movimento. Deve ser analisado nos movimentos que acontecem ao longo das malhas da rede social, em cujos nós se situam os indivíduos que, ao mesmo tempo em que se submetem ao poder, são capazes de exercê-lo. E se os indivíduos são capazes de exercer o poder é porque o poder os atravessa. Isso não significa que, numa dada situação, as relações de poder sejam simétricas, isso é, de mesma "intensidade" entre aqueles que mais exercem o poder e aqueles que mais se submetem a ele a cada momento. Se houvesse uma tal simetria – isso é, se ao longo do jogo a soma se mantivesse igual a zero –, não haveria poderes em jogo, pois não se estabeleceria o diferencial a que me referi.

Resulta de tal entendimento aquilo que alguns chamam de desinstitucionalização do poder. Isso não significa nem desconsiderar a importância das instituições nem removê-las ao processar uma analítica do poder. Significa, sim, não tomar as instituições como fonte, *locus*, centro ou raiz do poder, mas, invertendo o caminho investigativo, analisá-las a partir das relações de poder que as atravessam e que atravessam os indivíduos. As instituições modernas podem, quanto muito, dar sustentação material e simbólica às relações de poder; mas essas relações são mais amplas e extravasam toda e qualquer instituição. Mais adiante, voltarei a essa questão.

Ao deslocar o conceito de poder *de* coisa *para* relação, Foucault prefere não centrar a discussão sobre "o que é o poder", mas sobre "como ele funciona", "como age o poder", o que equivale a dizer que a questão não é ir atrás de um princípio fundamental e geral em que se assentaria o poder, mas examinar os agenciamentos em que se cruzam as práticas.[9] Em decorrência disso, para ele é sempre melhor falar *em relações de poder* do que, simplesmente, falar *do poder* (FOUCAULT, 2004a). É nesse sentido que Deleuze (1991, p. 79), ao comentar a perspectiva foucaultiana, coloca o poder em três rubricas:

> o poder não é essencialmente repressivo (já que "incita, "suscita", "produz"); ele se exerce antes de se possuir (já que só se possui sob uma forma determinável – classe – e determinada – Estado); passa pelos dominados tanto quanto pelos dominantes (já que passa por todas as forças em relação).

Sendo uma ação sobre ações, pode-se afirmar que uma relação de poder não é uma forma nem de *parceria* (entre as partes), nem de pleno *consentimento* (de uma parte à outra), mas sim de busca racional e agonística pela dominação racional (de uma parte sobre a outra), pela condução que uns tentam imprimir às condutas alheias.

Retorna-se, aqui, ao conceito de *governamento*, pois "o poder, no fundo, é menos da ordem do afrontamento entre dois adversários, ou do vínculo de um com relação ao outro, do que da ordem do governo" (FOUCAULT, 1995, p. 244). Nunca é demais lembrar o uso que o filósofo faz da palavra *governamento*: a saber, um modo de ação que não é nem guerreiro nem jurídico, mas que é, sim, estruturante do "eventual campo de ação dos outros" (idem). Desse modo, nunca é demais insistir: Foucault retoma o verbo *governar* também na sua acepção clássica de, além de gerir os Estados e o funcionamento da política, gerir a conduta das pessoas – naquilo que elas faziam em termos de trabalho, lazer, saúde, higiene etc. – quer no âmbito individual, quer no âmbito da família e dos pequenos grupos humanos.

Retorna-se, também, ao conceito de *liberdade* enquanto um estado sempre transitório, em que "sujeitos individuais ou coletivos têm diante de si um campo de possibilidades de diversas condutas, diversas reações e diversos modos de comportamento podem acontecer" (FOUCAULT, 1995, p. 244). Foi esse entendimento que levou Foucault (1995, p. 244) a dizer que "o poder só se exerce sobre sujeitos 'livres'", pois só há poder se houver alguma chance racional de deslocamento e fuga ou escape, por parte daquele que lhe sofre a ação. Dessa maneira, poder e liberdade não se excluem, mas se conectam num jogo em que a segunda é condição de possibilidade – nas palavras de Foucault, como precondição e suporte permanente – para o primeiro.

E retorna-se, enfim, às técnicas que comentei acima, de modo que é possível introduzir a *disciplinaridade* como um conjunto de disposições, ações e representações que combinam, entre si, atividades de produção (material e simbólica), de comunicação e de governamento.

Ao mesmo tempo em que as disciplinas "são classificações individualizantes de populações" (RAJCHMAN, 1987, p. 33), elas funcionam como "técnicas que constituem uma 'profunda' estratégia para dividir as pessoas em grupos disciplinados, individualizados, controláveis" (id., p. 63). Elas cortam e recortam, agrupam e separam, dizem o que pode e o que não pode ser feito, pensado ou dito. Como resumiu Foucault (1983, p. 231), resulta também das disposições disciplinares que "o sujeito é dividido no seu interior e em relação aos outros. Esse processo o objetiva". Assim, "de uma maneira global, pode-se dizer que as disciplinas são técnicas para assegurar a ordenação das multiplicidades humanas" (FOUCAULT, 1989, p. 191).

Conforme já argumentei reiteradas vezes[10], as disciplinas – seja no eixo do corpo, seja no eixo dos saberes – funcionam como códigos de permissão e interdição. Elas funcionam como um substrato de inteligibilidade para variados códigos e práticas segundo os quais se dão determinadas disposições, aproximações, afastamentos, limites, hierarquias e contrastes, de modo que, por si só e silenciosamente, elas não apenas engendram determinadas maneiras de perceber o mundo e de atuar sobre ele, como, também, separam o que é (considerado) verdadeiro daquilo que não o é (VEIGA-NETO, 1996). É bem por isso que as disciplinas estão imanentemente articuladas com os regimes de verdade.

Ao estudar a atividade científica, Lenoir (1993, p. 72) afirma que as disciplinas funcionam "como formações institucionalizadas que organizam esquemas de percepção, observação e ação e que funcionam como ferramentas de conhecimento e comunicação". Em outras palavras, as disciplinas a todo momento organizam esquemas que permitem "enquadramentos automáticos" que dispensam grande parte das explanações e justificações – que de outra forma seriam necessárias – quando interagimos e nos comunicamos num mundo cada vez mais complexo e de conhecimentos mais amplos e variados. Nas palavras de Lenoir (1993, p. 72), "enquanto operadores práticos incorporados, as disciplinas são estruturas políticas que fazem a mediação entre a economia política e a produção de conhecimento". Assim, são as disciplinas que permitem "um ajuste cada vez mais controlado – cada vez mais racional e econômico – entre as atividades produtivas, as redes de comunicação e o jogo das relações de poder" (FOUCAULT, 1995, p. 242).

Disciplinar foi o adjetivo que Foucault deu ao "tipo" de poder que, enquanto ação sobre ações, se ativa e se sustenta tendo os saberes como o suporte substantivo e as disciplinas como – para utilizar a expressão de Lenoir (1993) – *operador prático incorporado*. Ao adjetivar de "substantivo" o suporte onde se apoia o poder disciplinar, aponto para o caráter ao mesmo tempo material e metafísico que assumem os saberes ao se mobilizarem para o funcionamento desse "tipo" de poder.[11]

Como bem sabemos, é no segundo eixo de sua ontologia – ao qual eu denominei *domínio do ser-poder* (VEIGA-NETO, 2003) – que Foucault propõe a articulação entre o poder e o saber. Para dar conta de uma "ontologia histórica de nós mesmos nas relações de poder que nos constituem como sujeitos atuando sobre os demais" (MOREY, 1991, p. 25), Foucault propõe o ser-poder como um operador diádico, sustentado em saberes. Com isso, o filósofo então procede a uma inversão da conhecida equação que Bacon propusera no início do século XVII: "mais saberes conferem mais poderes". Não se trata de negar a máxima baconiana, mas de compreender que, antes, "os saberes se constituem com base numa vontade de poder e [quase ao mesmo tempo] acabam funcionando como correias transmissoras do próprio poder a que servem" (VEIGA-NETO, 2003, p. 141).

O efeito maior do poder disciplinar não é o de se apropriar violentamente de um corpo para dele extrair energia, afetos, submissão e trabalho, mas é, sim, o de adestrá-lo. Certamente, o objetivo do adestramento é promover aquelas extrações, mas isso não é feito às custas de uma diminuição ou anulação das forças daquele que sofre as ações do poder; ao contrário, o poder disciplinar "procura ligar [todas as forças], para multiplicá-las e utilizá-las num todo" (FOUCAULT, 1989, p. 153). Tal multiplicação e racionalização das forças significa que o poder disciplinar implica uma apreciável economia numa relação de dominação; trata-se de uma economia cuja magnitude é desconhecida numa ação de violência. Isso é assim porque, em termos políticos, as disciplinas agem discretamente: encobrem, sob o manto dos saberes que elas mesmas organizam, o poder a que tais saberes dão sustentação e colocam em funcionamento.

Dessa discrição resulta o mínimo de resistência que o poder disciplinar provoca. Talvez se possa dizer que o poder disciplinar, no limite – isso é, numa situação "ideal"[12] de sua absoluta efetividade – suspende toda e qualquer vontade de resistir e, assim, cancela toda e qualquer possibilidade de resistência. Afinal, a lógica disciplinar – estabelecendo limites e hierarquias, permissões e interdições e criando gramáticas comuns, minuciosas e aparentemente universais e naturais na disposição e distribuição dos saberes – contribui decisivamente para que esses mesmos saberes sejam vistos como ainda mais legítimos numa relação de dominação. São todas essas táticas combinadas entre si que fazem com que os efeitos das forças que estão em jogo no poder disciplinar sejam tão econômicos, duradouros, amplos, efetivos, capilares e autojustificados.

É justamente nesse ponto que se pode fazer uma distinção forte entre *poder* – especialmente o disciplinar – e *violência*. Ao invés de "levar tudo por diante", de procurar anular as forças de um dos polos de uma relação – como faz a violência (e mesmo a violência mais branda faz isso...) –, o poder (disciplinar) estabelece diferenças, separa e analisa os elementos nessa relação. Ao proceder assim, o poder disciplinar transforma uma massa amorfa numa multidão composta por elementos o mais individualizados e singulares possível. Sendo assim, "as disciplinas 'fabricam' indivíduos" (FOUCAULT, 1989, p. 153); e, imprimindo-lhes diferentes identidades e funções, deixam esses indivíduos mais alcançáveis à ação do poder. Tudo isso envolve saberes que já estavam aí à disposição ou que são produzidos especialmente para conferir à relação de dominação a maior racionalidade possível.

A individualização e a singularização operadas pelo poder disciplinar – permitindo que uma massa amorfa passasse a ser vista como uma multidão – fez desse mesmo poder uma das principais condições de possibilidade para aquele tipo de poder que Foucault chamou de *biopoder*. Foi no primeiro volume da *História da Sexualidade – A vontade de saber* (FOUCAULT, 1993) – e no Curso de 1975-1976, no *Collège de France – Em defesa da sociedade* (Foucault, 1999) – que o filósofo desenvolveu longas e proveitosas discussões sobre o biopoder, em articulação com a *biopolítica*. Foucault denominou biopoder ao poder que, surgido na passagem do século XVII para o século XVIII, começou a se exercer sobre a vida, transformando uma multidão mais ou menos ordenada numa população, qual um novo corpo, agora não mais individualizado mas, sim, coletivo. Em combinação com o poder disciplinar, o biopoder também se apoia necessariamente em saberes: estatísticos, demográficos, médicos, higienistas etc. Mas, diferentemente daquele – lembremos: daquele que lhe foi condição de possibilidade – o biopoder, mesmo quando governa condutas individuais, tem como alvo a população, seja para promover a segurança, o bem-estar, a fecundidade, seja para controlar e, sempre que possível, diminuir a mortalidade, as enfermidades, etc. É a partir dessa articulação entre o poder disciplinar e o biopoder que se deu a conhecida inversão proposta por Foucault: essa inversão que é marca notável da Modernidade: o "deixar viver – fazer morrer" é substituído pelo "fazer viver – deixar morrer".

Por tudo isso, não há uma negatividade no poder disciplinar; ele não visa nem a expiação (de um crime ou falta cometida) nem a repressão, mas a produção de uma positividade nos indivíduos através dos quais ele passa. A violência, ao contrário, se dá como uma ação repressiva, não raramente sufocante, quase sempre imobilizante; por isso, pode-se dizer que a violência carrega em si uma negatividade.[13]

Foucault – não obstante a eventual ambiguidade com que trata poder e violência – é bastante explícito no já referido "O sujeito e o poder" (FOUCAULT, 1995, p. 243):

> De fato, aquilo que define uma relação de poder é um modo de ação que não age direta e imediatamente sobre os outros, mas que age sobre sua própria ação. Uma ação sobre a ação, sobre ações eventuais, ou atuais, futuras ou presentes. Uma relação de violência age sobre um corpo, sobre as coisas; ela força, ela submete, ela quebra, ela destrói; ela fecha todas as possibilidades; não tem, portanto, junto de si, outro pólo senão aquele da passividade; e, se encontra uma resistência, a única escolha é tentar reduzi-la. Uma relação de poder, ao contrário, se articula sobre dois elementos que lhe são indispensáveis por ser exatamente uma relação de poder: que o "outro" (aquele sobre o qual ela se exerce) seja inteiramente reconhecido e

mantido até o fim como o sujeito da ação; e que se abra, diante da relação de poder, todo um campo de respostas, reações, efeitos, invenções possíveis.

Assim como a violência difere do poder pelas respectivas racionalidades, a ação punitiva violenta difere da ação punitiva poderosa não pelas suas intensidades relativas, mas sim pelas lógicas segundo as quais cada uma opera. Enquanto o poder disciplinar faz de uma punição uma ação racional, calculada e, por isso, econômica, a violência faz de uma punição uma ação cuja racionalidade é de outra ordem e que, não raro, beira a irracionalidade. Isso não significa que a violência não siga nenhuma racionalidade. Ela se pauta, certamente, por algumas lógicas; muitas vezes, ela consegue "dar razões para". Mas diferentemente do poder – cuja racionalidade, como já referi, pode ser detectada para bem além da própria relação de dominação –, a eventual racionalidade envolvida numa relação violenta esgota-se na própria relação.

Ao mostrar o quanto Foucault se afasta do postulado da modalidade – assumido pela crítica althusseriana para explicar que o poder agiria por violência ou por ideologia –, Deleuze (1991, p. 38) explica que, sendo "uma relação da força com a força, 'uma ação sobre uma ação'", o poder se diferencia da violência na medida em que essa "realmente exprime o efeito de uma força sobre qualquer coisa, objeto ou ser" (idem). Isso não significa negar a repressão ou a ideologia, mas tão somente colocá-las num plano diferente do poder: "elas não constituem o combate de forças; são apenas a poeira levantada pelo combate" (idem).

Mesmo numa situação em que uma parte inflige uma forte punição à outra, pode acontecer que esteja em funcionamento o poder disciplinar, isso é, por mais forte que seja a punição, ela ainda pode ser não violenta. Assim, uma punição operada microfísica e capilarmente e que tenha como efeito "a produção de almas, a produção de idéias, de saber e de moral" (EWALD, 1993, p. 28), por mais intensa e saturante que seja, será ainda uma punição não violenta.

Em suma, enquanto o *poder dobra* – porque se autojustifica e negocia e, com isso, se autolegitima –, a *violência quebra* – porque se impõe por si mesma. Enquanto aquele se dá agonisticamente, essa se dá antagonicamente. Um se dá com algum consentimento e até mesmo com sentimento das partes envolvidas; a outra se dá sem consentimento e contra o sentimento da parte que a sofre.

Na educação escolar

Pode-se compreender a educação – certamente aí incluída a educação escolar – como o processo pelo qual os outros são trazidos ou conduzidos para a nossa cultura, sejam eles os recém-chegados – crianças e estrangeiros de todo tipo –, sejam eles os "inclusíveis"[14] – anormais e estranhos[15]. Ao educar o outro, nós o aproximamos da nossa morada, do nosso domínio, graças a variadas formas de dominação que estabelecemos *com* ele e, muitas vezes, *sobre* ele. Na contramão do discurso pedagógico hegemônico no Brasil, entendo que o caráter de dominação dos processos educacionais nada tem, em si, de lamentável. Mais do que isso, não há nem mesmo como imaginar uma cultura, qualquer cultura, sem ações continuadas e minuciosas "daqueles que já estavam aí" sobre "aqueles que não estavam aí", de modo a incorporá-los aos códigos, saberes, crenças, práticas, representações, valores e tudo o mais que compõe uma cultura e que "já estava aí".

A escola moderna constituiu-se, ao longo da Modernidade, como o espaço privilegiado onde se deram tais ações continuadas e minuciosas de dominação (VARELA; ALVAREZ-URÍA, 1991). Ela logo se firmou como a grande instituição onde se concentraram – e continuam se concentrando – intensas e múltiplas práticas de violência e, sobretudo, de poder disciplinar. Ao mesmo tempo e em articulação com tais práticas institucionais, ocorreu a conformação da Pedagogia moderna e da própria infância, tal como a concebemos atualmente (BUJES, 2003; NARODOWSKI, 2001). Resultou desses processos que a emergência correlativa dos saberes pedagógicos, do sentimento de infância e das práticas escolares de dominação é uma das marcas mais características da Modernidade.

A essas alturas, seria preciso lembrar o quanto as contribuições de Foucault foram importantes para compreender todos esses processos? Na esteira do filósofo, muitos autores demonstraram que a escola moderna funcionou – e em boa medida continua funcionando – como um conjunto de máquinas encarregadas de criar sujeitos disciplinados num e para um novo tipo de sociedade que se gestava após o fim da Idade Média. Essa nova sociedade, em contraste radical com o mundo medieval com o qual rompia, inaugurava uma nova episteme – da ordem e da representação. Nessa nova episteme, a disciplinaridade se apresentou como o eficiente operador prático incorporado, capaz de aproximar e combinar todo um conjunto de dispositivos temporais e espaciais, ópticos e discursivos, ritualísticos e prescritivos, normatizadores e normalizadores[16], atitudinais e cognitivos, todos eles a serviço de instaurar um novo tipo de sociedade a que Foucault chamou de *sociedade disciplinar*.[17]

Com tudo isso, compreende-se o quanto a escola funciona como o lugar – ou, se quisermos, a instituição – capaz de articular íntima e eficientemente o saber com o poder.[18] Colocada como dobradiça entre o saber e o poder, a escola em boa parte conseguiu cumprir o ideal moderno de instaurar a ordem e a representação no mundo ocidental. E, na medida em que a escola moderna é – um tanto diferentemente da prisão, do hospital ou da fábrica – justamente o *locus* social destinado intrinsecamente a trabalhar com os saberes, isso é, o *locus* social onde se concentra a parte mais expressiva da criação, da circulação e da distribuição dos saberes, é a ela, à escola, que podemos creditar a maior parte do sucesso do projeto moderno de instaurar a própria sociedade disciplinar. É deveras interessante registrar como tudo isso se deu da maneira mais econômica possível. Tal economia não significa, certamente, que os custos da instauração não tenham sido muito grandes; significa, sim, que mesmo sendo muito elevados os investimentos, os resultados alcançados – "para o bem" e "para o mal" – foram muito significativos e, digamos, compensadores. E isso foi assim justamente porque as variadas e numerosíssimas relações de dominação estabeleceram-se, no mundo da escola, quase sempre muito mais pela ação do poder do que pela ação da violência.

Ao me deter nessas considerações acerca das relações entre escola e mundo moderno, tive o objetivo de salientar o quanto a dominação em funcionamento nos diferentes ambientes escolares pode ser caracterizada, em sua forma idealizada pela Modernidade, como uma dominação que se pretendeu fundada nos saberes, ou seja, uma dominação que deveria se dar, sempre que possível, em função do poder e não da violência. Tive também por objetivo mostrar a centralidade da economia das relações de dominação – aqui entendendo *economia* na sua acepção mais ampla – como critério para demarcar aquilo que muitos chamam de "o verdadeiro papel" da escola, a sua "verdadeira missão", a sua "autêntica natureza".

É claro que a idealização moderna de conferir ao poder a centralidade nas relações de dominação, no ambiente da educação escolar, não significou a ausência da violência nesse ambiente e nem mesmo o seu empalidecimento em muitas e variadas circunstâncias. Não significou que onde houvesse poder não haveria violência, ou vice-versa, pois ambas as formas de dominação não só não se excluem como, até mesmo, podem se combinar de modo a ter seus efeitos potencializados, ainda que tal combinação nem sempre implique maior economia, no balanço entre o que se investe e o que se ganha numa relação de dominação. Seja como for, aquela idealização acabou se firmando nas representações que fizeram com que a violência passasse a ser vista e compreendida como uma degeneração ou degradação daquilo que muitos consideraram e ainda consideram ser a "autêntica natureza" e a "verdadeira missão" da educação escolar.

Espero já ter deixado claro o quanto é produtivo fazermos uma distinção forte entre violência e poder (especialmente disciplinar). Descrições etnográficas minuciosas de vários cenários escolares e suas correlatas problematizações, quando diferenciam violência de poder em função de suas intensidades, não apenas deixam de captar a dominação envolvida nas práticas disciplinares quando essas se apresentam como "pacíficas", como, ainda, culpam a aplicação da disciplina quando a confundem com a aplicação da violência.

A essas alturas, é fácil compreender que se as práticas de dominação forem tomadas como algo maciço, indistinto, sufocante e homogêneo, se deixará de enxergar e compreender mais refinadamente como se dão os cotidianos das próprias práticas escolares. E, talvez ainda mais importante do que isso, se deixará de compreender boa parte das mudanças que hoje estão ocorrendo no dia a dia das escolas. Meu argumento vai no sentido de que, ao fazermos a distinção forte entre violência e poder, conseguiremos enxergar coisas que, de outra maneira permaneceriam à sombra; isso será assim porque tal distinção não apenas permite descer ao nível microfísico das experiências escolares mas, também e principalmente, porque tal distinção, ao mudar o registro discursivo de uma prática, muda a própria visibilidade dessa prática.

Muitos parecem atônitos diante do quanto parece se alastrar, cada vez mais, a violência nas escolas. Alguns, clamando por mais disciplina, paradoxalmente prescrevem a aplicação de mais violência. Outros, fazendo de ambas farinha do mesmo saco, propõem soluções que são verdadeiras "saídas pela tangente".[19] Outros, ainda, na busca de uma maior humanização nas tarefas do ensinar e do aprender, têm até mesmo se engajado em movimentos contradisciplinares.

Como exemplo desse último caso, temos aquele conjunto de formações discursivas que denominei *movimento pedagógico pela interdisciplinaridade* e que surgiu em nosso país na década de 1970 (VEIGA-NETO, 1996a). Na medida em que se tratou de um movimento crítico à lógica disciplinar, penso ser interessante trazer algumas palavras sobre ele.

Herdeiro de um tipo de Humanismo que atribui à estrutura disciplinar do conhecimento as mazelas do mundo moderno, esse movimento, além de não ter considerado as íntimas articulações entre os dois eixos das disciplinas – eixo do corpo e eixo dos saberes –, não compreendeu o caráter produtivo da própria disciplinaridade. Em decorrência dessa não compreensão, o movimento não pôde compreender, também, o próprio poder disciplinar da maneira pela qual o estou tematizando. Diante de tais reduções, restou ao movimento pouco mais do que propor ações pedagógicas corretivas – as assim chamadas "pedagogias interdisciplinares" – contra aquilo que ele mesmo denominava "verdadeiras cancerizações epistemológicas" (JAPIASSU, 1976, p. 48). Nas palavras de um dos seus inspiradores, "o mundo em que vivemos padece de uma doença muito grave..." (GUSDORF, 1976, p. 7), pois "a pulverização do saber em setores muito limitados vota os homens de ciência a uma paradoxal solidão" (GUSDORF, 1995, p. 12). Para ele, "a racionalidade científica desnatura a natureza e desumaniza o homem" (GUSDORF, 1976, p. 19), de modo que é necessário investir numa "epistemologia da esperança, que culmina na proposição de uma nova pedagogia" (id., p. 27). Para Japiassu (1976, p. 53), "a resolução dessas crises coincide, pelo menos em parte, com os objetivos a que se propõe o método interdisciplinar".

Não se trata, aqui, de mostrar – nem, muito menos, de denunciar – o acento catastrofista, denuncista, prometeísta, salvacionista e prescritivista das bases filosóficas que sustentaram o movimento pedagógico pela interdisciplinaridade (VEIGA-NETO, 1996a, 1997). O que me parece mais interessante é constatar que aquele que talvez tenha sido o movimento pedagógico mais próximo a articular uma crítica da disciplinaridade tenha, de fato, passado ao largo de uma problematização radical acerca das disciplinas e de seu papel de dominação na Modernidade.

Para finalizar – sem, certamente, pretender concluir a discussão –, proponho que se vá um pouco adiante. Ainda que qualquer prescritividade esteja fora do horizonte deste texto, não será demais lembrar que, ao promovermos uma distinção forte entre violência e poder não apenas estaremos refinando nossos entendimentos sobre o cotidiano das práticas de dominação que acontecem na educação escolarizada, como, também e por isso mesmo, poderemos pensar em fazer as coisas de outras maneiras. Também aqui, mudando o registro discursivo pelo qual enxergamos e entendemos determinadas práticas, mudam-se as condições de possibilidade para alterar essas práticas.

As instituições modernas estão atualmente passando por transformações profundas, tão mais evidentes nesses tempos imperiais. O sulcamento dos espaços sociais pós-modernos e o correlato apagamento de fronteiras (materiais e simbólicas) promovem um progressivo enfraquecimento das principais instituições modernas, como a prisão, a escola, o hospital, o exército, o convento etc. Por toda a parte, elas estão sendo levadas a uma crise impossível de ser resolvida ou contornada a partir de dentro delas mesmas, isso é, sem levar em conta os feixes das forças que, atravessando os espaços sociais, rompem as fronteiras que as separam – ou separavam – do entorno mais amplo. Ao atravessá-las, aqueles feixes subordinam as lógicas de funcionamento das instituições às lógicas mais amplas que interessam ao Império. Resulta daí, entre muitas outras coisas, o esmaecimento das relações de poder principalmente disciplinar que, até há pouco tempo, eram intensas justamente em tais instituições.

Esse fenômeno é especialmente notável e arrasador nas instituições de sequestro, ou seja, nas instituições fortemente "fronteirizadas" que funcionaram, ao longo da Modernidade, capturando e isolando os indivíduos, de modo submetê-los o mais intensa e longamente possível ao disciplinamento. A assim chamada crise atual da educação escolar é um bom exemplo disso; ela pode ser compreendida como parte da agudização de uma crise bem mais geral, a saber, uma crise da espacialização moderna, que, como referi, é também uma crise da soberania do Estado-nação. No caso da escola, tudo isso parece ainda mais perceptível na medida em que, não mais estando "os sistemas contemporâneos de comunicação subordinados à soberania" (HARDT; NEGRI, 2003, p. 368) – mas justamente o contrário –, a educação e a cultura ficam mais "submetidas à sociedade circundante do espetáculo" (idem) e menos sujeitas aos próprios cânones para elas instituídos na Modernidade.

Nesse particular, é interessante observar a convergência de três fenômenos ou situações igualmente importantes.

Em primeiro lugar, mais do que do dinheiro e da bomba, a educação depende da comunicação, ou seja, ela é atravessada, formatada, movimentada e interpelada, constante e intensamente, pela comunicação. Pode-se dizer que a comunicação é imanente à ação de educar.

Em segundo lugar e como já referi, os feixes do éter – cuja natureza é justamente comunicacional – são os mais desterritorializados e, por isso, os mais invasivos. São notáveis os "efeitos" do atravessamento desses feixes, nas escolas de hoje.

Em terceiro lugar, a partir do século XVII a escola constituiu-se como a mais eficiente maquinaria encarregada de fabricar as subjetividades.

Conclui-se de tudo isso que boa parte da subjetivação operada na e pela escola – uma subjetivação durante muito tempo realizada preponderantemente pelo poder e pelas práticas disciplinares – ou se deslocou para o espaço social mais amplo ou, mesmo ainda ocorrendo no espaço escolar, deixou de contar com aquele tipo de poder e com aquelas práticas (como tecnologias) para a fabricação de sujeitos.

Em suma, é nesse cenário de rápidas, amplas e profundas mudanças sociais e educacionais que nos movemos hoje em dia. É imersos nesse estado de coisas que temos de pensar, enquanto docentes, o que estamos fazendo, seja com os outros, seja com cada um de nós mesmos.

Notas

[1] Ao grafar *espaçotempo*, aponto para a indissociabilidade entre o espaço e o tempo, numa sociedade dromológica como a nossa (Virilio, 2000), e para o colapso do espaço e do tempo (VEIGA-NETO, 2006).

[2] O uso das palavras *pós-moderno* e *Pós-modernidade* não é, absolutamente, uma questão pacífica. Mais do que isso, muitos argumentam fortemente que ainda vivemos em plena Modernidade, à qual adjetivam de tardia, líquida, avançada etc. Mas não há como entrar,

aqui, na discussão acerca dessa questão. Talvez um tanto simplificadamente, usarei *Pós-modernidade* para designar o contemporâneo.

[3] Declaração de Foucault, feita em 1975 e citada por Simons (1995, p. 93).

[4] Para mais discussões sobre o Império, vide Hardt e Negri (2003, 2005), Negri (2003), Hardt et al. (2002), Harvey (2004), Negri & Cocco (2005) e Veiga-Neto (2006, 2006a).

[5] Com isso, não quero que foi Kant que tenha promovido a passagem da imanência para a transcendência; o que ele fez foi, melhor do que ninguém, tematizar e justificar filosoficamente tal passagem.

[6] Ainda que as instituições disciplinares funcionem como instâncias de transcendência no espaço social, é preciso lembrar que, como nos mostrou Foucault, no nível dos indivíduos o "exercício da disciplina é absolutamente imanente às subjetividades sob seu comando" (HARDT; NEGRI, 2003, p. 351).

[7] Um tanto na contramão da bibliografia brasileira, nesses casos prefiro falar em *governamento* (e não em *governo*). Para uma discussão detalhada sobre o uso desse neologismo, vide Veiga-Neto (2002).

[8] Da forma grega *agonisma*, denotativa de combate. Lembro que o *ágoné* a parte, no teatro grego, em que as personagens entram num debate ou combate definidor, às vezes indefinidamente, de seus conflitos mútuos.

[9] No início da sua conhecida aula do dia 14 de janeiro de 1976, no *Collège de France*, Foucault (1999, p. 28), explica: "o que eu tentei percorrer, desde 1970-1971, era o 'como' do poder". Essa aula, publicada há mais tempo em *Microfísica do Poder* (FOUCAULT, 1992), sob a denominação de *Soberania e Disciplina*, é particularmente útil para um aprofundamento conceitual e metodológico no campo dos estudos sobre o poder disciplinar.

[10] Para discussões adicionais, vide: Veiga-Neto (1995, 1995a, 1996, 1996a, 1997, 2003, 2003a).

[11] Afinal, "substantivo" vem de *sub* – sob, por debaixo de – e *estâre* – estar, situar-se.

[12] *Ideal*, nesse caso, não implica qualquer juízo de valor.

[13] *Positividade* e *negatividade* não implicam aqui, é claro, juízos de valor. Dizer que há uma positividade na dominação feita pelo poder disciplinar não significa fazer, *tout court*, uma defesa moral de toda e qualquer forma de poder disciplinar. Positividade, aqui, aponta para a produtividade de uma prática. Vale o mesmo, agora no sentido inverso, para a negatividade da violência. Uma forma de dominação, por si só, não é nem melhor (ou mais aceitável) nem pior ou (mais recusável) do que a outra.

[14] Ainda que não dicionarizada na língua portuguesa, uso *inclusíveis* para designar "aqueles a incluir", isso é, todas aquelas pessoas que são passíveis de serem – ou que devem ser – incluídos. Valho-me, nesse caso, do sufixo – *ível*, de uso bastante frequente na nossa língua e nas demais línguas românicas) para denotar a condição daquele ou daquilo "que pode ser" ou "que deve ser" ou, mais raramente, "que é agente de".

[15] Aqui estou utilizando essas palavras nos sentidos atribuídos por Bauman (1998).

[16] Estou entendendo dispositivos *normatizadores* como aqueles envolvidos com o estabelecimento das normas, enquanto que *normalizadores* como aqueles que buscam colocar (todos) sob uma norma já estabelecida e, no limite, sob a faixa de normalidade (já definida por essa norma).

¹⁷ É claro que a expressão "a serviço de instaurar" não deve ser tomada no sentido de uma causalidade eficiente e finalista. Como tenho várias vezes referido, estou usando tal expressão no sentido que Deleuze (1991, p. 46) deu à causalidade imanente: a saber, a causa "que se atualiza em seu efeito. Ou melhor, a causa imanente é aquela cujo efeito a atualiza, integra e diferencia", havendo uma "correlação, pressuposição recíproca entre a causa e o efeito, entre a máquina abstrata e os agenciamentos concretos" (idem), aos quais Foucault chamou de *dispositivos*.

¹⁸ Discussões adicionais acerca dessa questão podem ser encontradas em Hoskin (1979, 1993), Silva (1994), Varela & Alvarez-Uria (1991), Veiga-Neto (1996, 2003a).

¹⁹ Entre as proclamadas vantagens da EAD (educação a distância), não raro seus defensores afirmam que, isolados entre si na imensa maioria do tempo, os alunos não têm como causar "problemas disciplinares", diminuindo-se, assim, a violência escolar...

Referências

BARRET-KRIEGEL, Blandine. Michel Foucault y el estado de policía. In: BALBIER, E. et al. *Michel Foucault, filósofo*. Barcelona: Gedisa, 1990.

BAUMAN, Zygmunt. *O mal-estar da Pós-Modernidade*. Rio de Janeiro: Jorge Zahar, 1998.

BUJES, Maria Isabel. *Infância e maquinarias*. Rio de Janeiro: DP&A, 2003.

DELEUZE, Gilles. *Foucault*. São Paulo: Brasiliense, 1991.

DELEUZE, Gilles. Política. In: DELEUZE, Gilles. *Conversações*. São Paulo: Trinta e Quatro, 1992. p. 209-226.

EWALD, François. *Foucault, a Norma e o Direito*. Lisboa: Vega, 1993.

FOUCAULT, Michel. *Vigiar e punir*. Petrópolis: Vozes, 1989.

FOUCAULT, Michel. *Microfísica do poder*. Rio de Janeiro: Graal, 1992.

FOUCAULT, Michel. Não ao sexo rei. In: FOUCAULT, Michel. *Microfísica do poder*. Rio de Janeiro: Graal, 1992a. p. 229-242.

FOUCAULT, Michel. *História da sexualidade 1: A vontade de saber*. Rio de Janeiro: Graal, 1993.

FOUCAULT, Michel. O sujeito e o poder. In: DREYFUS, Hubert; RABINOW, Paul. *Michel Foucault: uma trajetória filosófica*. Rio de Janeiro: Forense Universitária, 1995. p. 231-249.

FOUCAULT, Michel. *Em defesa da sociedade*. São Paulo: Martins Fontes, 1999.

FOUCAULT, Michel. Les techniques de soi. In: FOUCAULT, Michel. *Dits et écrits: 1954-1988*. Vol. II (1976-1988). Paris: Quarto-Gallimard, 2001. p. 1602-1632.

FOUCAULT, Michel. Poder e saber. In: FOUCAULT, Michel. *Ditos e escritos. Vol. IV: estratégia, poder-saber*. Rio de Janeiro: Forense Universitária, 2003. p. 222-240.

FOUCAULT, Michel. Poderes e estratégias. In: FOUCAULT, Michel. *Ditos e escritos. Vol. IV: estratégia, poder-saber.* Rio de Janeiro: Forense Universitária, 2003a. p. 241-252.

FOUCAULT, Michel. Foucault. In: FOUCAULT, Michel. *Ditos e escritos. Vol. V: ética, sexualidade, política.* Rio de Janeiro: Forense Universitária, 2004. p. 234-239.

FOUCAULT, Michel. A ética do cuidado de si como prática da liberdade. In: FOUCAULT, Michel. *Ditos e escritos. Vol. V: ética, sexualidade, política.* Rio de Janeiro: Forense Universitária, 2004a. p. 264-287.

GUSDORF, Georges. Prefácio. In: JAPIASSU, Hilton. *Interdisciplinaridade e patologia do saber.* Rio de Janeiro: Imago, 1976. p. 7-27.

GUSDORF, Georges. Passado, presente, futuro da pesquisa interdisciplinar. *Tempo Brasileiro,* n.121. Rio de Janeiro, 1995. p. 7-28.

HARDT, Michael. *Vozes no milênio: para pensar a globalização.* Rio de Janeiro: Gryphus, 2002.

HARDT, Michael; NEGRI, Antonio. *Império.* São Paulo: Record, 2003.

HARDT, Michael; NEGRI, Antonio. *Multidão.* São Paulo: Record, 2005.

HARVEY, David. *O novo imperialismo.* São Paulo: Loyola, 2004.

HOSKIN, Keith. The examination, disciplinary power and rational schooling. *History of Education,* v.8, n.2, p. 135-146, 1979.

HOSKIN, Keith. Education and the genesis of disciplinarity: the unexpected reversal. In: MESSER-DAVIDOW, E.; SHUMAY, D., SILVAN, D. (Ed.). *Knowledges. Historical and critical studies indisciplinarity.* Charlottesville: University Press of Virginia, 1993. p. 271-304.

JAPIASSU, Hilton. *Interdisciplinaridade e patologia do saber.* Rio de Janeiro: Imago, 1976.

KIZILTAN, Mustafa Ü.; BAIN, William J.; CAÑIZARES, Anita. Condições pósmodernas: repensando a educação pública. In: SILVA, Tomaz (Org.). *Teoria educacional crítica em tempos pós-modernos.* Porto Alegre: Artes Médicas, 1993. p.205-232.

LENOIR, Timothy. The Discipline of Nature and the Nature of Disciplines. In: MESSER-DAVIDOW, E.; SHUMWAY, D.; SYLVAN, D. J. (Ed.). *Knowledges: historical and critical studies in Disciplinarity.* Charlottesville: University Press of Virginia, 1993. p. 70-102.

NARODOWSKI, Mariano. *Infância e poder: conformação da Pedagogia moderna.* Bragança Paulista: Universidade São Francisco, 2001.

NEGRI, Antonio. *Cinco lições sobre Império.* Rio de Janeiro: DP&A, 2003.

NEGRI, Antonio; COCCO, Giuseppe. *Glob(AL): biopoder e luta em uma América Latina globalizada.* Rio de Janeiro: Record, 2005.

RAJCHMAN, John. *Foucault: a Liberdade da Filosofia.* Rio de Janeiro: Jorge Zahar, 1987.

RORTY, Richard. *A Filosofia e o Espelho da Natureza*. Lisboa: D. Quixote, 1988.

SILVA, Tomaz (Org.). *O sujeito da educação: estudos foucaultianos*. Petrópolis: Vozes, 1994.

SIMONS, Jon. *Foucault and the Political*. London: Routledge, 1995.

VARELA, Julia; ALVAREZ-URÍA, Fernando. *Arqueología de la escuela*. Barcelona: La Piqueta, 1991.

VEIGA-NETO, Alfredo. Michel Foucault e Educação: há algo de novo sob o sol? In: VEIGA-NETO, Alfredo. (Org.) *Crítica Pós-estruturalista e Educação*. Porto Alegre: Sulina, 1995. p. 9-56.

VEIGA-NETO, Alfredo. Currículo, disciplina e interdisciplinaridade. São Paulo: FDE — Série *Idéias*, n. 26, 1995a. p. 105-119.

VEIGA-NETO, Alfredo. Epistemologia social e disciplinas. *Episteme*, Porto Alegre, v. 1, n. 2, 1996. p. 47-59.

VEIGA-NETO, Alfredo. *A ordem das disciplinas*. Porto Alegre: UFRGS, Tese de Doutorado, 1996a.

VEIGA-NETO, Alfredo. Currículo e interdisciplinaridade. In: MOREIRA, Antonio Flavio B. (Org.) *Currículo: questões atuais*. Campinas: Papirus, 1997. p. 59-102.

VEIGA-NETO, Alfredo. Coisas do governo... In: RAGO, Margareth; ORLANDI, Luiz L.; VEIGA-NETO, Alfredo (Orgs.). *Imagens de Foucault e Deleuze: ressonâncias nietzschianas*. Rio de Janeiro: DP&A, 2002. p. 13-34.

VEIGA-NETO, Alfredo. *Foucault & a Educação*. Belo Horizonte: Autêntica, 2003.

VEIGA-NETO, Alfredo. Pensar a escola como uma instituição que pelo menos garanta a manutenção das conquistas fundamentais da Modernidade. In: COSTA, Marisa V. (Org.). *A escola tem futuro?* Rio de Janeiro: DP&A, 2003a. p. 103-126.

VEIGA-NETO, Alfredo. Educação e Pós-Modernidade: impasses e perspectivas. *Educação online (PUC-Rio)*, Rio de Janeiro, 2006.

VEIGA-NETO, Alfredo. Globalização, (des)igualdade e conhecimento escolar: as armadilhas para a inclusão. *Anais do III Colóquio Luso-Brasileiro sobre Questões Curriculares*. Universidade do Minho, Braga (Portugal), 2006a. no prelo.

VIRILIO, Paul. *A velocidade de libertação*. Lisboa: Mediações, 2000.

Foucault e o Império

Ana Maria de Oliveira Burmester

A proposta de discussão nesta atividade do *Colóquio Internacional Michel Foucault, 20 anos depois* refere-se a pensar o Império, com a ajuda de Foucault. Ao mesmo tempo, é pensar a própria História, e suas relações com a contemporaneidade. De que forma, ou melhor, de que formas podemos reconhecer relações entre a História e os tempos de hoje.

Uma das melhores opções seria a reflexão a partir da recusa do começo, como nos sugere o próprio Foucault: "Recusa da *robinsonade*", dizia Marx; distinção tão importante em Nietzsche entre começo e origem; o caráter sempre interminável do processo regressivo e analítico em Freud"[1]. A fixação de um começo seria a marca de um ponto zero, a partir do qual poderíamos enquadrar a narrativa subsequente. A narrativa assim constituída teria como característica fundamental sua autossuficiência, pois estaria sendo deduzida da relação de causalidade.

Poderíamos tentar a reflexão sobre a contemporaneidade, considerando-a quase como autônoma, abstraindo seus passados, aproximando-nos de uma interpretação sem o peso da tradição, da História, enfim. Seria isto possível, ou mesmo desejável? Afinal, para Foucault, "a existência sempre aproximativa do ponto absoluto de interpretação seria, simultaneamente, a aproximação de um ponto de ruptura"[2].

Nesse sentido, voltemos a pensar a própria História – como ruptura, ou como um misto de tradição e transformação. Para tanto, torna-se necessário enfrentar a tradição marxista que imputou à História o caráter da redenção, de salvação final, da vitória da justiça e do bem.

Em "Sobre as maneiras de escrever a História", texto datado de 1967, Michel Foucault alerta para essa versão de prática histórica. Segundo ele, a

História se manteve como baluarte, por duas razões: a "História como último refúgio da ordem dialética; nela se podia salvar o reino da contradição racional e maneira de harmonizar sua consciência política e sua atividade de pesquisa; sob o signo da História, qualquer discurso se tornava prece ao deus das justas causas".

Na apropriação política do discurso histórico, construiu-se uma concepção da História "organizada a partir do modelo de narrativa como grande sequência de acontecimentos tomados em uma hierarquia de determinações: os indivíduos são apreendidos no interior dessa totalidade que os ultrapassa e que brinca com eles, mas da qual eles são talvez, ao mesmo tempo, os autores pouco conscientes"[3]. A História assim pensada como projeto, individual e coletivo, simultaneamente, a serviço da causa maior, a Revolução.

Para romper com esta concepção, a revisão atinge logo a grande questão: a periodização. Como escapar da grande narrativa que tudo e a todos engloba, a não ser por intermédio da ruptura? Dito de outra forma, pensemos várias narrativas, cada qual com sua periodização particular. Para Foucault, "cada periodização recorta na História um certo nível de acontecimentos e, opostamente, estrato de acontecimentos exige sua própria periodização". Periodizações diferentes, atingindo diferentes níveis de análise, "acede-se, assim, à metodologia complexa da descontinuidade"[4]. A metodologia da descontinuidade é cara a Foucault. Suas reflexões sobre a História do Pensamento, diferente da História das Ideias, e das Mentalidades, já nos alertaram para a historicidade do pensamento, e para a forma como este se transforma, se recria, possibilita o surgimento do novo.

O descontínuo atinge nova complexidade, pois a questão que se coloca é a do pensamento descontínuo em si, não apenas para apontar uma descontinuidade histórica e fazê-la ingressar na grande narrativa novamente. Introduzir a ruptura no exercício do pensamento – que se torna assim fluido, nômade, experimentador – seria a grande questão metodológica.

A complexidade de tal metodologia nos alerta para o fato de que ela supõe que antigas divisões – por exemplo, as divisões entre História e as Ciências Humanas – tenderiam a desaparecer. Desaparecendo a noção da grande narrativa histórica, a própria mudança pode ser pensada em termos de estrutura, e o discurso histórico pode absorver análises oriundas da Etnologia, da Sociologia, enfim, das Ciências Humanas.

Outra mudança relaciona-se a esta, da periodização. Níveis diferentes de análise podem, e devem, estabelecer "tipos de relação e modos de ligação muito mais numerosos do que a universal relação de causalidade pelo qual se havia querido definir o método histórico"[5].

Romper com a periodização única, romper com a narrativa única, pois o único pode se tornar oficial, nos leva ao regime das diferenças. Não pensamos uma relação simples, qual seja, de fazer a História dos diferentes... Vamos pensar de forma diferente. Ainda seguindo Foucault, no esforço para descrever os enunciados, "grupos inteiros de enunciados, fazendo surgir as relações de implicação, de oposição, de exclusão, que podem ligá-los novamente"[6]. A História como um jogo sistemático, onde a análise do funcionamento do saber, dos saberes, nos alerte para as possibilidades de ligação entre formas aparentemente díspares.

Assim, a História verdadeiramente como arqueologia, que não se preocupa com a indagação sobre o significado oculto, aquele que está por trás do enunciado. Este procedimento que visa "materializar o imaterial" é acompanhado por um novo tratamento da linguagem. Para Foucault, trata-se de uma nova combinatória, que "em vez de reconstituir seu segredo imanente, ela apreende no texto como um conjunto de elementos – palavras, metáforas, formas literárias, conjunto de narrativas – entre os quais é possível fazer surgir relações absolutamente novas, na medida em que elas não foram determinadas pelo projeto do escritor, mas apenas tornadas possíveis pela própria obra como tal"[7]. Seguindo este procedimento, podemos estabelecer relações formais, construídas de forma precisa, pois podem ser imputadas ao material em si, não a pressupostos secretos. O tratamento é o de arquivo, ou seja, "a existência acumulada dos discursos"[8].

Tomando o discurso de Foucault na modalidade do arquivo, ele nos auxilia, hoje, objetivamente. Sua presença onde esteve, efetivamente, ausente, é um tributo à ousadia de um pensamento criativo e generoso. Mobilizando o arquivo do "Direito de morte e poder sobre a vida", analisemos o mundo contemporâneo.

Elaboramos nosso ponto de partida com os dois conceitos expressos por Foucault: *gestão da vida* e *poder de morte* no Ocidente, a partir da Época Clássica. Ao percebermos a construção objetiva dessa relação, entendemos melhor os mecanismos de poder que se estabelecem na gestão da vida e no causar a morte. As guerras, em nome do Soberano, ou em nome da sobrevivência, levam populações inteiras à destruição em nome do direito à vida. Para Foucault, "os massacres se tornaram vitais"[9].

A realidade biológica da gestão da população – um biopoder que se exerce – justifica o conceito de guerra permanente, que desnuda a violência das relações sociais. Na leitura da obra "Em defesa da sociedade", percebemos como Foucault insiste na ideia da guerra permanente, conceito este que retoma a divisão binária da sociedade como um fato. Assim, dois exércitos em confronto, justificariam um conceito de História a partir de um campo, campo este descentralizado, que trataria de impor um direito, fundar uma verdade[10].

Trata-se de um direito que funda a repressão, base concreta para um racismo de estado, a se exercer tanto no quadro jurídico da Nação como no quadro das relações internacionais. O discurso histórico do nacionalismo será alimentado por esta noção de raça, de classe, enfim, daquilo que opõe um estrato ao outro, no campo do social. A História torna-se, afinal, o pensamento do presente, que revela e analisa o passado; História que funciona regressivamente e que se encontra com a Filosofia. Deste encontro surge a questão fundamental: o que, no presente, traz consigo o Universal?[11]

O Universal foi concebido historicamente pelo Ocidente. A questão dos valores ocidentais sendo transportadas para outros mundos, outras pátrias, não é novidade histórica. Basta lembrarmos de quantas guerras já foram travadas em nome destes mesmos valores, para realizarmos a incongruência do Universal ocidentalizado.

Um mundo de valores se faz presente neste conceito de Universal, herdeiro da Revolução Francesa. A questão atual diz respeito à permanência deste conceito, a sobrevivência dos valores de Liberdade, Igualdade, Fraternidade.

Poderemos afinal relacionar ideais históricos do Ocidente com a necessidade de respeitarmos diferenças e reconhecermos as singularidades que, teoricamente, defendemos com a metodologia da descontinuidade?

O conceito de Universal leva-nos a mobilizar um outro arquivo, o de Jean Baudrillard em "O paroxista indiferente". Ao refletir sobre a Contemporaneidade, enfocando a ideia de globalização e de universalidade, Baudrillard parte de Nietzsche e seu conceito de transvaloração. Segundo Baudrillard, nós não passamos para além, mas ficamos aquém do Bem e do Mal, do Verdadeiro e do Falso; não realizamos o excesso, padecemos pela falta[12].

O global aparentemente venceu; e ele significa a abolição, a desintegração de todas as diferenças.

Assistimos à circulação de trocas, de liberdades, que são aquelas de comércio, de todas as trocas. "A globalização é das técnicas, do mercado, do turismo, da informação. Já a universalidade é dos valores, dos direito dos homens, das liberdades, da cultura, da democracia"[13]. A reflexão de Baudrillard sobre o global, a globalização, leva-o a privilegiar a circulação (como aquela da mercadoria) para adiantar um diagnóstico. Para ele, a indistinção é o signo do global. Neste sentido, é a promiscuidade de todos os valores, "ou seja, a pornografia"[14].

A regra da indistinção, da pornografia enfim, apresenta como correlato o triunfo do pensamento único; é seu triunfo, derrotando o pensamento universal.

A globalização é da mercadoria, mas o próprio universal foi globalizado, pois a democracia, os direitos humanos, circulam como os capitais. Se o espelho do universal, onde o Ocidente habituou-se a se refletir, está quebrado – e esta é a hipótese de Baudrillard – talvez nos seus fragmentos ressurjam todas as singularidades, "ou seja, aquelas que acreditávamos ameaçadas sobrevivem, as que acreditávamos desaparecidas ressuscitam..."[15].

A análise de Baudrillard acaba por privilegiar o presente, não como passível de diagnóstico, porém como impossibilidade de resgate da História. Ele aposta na originalidade radical, cada situação exigindo determinado tipo de diagnóstico. O que acontece, acaba acontecendo contra a História[16].

A qual História estaria se referindo Baudrillard? A História enquanto pensamento único? Nesse caso, seria difícil imaginarmos uma reflexão possível sobre nossa contemporaneidade. Porém se adotarmos a postura de abordarmos a História como um campo de possibilidades, onde o singular se coloque no centro das nossas preocupações, encontraríamos formas de atualização do pensamento histórico, o qual poderia fundamentar outros resgates, possíveis, do presente.

Notas

[1] FOUCAULT, M. Nietzsche, Freud, Marx. In: *Ditos e escritos II: Arqueologia das ciências e história dos sistemas de pensamento*. MOTTA, M. B. da (Org.). Tradução de Elisa Monteiro. Rio de Janeiro: Forense Universitária, 2000. p. 45.

[2] Idem, ibidem.

[3] FOUCAULT, M. Sobre as maneiras de escrever a História. In: *Ditos e escritos II: Arqueologia das ciências e história dos sistemas de pensamento*. MOTTA, M. B. da (Org.). Tradução de Elisa Monteiro. Rio de Janeiro: Forense Universitária, 2000. p. 62-67.

[4] Ibidem, p. 63.

[5] Ibidem, p. 64.

[6] Ibidem, p. 68.

[7] Ibidem, p. 69.

[8] Ibidem, p. 72.

[9] FOUCAULT, M. Direito de morte e poder sobre a vida. In: *História da sexualidade I: a vontade de saber*. Rio de Janeiro: Graal, 1977. p. 127-149; p. 129.

[10] FOUCAULT, M. *Em defesa da sociedade: curso do Collège de France (1975-1976)*. Tradução de Maria Ermantina Galvão. São Paulo: Martins Fontes, 1999. p. 53-54.

[11] Ibidem, p. 268.

[12] BAUDRILLARD, J. *O paroxista indiferente*. Tradução de Ana Sachetti. Rio de Janeiro: Pazulin, 1999. p. 9-10.

[13] Ibidem, p. 21-22.

[14] Ibidem, p. 23.

[15] Idem, ibidem.

[16] Novo retorno a Nietzsche e o pensamento da necessidade da História para a vida e a ação. Ver: Considerações intempestivas; da utilidade e da inconveniente da História para a vida. NIETZSCHE, F. *Considerações intempestivas*. Tradução de Lemos de Azevedo. São Paulo: Martins Fontes, 1976.

Biopolítica e resistência
O legado de Michel Foucault

André Duarte

Poucos pensadores contemporâneos terão exercido um impacto mais fortemente liberador e criativo sobre o conjunto das ciências humanas do que Michel Foucault. Decorridos pouco mais de vinte anos de sua morte, a amplitude do legado de sua reflexão evidencia o caráter generoso de suas ideias, que se disseminaram e renovaram campos distintos da investigação das Ciências Humanas. No entanto, o legado teórico dos grandes pensadores não se esgota apenas na renovação de áreas já estabelecidas de conhecimento, mas se deixa comprovar, e talvez de maneira ainda mais evidente, na capacidade de formular conceitos que instigam a formação de novos problemas e campos de investigação. Isto é exatamente o que está ocorrendo agora, um tanto tardiamente, com o conceito foucaultiano de *biopolítica*. Apresentado ao grande público em 1976, no último capítulo de *História da Sexualidade I, A vontade de saber*, e desenvolvido perante uma audiência restrita no curso proferido no Collège de France, também do mesmo ano, publicado posteriormente sob o título de *Em defesa da sociedade*, o conceito de biopolítica tardou quase duas décadas até ser realmente compreendido, considerado, absorvido e desenvolvido por outros pensadores.[1] Certos pensamentos vão tão profundamente à raiz dos dilemas de sua época que tardam em ser compreendidos e assimilados por seus contemporâneos. Além disso, as novidades teóricas introduzidas por Foucault em seu projeto de uma genealogia dos micropoderes disciplinares já eram, à época, mais do que suficientes para ocupar a atenção de seus leitores dos anos 70 e 80. Afinal, se a tese foucaultiana de que o poder não apenas reprime, mas, sobretudo, produz realidades, já era suficientemente inovadora e radical, como não se surpreender ainda mais com a tese de que o sexo e a sexualidade, tal como acreditávamos conhecê-los, não eram simplesmente dados naturais reprimidos pela moral cristã e pelo capitalismo, mas haviam sido forjados por um complexo de dispositivos e micropoderes disciplinares historicamente datáveis? A mensagem foucaultiana era clara, mas indigesta: o discurso da liberação sexual promovido pela sexologia acaba "depreciando e esquadrinhando os movimentos de revolta e liberação".² O caráter polêmico dessas teses fez com que as atenções se desviassem do último capítulo do volume I da *História da Sexualidade*, justamente aquele em que Foucault formulara o conceito de biopolítica, e que era considerado por ele como o mais importante de seu livro.³

Além disso, o próprio Foucault não chegou a desenvolver suficientemente o tema e o conceito da biopolítica, pois operou uma verdadeira inflexão em seu projeto de uma história genealógica da sexualidade ao retornar, nos volumes dois e três, ao mundo greco-romano. No curso dessas transformações teóricas, o conceito de biopolítica viu-se temporariamente abandonado, e justamente quando Foucault retomava o fio da meada de uma reflexão sobre a vida e a biopolítica, a morte prematura veio romper-lhe o fio do pensamento. Acrescente-se, ainda, que à época não se tinha fácil acesso às numerosas entrevistas, hoje publicadas nos volumes que constituem os *Dits et Écrits*, e aqueles que não tiveram o privilégio de escutar suas preleções no *Collège de France* tampouco tinham outros elementos à disposição para entender que o tema da biopolítica possuía uma importância capital no pensa-mento foucaultiano.

Compreendem-se, portanto, alguns dos motivos pelos quais, há vinte anos atrás, quase ninguém prestou a devida atenção ao conceito de biopolítica. Quase quinze anos se passaram até que o tema da biopolítica fosse recuperado e transformado em ponto de apoio para o pensamento de outros autores. De fato, foi apenas a partir da década de 90 que o conceito de biopolítica passou a receber novos e originais desenvolvimentos, inflexões e aprofundamentos, engendrando linhas de investigação nem sempre plenamente concordantes entre si. Por que este súbito interesse generalizado pela questão da biopolítica, que vem ganhando cada vez mais vitalidade e visibilidade nas discussões contemporâneas?

Neste texto, pretendo estabelecer uma breve reconstituição do caminho teórico pelo qual Foucault chegou à formulação original deste conceito para, em seguida, apontar, ainda que apenas muito sumariamente, como e por que o conceito de biopolítica foi retomado e desdobrado no pensamento de alguns dos principais autores contem-porâneos, como Giorgio Agamben, Gilles Deleuze, Toni Negri e Michael Hardt, indicando certas diferenças no modo como eles o empregaram ao traçar seu próprio diagnóstico crítico do presente.⁴

Os conceitos de *biopolítica* e *biopoder* surgem na reflexão foucaultiana como o ponto terminal de sua genealogia dos micropoderes disciplinares, iniciada nos anos 70. Ao mesmo tempo em que são depositários de todo um conjunto de análises e conceituações previamente estabelecidos, também inauguram pequenos deslocamentos, nem por isto irrelevantes, em relação àquilo que o autor havia pensado anteriormente em obras como *A Verdade e as Formas Jurídicas* e *Vigiar e Punir*.[5] Assim, a compreensão do sentido do conceito de biopoder depende, em um primeiro momento, do entendimento de algumas das teses centrais da microfísica foucaultiana do poder. Entre tais elementos, destaco os seguintes: primeiramente, o poder não é concebido como uma essência com uma identidade única, nem é um bem que uns possuam em detrimento dos outros. O poder é sempre plural e relacional e se exerce em práticas heterogêneas e sujeitas a transformações; isto significa que o poder se dá em um conjunto de práticas sociais constituídas historicamente, que atuam por meio de dispositivos estratégicos que alcançam a todos e dos quais ninguém pode escapar, pois não se encontra uma região da vida social que esteja isenta de seus mecanismos. Tais considerações questionavam a concepção tradicional, jurídico-política, do poder como instância unificada na figura do Estado e do Soberano, o qual atua apenas de maneira vertical, de cima para baixo, impondo, por meio da repressão e da lei que diz 'não' o espaço do possível e do permitido. Foucault não concebe o poder nem como violência legalizada nem como a violência que escapa à lei, pois, segundo suas análises, as relações de poder não se constituem na base das relações legais, no nível do direito e dos contratos, mas sim no plano das disciplinas e de seus efeitos de normalização e moralização. Em poucas palavras, o que Foucault havia descoberto não era a impotência ou inoperância do poder soberano, mas sim a maior eficácia de um conjunto de poderes que, em vez de negar e reprimir, atuavam discretamente na produção de realidades e efeitos desejados por meio de processos disciplinares e normalizadores. Em vez de exclusão, complementaridade: para o autor, desde o século XIX até o presente vivemos em uma sociedade em que se conjugam "um direito da soberania e uma mecânica da disciplina: é entre esses dois limites, creio eu, que se pratica o exercício do poder", sem, entretanto, que esses limites coincidam entre si.[6] De qualquer modo, o problema da genealogia não era o da constituição do Estado ou do Soberano, mas sim o da constituição dos súditos, dos sujeitos assujeitados.[7]

Tais análises implicavam abandonar a ficção filosófica moderna que contrapunha o Homem (bom), enquanto sujeito livre e autônomo *a priori*, ao (mau) Poder soberano que o domina e coage de maneira repressiva e violenta. Por outro lado, o sujeito já é sempre pensado por Foucault como o produto de uma multiplicidade de relações horizontais de saber-poder que o caracterizam como sujeito assujeitado e disciplinado. É apenas enquanto tal, bem como apenas nas próprias instituições fechadas nas quais se produz tal sujeito, como a escola, a família, a Igreja, a fábrica, o hospital, o exército, etc., que se definem as estratégias possíveis de resistência em vista de processos autônomos de subjetivação. Afinal, qualquer reação ou resistência contra uma relação de poder se dá sempre a partir de dentro das redes de poder, num embate de forças: onde há poder há resistência, de maneira que todo e qualquer lugar social pode ser palco da resistência a partir de estratégias distintas. Neste projeto analítico, o corpo mostrava-se como a instância privilegiada de atuação dos micropoderes disciplinares, sendo pensado como o campo de batalha no qual se travam conflitos cotidianos entre as exigências da normalização disciplinar institucional e as linhas de fuga da resistência. Os micropoderes disciplinares investem e atuam sobre o corpo, penetram o corpo. Em síntese, a *disciplina* é, pois, uma forma de organização do espaço e de disposição dos homens no espaço visando otimizar seu desempenho, bem como é uma forma de organização, divisão e controle do tempo em que as atividades humanas são desenvolvidas, com o objetivo de produzir rapidez e precisão de movimentos. A estes elementos se acrescentam a *vigilância* e o *exame*, considerados como elementos essenciais do poder disciplinar. Foi assim que Foucault descobriu um corpo social produzido pelo investimento produtivo de uma complexa rede de micropoderes disciplinares que atuavam de maneira a gerir e administrar a vida humana, tendo em vista tornar possível a utilização dos corpos e a exploração otimizada de suas capacidades e potencialidades.

Foi apenas no final do percurso genealógico de sua investigação que Foucault chegou aos conceitos de biopoder e biopolítica, tendo em vista explicar o aparecimento, ao longo do século XVIII e, sobretudo, na virada para o século XIX, de um poder disciplinador e normalizador que já não se exercia sobre os corpos individualizados, nem se encontrava disseminado no tecido institucional da sociedade, mas se concentrava na figura do Estado e se exercia a título de política estatal com pretensões de administrar a vida e o corpo da população. Evidentemente, esta descoberta pressupunha combinar as análises desenvolvidas em *Vigiar e Punir*, definidas como uma "anátomo-política do corpo", com o que Foucault agora, no volume I da *História da Sexualidade*, denominava "biopolítica das populações". Se não há uma contradição entre as análises do poder disciplinar e aquelas relativas ao conceito de biopoder, na medida em que ambas tomam os processos de normalização como sua base comum, não se pode deixar de notar que tal conceito impôs uma ligeira mutação no curso das pesquisas genealógicas de Foucault. A partir do momento em que passou à análise dos dispositivos de produção da sexualidade, Foucault percebeu que o sexo e, portanto, a própria vida, se tornaram alvos privilegiados da atuação de um poder disciplinar que já não tratava simplesmente de regrar comportamentos individuais ou individualizados, mas que pretendia normalizar a própria conduta da espécie, bem como regrar, manipular, incentivar e observar macro fenômenos como as taxas de natalidade e mortalidade, as condições sanitárias das grandes cidades, o fluxo das infecções e contaminações, a duração e as condições da vida etc. A partir do século XIX, já não importava mais *apenas* disciplinar as condutas, mas também implantar um gerenciamento planificado da vida das populações. Assim, o que se produz por meio da atuação específica do biopoder não é mais apenas o indivíduo dócil e útil, mas é a própria gestão da vida do corpo social. Compreende-se por que o sexo se tornou o alvo de toda uma disputa política: ele se tornou o foco de um controle disciplinar do corpo individual, ao mesmo tempo em que está diretamente relacionado aos fenômenos de regulação das populações, conferindo um acesso do poder à vida da própria espécie. A sexualidade, tal como produzida por toda uma rede de saberes e poderes que agem sobre o corpo individual e sobre o corpo social, isto é, o sexo como produto do dispositivo da sexualidade, será então a chave para a análise e para a produção da individualidade e da coletividade. A partir dessa mutação que complementa as anteriores análises relativas ao poder disciplinar, as figuras do Estado e do poder soberano voltam a ser importantes, pois ambos constituem a instância focal de gestão das políticas públicas.

Em sua análise, Foucault se encarregou de demonstrar a importante transformação que afetou o próprio poder soberano a partir do momento em que ele tomou a vida como seu alvo prioritário de investimento. A este propósito, o título do capítulo final da *História da Sexualidade* é elucidativo: "Direito de morte e poder sobre a vida". A tese foucaultiana era a de que a relação tradicional que o poder soberano havia estabelecido desde a Antiguidade, em relação à vida dos súditos, poderia ser formulada em termos de um "direito de *causar* a morte ou de *deixar viver*", de tal modo que a vida era apenas a consequência resultante de uma concessão do poder constituído. Deixando de exercer seu direito de impor a morte, o poder soberano garantia a vida. Tratava-se aí da forma de atuação de um poder soberano adaptado à figura de uma sociedade na qual o poder se exerce por meio do confisco, apoderando-se de bens, dos corpos e da própria vida dos súditos. A partir do século XVII opera-se uma gradativa transformação nesses mecanismos de poder, que deixam de agir apenas pela negação para atuar na produção e organização de realidades. Será no termo desse desenvolvimento que se operará um importante deslocamento no poder soberano de impor morte, visto que, a partir da virada para o século XIX, ele se afirmará como um "poder que gere a vida".[8] Em suma, opera-se aí um importante deslocamento de ênfase: se antes o poder soberano exercia seu direito sobre a vida na medida em que podia matar – de tal modo que nele se encarnava o "direito de fazer morrer ou de deixar viver" – a partir do século XIX se opera a transformação decisiva que dá lugar ao biopoder como nova modalidade de exercício do poder soberano, que agora será um "poder de 'fazer' viver e 'deixar' morrer".[9]

A partir de então, interessa ao poder estatal estabelecer políticas higienistas e eugênicas por meio das quais se poderá sanear o corpo da população, depurando-o de suas infecções internas. É justamente nesse ponto que a genialidade de Foucault se evidencia: ali onde nosso sentido comum nos leva a louvar o caráter humanitário de intervenções políticas que visam incentivar, proteger, estimular e administrar o regime vital da população, ali também nosso autor descobre a contrapartida sangrenta desta obsessão do poder estatal pelo cuidado purificador da vida. Foucault compreendeu que a partir do momento em que a vida passou a se constituir no elemento político por excelência, que tem de ser administrado, calculado, gerido, regrado e normalizado, o que se observa não é um decréscimo da violência. Muito pelo contrário, pois tal cuidado da vida traz consigo, de maneira necessária, a exigência contínua e crescente da morte em massa, pois é apenas no contraponto da violência depuradora que se podem garantir mais e melhores meios de sobrevivência a uma dada população. Não há, portanto, contradição entre o poder de gerência e incremento da vida e o poder de matar aos milhões para garantir as melhores condições vitais possíveis. Como o enunciou Zygmunt Bauman, "toda aposta na pureza produz sujeira, toda aposta na ordem cria monstros".[10] A partir do momento em que a ação do soberano foi a de "fazer viver", isto é, a de estimular o crescimento da vida, e não apenas a de impor a morte, as guerras se tornaram mais sangrentas e os extermínios se multiplicaram, dentro e fora da nação:

> As guerras já não se travam em nome do soberano a ser defendido; travam-se em nome da existência de todos; populações inteiras são levadas à destruição mútua em nome da necessidade de viver. Os massacres se tornaram vitais. Foi como gestores da vida e da sobrevivência dos corpos e da raça que tantos regimes puderam travar tantas guerras, causando a morte de tantos homens. E, por uma reviravolta que permite fechar o círculo, quanto mais a tecnologia das guerras voltou-se para a destruição exaustiva, tanto mais as decisões que as iniciam e encerram se ordenaram em função da questão nua e crua da sobrevivência.[11]

Sob as condições impostas pelo exercício do biopoder, o incremento da vida da população não se separa da produção contínua da morte, no interior e no exterior da comunidade entendida como entidade biologicamente homogênea: "São mortos legitimamente aqueles que constituem uma espécie de perigo biológico para os outros".[12] É por isso que no século XIX também se opera uma transformação decisiva no próprio racismo, que deixa de ser um mero ódio entre raças ou a expressão de preconceitos religiosos, econômicos e sociais para se transformar em doutrina política estatal, em instrumento de justificação e implementação da ação mortífera dos Estados. A descoberta da importância política do racismo como forma privilegiada de atuação estatal – fartamente empregada ao longo do surto imperialista europeu do século XIX, e radicalizada cotidianamente ao longo do século XX, tendo no nazismo e no stalinismo seu ápice –, tem de ser compreendida em termos daquela mutação operada na própria natureza do poder soberano. Num contexto histórico biopolítico, não há Estado que não se valha de formas amplas e variadas de racismo como justificativa para exercer seu direito de matar em nome da preservação, intensificação e purificação da vida. O racismo justifica os mais diversos conservadorismos sociais na medida em que institui um corte no todo biológico da espécie humana que estabelece a partilha entre "o que deve viver e o que deve morrer".[13] Na medida em que os conflitos políticos do presente visam a preservação e intensificação da vida do vencedor, consequentemente eles não expressam mais a oposição antagônica entre dois partidos adversários segundo o velho binômio schmittiano do amigo-inimigo, pois os inimigos deixam de ser opositores políticos para serem considerados como entidades biológicas. Já não podem ser apenas derrotados, têm de ser exterminados, pois constituem perigos internos à raça, à comunidade, à população: "A morte do outro não é simplesmente a minha vida, na medida em que seria minha segurança pessoal; a morte do outro, a morte da raça ruim, da raça inferior (ou do degenerado, ou do anormal), é o que vai deixar a vida em geral mais sadia; mais sadia e mais pura".[14]

A descoberta não apenas da biopolítica, mas também do paradoxal *modus operandi* do biopoder – o qual, para produzir e incentivar de maneira calculada e administrada a vida de uma dada população, tem de impor o genocídio aos corpos populacionais considerados exógenos –, é certamente uma das grandes teses que Foucault legou ao futuro. Não se tratava de descrever um fenômeno histórico do passado, mas de compreender o cerne mesmo da vida política contemporânea, motivo que Foucault enuncia já de saída, nas primeiras páginas do capítulo final do primeiro volume da *História da Sexualidade*: "O homem, durante milênios, permaneceu o que era para Aristóteles: um animal vivo e, além disso, capaz de existência política; o homem moderno é um animal, em cuja política, sua vida de ser vivo está em questão".[15]

Em outras palavras, ao descrever a dinâmica de exercício do biopoder, Foucault também enunciou um diagnóstico a respeito da política e seus dilemas no presente, aspecto reconhecido e aprofundado nas reflexões de Agamben, Negri e Hardt, para citar apenas os mais importantes teóricos contemporâneos da biopolítica. Dois motivos relacionados entre si podem explicar por que o conceito de biopolítica tardou quase quinze anos para ser plenamente reconhecido como instrumento de interrogação da política na Modernidade. Em primeiro lugar, para reconhecê-lo era fundamental ultrapassar a rigidez dicotômica da distinção ideológica tradicional entre esquerda e direita, aspecto que já se encontrava presente na análise foucaultiana do caráter biopolítico do nazismo e do stalinismo. Ademais, era preciso municiar-se de coragem visionária e de independência de pensamento a fim de compreender os traços de continuidade biopolítica entre aquelas duas formas supremas do horror político do século XX, caracterizadas por Hannah Arendt como variações de esquerda e de direita do fenômeno totalitário, e certas práticas políticas da própria democracia liberal parlamentar.[16] Em segundo lugar, o fenômeno da biopolítica só poderia ser entendido enquanto forma globalmente disseminada de exercício cotidiano de um poder estatal que investe na multiplicação da vida por meio da aniquilação da própria vida, a partir do advento recente da política transnacional globalizada e liquefeita, segundo a terminologia de Bauman. Nesse sentido, penso que a reflexão de Deleuze sobre as transformações sociais da última década, as quais iniciaram o processo de substituição do modelo disciplinar de sociedade pelo modelo de "sociedade de controle", articulada em redes de visibilidade e comunicação virtual imediatas, constitui o paradigma a partir do qual Toni Negri e Michael Hardt puderam formular seu conceito de "Império", no centro do qual se encontra, justamente, uma apropriação do conceito foucaultiano de biopolítica.[17]

O conceito de biopolítica também ocupa o centro da reflexão político-filosófica de Giorgio Agamben, autor que estabelece uma nítida correlação entre o caráter rotineiro dos assassinatos em massa ocorridos ao longo dos séculos XIX e XX, e a frequência com que se instaurou o chamado "estado de exceção" durante esse mesmo período de tempo, ao ponto em que a exceção tornou-se a regra.[18] No âmago dessa correlação, pensa o autor, se encontra o princípio político da soberania, identificado como a instância que, ao traçar o limite entre vida protegida e vida exposta à morte, politiza o fenômeno da vida ao incluí-la e excluí-la simultaneamente da esfera jurídica, motivo pelo qual um regime biopolítico pode garantir tanto o incentivo quanto o massacre da vida. Para Agamben, "o estado de exceção, no qual a vida nua era, simultaneamente, excluída da ordem jurídica e aprisionada nela", constitui a regra e o próprio fundamento oculto da organização soberana dos corpos políticos no Ocidente.[19] Distintamente de Foucault, portanto, Agamben refere a biopolítica não à Modernidade, mas à própria tradição do pensamento político do Ocidente, argumentando que a instituição do poder soberano é correlata à definição do corpo político em termos biopolíticos:

> A "politização" da vida nua é a tarefa metafísica por excelência na qual se decide sobre a humanidade do ser vivo homem, e ao assumir esta tarefa

a modernidade não faz outra coisa senão declarar sua própria fidelidade à estrutura essencial da tradição metafísica. O par categorial fundamental da política ocidental não é o de amigo-inimigo, mas antes o da vida nua – existência política, *zoébios*, exclusão-inclusão.[20]

Ao centrar sua reflexão na figura ambígua do soberano – que está simultaneamente dentro e fora do ordenamento legal, visto possuir o poder de declarar o estado de exceção, no qual se instaura uma indiferenciação entre fato e direito –, Agamben chega à caracterização da figura simetricamente inversa à do soberano, a figura também ambígua do *Homo sacer*. Ela definia no antigo Direito Romano o homem que se incluía na legislação na exata medida em que se encontrava totalmente desprotegido por ela: tratava-se daquele indivíduo que poderia ser morto por qualquer um sem que tal morte constituísse um delito, desde que esta morte não fosse o resultado de um sacrifício religioso ou de um processo jurídico. Para Agamben, não se pode pensar a figura do soberano sem implicar a figura correlata do *Homo sacer*, de modo que enquanto houver poder soberano haverá vida nua e exposta ao abandono e à morte. Segundo Agamben, vivemos sob um regime biopolítico cada vez mais intenso e saturado, no qual a dinâmica da proteção e destruição da vida por meio de sua inclusão e exclusão do aparato jurídico regulado pelo poder soberano ameaça chegar ao ponto máximo:

> Se é verdade que a figura que nosso tempo nos propõe é a de uma vida insacrificável, mas que se converteu em algo eliminável em uma medida inaudita, a vida nua do *homo sacer* nos concerne de maneira particular. [...] Se hoje não há uma figura determinável de antemão do homem sagrado é, talvez, porque todos somos virtualmente *homines sacri*.[21]

Para ele, portanto, de nada adianta apelar ao caráter sagrado da vida como o núcleo de um direito humano fundamental, visto que o poder soberano se constitui, justamente, ao traçar a partilha entre a vida que merece viver e aquela que pode ser exterminada. Em outras palavras, a atual sacralidade da vida não constitui o polo oposto ao do poder soberano, mas sim a sua própria criação, de sorte que ela nunca poderá se dissociar do processo pelo qual o poder soberano instaura o corte entre a vida protegida e a vida abandonada, isto é, a vida entregue ao bando, relegada àquela esfera marginal que cai fora do núcleo mesmo da comunidade política e que, estando banida, pode ser capturada e morta. Tais considerações soam como uma advertência à tese enunciada por Foucault de que, "contra esse poder ainda novo no século XIX, as forças que resistem se apoiaram exatamente naquilo sobre que ele investe – isto é, na vida e no homem enquanto ser vivo", de maneira que "foi a vida, muito mais do que o direito, que se tornou o objeto das lutas políticas, ainda que estas últimas se formulem através da afirmação de direito".[22]

Até certo ponto, Agamben parece ter razão, pois não podemos deixar de reconhecer que, atualmente, é quase sempre em nome dos direitos humanos e da preservação da vida que se decretam e se impõem intervenções bélicas, ditas humanitárias, reforçando-se assim o núcleo paradoxal da biopolítica, segundo o qual a manutenção da qualidade de vida de uns implica e exige a destruição da vida de outros.

No entanto, a reflexão de Agamben se interrompe sem aprofundar a consideração das possibilidades da resistência ao biopoder, e é justamente aí que as reflexões de Negri e Hardt ganham destaque. Seguindo de perto a intuição foucaultiana de que, onde há poder, ali também se instauram estratégias de resistência, Negri e Hardt conferem um novo sentido ao conceito de biopolítica, ampliando-o de maneira a considerar as novas possibilidades da própria resistência.

Contra as redes de investimento e exploração do trabalho material e imaterial, em suma, contra o *biopoder* que produz e reproduz não apenas mercadorias, mas também subjetividades e consciências, Negri e Hardt detectam o alastramento daquilo que denominaram como a *biopotência* plural da Multidão, manifesta em laços de cooperação social, de união afetiva e política, de subversão e escape, de protesto e criação, de inteligência e desejo.[23]

Sem dúvida, tais considerações podem parecer vagas e abstratas, talvez até mesmo frágeis; no entanto, cabe interrogar se não estará contida na nova noção de biopotência a verdade secreta da intuição foucaultiana de que, em face do biopoder, só nos resta lutar pela realização da vida em suas "virtualidades", pela vida como "plenitude do possível".[24]

Notas

[1] FOUCAULT, M. *História da Sexualidade*, vol. I, *A Vontade de Saber*. 13ª ed. Rio de Janeiro: Graal, 1999; FOUCAULT, M. *Em defesa da sociedade*. São Paulo: Martins Fontes, 2000.

[2] FOUCAULT, M. *Microfísica do Poder*. 15ª ed., Rio de Janeiro: Graal, 2000, p. 233.

[3] FOUCAULT, M. *Microfísica do Poder. op. cit.*, p. 270.

[4] AGAMBEM, G. *Homo Sacer. El poder soberano y la nuda vida*. Valencia: Pre-textos, 1998; NEGRI, A. e HARDT, M. *Império*. Barcelona, Paidós, 2002. No Brasil, até agora a contribuição mais relevante é a de PELBART, P. P. *Vida capital. Ensaios de biopolítica*. São Paulo: Iluminuras, 2003. Vejam-se ainda: MAIA, A. C. "Biopoder, biopolítica e tempo presente". In: NOVAIS, A. (Org.). *O Homem máquina*. São Paulo: Cia. das Letras, 2003; ORTEGA, F. "Racismo e biopolítica". In: AGUIAR, O. et al. (Org.). *Origens do Totalitarismo, 50 anos depois*. Rio de Janeiro: Relume Dumará, 2001; DUARTE, A. "Modernidade, biopolítica e disseminação da violência: a crítica arendtiana ao presente". In: DUARTE, A. et al. (Org.) *A banalização da violência: a atualidade do pensamento de Hannah Arendt*. Rio de Janeiro: Relume-Dumará, 2004.

[5] FOUCAULT, M. *Vigiar e Punir*. 3ª ed., Rio de Janeiro: Vozes, 1984. *A verdade e as formas jurídicas*. Rio de Janeiro: Nau, 1999.

[6] FOUCAULT, M. *Em defesa da sociedade. op. cit.*, p. 45.

[7] Isso não significava negar o poder do Estado ou negar que os micropoderes disciplinares pudessem ser acoplados às estratégias estatais de poder e aos interesses econômicos da burguesia. A tese foucaultiana é a de que se deve sem-pre partir de determinadas técnicas relativamente autônomas de poder e de exclusão, para, então, compreender como e porque elas puderam ser generalizadas, porque puderam despertar o interesse político e econômico de uma determinada classe social. Cf. FOUCAULT, M. *Vigiar e Punir. op. cit.*, p. 194.

[8] FOUCAULT, M. *História da Sexualidade*, vol. I. *A vontade de saber. op. cit.*, p.128.

[9] FOUCAULT, M. *Em defesa da sociedade. op. cit.*, p. 287.

[10] BAUMAN, Z. *Amor líquido. Sobre a fragilidade dos laços humanos*. Rio de Janeiro: Jorge Zahar, 2004. p. 158.

[11] FOUCAULT, M. *História da Sexualidade*, vol. I. *A vontade de saber. op. cit.*, p. 129.

[12] FOUCAULT, M. *História da Sexualidade*, vol. I *A vontade de saber. op. cit.*, p. 130.

[13] FOUCAULT, M. *Em defesa da sociedade, op. cit.*, p. 304.

[14] FOUCAULT, M. *Em defesa da sociedade, op. cit.*, p. 305.

[15] FOUCAULT, M. *História da Sexualidade*, vol. I. *A vontade de saber. op. cit.*, p. 134.

[16] ARENDT, H. *Origens do Totalitarismo*. São Paulo: Cia das Letras, 2000.

[17] DELEUZE, G. "Post-scriptum sobre as sociedades de controle". In: *Conversações*. Rio de Janeiro: Trinta e Quatro, 1992. Infelizmente, não posso desenvolver aqui as implicações dessa hipótese, o que pressuporia analisar detidamente a obra de Negri e Hardt. De qualquer modo, esta também parece ser a opinião de Pelbart, para quem "O Império coincide com a sociedade de controle, tal como Deleuze, na esteira de Foucault, a havia tematizado". PELBART, P. P. *Vida capital. Ensaios de biopolítica. op. cit.*, p. 81.

[18] AGAMBEN, G. *Stato di Eccezione*. Torino: Bollati Boringhieri, 2003.

[19] AGAMBEN, G. *Homo Sacer. El poder soberano y la nuda vida. op. cit.*, p. 17-18.

[20] AGAMBEN, G. *Homo Sacer. El poder soberano y la nuda vida. op. cit.*, p. 17-18.

[21] AGAMBEN, G. *Homo Sacer. El poder soberano y la nuda vida. op. cit.*, p. 147.

[22] FOUCAULT, M. *História da Sexualidade*, vol. I *A vontade de saber. op. cit.*, p. 136.

[23] Peter Pál Pelbart caracteriza essa mutação em uma fórmula cristalina: "biopolítica não mais como o poder *sobre* a vida, mas como a potência *da* vida". PELBART, P. P. *Vida capital. Ensaios de biopolítica. op. cit.*, p. 83.

[24] FOUCAULT, M. *História da Sexualidade*, vol. I. *A vontade de saber. op. cit.*, p. 136.

Deleuze leitor de Foucault
Elementos para uma crítica
da cultura contemporânea

Antonio Cavalcanti Maia

Entre os pensadores da constelação do pós-estruturalismo, aqueles cujos projetos filosóficos apresentam maiores convergências são Foucault e Deleuze. Da matriz nietzschiana à insatisfação com a arquitetônica teorética da filosofia da consciência (em especial na sua versão fenomenológica), da identificação com a nova agenda de lutas políticas pós maio de 68 à crítica da sociedade de controle, as obras desses dois contemporâneos marcaram definitivamente uma certa forma de pensar o presente.

O objetivo deste artigo será explorar alguns elementos da leitura do trabalho de Foucault realizada por Deleuze. Ora, todos aqueles que enfrentam a tarefa de procurar uma interpretação integradora do trabalho de Foucault encontram-se em dificuldades. Uma obra marcada pelo signo do deslocamento, deliberadamente elusiva – de um pensador que não se citava –, situando-se, por vezes, às margens do discurso filosófico, em um original imbricamento de filosofia e história. De uma investigação inicialmente centrada no domínio epistemológico, à época da arqueologia do saber, paulatinamente, de forma não ortodoxa, o projeto genealógico atravessa o campo da teoria social e termina no continente da ética. As inúmeras reflexões metodológicas presentes ao longo de seus livros testemunham as dificuldades de situá-lo dentro dos quadrantes tradicionais do discurso filosófico. Da autoclassificação como historiador do sistema de pensamento (quando do ingresso no *Collège de France*, em 1970) à reivindicação de um estatuto teórico para a ontologia do presente (nos seus textos finais na década de oitenta), Foucault deixou em apuros aqueles preocupados com uma certa sistematização de sua obra; afinal, "os filósofos não conseguiam estar de acordo a respeito daquilo que Foucault queria fazer"[1].

Neste artigo, utilizarei a leitura de Foucault realizada por Deleuze, no intuito de oferecer uma chave de compreensão capaz de iluminar os objetivos de sua empresa teórica. É claro que alguns temas deleuzianos auxiliam a compreensão e complementam as pesquisas genealógicas, como, por exemplo, a articulação entre a temática da estética da existência e os devires minoritários, o *continuum* biopoder, biopolítica, sociedade de controle.²

Já em seu livro sobre Foucault, Deleuze lança uma interpretação capaz de explicar as vicissitudes metodológicas observadas na trajetória do autor de *As Palavras e as Coisas*. Tanto a ideia de reconhecer nas análises arqueológicas de Foucault uma nova forma de arquivar os dados históricos – no texto "Um Novo Arquivista"³ – como a identificação do projeto genealógico sob o signo de uma nova cartografia das relações de poder em sociedade – no texto "Um Novo Cartógrafo"⁴ – apreendem as especificidades de uma original investigação filosófica. Entretanto, estribarei minha análise em referências encontradas nas entrevistas reunidas no livro *Conversações*, nas quais é tematizada a obra de Foucault. Tal opção se justifica não só pelo fato de que este caminho possibilitará uma explicitação do trabalho deste último – no sentido de uma contribuição no âmbito da filosofia da cultura –, mas também porque pode-se sustentar que "[...] seu *Foucault* é uma análise impressionante mas que lança mais luz sobre o próprio Deleuze do que sobre Foucault."⁵

O foco principal desta investigação situa-se nas cogitações realizadas por Deleuze acerca de certas tarefas da filosofia no quadro do pensamento contemporâneo tomando como referência suas reflexões sobre Foucault (bem como a própria obra deste pensador). Tais reflexões permitem definir como campo legítimo de tematização do discurso filosófico o âmbito da cultura, extraindo, a partir destas análises, sugestivas orientações relativas a possíveis práticas político-culturais inscritas em um movimento de resistência a um cenário contemporâneo, em muitos aspectos, inóspito e homogeneizador.

I

Ao descrever o panorama atual da filosofia francesa, Christian Delacampagne afirma: "Foucault, Deleuze, Lyotard: três pensadores 'nômades', deliberadamente marginais, e que compartilham, entretanto, a mesma concepção 'afirmativa', 'energética' e pluralista da prática filosófica."⁶ Esta concepção do trabalho filosófico unindo Foucault e Deleuze dificilmente pode ser reduzida a um denominador comum, a um núcleo essencial ou a um princípio genético compartilhado, mas, o próprio Deleuze, respondendo a uma atilada questão, circunscreve um campo comum de referências (transcreverei também a pergunta pela sua pertinência a esse contexto):

– Na *Chronique des idées perdues*, François Châtelet, ao evocar a amizade muito antiga com você, com Guattari, com Schérer e Lyotard, escreve que vocês eram do "mesmo time" e tinham – marca talvez da verdadeira conivência – os "mesmos inimigos". Você diria o mesmo de Michel Foucault? Vocês eram do mesmo time?

– Penso que sim. Châtelet tinha um sentimento vivo disso tudo. Ser do mesmo time é também rir das mesmas coisas, ou então calar-se, não precisar "explicar-se". É tão agradável não ter que se explicar! Tínhamos também, possivelmente, uma concepção comum da filosofia. Não possuíamos o gosto pelas abstrações, o Uno, o Todo, a Razão, o Sujeito.[7]

Entre os elementos que aproximam Foucault e Deleuze certamente se encontra um descontentamento com a forma pela qual era pensado o papel do sujeito dentro da concepção filosófica dominante nos seus anos de formação, vale dizer, uma fenomenologia em estreito diálogo com o marxismo característica do horizonte cultural dos anos 50. Como afirma Foucault em uma de suas últimas entrevistas: "[...] eu diria que tudo que se passou em torno dos anos 60 vem bem desta insatisfação diante da teoria fenomenológica do sujeito."[8] Com efeito, um questionamento enfático acerca da soberania de um sujeito fundador, doador de sentido, transparente a si mesmo, situado no centro da perspectiva desenvolvida pela fenomenologia, levava tanto Foucault quanto Deleuze a procurar uma escapatória ao *mainstream* filosófico francês do pós-guerra. E o caminho adotado por eles tem em Nietzsche a sua referência principal (outros caminhos foram abertos pela linguística e pela psicanálise lacaniana). Quando Foucault desenvolve, em suas pesquisas, um amálgama dos métodos e preocupações da tradição epistemológica francesa, de Bachelard e Canguilhem, com o questionamento radical sobre a objetividade da razão posta em funcionamento nos discursos científicos inaugurada por Nietzsche, o alvo a atingir é a posição imperial ocupada pelo sujeito no paradigma da fenomenologia. Assim, como ele indaga, "será que um sujeito de tipo fenomenológico, transhistórico é capaz de dar conta da historicidade da razão?"[9] A inquestionável historicidade que submete o sujeito, bem como o seu enredamento nas relações sociais e determinações psicológicas – constatação imposta pelos mestres da suspeita, Marx, Nietzsche e Freud – marcaram definitivamente a geração de Foucault e Deleuze, contribuindo para a perda de todas as prerrogativas de domínio de si próprio e do mundo que a metafísica, de Descartes a Husserl, atribuía ao sujeito.

Constitui um outro elemento comum a desconfiança em face de temas como a "totalidade" e o "uno", temas de nítidas colorações hegelianas. Este constitui outro traço caracterizador do chamado pós-estruturalismo (mais evidente nas reflexões de Deleuze, que desde sua dissertação de mestrado, aos

27 anos, procurava, com Hume, escapar dessa asfixiante atmosfera hegeliana dos anos 50). A desconfiança em face de um pensamento que funcione privilegiando um mecanismo que subsuma o diferente sob o signo do igual e do universal inspira tanto a empresa filosófica de Deleuze quanto a de Foucault. O pluralismo nietzschiano oferece uma escapatória à dialética, que, sempre, ao fim e ao cabo, apazigua o confronto e as lutas sob o signo da reconciliação. Assim, "segundo Deleuze, Hegel e outros dialéticos sustentam que a realidade se gera pela construção antagônica de fenômenos polares opostos, pelo 'trabalho do negativo'. Esta é uma interpretação dinâmica do mundo onde as diferenças são sempre subsumidas sob uma unidade subjacente, onde as contradições buscam sempre uma síntese mais alta e o movimento se resolve em último termo em 'estaticidade' e morte."[10]

Campo convergente dos interesses destes dois filósofos: repensar as relações entre teoria e prática – problema venerável da tradição filosófica, requestionado no tempestuoso e animado clima dos anos 60 e 70. Emblemática desse esforço a reflexão teórica exposta no diálogo "Os Intelectuais e o Poder: recusar as grandes totalizações, reconhecer a positividade dos dados e não submetê-los, sabe-se pagando que preço, aos imperativos da teoria, estar atento à complexidade e à singularidade dos fenômenos delineiam a agenda de uma nova proposta teórica. As investigações inspiradas nesse ideário assumem seu caráter parcial e fragmentário, esforçando-se para estar atento àquilo que é local, relativo a um pequeno domínio. Sublinha-se, também, o caráter pragmático: ela tem que servir para algo, tem que mudar nossa forma de entender alguma coisa. Como afirma Deleuze:

> É preciso que sirva, é preciso que funcione. E não para si mesma. Se não há pessoas para utilizá-la, a começar pelo próprio teórico que deixa então de ser teórico, é que ela não vale nada ou que o momento ainda não chegou. Não se refaz uma teoria, fazem-se outras; há outras a serem feitas. E curioso que seja um autor que é considerado um puro intelectual, Proust, que o tenha dito tão claramente: tratem meus livros como óculos dirigidos para fora e se eles não lhes servem, consigam outros, encontrem vocês mesmos seu instrumento, que é forçosamente um instrumento de combate.[11]

Um outro aspecto onde convergem estas duas referências do pensamento francês contemporâneo encontra-se na curiosa definição de filosofia adotada por Deleuze. Ele identifica como desiderato da filosofia incomodar a besteira (*nuire à la bêtise*[12]). Tal definição é estabelecida a partir da referência aos trabalhos de Foucault e Nieztsche. Assim, Deleuze afirma que Foucault "suscitava medo, isto é, só com sua existência impedia a impudência dos imbecis. Foucault preenchia a função da filosofia, definida por Nietzsche, 'incomodar a besteira'."[13] Tal afirmação, ao oferecer uma inusitada definição das tarefas da filosofia, está em perfeita consonância com a forma como Deleuze se situa em relação a uma das grandes questões presentes no nosso horizonte de cogitações desde o fim da metafísica, principalmente a partir da deflacionista empresa teórica de Wittgenstein: para que serve ainda a filosofia? Ao posicionar-se em face desta tormentosa pergunta, Deleuze se situa ao lado do pequeno grupo de "filósofos que nunca sentiram qualquer atração por rituais apocalípticos – Putnam, Deleuze, Goodman, por exemplo."[14] E este posicionamento se estriba na ideia de que a filosofia permanece insubstituível no seu papel de incomodar, de pôr obstáculos a, de impedir a besteira, a tolice, a estupidez, os clichês. Afinal, de acordo com Deleuze, "aos que mal intencionados perguntam: para que serve a filosofia? Há que responder segundo um conselho de Nietzsche: ela serve, pelo menos, para envergonhar a estupidez, para fazer da estupidez qualquer coisa de vergonhoso".[15] Desta forma, deixam-se de lado os inúmeros rituais de despedida, incessantemente evocando o fim da filosofia, incapaz de subsistir em um quadro de abandono das pretensões fundamentacionalistas e totalizantes caras à tradição metafísica e insustentáveis no cenário contemporâneo do pensamento pós-metafísico.

Pode-se entender também com mais acuidade essa máxima de "incomodar a besteira" no sentido dado por um dos principais comentadores de Foucault e Deleuze, John Rajchman: "A filosofia adquire um novo adversário: o seu fito é combater a estupidez, a qual consiste naquele triste estado de nós e do mundo em que já não podemos ou já não queremos mais fazer ligações (conexões)."[16] É importante sublinhar que essa interpretação de Rajchman lança luz no sentido de apontar uma tarefa positiva para "incomodar a besteira". Ora, *prima facie*, a definição da filosofia como a tarefa de incomodar a besteira parece se situar em um sentido mais negativo, reativo, crítico, de defesa em face de uma realidade, por um lado, no âmbito político, marcada pelo exaurimento de qualquer proposta significativa de transformação social, e, por outro, no âmbito cultural, marcada por um horizonte saturado de *marketing* e consumismo. Desta forma, temos como tarefas positivas da filosofia o esforço de estabelecer conexões e relações entre diferentes perspectivas filosóficas (e tradições nacionais) e entre a filosofia e o seu exterior: as ciências, as artes, a literatura, a cultura. O exercício dessa tarefa exige a consciência de que tal esforço implica um constante processo de aprendizagem, submetido ao rigor e à exigência próprios do trabalho filosófico, e se baliza pelo constante cuidado de se evitar as articulações superficiais e as sínteses amorfas. Nesse esforço positivo, a filosofia empenha-se em manter viva a capacidade de fazer conexões (como também destacado por Adorno e explicado no item seguinte deste trabalho), liquidificar as fronteiras entre as diversas disciplinas, exercitar o poliglotismo próprio do discurso filosófico – mestre de muitas linguagens, capaz de escapar ao quadro de especialização e segmentarização próprio de nosso mundo de especialistas.

II

Este tema da filosofia como esforço de incomodar a besteira encontra solo fértil no âmbito da crítica da cultura de massas. Terreno reivindicado para o discurso filosófico, sobretudo a partir desta obra capital do século XX, *Dialética do Esclarecimento*, de Adorno e Horkheimer. Assim, ao subsumir Foucault à sua inusitada definição do desiderato da filosofia, Deleuze complementa e clarifica um dos principais esforços realizados por aquele nos últimos anos de sua vida: a definição de um campo legítimo de reflexões filosóficas sob o título de ontologia do presente. Rastreando as inúmeras referências de Foucault, a partir de 1978, ao opúsculo de Kant intitulado "O que é o Iluminismo?", vê-se emergir uma original interpretação desse breve texto de Kant que culminou com a publicação de Foucault de suas duas lições (uma nos Estados Unidos e outra na França) também intituladas "O que é o Iluminismo?".[17] Um mote importante desses textos, sobretudo na versão francesa, consiste na identificação de duas vertentes do discurso filosófico contemporâneo inauguradas por Kant: a analítica da verdade e a ontologia do presente. Como sintetiza Miguel Morey:

> Na sua lição "O que é o Iluminismo?", Foucault vai repetir essa distinção entre uma filosofia 'universal' e a análise crítica do mundo em que vivemos, mediante a qual situa sua tarefa no seio da filosofia contemporânea, contrapondo, por um lado, a filosofia entendida como uma *analítica da verdade* (na qual se incluiria a maior parte da filosofia anglo-saxônica e de mais tendência fortemente epistemologizantes) e a *ontologia do presente* (que se referenciaria, no domínio da filosofia da cultura, a uma tradição que remonta a Hegel e Nietzsche e passa através de Weber e da Escola de Frankfurt). Vale dizer, que retomando uma noção implícita no pensamento nietzschiano [...], teríamos de um lado a pergunta entre *que é isto?* aplicada a estabelecer (os protocolos necessário para determinar) a verdade do que são as coisas, e de outro a pergunta *que (nos) acontece?*, dedicada a dirimir o sentido e o valor das coisas que (nos) acontecem em nosso presente. A direção que abre esta segunda pergunta é a que, caracterizada como ontologia histórica de nós mesmos, marca finalmente todo o trabalho de Foucault.[18]

No âmbito desta análise crítica do mundo em que vivemos, objeto da ontologia da atualidade, tal como o Foucault tardio define a empresa genealógica, salta aos olhos a necessidade de a filosofia, em sua dimensão de diagnóstico do tempo presente (bem como de incomodar a besteira), tematizar a onipresença dos meios de comunicação de massa na conformação do imaginário contemporâneo.

Tal problema, tema de cogitações filosóficas desde a formulação por Adorno do célebre conceito de "indústria cultural", coaduna-se claramente com as preocupações de Foucault e Deleuze. Não foi à toa que, a par das reflexões sobre o Iluminismo, Foucault constantemente se referiu à Escola de Frankfurt[19]. Ademais, o próprio Deleuze aproxima seu projeto do filósofo frankfurtiano quando afirma: "Creio que à filosofia não falta nem público nem propagação, mas ela é como um estado clandestino do pensamento, um estado nômade. A única comunicação que poderíamos desejar, como perfeitamente aparatada do mundo moderno, *é o modelo de Adorno, a garrafa atirada ao mar,* ou o modelo nietzschiano, a flecha lançada por um pensador e colhida por outro."(grifo meu)[20] E quanto à convergência entre os modelos de Adorno e Nietzsche, Deleuze não destaca nada pouco ortodoxo. Embora a matriz hegeliana/marxista informe o trabalho originário da Escola de Frankfurt (em especial quando esta tradição estava, nos anos trinta, capitaneada por Max Horkheimer), a *Dialética do Esclarecimento* impõe uma virada no percurso da "teoria crítica" com a ousada tentativa de integrar divergentes tradições filosóficas: Schopenhauer com Nietzsche e Klages, por um lado, e a venerável linhagem inspiradora da teoria crítica, de outro, Hegel, Marx, Weber e o jovem Lukács.

As relações entre Adorno e Deleuze já foram objeto de considerações em trabalho recente de Olgária Matos, "As Humanidades e sua Crítica à Razão Abstrata", situando-se em diapasão semelhante à tese[21] aqui sustentada. Apontando as ressonâncias entre essas duas *démarches*, sublinha que ambos tratam da unidimensionalização da língua e da crescente ameaça às mais elevadas obras do pensamento (a arte, a literatura e a filosofia) levada a cabo pelos meios de comunicação de massa – submetidos à lógica mercantilista, privilegiando sempre, na busca de um maior mercado consumidor, a quantidade em detrimento da qualidade. Afinal, a "[...] mídia transmite uma cultura iletrada, agramatical e desortográfica, contorcendo reflexão em entretenimento, pesquisa em produção, qualidade em quantidade – dado o imperativo primeiro e último do mercado consumidor."[22] A lógica sistêmica dos meios de comunicação de massa lida com dificuldade com tudo aquilo que escapa aos padrões garantidores de rápida aceitabilidade por parte do mercado consumidor, reforçando os clichês e os lugares comuns. Em outra contundente passagem, Olgária Matos, ao expor o ponto de vista de Adorno (que poderia muito bem ser atribuído a Deleuze), afirma acerca da mídia:

> O espírito e a prática da mídia têm sua lei: O da novidade, mas de modo a não perturbar hábitos e expectativas, de ser imediatamente legível e compreensível pelo maior número de expectadores ou leitores. Evita a complexidade, oferecendo produtos à interpretação literal, ou melhor, minimal. Espécie de caça à polissemia, ela se impõe na demagogia da

facilidade – fundamento do sistema midiático de comunicação. Portadores de dogmatismo e preconceito, a indústria cultural veicula uma servidão que se ignora a si mesma, pois submete o espectador ou leitor a hábitos pré-estabelecidos. Semiformação é próprio da mídia. O semiculto é hostil à cultura: anti-socrático e anti-habermasiano, a certeza de seu saber é desproporcional ao conhecimento e a seu próprio saber.[23]

Estas últimas referências a Adorno não acarretam o abandono do foco deste trabalho, isso é, explicitar as tarefas da filosofia dentro do projeto teórico foucaultiano à luz da interpretação de Deleuze; mas sim, procuram compor – através da conexão com Adorno – um quadro explicativo mais amplo, relevando, na crítica da cultura, o papel do exame das patologias propulsionadas pelos meios de comunicação de massa. Estes, ao contribuírem para a banalização e a simplificação daquilo que circula pelos seus mecanismos de difusão, atrofiam a capacidade de estabelecer conexões, já que " [...] 'uma cultura viva', observa Adorno, consiste justamente em reconhecer relações, tais como aquela dada entre a filosofia do *élan vital* e a pintura impressionista."[24] Este tema da identificação de uma cultura viva pela capacidade de estabelecer conexões e ligações irmana Deleuze e Adorno (bem como o reconhecimento do parentesco profundo entre a filosofia e as artes). Quando, por exemplo, Deleuze utiliza a ideia de cretinização em relação a uma das novas formas de arte midiática, os videoclipes, fica clara a carência, neste meio de expressão, da capacidade de curto-circuitar, de fazer conexões:

> A esse respeito, a questão que se coloca concerne à riqueza, à complexidade, ao teor desses agenciamentos, dessas conexões, disjunções, circuitos e curto-circuitos. Pois a maioria da produção cinematográfica, com sua violência arbitrária e seu erotismo imbecil, testemunha uma deficiência do cerebelo, não uma invenção de novos circuitos cerebrais. O exemplo dos clipes é patético: poderia até ser um novo campo cinematográfico muito interessante, mas foi imediatamente apropriado por uma deficiência organizada. A estética não é indiferente a essas questões de *cretinização*, ou, ao contrário, de cerebralização. Criar novos circuitos diz respeito ao cérebro e também à arte.[25]

A violência arbitrária e o erotismo imbecil povoam, onipresentemente, o cinema e a tevê[26] contemporâneos. Traçar estratégias capazes de resistir a esse processo de colonização e padronização do imaginário torna o plano da cultura um campo de lutas estratégicas relevante (talvez, também, pela estreitíssima margem de manobra e horizontes de transformações possíveis no campo político, acachapado pela lógica macroeconômica).

A partir de uma leitura ortodoxamente adorniana, as brechas são muito poucas; já um olhar deleuziano (e, destaque-se também, do último Foucault, que, com a estética da existência, deixa para trás o diagnóstico mais sombrio do arquipélago carceral) abre alternativas sob o signo da conexão resistência/criação.

III

Os aspectos anteriormente destacados acerca da crítica da cultura de massas deixam em aberto uma angustiante questão: com base em que critérios podemos avaliar o estado de coisas existente? Quais são os parâmetros capazes de justificar uma reprovação àquilo que nos cerca? Quando Foucault reivindica um estatuto filosófico para a ontologia do presente, retomando o impulso nietzschiano que procura dirimir o sentido e o valor das coisas que nos acontecem em nosso tempo presente, ficam sem resposta as seguintes indagações: qual a referência para o correto sentido buscado e onde ancorar os valores que estabelecem a hierarquia daquilo que deve ser louvado e do que deve ser vituperado? Não há resposta trivial para essas indagações; em especial, pois, ao assumir uma posição crítico-reprobatória, o discurso filosófico pode se arvorar na pouco confortável – na atual conjuntura antiessencialista e antifundacionalista – posição de árbitro da cultura.

Não poderia responder categoricamente a esta objeção, posto que a modéstia imposta à filosofia no quadro de pensamento pós-metafísico a impede de reivindicar uma posição privilegiada no campo dos saberes. No entanto, no caso da filosofia de Deleuze (e, em muitos aspectos, em colaboração com Guattari), há a defesa de um certo cânone. Veja-se, por exemplo, a seguinte passagem:

> Que força nestas obras com pés desequilibrados, Hölderlin, Kleist, Rimbaud, Mallarmé, Kafka, Michaux, Pessoa, Artaud, muitos romancistas ingleses e americanos, de Melville a Laurence ou Miller [...]. Certamente eles não fazem uma síntese de arte e filosofia. Eles bifurcam e não param de bifurcar. São gênios híbridos, que não apagam a diferença de natureza, nem ultrapassam, mas ao contrário, enfrentam todos os recursos de seu atletismo para instalar-se na própria diferença, acrobatas esquartejados num malabarismo perpétuo.[27]

Deleuze identifica um cânone não só nesta passagem; tanto em *Crítica e Clínica* quanto em *Diálogos*, há a identificação de uma linhagem de autores – muitos deles expressões daquilo de mais sofisticado que o Modernismo europeu produziu (nesse aspecto próximo também aos autores estimados por Adorno) – exemplificativa de um padrão a ser respeitado e a partir do qual podemos reprovar o nivelamento impulsionado pelos meios de comunicação de massa. É claro que "[...] há uma ênfase na alta cultura em todos os trabalhos de Deleuze."[28] A apologia do díspar, daquilo que sabota o senso comum, norteia os critérios elencados por Deleuze. Porém resta a indagação: não há neste posicionamento um quê de aristocratismo? Uma resposta negativa a esta questão parece difícil. Mas, pode-se sustentar, plausivelmente, que, apesar de as escolhas de Deleuze serem marcadas por um certo ar aristocrático[29] – sem esquecer que a aristocracia pode ser também por mérito, e não exclusivamente devida à origem de classe –, elas se situam numa tênue fronteira: aristocráticas, provavelmente, mas sem serem esnobes ou preconceituosas.

O problema dos critérios de julgamento também nos leva a uma outra questão: será que certos indivíduos, bafejados pela graça aristocrática da criação, podem, a partir dos seus talentos excepcionais, se arvorar como médicos da cultura? Compartilham os grandes filósofos de dons especiais como aqueles que reconhecemos nos grandes gênios musicais ou artísticos? E a partir desses dons é possível estabelecer os padrões a partir dos quais apontamos as inadequações presentes no atual estado de coisas? Podem-se encontrar argumentos igualmente persuasivos tanto na defesa dessa tese quanto no seu rechaço[30]. No entanto, dificilmente discordaríamos de José Gil quando assevera: "e, como acontece sempre, os mais altos expoentes de uma época, os que mais fundo penetram nos seus sedimentos, adquiriram o poder profético de ver além dela, quer dizer, de prever o que as deslocações ínfimas, sedimentares produzirão posteriormente como movimentos macroscópicos."[31] Não se trata de encarar o filósofo como um oráculo ou profeta, portador dos caminhos da utopia, mas, de aprender com a filosofia a desenvolver as faculdades que permitem "[...] estar atento ao desconhecido que bate à porta";[32] e, talvez, exercendo uma certa pulsão visionária presente em alguns discursos filosóficos e literários, em especial se entendermos "o filósofo como um homem sem defesa face às visões dos grandes contextos".[33] A capacidade de prognose respaldada nos conhecimentos provenientes das ciências humanas e sociais, bem como da filosofia, é diminuta. No entanto, uma teoria da sociedade embasada filosoficamente pode nos auxiliar no sentido de aguçar a nossa percepção para os potenciais ambivalentes nos desenvolvimentos contemporâneos.

Enfim, quanto à questão dos critérios a partir dos quais emitimos um juízo sobre o mundo que nos cerca, dificilmente pode-se encontrar uma resposta conclusiva acerca de que hierarquia utilizar. No entanto, não parece difícil sustentar a tese de que a filosofia nos ajuda a desenvolver nossas competências cognitivas, a apurar nossa capacidade de avaliação ética ou estética e a alargar nossas perspectivas de compreensão. Sendo assim, o envolvimento com essa disciplina permite justificar melhor as nossas escolhas. Como afirma Camille Dumoulié, "[...] mais do que pensar que 'filosofar é aprender a morrer', como por vezes tendem a nos fazer crer, estamos mais próximos de admitir que filosofar é aprender a preferir e justificar as suas preferências."[34]

IV

O cenário contemporâneo apresenta poucos sinais significativos de transformação social em um sentido progressista, isto é, redistributivo. Um capitalismo turbinado financeiramente estende sua influência por todo o globo, produzindo interdependências inteiramente novas, reduzindo em muito a área de atuação dos Estados nacionais – arena tradicional dos conflitos políticos e *locus* no qual os agentes sociais conseguiam articular suas influências no sentido de domesticar os impulsos selvagens do mercado. Os meios de comunicação de massa aumentam sua influência a olhos vistos, consagrando o *marketing* como a referência básica de uma cultura cada vez mais submetida aos impulsos do mundo do consumo. No entanto, há de se reconhecer que o campo da cultura hoje tornou-se um lugar de luta política e que se avolumam as forças convergindo no sentido de resistir "ao entorpecimento dos sentidos, à homogeneização da percepção, à fetichização da mídia como mediador universal e distribuidor hegemônico de valores."[35] Afinal, paralelamente a todo esse cenário preocupante acima descrito, constata-se a proliferação de canais de produção e circulação de cultura, propiciados, sobretudo, pelas novas tecnologias. Some-se a isto o alargamento da formação escolar e universitária, qualificando um público crescente, insatisfeito com os processos homogeneizadores impostos por uma indústria cultural que desinforma e dessensibiliza. Com efeito, como afirma Foucault:

> Não, não acredito nessa ladainha da decadência, da ausência de escritores, da esterilidade do pensamento, do horizonte obstruído e insípido.
> Acredito, ao contrário, que há uma pletora. E que não sofremos de um vazio, mas de falta de meios para pensar tudo o que acontece. É que existe uma grande abundância de coisas para se conhecer: essenciais ou terríveis, maravilhosas ou engraçadas, ou minúsculas e capitais ao mesmo tempo. E há também uma imensa curiosidade, uma necessidade ou um desejo de saber. Todo dia alguém se lamenta que a mídia entope a cabeça das pessoas. Há uma certa misantropia nessa idéia. Acredito, ao contrário, que as pessoas reagem; quanto mais se quer convencê-las, mais elas se questionam. O espírito não é uma cera mole. É uma substância reativa. E o desejo de saber mais e melhor e conhecer outras coisas cresce à medida que outros querem fazer uma lavagem cerebral."[36]

A filosofia, seguindo a sua vocação de promover novas inteligibilidades, pode municiar aqueles que se sentem atingidos pelo atual estado de coisas com elementos e exemplos capazes de fortalecer uma espécie de resistência vital à cultura da resignação. Neste sentido, ela pode nos auxiliar a alimentar redes contraculturais alternativas, capazes de oferecer mecanismos de esquiva ao controle. Inspirados em Deleuze, podemos ter como mote a ideia de se pensar "contra a cultura, contra o já pensado, o já sabido, as noções estabelecidas, as posições correntes dos problemas, os valores predominantes: crítica e criação, atos de contracultura, são as faces de Janus do pensamento."[37] Neste mesmo diapasão, as brechas que permitem escapar desse horizonte aplainado de uma cultura que se depaupera a reboque da standardização estimulada pela indústria cultural, respaldam-se também na ideia de "[...] criação – que vai contagiar outros, ser dádiva para outros, produzir alhures devires."[38]

Enfim, nada melhor para concluir do que evocar as reflexões de Foucault:

> Sonho com uma nova época, a da curiosidade. Já temos os meios técnicos; o desejo também está aí; as coisas por conhecer são infinitas; as pessoas que poderiam dedicar-se a esse trabalho existem. Estamos sofrendo de quê, então? De escassez: de canais estreitos, mesquinhos, quase monopolistas, insuficientes. Não adianta adotar uma atitude protecionista para impedir que a 'má' informação venha invadir e sufocar a 'boa'. É preciso, isso sim, multiplicar os caminhos e as possibilidades de idas e vindas. Nada de colbertismo nesse domínio! Isso não implica, como muitas vezes se acredita, uniformização e nivelamento por baixo, mas, ao contrário, diferenciação e simultaneidade de diferentes redes.[39]

Notas

[1] KELLY, Michael. "Introduction". In: *Critique and Power. Recasting the Foucault/Habermas Debate*. Cambridge: MIT Press, 1994. p. 8.

[2] Já desenvolvi algumas considerações sobre o aspecto complementar do conceito deleuziano de sociedade de controle vis-à-vis a temática do biopoder no texto "Biopoder, biopolítica e tempo presente". In: NOVAES, Adauto (Org.). *Homem-Máquina*. São Paulo: Companhia das Letras, 2003. Esclarecedor sobre este aspecto também os seguintes livros de Peter Pál Pelbart: *A Vertigem por um Fio. Políticas da Subjetividade Contemporânea*. São Paulo: Iluminuras, 2000 e *Vida Capital. Ensaios de Biopolítica*. São Paulo: Iluminuras, 2003.

[3] Como salienta Deleuze, "o livro de Foucault [*Arqueologia do Saber*] representa o passo mais decisivo para uma teoria-prática das multiplicidades" (p. 34); e, logo a seguir: "a arqueologia opõe-se às duas principais técnicas até agora empregadas pelos arquivistas: a formalização e a interpretação." (p. 34). DELEUZE, Gilles. *Foucault*. Lisboa: Vega, 1987.

[4] Por exemplo, a própria maneira como Foucault compreende seu trabalho em passagem retirada de lição no Collège de France em 1979: "Eu vou descrever certos aspectos do mundo contemporâneo e de sua governamentalidade; este curso não dirá a vocês o que devem fazer ou contra quem devem combater, mas ele fornecerá uma carta/mapa; ele dirá portanto o seguinte: se vocês atacarem por esta direção, bem, há aqui um nó de resistência, mas por lá há uma passagem possível." Esta referência se encontra no texto de Paul Veyne "Le Dernier Foucault et la Morale". In: *Critique*. Paris: Minuit, août-septembre 1986. p. 938.

⁵ GUTTING, Gary. *French Philosophy in the Twentieth Century*. Cambridge: Cambrigde University Press, 2001. p. 339.

⁶ DELACAMPAGNE, Christian. *História da Filosofia no Século XX*. Rio de Janeiro: Jorge Zahar, 1997. p. 256.

⁷ DELEUZE, Gilles. "Rachar as Coisas, Rachar as Palavras". In: *Conversações*. Rio de Janeiro: Trinta e Quatro, 1992. p. 108-109.

⁸ FOUCAULT, Michel. "Strucuturalisme et poststructuralisme". In: *Dits et écrits. 1954-1988*. Paris: Gallimard, 1994. p. 437.

⁹ Idem, p. 436.

¹⁰ QUEVEDO, Amalia. *De Foucault a Derrida. Passando fugazmente por Deleuze y Guattari, Lyotard, Baudrillard*. Pamplona: EUNSA – Ediciones Universidad de Navarra, 2001. p.114. Também nesse sentido: "E mais: apreendemos aquilo que é o ponto de partida de todo o Deleuze, e que neste volume se vinca com uma nitidez clamorosa: que precisamos (contra Hegel, ou melhor, depois de Hegel) de pensar uma ontologia da diferença pura, que é algo que vai além da contradição dialéctica, porque é a diferença daquilo que difere em si mesmo: nem alteridade, nem contradição, mas alteração (ou, como Deleuze dirá nas esplêndidas análises do seu mestre Bergson, uma 'duração')." COELHO, Eduardo Prado. *Situações de Infinito*. Porto: Campo das Letras, 2004. p. 213-214.

¹¹ DELEUZE, Gilles. "Os Intelectuais e o Poder. Conversa entre Michel Foucault e Gilles Deleuze." In: FOUCAULT, Michel. *A Microfísica do Poder*. Rio de Janeiro: Graal, 1979. p. 71.

¹² A palavra *bêtise* não é de fácil tradução para o português. Ela significa asneira, tolice, disparate, arvoice, necedade, estultícia. Lidando com a dificuldade de traduzir essa palavra, um comentador americano de Foucault explica: "Eu estou traduzindo a palavra francesa *bêtise*, nesse contexto, como 'animalidade muda' (*mute*) – em outros contextos poderia ser mais apropriadamente traduzida por estupidez (*stupidity*) e insensatez (*folly*)." MILLER, James. *The Passion of Michel Foucault*. New York: Anchor Book, 1994. p. 438.

¹³ DELEUZE, Gilles. "Sobre a Filosofia". In: *Conversações, op. cit.*, p. 188.

¹⁴ CARRILHO, Manuel Maria. *O que é Filosofia*. Lisboa: Difusão Cultural, 1994. p. 96.

¹⁵ DELEUZE, Gilles. "Um Retrato de Foucault". In: *Conversações, op. cit.*, p. 143.

¹⁶ RAJCHMAN, John. *As ligações de Deleuze*. Portugal: Temas e Debates, 2002. p.16. Também sobre essa problemática, como observa em outro texto, destacando a tarefa filosófica "[...] de exercer a função do pensamento que ele admirava em Foucault: a de prejudicar a tolice." RAJCHMAN, John. "Existe uma inteligência do virtual?" In: ALLIEZ, Eric (Org.). *Gilles Deleuze: uma Vida Filosófica*. São Paulo: Trinta e Quatro, 2000. p. 40.

¹⁷ Desenvolvi uma série de considerações sobre essa discussão no texto "A questão da *Aufklärung*: *mise au point* de uma trajetória". In: BRANCO, Guilherme Castelo e PORTOCARRERO, Vera (Org.). *Retratos de Foucault*. Rio de Janeiro: Nau, 2000. p. 264-295.

¹⁸ MOREY, Miguel. "Introducción". In: FOUCAULT, Michel. *Michel Foucault. Tecnologias del yo y otros textos afines*. Barcelona: Paidós, 1995. p. 22.

¹⁹ Quanto às relações entre Foucault e Adorno, elaborei uma aproximação desses autores no texto "Foucault e Adorno: Mapeando um Campo de Convergências". In: RAGO, Margareth; ORLANDI, Luiz; VEIGA-NETO, Alfredo (Org.). *Imagens de Foucault e*

Deleuze: ressonâncias nietzschianas. Rio de Janeiro: DP&A, 2002. p. 63-84. Posso sintetizar o argumento deste artigo através da seguinte passagem de Habermas: "De qualquer modo, está na natureza das coisas que os efeitos históricos das ideias não podem ser previstas. Hoje, a *Dialética do Esclarecimento* é lida diferentemente. Alguns a leem com os olhos do pós-estruturalismo francês. Como Axel Honneth mostrou, há de fato similaridades, por exemplo, entre Adorno e Foucault." HABERMAS, Jürgen. "Critical Theory and the Frankfurt University". In: DEWS, Peter (Org.) *Autonomy and Solidarity*. London: Verso, 1986. p. 213.

[20] DELEUZE, Gilles. "Sobre a Filosofia", *op. cit.*, p. 192.

[21] Seguindo a ideia de Habermas de que "a crítica da cultura de massas de Adorno deveria ser continuada e reescrita", a tese desta investigação poderia ser assim resumida: continuar a crítica adorniana com elementos pós-estruturalistas. HABERMAS, Jürgen. *Dossiê*. São Paulo: Novos Estudos Cebrap, n. 18, setembro de 1987, p.95. Saliento que essa continuação da crítica procura também abandonar o tom apocalíptico, e, por vezes, beirando o catastrófico, do filósofo alemão e se encontra mais à vontade com o espírito deleuziano sintetizado no seguinte apotegma: "Não cabe temer ou esperar, mas buscar novas armas." DELEUZE, Gilles. "Post-scriptum sobre as sociedades de controle". In: *Conversações*, *op. cit.*, p. 220.

[22] MATOS, Olgária. "As Humanidade e sua Crítica à Razão Abstrata". In: RIBEIRO, Renato Janine (Org.). *Humanidades: Um Novo Curso na Universidade de São Paulo*. São Paulo: Editora da USP, 2001. p.120. Para uma excelente exposição a respeito da indústria cultural nos nossos dias, confira-se: DUARTE, Rodrigo. *Teoria Crítica da Indústria Cultural*. Belo Horizonte: Editora UFMG, 2003.

[23] MATOS, Olgária. "Para que Filosofia?". In: PAIVA, Vanilda (Org.). *A Atualidade da Escola de Frankfurt*. Rio de Janeiro: Instituto de Estudos da Cultura e Educação Continuada, 1996. p. 23.

[24] MATOS, Olgária. "As Humanidade e sua Crítica à Razão Abstrata", *op. cit.*, p. 124.

[25] DELEUZE, Gilles. "Sobre a imagem-movimento". In: *Conversações*, *op. cit.* p. 79.

[26] Em resumo recente das conferências de Deleuze intituladas "Abecedário", Alcino Leite Neto destaca: "Para Deleuze, a TV é a 'domesticação em estado puro... em que todos concorrem para produzir a mesma nulidade'. Em 'C, como Cultura', define nossa época como um 'deserto cultural', cujas causas assim diagnostica: 'Primeiro, os jornalistas conquistaram a forma-livro e acham muito normal escrever em livro o que simplesmente bastaria no artigo de jornal. Segundo, espalhou-se a ideia geral de que todo mundo pode escrever, desde o momento em que a escrita se tornou o pequeno problema de cada um, de arquivos familiares, de arquivos que cada um tem em sua cabeça. Terceiro, os verdadeiros clientes mudaram: na TV não são mais os espectadores, mas os anunciantes; na edição, não são mais os leitores potenciais, mas os distribuidores'." NETO, Alcino Leite. "Confissões de um pensador". In: *Mais! Folha de São Paulo*, domingo, 30 de maio de 2004. p. 5.

[27] DELEUZE, Gilles e GUATTARI, Félix. *Que é a filosofia?* Rio de Janeiro: Trinta e Quatro, 1992. p. 89.

[28] COLEBROOK, Claire. *Gilles Deleuze*. New York: Routledge, 2002. p. 47.

[29] A referência a essa ideia de aristocracia mereceria uma melhor explicitação, tendo em vista as suas inevitáveis conotações antidemocráticas e antiigualitárias. Entretanto, neste momento, só poderia dizer que o sentido aqui empregado dessa palavra vincula-se ao papel desempenhado por certos estratos sociais que por razões de mérito, talento, esforço e, sem dúvida, em muitos casos graças às origens sociais provenientes dos grupos mais favorecidos socioeconomicamente, são capazes de desempenhar um papel importante na formação e reprodução do imaginário social, como, por exemplo, intelectuais, artistas, homens de imprensa, políticos, educadores, cientistas, filósofos, juristas, publicistas, politicólogos, líderes religiosos, militantes políticos e ecológicos, editores, críticos literários, dramaturgos, roteiristas etc.

[30] É interessante como no quadro do pensamento contemporâneo a própria filosofia se despede dessa tradição de referência a figuras geniais (por exemplo, Heidegger e Wittgenstein). Como salienta Habermas, no texto "Para que continuar com a filosofia?", de 1971, retomando uma indagação formulada em década anterior por Adorno: "o propósito dessas considerações que seguem não é dizer adeus à filosofia, senão explorar as tarefas que legitimamente podem confiar-se hoje ao pensamento filosófico, depois que a chegada ao seu fim, não só a grande tradição, senão também, como suspeito, um estilo de pensamento filosófico ligado à sabedoria individual e à representação pessoal." HABERMAS, Jürgen, "¿Para qué Seguir con la Filosofia?". In: *Jürgen Habermas. Perfiles Filosófico-políticos*. Madrid: Taurus, 1975. p. 16.

[31] GIL, José. *Diferença e Negação na Poesia de Fernando Pessoa*. Rio de Janeiro: Relume Dumará, 2000. p.14. Em sentido convergente com essa ideia, afirma Jacques Derrida: "Nesse momento eu me digo, portanto, sem ver realmente, sem o saber, que eu estava de algum modo em comunicação com acontecimentos em curso em domínios onde sou incompetente e isso não me surpreende. Não porque eu me atribuiria uma espécie de visão cega, mas porque creio que um trabalho como o meu e como outros registra necessariamente tremores, como de um certo modo os animais podem sentir um tremor de terra que se anuncia. Portanto, algumas vezes registro essa ressonância." COSTA, Rogério (Org.). "Jacques Derrida". In: *Limiares do Contemporâneo: entrevistas*. São Paulo: Escuta, 1993. p. 30.

[32] DELEUZE, Gilles. "O que é um Dispositivo". In: *O Mistério de Ariana. Cinco Textos e uma Entrevista de Gilles Deleuze*. Lisboa: Vega, 1996. p. 94.

[33] SLOTERDIJK, Peter. *Ni le soleil ni la mort. Jeu de piste sous forme de dialogues avec Hans-Jürgen Heinrichs*. Paris: Pauvert. 2003, p. 31.

[34] DUMOULIÉ, Camille. *Littérature et philosophie. Le gai savoir de la littérature*. Paris: Armand Colin, 2002. p. 5.

[35] "Convocação para a Oficina Aberta Resistência e Criação", no *Fórum Social Mundial*, Porto Alegre, 2003.

[36] FOUCAULT, Michel. "O Filósofo Disfarçado". In: *Filosofias. Entrevistas do Le Monde*. São Paulo: Editora Ática, 1990. p. 23-24. Quanto a esse otimismo de Foucault, esclarecedor o comentário de Guilherme Castelo Branco: "O otimismo de Foucault está na sua convicção de que os movimentos e as mentalidades libertárias têm grande poder de contágio, transformando, de maneira discreta e inconsciente, as atitudes e os modos de pensar das pessoas." BRANCO, Guilherme Castelo. "A Prisão Interior". In: PASSETI, Edson (Org.). *Kafka, Foucault: sem medos*. Cotia: Ateliê Editorial, 2004. p. 43.

[37] DIAS, Sousa. *Estética do Conceito. A Filosofia na Era da Comunicação.* Coimbra: Pé de Página, 1998. p.23. Confira-se também, do mesmo autor: *Lógica do Acontecimento. Deleuze e a Filosofia.* Porto: Edições Afrontamento, 1995.

[38] CAIAFA, Janice. *Nosso século XXI – Notas sobre arte, técnica e poderes.* Rio de Janeiro: Relume Dumará, 2000. p. 36.

[39] FOUCAULT, Michel. "O Filósofo Disfarçado", *op. cit.*, p. 24-25.

Referências

BRANCO, Guilherme Castelo. "A Prisão Interior". In: PASSETI, Edson (Org.). *Kafka, Foucault: sem medos.* Cotia: Ateliê Editorial, 2004.

CAIAFA, Janice. *Nosso século XXI – Notas sobre arte, técnica e poderes.* Rio de Janeiro: Relume Dumará, 2000.

CARRILHO, Manuel Maria. *O que é Filosofia.* Lisboa: Difusão Cultural, 1994.

COELHO, Eduardo Prado. *Situações de Infinito.* Porto: Campo das Letras, 2004.

COLEBROOK, Claire. *Gilles Deleuze.* New York: Routledge, 2002.

DELACAMPAGNE, Christian. História da Filosofia no Século XX. Rio de Janeiro: Jorge Zahar, 1997.

DELEUZE, Gilles. "Os Intelectuais e o Poder. Conversa entre Michel Foucault e Gilles Deleuze." In: FOUCAULT, Michel. *A Microfísica do Poder.* Rio de Janeiro: Graal, 1979.

DELEUZE, Gilles. "O que é um Dispositivo". In: *O Mistério de Ariana. Cinco Textos e uma Entrevista de Gilles Deleuze.* Lisboa: Vega, 1996.

DELEUZE, Gilles. "Post-scriptum sobre as sociedades de controle". In: *Conversações.* Rio de Janeiro: Trinta e Quatro, 1992.

DELEUZE, Gilles. "Sobre a imagem-movimento". In: *Conversações.* Rio de Janeiro: Trinta e Quatro, 1992.

DELEUZE, Gilles. "Rachar as Coisas, Rachar as Palavras". In: *Conversações.* Rio de Janeiro: Trinta e Quatro, 1992.

DELEUZE, Gilles. "Sobre a Filosofia". In: *Conversações.* Rio de Janeiro: Trinta e Quatro, 1992.

DELEUZE, Gilles. "Um Retrato de Foucault". In: *Conversações.* Rio de Janeiro: Trinta e Quatro, 1992.

DELEUZE, Gilles.; GUATTARI, Félix. *Que é a filosofia?* Rio de Janeiro: Trinta e Quatro, 1992.

DERRIDA, Jacques. "Jacques Derrida". In: COSTA, Rogério (Org.). *Limiares do Contemporâneo: entrevistas.* São Paulo: Escuta, 1993.

DIAS, Sousa. *Estética do Conceito. A Filosofia na Era da Comunicação*. Coimbra: Pé de Página, 1998.

DELEUZE, Gilles. *Lógica do Acontecimento. Deleuze e a Filosofia*. Porto: Afrontamento, 1995.

DUARTE, Rodrigo. *Teoria Crítica da Indústria Cultural*. Belo Horizonte: Editora da UFMG, 2003.

DUMOULIÉ, Camille. *Littérature et philosophie. Le gai savoir de la littérature*. Paris: Armand Colin, 2002.

FOUCAULT, Michel. "O Filósofo Disfarçado". In: *Filosofias. Entrevistas do Le Monde*. São Paulo: Ática, 1990.

FOUCAULT, Michel. "Strucuturalisme et poststructuralisme". In: *Dits et écrits. 1954-1988*. Paris: Gallimard, 1994.

GIL, José. *Diferença e Negação na Poesia de Fernando Pessoa*. Rio de Janeiro: Relume Dumará, 2000.

GUTTING, Gary. *French Philosophy in the Twentieth Century*. Cambridge: Cambrigde University Press, 2001.

HABERMAS, Jürgen. "¿Para qué Seguir con la Filosofia?". In: *Jürgen Habermas. Perfiles Filosófico-políticos*. Madrid: Taurus, 1975.

HABERMAS, Jürgen. "Critical Theory and the Frankfurt University". In: DEWS, Peter. (Org.) *Autonomy and Solidarity*. London: Verso, 1986.

HABERMAS, Jürgen. *Dossiê*. São Paulo: Novos Estudos Cebrap, n. 18, setembro de 1987.

KELLY, Michael. "Introduction". In: KELLY, Michael. *Critique and Power. Recasting the Foucault/Habermas Debate*. Cambridge: MIT Press, 1994.

MAIA, Antonio Cavalcanti. "Biopoder, biopolítica e tempo presente". In: NOVAES, Adauto (Org.). *Homem-Máquina*. São Paulo: Companhia das Letras, 2003.

MAIA, Antonio Cavalcanti. "A questão da *Aufklärung: mise au point* de uma trajetória". In: BRANCO, Guilherme Castelo e PORTOCARRERO, Vera (Org.). *Retratos de Foucault*. Rio de Janeiro: Nau, 2000.

MAIA, Antonio Cavalcanti. "Foucault e Adorno: Mapeando um Campo de Convergências". In: RAGO, Margareth; ORLANDI, Luiz; VEIGA-NETO, Alfredo (Org.). *Imagens de Foucault e Deleuze: ressonâncias nietzschianas*. Rio de Janeiro: DP&A, 2002.

MATOS, Olgária. "As Humanidade e sua Crítica à Razão Abstrata". In: RIBEIRO, Renato Janine (Org.). *Humanidades: Um Novo Curso na Universidade de São Paulo*. São Paulo: Editora da Universidade de São Paulo, 2001.

MATOS, Olgária. "Para que Filosofia?". In. PAIVA, Vanilda (Org.). *A Atualidade da Escola de Frankfurt*. Rio de Janeiro: Instituto de Estudos da Cultura e Educação Continuada, 1996.

MILLER, James. *The Passion of Michel Foucault*. New York: Anchor Book, 1994.

MOREY, Miguel. "Introducción". In: FOUCAULT, Michel. *Michel Foucault. Tecnologias del yo y otros textos afines*. Barcelona: Paidós, 1995.

PELBART, Peter Pál. *A Vertigem por um Fio. Políticas da Subjetividade Contemporânea*. São Paulo: Iluminuras, 2000.

PELBART, Peter Pál. *Vida Capital. Ensaios de Biopolítica*. São Paulo: Iluminuras, 2003.

QUEVEDO, Amalia. *De Foucault a Derrida. Passando fugazmente por Deleuze y Guattari, Lyotard, Baudrillard*. Pamplona: EUNSA — Ediciones Universidad de Navarra, 2001.

RAJCHMAN, John. *As ligações de Deleuze*. Portugal: Temas e Debates, 2002.

RAJCHMAN, John. "Existe uma Inteligência do Virtual?". In: ALLIEZ, Éric (Org.). *Gilles Deleuze: uma Via Filosófica*. São Paulo: Trinta e Quatro, 2000.

SLOTERDIJK, Peter. *Ni le soleil ni la mort. Jeu de piste sous forme de dialogues avec Hans-Jürgen Heinrichs*. Paris: Pauvert, 2003.

Pedagogias do corpo
Higiene, ginásticas, esporte

Carmen Lúcia Soares

"[...] Gerir a população significa geri-la em profundidade, minuciosamente, no detalhe", nos diz Foucault[1]. O que seriam as *ginásticas e o esporte* senão *pedagogias higiênicas*, táticas sempre atualizadas e resignificadas de investimento *no* corpo, na intimidade de sua fisiologia, na gestão de seus desejos?

As pedagogias, afirma Vigarello[2], "[...] são portadoras de preceitos que dão ao corpo uma forma e o esquadrinham para submetê-lo a normas de um modo muito mais seguro que o pensamento. Imagens sugeridas, gestos esboçados induzem, no silêncio, posições e comportamentos [...]".

Talvez fosse importante pensar nas múltiplas *táticas de modelagem e adestramento* do corpo como uma história de *contextos pedagógicos* nos quais elas seriam mais um elemento.

As pedagogias que se elaboram para educar o corpo incorporam, em seus lentos processos de constituição, as transformações da sensibilidade de cada época e, mais precisamente, uma racionalização da vigilância sobre o outro e sobre si mesmo, sobre o próprio corpo. É possível, portanto, falar de "[...] modelos que ao governar o funcionamento do corpo, governam mesmo os meios que o educam"[3].

Há uma constante atualização das pedagogias, há um incremento racional sempre mais intenso e extenso nos modos de intervir no corpo, medindo a cada dia mais intensiva e progressivamente todas as suas funções e toda sua expressão. Alias, a ideia mesma da *medida* em tudo o que concerne ao corpo traz elementos importantes para uma leitura dos processos de sua *domesticação e docilidade*. É possível pensar que a *medida* compõe mais seguidamente os horizontes imediatos de onde se pode apreciar os objetivos e os resultados das muitas intervenções sobre o corpo.

A *medida* inaugura um modo de olhar e ao mesmo tempo um modo de intervir, materializando com intensidade, e quase mecanicamente, os processos de conformação dos corpos, trazendo à cena mais claramente o conjunto de saberes e práticas aos quais tem recorrido a pedagogia, assim como "[...] os sistemas de poder que ela tem, sucessivamente, colocado em jogo. Das forças que tem a exercer para que se uniformizem os corpos", conforme afirma Vigarello[4].

Medir torna-se, de fato, a ação e a intenção primeira para domesticar o corpo e enquadrá-lo em supostas normalidades. Medir o peso, a força, a resistência, a velocidade, a flexibilidade, e, hoje mais intensivamente, medir os *índices de massa corporal (imc)*: o quanto de massa magra (massa muscular), o quanto de gordura um corpo deve conter; *medir*, trazer à luz um dado matemático que permite conhecer um funcionamento, uma espessura da pele ou dos músculos, uma impulsão, um batimento cardíaco, um arremesso, um salto ou mesmo uma quantidade de ar que se é capaz de colocar para dentro e para fora do corpo... a capacidade mesma de respirar. Medir ainda o quanto se deve comer de tal ou qual alimento, a quantidade de sal ou de açúcar, de álcool ou de leite que diferentes *faixas etárias* ou *populações* devem ou podem consumir[5].

A *medida* como categoria fundamental para pensar o corpo, presente já em *manuais de ginástica* desde o século XIX, permanece até os dias de hoje, atualizada pelo incremento científico e tecnológico de um lado e, de outro, pelo medo da velhice, da obesidade, das rugas, da morte, medo que resulta em uma obsessão pela saúde, pelo puro, liso, firme e jovem. Parece mesmo que o vírus da saúde tornou-se universal, conforme sugerem as análises de Lucien Sfez[6].

Talvez uma história da *balança*, como instrumento que aufere o peso corporal, pudesse testemunhar o lento processo de inserção da *medida* do peso corporal na vida cotidiana e atestar uma mudança de sensibilidade e tolerância em relação à gordura e mesmo da determinação do peso corporal como índice a ser considerado para a saúde das *populações*! De um instrumento presente em hospitais, clínicas e mesmo ambientes de treino corporal para o espetáculo esportivo, bem como para pesagem de animais, a *balança* transforma-se, num curto espaço de tempo, em equipamento doméstico e passa a ser considerado indispensável na maioria das casas; seu uso torna-se, assim, rotineiro.

A *medida do peso corporal* dada pela balança permite, portanto, pensar na sensibilidade e na tolerância em relação à visibilidade dos corpos e é instrumento indispensável na constituição das pedagogias higiênicas.

A ginástica, uma pedagogia higiênica

A Europa das primeiras décadas do século XIX é cenário de rupturas marcantes e profundas no modo de conceber e educar o corpo. Os exercícios físicos não são ainda um hábito difundido para a *população* em geral, hábito que muito rapidamente se irá inserir na vida civil, atualizar-se de uma maneira impressionante e permanecer até os nossos dias.

O modo como os exercícios físicos começam a ser pensados nesse momento no interior dos *Ginásios* em Londres, Paris, Berna ou Berlim, por exemplo, indica uma aproximação e uma aliança cada vez mais alargada com a ciência, permitindo, assim, o *cálculo* de sua intensidade, o *cálculo* de sua dosagem, a *medida* de seus efeitos. O movimento corporal pode ser calculado, as qualidades físicas como a força, a velocidade, a flexibilidade ou a resistência podem ser previstas e contabilizadas. Inúmeros aparelhos de medida do movimento corporal humano, da potência muscular são atualizados, outros inventados e outros abandonados. Do dinamômetro do século XVIII que media a potência dos músculos ao mais atual aparelho para medir quaisquer capacidades ou qualidades físicas hoje, é possível pensar em persistências e em rupturas, que não abandonam a mesma ideia, qual seja, aquela de *medir* e de *calcular* o gesto mais íntimo, de *esquadrinhar* a expressão mais singela, de elaborar uma cartografia da carne e controlar funções e eficácias.

Analisar o movimento humano, calcular as forças produzidas bem como as velocidades dos tempos de execução indica uma preocupação com as performances e com a eficácia desses mesmos movimentos em distintas esferas da vida.

Circunscrever o corpo e o movimento humano como um objeto de estudo para além de objeto de curiosidade ou de entretenimento também revela dimensões importantes do lugar ocupado pelas *pedagogias* e de seu poder sobre o corpo, de sua capacidade mesma de nele intervir.

Os métodos de exercitar-se, as *ginásticas*, por exemplo, que são sistematizadas no princípio do século XIX na Europa e cujo modelo é estendido aos países sob seu domínio, são herdeiros de uma mentalidade existente no momento histórico das disciplinas, em que se forma, conforme as palavras de Foucault, "[...] uma política das coerções que são um trabalho sobre o corpo, uma manipulação calculada de seus elementos, de seus gestos, de seus comportamentos"[7].

Amoros, o coronel espanhol, tutor dos filhos da realeza espanhola da primeira metade do XIX, é aquele que escreve um Manual de Ginástica[8] para os franceses, cuja primeira edição data de 1834[9]. O *Ginásio* de Amoros, local em que ministrava suas *sessões de ginástica*, é um misto de curiosidades, moral e bons costumes, modos corretos de exercitar o corpo e de educar a vontade, e é também um primeiro lugar pensado para se ganhar dinheiro com a educação do corpo, de transformação da *ginástica num negócio*[10]. Seu Ginásio foi, assim, um esboço das contemporâneas *academias de ginástica*.

A definição de ginástica dada por Amoros revela-se já exemplar desta *manipulação calculada* dos elementos e gestos corporais e de um governo de si decorrente de sua prática sistemática:

> [...] a ginástica é a ciência fundamentada de nossos movimentos, de suas relações com nossos sentidos, nossa inteligência, nossos sentimentos, nossos costumes, e o desenvolvimento de todas as nossas faculdades [...] E nos dispõem a resistir a todas as intempéries das estações [...]; a triunfar sobre todos os perigos e todos os obstáculos; a prestar, enfim, serviços de destaque ao Estado e à humanidade. A beneficência e a utilidade pública são o objetivo principal da ginástica; [...] a saúde humana, o aumento da força e da riqueza individual e pública são seus resultados positivos.[11]

Parece não haver aqui qualquer dúvida em relação às funções exercidas pelo exercício físico na *governamentalidade* do corpo... e da população!

Em um curto espaço de tempo, não mais que duas décadas, acentua-se um possível caráter terapêutico da ginástica; na segunda metade do século XIX, destacam-se os estudos relativos às doenças pulmonares e a ginástica passa a compor a terapêutica dessas doenças. Há então uma ênfase na *educação da respiração*. Também os estudos no campo da fisiologia avançam e permitem análises mais precisas sobre o *esforço*, a *fadiga* e a *repetição* dos *gestos* no trabalho. O corpo vivo, em movimento, passa a ser visto como o centro do aparelho produtivo e a linguagem industrial, e seus cálculos de rentabilidade consolidam-se como fontes de analogias com as pesquisas sobre o gesto e com a chamada eficácia funcional[12].

As ginásticas constituíram uma grande sistematização científica e pedagógica nessa empreitada de *adestramento do corpo*, de inscrição de novos gestos, de "qualificação" do movimento e de governo da vontade, permitindo não só a visibilidade das performances corporais mas também os efeitos do exercício sobre o corpo em sua totalidade ou em suas partes. A ginástica incrementa e melhora os índice desta performance e possibilita aferições comparativas de quantidades e de intensidades, e "[...] não mais sugere apenas resultados, (ela) inventa gestos, recompõe exercícios e encadeamentos"[13].

Pode-se afirmar, assim, que a ginástica é parte desta cartografia do detalhe, ela atua nos mais íntimos espaços do corpo e indica os mais variados comportamentos, conformando modos de viver; ela integra procedimentos educativos, aqueles mesmos exigidos nos processos de trabalho industrial, bem na passagem do século XVIII para o XIX, quando a repetição dos gestos precisos e especializados concernem diretamente aos lucros dos objetos "fabricados". É preciso *decompor* os gestos humanos, estudá-los separadamente e *treiná-los*. A ginástica concorre para este fim, concorre para o desenvolvimento de uma *destreza específica* e, sobretudo, de uma *disposição precisa das forças*.

Deste modo, torna-se imperioso pensar a ginástica como expressão de um pensamento médico em sua constituição no século XIX e sua ampla difusão no século XX, porque a "[...] A medicina é um saber-poder que incide ao mesmo tempo sobre o corpo e sobre a população, sobre o organismo e sobre os processos biológicos e que vai, portanto, ter efeitos disciplinares e efeitos regulamentadores"[14].

A ginástica é esta pedagogia que incide sobre o corpo individual e auxilia na regulagem do corpo social, na regulagem das populações, é tanto disciplina quanto regulamentação da vida e vai, de certo modo, e em certa medida, dando visibilidade ao que poderíamos denominar *corpo sadio, corpo dócil*, compondo um denso registro de saberes sempre reelaborados e disseminados[15].

Até Mme. Emma Bovary, a emblemática personagem de Flaubert[16], é incitada a fazer exercícios, a ocupar sua mente e seu físico com atividades úteis, a passear ao ar livre, cavalgar. Emma "[...] não parecia feliz", diz o narrador em um certo momento do romance, "[...] Estava muito pálida, branca como o linho; a pele do nariz esticava-se nas narinas e os olhos tinham uma expressão vaga. Descobrindo três fios de cabelos brancos nas têmporas, passou a falar de sua velhice. Desmaiava freqüentemente e chegou a escarrar sangue." O marido Charles, médico, ficou preocupado, mas sabia que aquilo que mais agradava a Emma era "[...] ficar em seu quarto lendo"[...] apesar de precisar fazer exercícios. Mesmo a mãe de Charles é enfática ao dizer: "sabes de que precisa tua mulher? [...] Ocupações físicas, trabalhos manuais! Se ela fosse como as outras, obrigada a ganhar o pão, não teria essas ideias, que lhe vêem das fantasias que nutre na cabeça e da indolência em que vive".

O enfrentamento da indolência e da preguiça teve no exercício físico, configurado pela ginástica num primeiro momento e pelo esporte num segundo momento, grandes aliados de médicos e pedagogos. E as demonstrações de ginástica, seguidas do espetáculo esportivo, também tiveram um papel pedagógico importante na compreensão de uma *utilização adequada do tempo* e, sobretudo, de possíveis *divertimentos sadios*.

De um certo modo, exerceram uma dupla função: aquela de demonstrar as energias físicas preservadas em uma aparência considerada ideal, de revelar características físicas ideais para o homem moderno, atuando portanto em um plano individual e, ao mesmo tempo, atuando em um plano mais geral, apresentando divertimentos úteis e interferindo assim na saúde das populações.

A disciplina do corpo pela ginástica e pelo esporte revela, assim, a presença do poder em "[...] toda superfície que se estende do orgânico ao biológico, do corpo à população, mediante o jogo duplo das tecnologias de disciplina de uma parte, e das tecnologias de regulamentação de outra"[17].

O que são hoje os alertas sempre mais alarmantes contra a obesidade e o sendentarismo das populações? A palavra de ordem é "livrar-se", livrar-se dos excessos da alimentação, dos vícios, uma vez que eles sobrecarregam a previdência, oneram as seguradoras, diminuem a *expectativa de vida das populações*! É, portanto, necessário agitar-se! Os *Programas* são agora globais[18], e o novo higienismo não somente é aceito, como incorporado à vida cotidiana.

Veja-se como é imperativa a necessidade de "fazer uma atividade física"; veja-se como os desequilíbrios corporais, as doenças de um modo geral estão sempre associados à *falta de atividade física* e toda a população das cidades (pequenas ou não) é sempre incitada a movimentar-se, a fazer dietas, a consumir menos gordura, a desejar-se magra.

Veja-se a constante atualização das ginásticas, das técnicas, dos locais a elas destinados, assim como de todo um aparato tecnológico e mercadológico que deve estar em consonância com a eterna novidade e com o descarte do que esteve em uso, do que "envelheceu"! E tudo neste campo *envelhece* com uma velocidade estonteante. O novo higienismo associa-se às tecnologias da beleza e toma as *ginásticas* como aliadas no *combate à velhice*, alimentando, assim, a ilusão de cristalização de um tempo da vida configurado em uma *anatomia juvenil*. Agrega-se ao ideário deste novo higienismo um imenso mercado de produtos lícitos e ilícitos[19] aceitos e veiculados em larga escala como *meio* para o alcance do ideal de aparência do momento.

Mas há algo que as ginásticas não possuem e que será suprido por uma outra pedagogia que a ela vai associar-se; trata-se do *esporte*, grande modelo de treino do corpo e de visibilidade das performances, da visibilidade do rendimento. Ele é uma pedagogia higiênica do espetáculo do corpo.

O esporte, uma pedagogia higiênica do espetáculo do corpo

O esporte[20], como pedagogia higiênica da performance e do espetáculo do corpo, exerce um fascínio singular sobre a vida cotidiana e compõe mesmo a *regulação da vida*. Talvez seja o esporte a atividade humana que mais revela um conjunto de conhecimentos, técnicas e discursos legitimados e desejados para o controle do corpo; talvez seja a atividade mais impregnada de logro, mais encantatória.

Construído na dinâmica própria da sociedade industrial, o esporte encarna e expressa não só comportamentos desejados, mas também se revela como *divertimento consentido*, aprovado e estimulado pelo poder. Sua força é tal que vai interferir até nos espaços de sua prática inaugurando lugares, como é o caso, por exemplo, do estádio; mas ele inaugura também a marcação do tempo para o divertimento, orquestra encontros e cria uma cronologia que se distancia sempre mais das festividades locais ou mesmo dos ritmos e ritos das festas religiosas. Ele cria, assim, novas sociabilidades; com sua lógica, educa o corpo para novas sensibilidades marcadas, sobretudo, pela normatização plena do divertimento e sua completa separação da vida cotidiana.

Não menos significativa é sua constante busca de criação de uma moral própria e de um ser virtuoso, corajoso e apaixonado que faz existir um espaço completamente idealizado, mas fundado nos princípios competitivos próprios da sociedade que o engendra. Num certo sentido, é possível afirmar que o esporte moderno desenha e exibe um mundo de "modelos", *"um espaço de perfeição"*[21], em que vício e virtude são encarnados naqueles que ganham ou perdem medalhas[22].

Para que exista o esporte, é preciso "treinar" o corpo de um modo específico e inédito, opondo-se, em suas origens, aos exercícios ginásticos com suas cadências e ritmos mais modestos e suas medidas inventadas no século XIX, opondo-se àquele espetáculo mais pobre, menos excitante. Aliás, é como atividade *excitante*, que causa vertigem, que mobiliza emoções e sensações, que o esporte se afirma no fim do século XIX.

Sua entrada na vida em sociedade ocorre simultaneamente ao surgimento de um novo mal, qual seja, aquele da *excitação extrema* e do *nervosismo no trabalho*, aquele do *desgaste nervoso* que se agrega ao desgaste das forças físicas, próprio das modernas sociedades industriais. O esporte apresenta-se, então, com seu misto de trabalho corporal e excitação emocional como atividade compensatória deste novo mal; ele compensaria o desgaste nervoso causado pelo trabalho, e praticá-lo "é aprender a economia da fadiga e o sentido da diversão"[23].

Símbolo de uma vida saudável, o esporte é esta pedagogia que ensina não apenas a economizar forças, a treiná-las para ações certas e úteis, mas, sobretudo, a tirar proveito emocional deste trabalho, a divertir-se *treinando* o corpo.

É esta pedagogia que irá também, em curto espaço de tempo, ensinar, de uma maneira totalmente nova, como podem ser *sadios* os *divertimentos*, ou seja, não apenas *praticar esporte*, mas também *assistir ao esporte*, formar, portanto, o espectador do divertimento sadio.

O esporte é este *divertimento sadio*[24] e passa a integrar, de modo singular, uma mudança de comportamento e de hábitos, necessária à vida urbana que, lentamente, elabora novas sensibilidades. É preciso controlar a vida fora do trabalho e fora da escola[25]; os divertimentos devem ser úteis.

O esporte encarna estes novos códigos e concorre para a afirmação do chamado *lazer ativo*, estimula a vontade de progredir sempre, de superar limites físicos, ensina a vigiar o tempo das provas, a exigir o espaço instituído e o gesto preciso, constituindo, assim, esta pedagogia higiênica que *espetaculariza o corpo*.

Pedagogias do novo higienismo

O corpo sadio protagonizado pelo esporte e pelas ginásticas no ideário deste novo higienismo que se vive hoje compõe mesmo a *regulação da vida* de que nos fala Foucault[26]. Não basta praticar algum exercício físico ou alguma modalidade esportiva, o corpo sadio requer uma vestimenta especial, um calçado especial, um regime alimentar e de repouso também especiais e, mais recentemente, um instrutor especial e particular, o *personal training*! Forma-se também um espectador especial, aquele que deve *amar* o espetáculo esportivo, massivamente difundido pelas mídias contemporâneas. Com a mesma intensidade, surge a exclusão daquele que, por algum motivo, não se entusiasma com uma *Copa do Mundo*, uma *Olimpíada*, ou com os inúmeros *programas televisivos sobre esporte*.

Se há beleza no gesto próprio ao espetáculo esportivo, se há beleza naquela perfeição exata, altamente tecnificada e esquadrinhada, se há uma nova sensibilidade que se cria em torno deste espetáculo, há também ali, neste mundo separado e idealizado que é o mundo esportivo, e em escala infinitamente maior, *chauvinismo, homofobia, doping*. O esporte moderno converte-se, no curso de sua breve história, num dos locais mais homofóbicos e sexistas de nossa sociedade[27]. Converte-se também em lugar de manifestação de um nacionalismo rasteiro e vulgar, mas altamente pedagógico. É o esporte a atividade humana que tem permitido, nas sociedades contemporâneas, as mais sofisticadas experimentações bioquímicas e físicas no corpo; as mais brutais formas de *intervenção consentida* e que sequer são discutidas, questionadas e raramente divulgadas.

Mundo paralelo, conforme afirma Vigarello[28], o esporte institui o *treino corporal* e todas as suas implicações e estende os valores da alta competição para o conjunto das atividades que tratam do corpo; ele é uma pedagogia do tempo calculado, da regulagem dos mais íntimos espaços do corpo e da vida de quem o pratica[29].

Indústria contemporânea das mais rentáveis, mobilizando e movimentando valores astronômicos em termos globais, a indústria esportiva passa a exigir "[...] um rendimento orgânico à altura de seus investimentos. A capacidade de investimento vai estar diretamente relacionada com a possibilidade de quebra de recordes"[30], e estes, diretamente vinculados à capacidade do corpo de suportar a carga de treino, de render de acordo com o patrocinador.

O *doping* talvez seja o aspecto mais revelador do mundo esportivo, mundo separado e que se quer exemplar; o *doping* revela mesmo as suas falsas aparências, a opacidade reinante no mundo dos recordes. O esporte moderno, portanto, esta *pedagogia higiênica* do *espetáculo do corpo*, desenvolve-se a partir da lógica solitária da performance, lógica do excesso, do trabalho intermitente sobre o funcionamento do corpo e o seu uso sempre extremo[31].

O rendimento é o valor máximo do esporte e todos querem ver este valor máximo na *medida* do recorde: no salto mais alto, no arremesso mais longo, na jogada mais espetacular... é "[...] preciso (re) conhecer o corpo como um objeto, ou não se pode treiná-lo", afirma Vaz[32].

As formas sempre atualizadas das *pedagogias higiênicas* e sua tarefa de intervir nos corpos revelam-se como *táticas de governo de si* e de *gestão das populações*. Ancoram-se na racionalidade técnica e na elaboração constante de imperativos de performance, saúde e beleza, construindo uma *ideologia da vida* e da *felicidade*[33] *medida por percentis*. Frases anódinas, imperativos do *agite-se*, do *mexa-se*, do *não ao sedentarismo*, da busca por uma beleza universal a qualquer custo (e é literalmente a qualquer custo!); palavras simples vão produzindo sentidos muito precisos *de saúde, longevidade, bem-estar, qualidade de vida, beleza, não apenas em indivíduos, mas em populações!*

Enquanto crescem de maneira absurda os distúrbios alimentares e diz-se que a obesidade se tornou uma epidemia mundial, a comida torna-se *espetáculo* e sua propaganda avassaladora[34]; vive-se o estímulo máximo ao desejo e a punição máxima àquele que revela excessos.

A afirmação de Foucault: "[...] Fique nu, mas seja bonito, magro, bronzeado"[35] é emblemática deste momento em que o controle-represssão é substituído pelo controle-estimulação. "De que corpo necessita a sociedade atual?" pergunta Foucault, na década de 70 do século XX[36]... e nos dias de hoje?

Notas

[1] Michel FOUCAULT. *Microfísica do poder*, 6ª. ed. Rio de Janeiro: Graal, 1986. p. 291.

[2] VIGARELLO, Georges. *Les corps redréssé: histoire d'un pouvoir pédagogique*. Paris: Jean Pierre Delarge, 1978. p. 9

[3] VIGARELLO, *op. cit.*, 1978. p. 11.

[4] VIGARELLO, *op. cit.*, 1978, p. 11-12.

[5] Ver, entre outros, os estudos de SANT'ANNA, Denise. "Bom para os olhos, bom para o estômago: o espetáculo contemporâneo da alimentação". *Revista PRO-POSIÇÕES*, vol.4, n.2 (41), mai/ago 2003, p. 41-52; FISCHLER, Claude. La symbolique du Gross@. *Communication*,.Paris: Seuil, 1987, n. 46, p. 255-278.

[6] "[...] Na era da comunicação omnipotente, a informação sobre os problemas de saúde circula efectivamente entre as diferentes culturas, tendendo a homogeneizar as práticas particulares e o vírus da 'saúde' tende a tornar-se universal". In: SFEZ, Lucien. *A saúde perfeita: crítica de uma utopia*. Lisboa: Instituto Piaget, [s.d], p. 42.

[7] FOUCAULT, Michel. *Vigiar e punir: nascimento da prisão*. Petrópolis: Vozes, 1984. p. 127.

[8] AMOROS, Francisco y Odeaño de. *Nouveau Manuel d'Éducation Physique, Gymnastique et Morale*. Paris: A la Librairie Encyclopédique de Roret, 1838. vol. I.

[9] Um primeiro esboço desse estudo foi apresentado por Amoros em 1820, mas a primeira edição somente saiu em 1834. Eu trabalho com a segunda edição, datada de 1838, que se encontra na Biblioteca Nacional do Rio de Janeiro.

[10] Até Honoré de Balzac frequentava o Ginásio de Amoros e valeu-se da imagem física dos ginastas que frequentavam aquele espaço para compor certos personagens.

[11] AMOROS, *op. cit.*, 1838, p. 1.

[12] Ver, a respeito, PERROT, Michelle. *Os excluídos da história: operários, mulheres e prisioneiros*. Rio de Janeiro: Paz e Terra, 1988. p. 78.

[13] VIGARELLO, Georges. "A invenção da Ginástica no século XIX: movimentos novos, corpos novos", *Revista Brasileira de Ciências do Esporte (RBCE)*, vol. 25, n.1, set. 2003. p. 13.

[14] FOUCAULT, Michel. *Em defesa da sociedade*. São Paulo: Martins Fontes, 1999. p. 302.

[15] Ver, por exemplo, SANT'ANNA, Denise Bernuzzi de (Org.). *Políticas do corpo*. São Paulo: Estação Liberdade, 1995.

[16] FLAUBERT, Gustave. *Madame Bovary*. Rio de Janeiro: Ediouro, [s.d.], 1ª ed., 1857, p. 68, 91 e 92. Flaubert valeu-se do manual de ginástica escrito pelo Coronel Amoros – o seu *Nouveau Manuel d'Éducation Physique, Gimnastique et Morale* – para descrever Bouvart e Pécuchet; os seus personagens deslumbrados pelo cientificismo do século XIX, concebem aquele manual de Amoros portador de uma ginástica científica, portanto adequada para suas exercitações.

[17] FOUCAULT, Michel. op. cit, 1999, p. 302.

[18] Ver, a respeito, as análises empreendidas por FRAGA, Alex Branco. *O Evangelho do Agito: uma forma de ativar o corpo e regular a vida*. Projeto de tese de doutorado: Programa de Pós-Graduação em Educação da UFRGS, Porto Alegre, 2002, sob orientação de Guacira

Lopes Louro. Este trabalho de pesquisa analisa alguns dos programas mundiais de atividade física, tais como o AGITA SÃO PAULO e o AGITA MUNDO.

[19] Por exemplo, o uso de esteroides anabólicos e do hGH, hormônio do crescimento que em 2002 foi considerado a droga do verão nas academias da cidade de São Paulo.

[20] As ideias desenvolvidas neste item tomam por base VIGARELLO, Georges. Du *jeu ancien au show sportif: la naissance d'un mythe*. Paris: Seuil, 2002.

[21] VIGARELLO, *op. cit.*, p. 58-61.

[22] ALMEIDA, Milton José de. "A liturgia olímpica". In: SOARES, Carmen (Org.). *Corpo e História*, 2ª ed., Campinas: Autores Associados, 2004.

[23] VIGARELLO, *op. cit.*, 2002, p. 68.

[24] Ver, entre outros, as análises de ARNAULD, Pierre. "Éducation physique et santé. Quand Lyon faisait la politique de la France". In: *Sport et santé dans l'histoire, ISHPES-Studies*, vol.7, 1999. p. 129-143; HASSE, Manuela. ASport et santé au Portugal@. In: *Sport et santé dans l'histoire. ISHPES-Studies*, vol.7, p. 29-37; ELIAS, Norbert. *A busca da excitação*. Lisboa: Difel, 1992; LUCENA, Ricardo. *O esporte na cidade: aspectos do esforço civilizador brasileiro*. Campinas: Autores Associados, 2001.

[25] Ver, a respeito, RAGO, Margareth. Do *cabaré ao lar: a utopia da cidade disciplinar 1890-1930*. Rio de Janeiro: Paz e Terra, 1987.

[26] FOUCAULT, Michel. *op. cit.*, 1999 e 1986.

[27] Ver, por exemplo, BAILLETE, Frédéric; LYOTARD, Philippe. *Sport et virilisme*. Montpellier: Quasimodo, 1999; LYOTARD, Philippe. *Sport*. In: TIN, Louis Georges (Org.). *Dictionaire de l'Homophobie*. Paris: PUF, 2003.

[28] VIGARELLO, *op. cit.*, 2002.

[29] Ver, a respeito, os estudos de VAZ, Alexandre Fernandez, especialmente o artigo "Treinar o corpo, dominar a natureza: notas para uma análise do esporte com base no treinamento corporal", em *Caderno Cedes*, ano XIX, n.48, ago.1999, p. 89-108.

[30] FRAGA, Alex Branco. "Anatomias emergentes e o *bug* muscular: pedagogias do corpo no limiar do século XXI". In: SOARES, Carmen. *op. cit.*, 2004, p. 67.

[31] Ver, a respeito, VIGARELLO, Georges. *Du jeu ancién au show sportif: la naissance d'un mythe*. Paris: Seuil, 2002. especialmente p. 174.

[32] VAZ, Alexandre Fernandez, *op.cit.*, 1999, p. 102.

[33] Ver, a respeito, BRUCKNER, Pascal. *L'Euphorie perpétuelle: essai sur le devoir du bonheur*. Paris: Grasset, 2000.

[34] Ver SANT'ANNA, Denise. *op. cit.*, 2003.

[35] FOUCAULT, Michel. *op. cit*, 1984, p. 147.

[36] FOUCAULT, Michel. *op. cit*, 1986, p. 148.

Fugir do próprio rosto

Denise Bernuzzi de Sant'Anna

Muitos jornais costumam publicar entrevistas com intelectuais importantes, revelando os nomes completos e as fotografias dos entrevistados. Não foi o que aconteceu em janeiro de 1980, quando Michel Foucault aceitou conceder uma entrevista ao suplemento dominical do jornal francês *Le Monde*, sob a condição de que sua identidade não fosse revelada[1]. Os leitores ficariam, desse modo, sem saber quem havia respondido às questões. O panorama intelectual da época, fascinado pela transformação de intelectuais em celebridades midiáticas, seria confrontado à impossibilidade de promover o autor da entrevista. Como se fosse possível escapar da imagem de um "eu famoso", Foucault evitaria que as palavras ditas rebatessem automática e imediatamente sobre o seu nome.

Publicada em abril daquele ano, a entrevista teve início perguntando a razão da escolha do anonimato do entrevistado. Este, ao responder, ampliou a possibilidade do anonimato imaginando-o para além das entrevistas. Cogitou, por exemplo, a existência de um ano editorial no qual seriam publicados livros sem o nome dos respectivos autores: as livrarias venderiam livros cujos autores permaneceriam anônimos e os críticos dos livros teriam de se virar com uma produção inteiramente anônima. No entanto, o entrevistado também imaginou que um dos resultados da proposta de um ano sem autores seria levá-los a esperar o ano seguinte para publicar seus livros.

Curiosamente, essa entrevista anônima revelou com clareza o quanto a aversão ao anonimato perpassa boa parte da produção cultural contemporânea. Muitas vezes, aliás, o anonimato significa fracasso, desemprego e solidão. Mas o que me parece mais interessante destacar aqui é o quanto a ideia de uma entrevista anônima pode desencadear, para quem lê, reflexões importantes sobre as maneiras pelas quais cada um se relaciona com o conhecimento e, por vezes, a ele se apega.

As maneiras pelas quais a Humanidade se relaciona com o conhecimento e, em particular, com as formas de produzir a verdade, fazem parte de uma longa e diversificada história. Em diversos momentos da obra de Foucault esta relação foi questionada e desnaturalizada.[2] Inspirada nesses momentos, proponho a seguir uma breve reflexão sobre algumas diferenças existentes entre duas tendências cujas características são similares apenas na aparência: por um lado, a tendência defensora das mudanças nos modos de ser, pensar e agir baseada em cultos do corpo e performances da mente motivados em grande medida pela vontade de ignorar os próprios temores e sofrimentos. Nesse caso, todos os mirabolantes exercícios do corpo e da mente são válidos, desde que o sofrimento seja considerado inútil, sem razão de existir.

Por outro lado, a partir da obra de Foucault, pode-se sugerir uma segunda tendência, relacionada à transformação de si sem garantias de que se está caminhando rumo às experiências com mais ou menos sofrimento. Alheias à esperança de que o corpo e a mente ficarão mais sólidos, seguros e satisfeitos por meio delas, essas experiências podem provocar um certo descolamento do indivíduo em relação a seu próprio rosto ou mapa facial[3]. Elas também o conduzem a ser confrontado com uma nudez de si mesmo que, até então, não parecia lhe pertencer.

Uma estratégia importante para realçar as diferenças entre estas duas tendências reside na observação da historicidade de alguns hábitos relacionados à busca do conhecimento em épocas distantes da nossa. Para ilustrar rapidamente esta historicidade, vou mencionar, a seguir, uma antiga narrativa de origem religiosa e que, à primeira vista, pode lembrar os exemplos fornecidos por livros de autoajuda escritos nos últimos anos. Devo alertar o leitor que, para atingir os objetivos deste texto, tomei a liberdade de resumir a narrativa e, principalmente, de deturpar o desenvolvimento e o desfecho da mesma.

Nesta narrativa, o personagem principal é um professor, famoso por sua inteligência e refinamento. Num certo dia, enquanto lia um livro, esse professor foi abordado por uma senhora, desprovida de qualquer charme ou beleza. A mulher lhe perguntou:

– O que você está lendo?

– Estou lendo Filosofia – respondeu o professor

– Você entende o que lê? – perguntou ela.

– Sim! – exclamou ele.

– Mas você entende as palavras ou os seus sentidos?

– As palavras – disse ele.

A mulher ficou feliz. Mas o professor continuou a falar:

– Eu entendo também os sentidos.

Nesse momento, a mulher desandou a chorar.

O professor indagou o porquê desta brusca mudança de atitude e ela respondeu:

– Eu fiquei feliz ao ver um erudito como você não mentir e dizer que entendia somente as palavras, mas fiquei triste quando você mentiu.

O professor então perguntou:

– E quem saberia o sentido das palavras?

– Meu irmão – respondeu a mulher.[4]

O professor acabou descobrindo que o irmão daquela mulher era um grande sábio. E, desde que soube disso, tendo sido sempre cioso de sua cultura e ansioso para saber mais, não esperou muito para sair em busca do dito sábio.

Depois de andar muito, como em geral contam as narrativas sobre alguém que busca algo precioso, o professor começou a pensar que era difícil achar quem procurava pois, se fosse fácil, ao alcance da mão, não seria exatamente o "Sábio". Depois de muito tempo, o professor encontrou alguém que parecia ser quem procurava: um senhor com barba branca, vivendo no cume de uma montanha, isolado do mundo. Para completar o quadro, que em muito combinava com imagens facilmente divulgadas sobre a verdadeira sabedoria, este senhor era pobre, o que também coincidia com as expectativas do professor, o qual tendia a aceitar melhor a sabedoria quando ela provinha dos mais humildes.

Mas não demorou muito para que toda esta cena, aparentemente perfeita, fosse perturbada: o professor logo descobriu que o suposto sábio falava palavrões. Ao escutá-los, pensou em abandonar tudo... talvez se tratasse de um engano. Mas ao olhar o caminho percorrido, o professor se deu conta da passagem dos anos que havia gasto com aquela procura, de todo o investimento feito e, então, resolveu mudar de pensamento no lugar de mudar de caminho; afinal, pensou ele, talvez o palavrão fosse apenas um disfarce para a sabedoria.

Pensando desse modo, o professor se animou a pedir ensinamentos ao suposto sábio. E a resposta foi a seguinte:

– Volte para a sua terra e me traga alguns quilos de ouro em pó, caso contrário não lhe transmito os ensinamentos.

Depois de um certo desconcerto – afinal, cobrar por ensinamentos também parecia não combinar com a transmissão da verdadeira sabedoria –, o professor pensou: "talvez o sábio esteja querendo apenas me testar para ver até onde eu agüento".

Satisfeito com essa interpretação das palavras, o professor encarou o desafio. Acumulou ouro, viajou novamente e, depois de um trajeto duro, chegou ao cume da montanha. Estava nevando, o lugar parecia deserto, o professor olhou por todos os lados e nada encontrou. Depois de algum tempo, ouviu um assobio; felizmente, era o suposto sábio, atrás de alguns arbustos. Pensou o professor: "ele deve estar meditando!".

Ledo engano, ele estava se masturbando. Talvez meditasse enquanto se masturbava, mas isto o professor não conseguia pensar. E depois de atravessar tantas lonjuras com aquele ouro, resolveu pensar o que lhe parecia mais confortável: "talvez, pelo fato de eu ser um erudito, muito mais inteligente do que todos os outros que aqui chegaram, talvez por isso, o sábio me apareça assim, nesses atos difíceis de pensar, nesses gestos toscamente presos à banalidade dos hábitos. Suas formas de aparição devem ser um novo desafio para mim".

Cansado mas animado com esta nova ideia, o professor se apressou em mostrar o ouro trazido. O suposto sábio olhou a riqueza e disse:

– Não me lembro de ter lhe pedido isso... o que você pensa que posso fazer com todo esse ouro em cima dessa montanha sem nada para comprar? Melhor seria se tivesse me trazido comida. Tenho fome.

Até este ponto da narrativa, chama atenção o fato de o professor ser sempre contrariado em suas ideias. Ele procura constantemente um pensamento que combine com sua árdua busca e com a imagem preconcebida de que um sábio é alguém dotado de um certo número de ideias e, sobretudo, situado fora da rotina, distante das atividades habituais. Esta suposição o professor não abandonaria tão facilmente quanto ele abandonou o ouro, o conforto da sua casa, os amigos etc.

Ora, essa narrativa, propositalmente deturpada aqui, explicita de modo muito simples um dos principais problemas que alguns textos de Foucault me sugerem. Trata-se não apenas do exercício de se desapegar daquilo que já estamos habituados a pensar mas de construir uma relação com o conhecimento na qual não prevaleça prioritariamente o sentimento de apego. E, nesse caso, abre-se espaço para uma série de indagações, tais como: em que medida as ideias funcionam como aquilo que temos ou como aquilo que pensamos? Por quais razões pensamos as ideias que pensamos? O que eventualmente nos faz pensar que sem elas deixaríamos de ter alguma importância nesse mundo? Em que medida algumas dessas ideias nos oferecem a garantia de que prescindimos da necessidade de questioná-las?

Indagações dessa natureza poderiam, ainda, explicitar uma mudança, às vezes imperceptível: quando e devido a quais temores uma ideia deixa de *funcionar* para se tornar algo que tem apenas a função de *ostentar* alguma coisa? Afinal, uma ideia é uma ferramenta ou uma joia?

Me parece que Foucault usou as ideias como ferramentas. Para ele, o exercício de questionar o apego às ideias exigia uma certa determinação, bastante enroscada à densidade histórica. Por isso, essa determinação ou força, pode adquirir aspectos pouco espetaculares, ter a cor cinza, tal como a genealogia de Nietzsche, percorrer arquivos e inventar problemas onde à primeira vista eles não existem. Na verdade, esta força que implica em se autotransformar tem a espessura histórica como limite e não a suposição de que cada um pode pensar e existir de modo arbitrário, totalmente livre em relação à historicidade que nos constitui.

Por isso, a narrativa do professor com o sábio poderia ter desfechos muito diferentes: suponhamos, por exemplo, que quem continuasse a escrevê-la fosse alguém da Antiguidade clássica, contemporâneo a Platão. Nesse caso, o enredo talvez tendesse a se submeter a uma espécie de divisão em dois possíveis: ou o sábio não seria verdadeiramente sábio, o que levaria o professor a ir embora; ou, ao contrário, o sábio seria o verdadeiro sábio e, por isso, o professor buscaria comida e tudo o que o sábio solicitasse; e, ainda, o professor terminaria, cedo ou tarde, a aprender "como ser *um bom sábio*" pois, imerso no fundo finito da Antiguidade, o homem consideraria que a sabedoria não era exatamente um sinônimo da superação de si e dos limites do universo. Ao contrário de um moderno, para um homem antigo o professor deveria buscar no sábio meios e modos de ser *o melhor dos homens possíveis*, sem cogitar a conquista do impossível. Provavelmente, também, o dito sábio não vivesse numa solidão soberana e sim junto à pólis, comprometido com a política.

Interessante observar que, quando comparado com os modernos, os antigos pareciam gozar de uma espécie de sossego, pois sua realidade ainda era considerada acessível aos homens. O infinito não possuía um valor positivo e mesmo para quem, mais tarde, lesse Aristóteles e percebesse que o infinito existia em potência, logo descobriria, também, com Aristóteles, que existir em potência não é a mesma coisa que existir em ato, tal qual vai ocorrer mais tarde com a ideia de infinito no mundo moderno.

Mas tudo muda se a história continuasse a ser escrita por alguém da época moderna, quando o universo passa a ser pensado como infinito, instável, em movimento, matematizável. Deus ainda existiria, mas no mundo moderno a sabedoria seria conquistada por meio de um *método*. Deixando de ser suficiente a meditação estoica e os procedimentos da memória platônica, na época moderna o professor que quer se tornar sábio deveria, antes de tudo, aprender a ser *mestre e possuidor tanto da natureza quanto de si mesmo*. Ao considerar Deus como um infinito, o homem passa a ser concebido como um ser indeterminado. Doravante o professor tende a ser um criador de verdades, inventor de suas próprias ideias e, ainda, de seu invólucro corporal.

Assim, é possível que, no lugar de uma divisão da história em duas possibilidades, ocorresse agora um leque indeterminado de possíveis. Ou seja, tudo se complica: pode ser que o professor volte para buscar comida e morra por algum acidente no meio do caminho, pode ser que o sábio se revele um grande impostor, ou que o professor prefira ficar em alguma cidade para buscar ensinamentos com homens ligados às novas ciências, ou, ainda, que ele prefira viajar para o Novo Mundo. Muita coisa mudaria na narrativa, inclusive as descrições corporais do professor e do sábio que, agora, ganhariam mais volume, relevo, precisão, tal como os corpos são ressaltados na pintura renascentista: uma atenção nova ao olhar do professor e ao olhar do sábio caracterizaria o enredo pois, na época moderna, a porta do infinito torna-se, mais do que nunca, o olhar humano; mecânica secreta, os olhos passam a ser definidos por aquilo que projetam: não mais o fogo diabólico ou o céu da salvação mas sim um sentimento, um estado de alma. Aliás, os pintores da época moderna multiplicam essas referências aos olhos, como se estes fossem dotados de um centro móvel e reflexivo. Conclusão: por meio do olhar seria possível intuir alguma coisa de verdadeiro ou falso sobre o suposto sábio. E, justamente por ter sido dotado de tamanho poder de revelação, também seria pelo olhar que o suposto sábio encontraria meios para falsificar o que dele se pensa, fingindo ser o que não era.

Mas ainda é possível especular mais e seguir alguns séculos adiante. Em torno do século XIX, por exemplo, a mesma narrativa poderia ter como cenário um mundo industrializado, em que Deus se tornou uma escolha mais pessoal do que um destino de todos. Agora, acredita-se que o espírito humano deve ser constitutivo do seu objeto. O sábio, se ele é ou não verdadeiro, se ele existe ou não na montanha, tudo isso não seria tão importante quanto a própria *ideia* de sabedoria neste mundo. A realidade do sábio na montanha, em si mesma, poderia até existir, mas importariam as maneiras pelas quais o narrador as vê. Nessa época, o sábio, a montanha e o caminho poderiam se tornar *fenômenos*. E o número de possibilidades para a continuação daquela narrativa aumentaria ainda mais, incluindo até mesmo uma versão em que o professor preferiu ficar na sua cidade, pensando os fenômenos. Não porque ele fosse mais preguiçoso do que os outros. Mas porque a antiga ideia da finitude do universo já teria sido ultrapassada e quem pretendesse atingir a sabedoria deveria, principalmente, superar a si mesmo. É quando ocorre uma progressiva valorização daqueles que são capazes de vencer os próprios limites, não apenas uma vez, mas constantemente, dentro de casa, na rua, na montanha ou longe dela.

Nesse mundo que inventa o ideal do homem médio bem como a sua otimização infinita, que mede seu rendimento de modo obsessivo para melhor e mais vezes vencê-lo, o território do "sem limites" começa a ser cada vez mais o próprio corpo. A qualidade do infinito abandona Deus para passar a se alojar nas entranhas de carne e osso dos homens. Nessa época, a história do professor também poderia terminar com a instalação de fios elétricos em meio às árvores da montanha, o suposto sábio talvez sofresse de tuberculose ou pneumonia, ou, ainda, o professor descobriria que o suposto sábio não era "o Sábio" procurado; mas isso pouco importava agora, pois, até fazer essa descoberta, muito tempo havia se passado e o professor concluiria que ele nunca chegaria à sabedoria perfeita, mas, ao mesmo tempo, ele jamais abandonaria a vontade de obtê-la. Por conseguinte, o professor teria uma ansiedade outrora desconhecida, assim como uma liberdade que no passado não teria sentido. Mais livre para construir a própria sabedoria e também mais solitário e responsável por ela, o professor precisaria, por isso mesmo, se equipar: se possível ele deveria se tornar um verdadeiro *atleta*, pois seria coagido a correr montanhas e, a seguir, sobrevoar terras e mares. A antiga arte da prudência deveria ser substituída pelo gosto do risco. Nesse mundo que inventou o anonimato metropolitano, o professor seria dotado de uma vontade outrora considerada esquisita ou mesmo deselegante: a vontade de se destacar, de ser alguém.

Mas o problema dessa época é que todos vão querer a mesma coisa: destaque em meio ao anonimato. Por isso, possivelmente, o professor acharia não apenas um, mas muitos sábios e todos eles também estariam à procura de outros sábios que por sua vez também procurariam diferentes sábios... todos pressupondo que poderiam superar suas próprias vontades, seus próprios limites, seus próprios corpos. Este ofegante mundo, portanto, com desassossegados homens em busca da reinvenção constante do próprio eu, está, de fato, muito distante daquela espécie de *polidez ontológica* da Antiguidade.

Todavia, haveria ainda uma quarta forma de continuar a escrever aquela narrativa, típica de um mundo repleto de manuais de autoajuda, devotados a ensinar como ser mais sábio no dia a dia. É quando diversas montanhas geladas funcionam como suportes de estações de esqui, vários homens considerados sábios fornecem ensinamentos pela televisão e os professores universitários mal têm tempo para procurar alguma sabedoria. Nessa época, em que a infinitude das combinações do código genético estimula uma nova etapa de um construtivismo radical na ciência e na sociedade, o sábio, o professor e todo e qualquer homem são compelidos a acreditar que eles serão aquilo que eles farão deles mesmos. Como se diz em publicidade e na autoajuda: "tudo depende de você!". Você, que é qualquer um de nós, tem, doravante, o exorbitante dever e o sedutor direito de se autoproduzir e de se autossuperar. Se você não o fizer, o problema é só seu. Nem mais haverá a raça, a nação ou o aceno do progresso moral para lhe confortar.

Nessas circunstâncias, a liberdade é do tamanho da solidão e do peso da tarefa adquirida: o homem torna-se livre não apenas para inventar seus padrões de normalidade, seu *eu* e seu corpo, mas, também para apagar as diferenças entre *o que é bom e o que é melhor*. Terrível problema este: desconhecer a diferença entre o que é bom e o que é melhor.

Nesse caso, o professor não vive mais no mundo envolto pelo entusiasmo diante da energética oriunda dos tempos áureos da termodinâmica, dentro da qual algum romantismo ainda era bem-vindo. O paradigma da energia e as antigas referências mecanicistas sofreram a concorrência do fascínio pela *eficácia da informação*. Talvez, por isso mesmo, as informações sobre a sabedoria nunca estiveram tão diversificadas como nesses tempos. Superar a si mesmo como princípio de sabedoria torna-se, assim, um dever para ter sucesso, prosperar financeiramente e sobretudo, aumentar o próprio capital de autoestima. "Conquistar mais e mais autoestima" passa a ser uma imposição tão ou mais exigente do que a antiga obrigação de ser virtuoso. Para superar a si mesmo, a regra não seria exatamente progredir rumo ao infinito, tal como era postulado ao longo do século XIX, mas principalmente antecipar o que o futuro teria de melhor para vivê-lo aqui e agora.

Por conseguinte, o professor não se contentaria mais em ser o melhor dos homens e o sábio não estaria satisfeito em transmitir ensinamentos. Ambos vão querer *criar*, adquirir singularidade em suas vidas comuns. No lugar de salvar o mundo, pretendem salvar a eles mesmos, todos os dias. Querem singularidade e saúde num mundo poluído, estressado e sem espaço para abrigá-los. Como se, agora, depois do homem médio inventado no século XIX, sucedesse o mundo médio.

Um exemplo ilustrativo a este respeito é o que vem ocorrendo com a alimentação contemporânea: um expositor de uma feira de novidades de alimentos industrializados, ocorrida recentemente em São Paulo, disse-me que grande parte das invenções em matéria de sorvete, doces e iogurtes com frutas está no fato de que vários deles são feitos com uma mesma *papa básica*. A seguir, disse ele, essa papa sofre a adição de edulcorantes, xaropes com odores e sabores distintos e adquire aparências diferenciadas.

Este é o alimento-médio: tal como o homem-médio e o mundo-médio, ele supõe um hilemorfismo empobrecido (o qual poderia ser criticado por Gilbert Simondon): pois ele é feito de uma matéria – a papa básica – que jamais pode aspirar ser outra coisa, senão uma matéria sem forma, desprovida de precisão, informação ou inteligência; e, sobre a tal papa, adiciona-se uma série ilimitada de coadjuvantes, esses sim, entendidos como a *pura forma*, ou como informação imaterial destinada a fornecer um certo aspecto – um rosto! –, ou a marca específica a cada alimento. Assim, nesses anos de patológica ênfase em torno da "comida saudável", mudar de abacaxi para beterraba pode parecer realmente insignificante.

Ocorre que, em nossos dias, quando os diversos cultos da performance sem limites e da saúde total absorvem rapidamente a terapêutica e a alimentação, tanto quanto a sexualidade e as práticas esportivas, deixar de pensar o que se pensa pode soar como sendo mais uma maneira de superar a si mesmo a qual, desta vez, seria atingida por meio de recordes mentais. Esta valorização nada tem a ver com as ideias de transformação de si mencionadas por Michel Foucault. Vários de seus textos expressam uma vontade de perceber as experiências de escrita e leitura como oportunidades para deixar de pensar o que se pensa, sem evidentemente pressupor a reunião entre uma "papa básica" e um certo número de coadjuvantes. Pois uma coisa é a vontade de superação de si mesmo inventada pelos modernos, e que hoje virou uma forma de sucesso para a atualização do capitalismo, podendo exigir a transformação de si inúmeras vezes, mas sempre dentro dos limites de um mesmo núcleo básico que, embora performático, é praticamente destituído da faculdade de pensar (algo semelhante à referida papa com seus coadjuvantes). Outra, é o exercício de pensar e ao mesmo tempo de deixar de pensar o que se pensa, colocando em questão os caprichos do nosso ego e os do ego alheio.

Talvez não seja o caso de supor que Foucault tenha escapado completamente desses caprichos. De todo modo, ele deu provas do quanto seria interessante abalar alguns de seus pressupostos, seja propondo uma entrevista anônima, por exemplo, seja refletindo sobre uma estética de si conjugada à ética e à política.

Até aqui, temos duas tendências muito diferentes entre si: enquanto a primeira se volta a performances destituídas da faculdade de pensar e quer recordes solitários (e, por isso mesmo, não cessa de ser ameaçada pelo pesadelo do fracasso individual), a segunda, comprometida com o exercício de questionar as próprias ideias, busca apenas pensar. Para a primeira, ter ou não um determinado tipo de rosto é o objetivo final. Para a segunda, é um meio. Para a primeira, a estética da existência se limita à mudança dos coadjuvantes e à manutenção da papa básica. Para a segunda, o corpo não é nem uma coisa nem outra. Para a primeira a sabedoria é uma substância que se conquista e se perde solitariamente; para a segunda, ela é algo que se exerce e se aprende coletivamente.

E, finalmente, para a primeira, as ideias de Foucault são verdades que não podem ser questionadas enquanto que para a segunda elas já são questões. E, justamente, quando elas funcionam como questões, fica mais fácil, por meio delas, elaborar outras questões que provavelmente não são mais as de Foucault. Questões que tocam, por exemplo, no potencial de humor existente no exercício do desapego. Pois, dispor-se a ver, sem nenhum tipo de julgamento ou interpretação, as maneiras pelas quais pensamos as ideias que nomeamos como sendo "nossas", não deixa de ser um exercício engraçado: *cheio de graça*, nos vários sentidos deste termo[5], especialmente quando ele ocorre sem esperanças. Afinal, este exercício (que poderia ser matéria escolar) acaba abrindo espaço para um reencontro entre a política, o humor e a cortesia. Mas esse reencontro já seria uma outra história.

Notas

[1] *Le philosophe masqué* (entrevista com Christian Delacampagne, *Le Monde*, n° 10 945, 6 abril 1980, p.I e XVII). In: DEFERT, Daniel; EWALD, François. *Dits et écrits 1954-1988 par Michel Foucault*, Paris: Gallimard, 1994. p. 104-110.

[2] Os exemplos a este respeito são numerosos. Para entendê-los, ver; por exemplo, FOUCAULT, Michel. *A verdade e as formas jurídicas*. Rio de Janeiro: PUC/Nau, 1996, p. 24; ver, também, o curso de 24 de março de 1982, sobre a posição do sábio na Antiguidade e as três formas que, no Ocidente, sucessivamente, dominaram a filosofia: memória, meditação e método. In: FOUCAULT, Michel. *L'herménéutique du sujet, cours au Collège de France. 1981-1982*. Paris: Gallimard/Seuil, 2001.

[3] Gilles Deleuze e Felix Guattari sugerem a hipótese de que o rosto é uma invenção específica do Ocidente. Ver DELEUZE, Gilles; GUATTARI, Félix, *Capitalisme et Schizophrenie, Mille Plateaux*, Paris: Minuit, 1980, p. 218. Vale, também, lembrar a ideia de *experiência limite* expressa por Foucault e seu interesse por autores como Nietzsche, Bataille e Blanchot. Vale, ainda, ressaltar a entrevista em que Foucault considera a transformação de si mesmo mais importante do que o trabalho de "satisfazer os historiadores profissionais". "Entretien avec Michel Foucault", In: DEFERT, Daniel; EWALD, François, *op. cit.*, p. 44.

[4] Este diálogo foi inspirado na vida de Naropa, contada por Chögyam Trungpa no livro *Jeu d'illusion, vie et enseignement de Naropa*, Paris: Seuil, 1997, p. 21-22.

[5] Além do riso, segundo o *Dicionário Aurélio*, a expressão evoca: benevolência, dádiva, beleza, elegância, ação gratuita, sem razão e sem motivo.

Michel Foucault e a Mona Lisa
ou
Como escrever a história com um sorriso nos lábios

Durval Muniz de Albuquerque Júnior

A Margareth Rago, Denise Santanna e Tânia Swain,
amigas e historiadoras ridentes

Amigos e biógrafos falam de seu sorriso "metálico e fulgurante"[1], como um traço pessoal significativo. Michel Foucault é um filósofo e historiador que ri, para o escândalo de disciplinas que se levam tão a sério. Desde a adolescência fez do riso uma arma de ataque e defesa, caçoava e zombava dos colegas com os quais antipatizava e sua ironia feroz o tornou famoso e detestado[2]. Hervé Guibert[3] diz que, mesmo próximo de sua morte, Foucault tinha constantes acessos de riso e que ao saber, pela primeira vez, da existência de um câncer que só vitimaria os homossexuais, caiu do sofá contorcendo-se em uma gargalhada. Esta gargalhada parece continuar ressoando hoje, nesta sala, quando nós autores nos propomos a fazer comentários sobre sua obra, buscando dizer de sua verdade ou de seu método, após ele ter dedicado toda sua vida a arruinar e tornar impossível pensar estas categorias da forma como pensamos. Aprisionados pela ordem dos discursos e suas instituições, como ele foi um dia, continuamos tentando decifrar os signos emitidos por seus escritos e por seu rosto, que em muitas fotografias, como uma Mona Lisa de Da Vinci, nos contempla com um sorriso misterioso e zombeteiro, nos desafiando a procurar nos aproximar de seu segredo, mesmo tendo aprendido com ele que na raiz dos textos está a dispersão dos arquivos e as artimanhas das forças e que o segredo dos sujeitos é a multiplicidade das máscaras. Mas, suma ironia, ele também dedicou toda a sua vida a esta tentativa.

Mas em Foucault o riso é mais do que um elemento biográfico, do que um traço de comportamento, ele é uma forma de se relacionar com o mundo, de se relacionar com o saber. Acompanhando as reflexões de Hayden White[4], podemos dizer que a ironia não é apenas uma forma de Foucault se colocar frente aos outros, de se colocar frente a si mesmo, é sua forma de prefigurar o mundo, é o seu modo de olhar, o tropos linguístico através do qual articula as empiricidades e os conceitos, as palavras e as coisas.[5] As referências ao riso, como uma maneira de abordagem do conhecimento, se espalham por sua obra. O livro *As Palavras e as Coisas* teria nascido do riso provocado pela leitura de um texto de Borges. "Do riso que, com sua leitura, perturba todas as familiaridades do pensamento – do nosso: daquele que tem a nossa idade e nossa geografia –, abalando todas as superfícies ordenadas e todos os planos que tornam sensata para nós a profusão dos seres, fazendo vacilar e inquietando, por muito tempo, nossa prática milenar do Mesmo e do Outro".[6]

Ao proferir a aula inaugural no Collège de France, se refere à forma particular de análise dos discursos que praticaria ali, esta seria presidida por duas estratégias complementares: as descrições críticas e as descrições genealógicas, definindo para cada uma um estilo próprio: a desenvoltura estudiosa do estilo crítico e o humor genealógico de um positivismo feliz[7]. Seus textos usam as armas da ironia para tornar problemáticas as relações estabelecidas, consagradas, entre dados conceitos e seus pretensos referentes materiais ou reais, seus objetos e sujeitos. Foucault aprendeu, com o estruturalismo, a duvidar da transparência da linguagem, de sua capacidade de representar adequadamente o referente ou objeto a que se refere. Ele vê a linguagem como uma coisa entre coisas, que é dotada de uma opacidade que a torna incapaz de dizer e de fazer ver as coisas tal como são. Esta opacidade advém do próprio caráter político da linguagem, vem do fato de que seu uso é estratégico, de que segue objetivos e astúcias dadas por interesses diversos e divergentes no interior da sociedade e ao longo da história. Como aprendera com Nietzsche, o saber e o poder estão articulados, a verdade é, quase sempre, uma emergência que se dá em meio a um embate de forças; é, portanto, fabricação, invenção, que precisa ser desmontada pela afiada lâmina da suspeição irônica.

No texto que dedicou à análise da genealogia praticada por Nietzsche e à sua relação com a história, tal como praticada pelos historiadores[8], Foucault explicita alguns procedimentos que presidem o seu próprio trabalho com o passado e nos deixa entrever que aquilo que chama de análise arqueo-genealógica está presidida por uma atitude irônica diante dos relatos e do que chamamos de documentos. Ele partilha com Nietzsche o ponto de vista de que a história deve ser uma atividade que busca destronar ídolos e deuses, que visa inquietar o pensamento e o poder, que se destina a libertar-nos do peso do passado, de sua repetição mecânica e acrítica; ela deve arruinar a familiaridade com as coisas de antanho, dessacralizar e desnaturalizar aquilo que nos chega do passado como sendo valores universais e eternos. Ele pratica a história ironicamente, a serviço do esquecimento e não da lembrança, da perturbação do mesmo, da unidade, da identidade e da semelhança. Como diz Hayden White, Foucault celebra o espírito da desordenação, da desestruturação, da desnomeação criativa dos eventos e dos sujeitos; seu labor como historiador estaria a serviço da "deslembrança da coisa passada".[9] A narrativa histórica se torna uma paródia das verdades estabelecidas, das versões consagradas sobre o passado, para através de sua repetição irônica, ou seja, aquela que repete provocando um deslizamento de sentido, que repete diferencialmente, colocando o relato em novo contexto de fala, em outro lugar no próprio texto, provocar o estranhamento em relação ao seu sentido consagrado, um afastamento crítico em relação às verdades antes tomadas como inquestionáveis.[10]

Para Foucault, assim como para Nietzsche, "a história ensina também a rir das solenidades das origens. A alta origem é o 'exagero metafísico que reaparece na concepção de que no começo de todas as coisas se encontra o que há de mais precioso e de mais essencial': gosta-se de acreditar que as coisas em seu início se encontravam em estado de perfeição; que elas saíram brilhantes das mãos do criador, ou na luz sem sombra da primeira manhã. A origem está sempre antes da queda, antes do corpo, antes do mundo e do tempo; ela está do lado dos deuses, e para narrá-la se canta sempre uma teogonia. Mas o começo histórico é baixo. Não no sentido de modesto e discreto como o passo da pomba, mas de derrisório, de irônico, próprio a desfazer todas as enfatuações".[11]

O riso satírico, que atravessa as obras de Foucault, é um riso de combate, não o combate ideológico, combate presidido por adjetivos desqualificadores ou pela crítica que se faz com argumentos externos ao texto e que pretende desvelar o seu segredo, mas um combate que se trava na tentativa de desmontagem dos próprios textos, expondo suas regras de produção, suas condições históricas de possibilidade, através de sua transcrição paródica. O julgamento direto é suspenso, deixando a elaboração da crítica à apreciação e sagacidade do leitor, que tem assim homenageada a sua inteligência. A sátira é um riso de combate, que por isso tanto seduz, como intriga e desestrutura, tanto provoca a cólera como a admiração, reações comuns aos trabalhos de Foucault. Ela arruína as essencialidades, negando a existência de um em-si das coisas, mostrando-as como fabricações a partir de elementos dispersos; as identidades são tratadas como fruto de homogeneizações do que é plural; as continuidades são tomadas como encobrimento posterior das rupturas e dos acidentes que segmentam a história.

Na história irônica não há lugar para a dialética e suas sínteses apaziguadoras do conflito, semelhanças finais harmonizando o conflito anterior.

A ironia era insuportável para Hegel, que buscava na história apenas o que era nobre, divino e sério[12]. A história irônica afirma o grotesco da existência, a convivência, superposição e perpetuação dos contrastes, o barroquismo de nossas vidas e de nosso passado. A história é plebeia, humana e carnavalizada. Como dizia Nietzsche, a história é um saber de baixa extração, ela nasceu da curiosidade, da bisbilhotice da plebe.[13] A convivência dos contrários, a mistura dos opostos, a mestiçagem dos puros, a nomadização dos sedentários, a desterritorialização dos limites e fronteiras, é o que agrada ao historiador. A história vista como sátira não está atravessada por nenhuma lógica, a astúcia da razão não comparece com sua mão salvadora a guiar o processo histórico para um final salvador. O riso é o antissistema, é o derrisório, é a ausência de lógica, é o deslocamento constante dos sentidos. O mundo aparece aí como problemático, como falta de conveniência entre conceitos e empirias, narrativas e realidades. Foucault é um parodista da história universal em sua versão hegeliana e marxista, a medida que enfatiza a dissimilitude entre os eventos e os sujeitos, a medida que destaca a precariedade das formas de pensamento e de ação, seu caráter permanentemente fluido e ruinoso.

O tropos irônico admite, de saída, uma distância irremediável entre o que se diz e o sentido que se produz; o que se diz não é propriamente o que se quer dizer, quase sempre é o oposto daquilo que é dito. Fala-se sobre como as coisas e personagens deveriam ser, fingindo crer que são o que dizem ser. A ironia é o discurso se assumindo como máscara, como sorriso postiço que nos impele à decifração de seu segredo e já se diverte com o nosso fracasso anunciado e antecipado. Mona Lisa rindo zombeteira dos entendidos de arte que disparam assertivas sobre seu mistério ao desfilarem à sua frente no Louvre. Da Vinci gozador, se divertindo com o fato de que o segredo de sua Gioconda é que não há segredo, há fabricações, criações, feitas por sua mão, cujo sentido definitivo nem ele mesmo conhece. O sujeito do discurso irônico sabe que o que diz não é propriamente o que a coisa é e sabe que a coisa nunca é aquilo de que dela se diz. As palavras nunca dão conta de revelar a verdade das coisas e estas sempre estão em excesso em relação àqueles conceitos que as pretende definir.

Uma história praticada como sátira sabe de antemão, que mais inventa seu objeto do que revela sua verdade e que a verdade deste objeto que ela inventa está nas formações discursivas e nos regimes de práticas que presidiram, em dada época, a sua invenção. A história se assume como discurso produtor de verdades e construtor de realidades, politicamente interessadas. O historiador descobre que o prazer de seu ofício não está no encontro com a verdade derradeira, mas na sua procura, e que a finalidade de seu saber não é encontrar as versões definitivas sobre os fatos, mas desmontar aquelas versões tidas como verdadeiras, tornando outras possíveis, libertando as palavras e as coisas que nos chegam do passado de seu aprisionamento museológico, permitindo que outros sentidos se produzam, que outras leituras se façam. Praticar a leitura irônica é provocar o texto, é questioná-lo, é confrontá-lo com outras interpretações, é colocá-lo novamente em circulação, fazê-lo novamente viver entre nós, para que as verdades cristalizadas que carrega e ajudou a disseminar sejam novamente postas em dúvida e em discussão. Para Foucault não há documento privilegiado, autor maldito ou proibido por causa de posições ideológicas, todos merecem ser tratados como acontecimentos que foram, como produtores de discursos e verdades que nos cercam e nos definem.

A história praticada como ironia rebaixa a solenidade das origens e das finalidades, que presidiu durante muito tempo as metanarrativas em torno do passado. A história se torna pedestre, busca atingir conhecimentos bem mais modestos, já não quer desvendar a essência do processo histórico, já não quer dizer para onde a história caminha. Ela torna tudo relativo a um dado tempo e a dadas condições sociais, destrói todos os elementos de transcendência, afirmando a historicidade de todas as coisas, inclusive da própria história que se escreve. Ao mostrar que todas as coisas, até os sujeitos, são fabricações históricas, ela favorece o desprendimento do ser de sua fixação em qualquer crença, em qualquer dogma, em qualquer verdade, tida como eterna, até à verdade de si mesmo. Ela leva ao distanciamento de tudo que nos chega do passado como sendo o justo, o belo, o bem, o certo, o errado, levando a um ceticismo temperado pela certeza de que estas categorias são criações humanas, que podem sempre vir a ser articuladas com diferentes conteúdos. Como diz Hayden White[14], Foucault pratica a história não mais a partir das categorias da Sucessão e da Analogia, como era característico da história moderna, mas das categorias da Finitude e da Infinidade, ou seja, o ser de todos os eventos e sujeitos da história se diz de diferentes maneiras, mas sempre de forma nova, infinitamente. Sempre é possível recontar um fato já contado e a cada vez narrá-lo de uma nova maneira. Não há sucessão obrigatória de seus elementos, não há coerência a priori das séries que o compõem; esta coerência e esta sucessão são estabelecidas na própria narrativa, como fabricação de um enredo, que se assume como tal.

A historiografia satírica ataca a visão da história como saber destinado à pacificação e ao consolo das consciências e dos espíritos; ela é dessacralizadora, pois implica em encarar a discórdia e a precariedade que habita tudo aquilo que fazemos, cremos e dizemos, ou seja, a própria vida e nosso próprio ser. É o distanciamento do ideal de perfeição dos homens e dos comportamentos sociais. Por isso, diz Georges Minois[15], a ironia é a polidez do desespero, é a forma tranquila de encarar que vivemos em um mundo onde tudo é finito e mortal, onde nenhuma transcendência ou redenção está prometida ou é esperada. A esperança reside, apenas, na aliança entre o riso e a sabedoria, que constitui o alegre saber. Ela celebra o fato que a nossa razão é sempre burlada na sua busca incessante pela verdade do passado, já que constata o fato de que somos, como seres do conhecimento, sujeitos a um desdobramento do ser em ator e espectador, pensamento e ação, ideal e realidade e, sobretudo, inteligência e sensibilidade, e que somos, ao mesmo tempo, seres individuais e sociais, o que nos torna seres divididos, contraditórios, plurais em nossa própria constituição, não sendo capazes de entrar em um acordo nem com nossas próprias faculdades, que dirá de produzir um saber que seja um acordo definitivo entre a representação e o referente, o significado e o significante[16]. Como dizia Foucault, nada em nós é suficientemente fixo, nem mesmo nosso corpo, para servir como garantia de continuidade e reconhecimento ao longo do tempo.[17]

Uma história satírica é inimiga do dogmatismo e do simplismo, ela afirma o caráter complicado e problemático das experiências dos homens e de nossa relação com a verdade e com a temporalidade; pratica uma história-problema, que busca surpreender a verdade onde ela nunca foi procurada, verdade produzida tanto por reflexão como por intuição, que tenta diagnosticar na tagarelice dos discursos os silenciamentos que estes produziram, nunca aderindo completamente ao presente e ao que se afirma sobre sua relação com o passado, propondo que se tenha uma relação de humor com as verdades e com a vida, brincando com o perigo da própria existência e pensando-a como uma sucessão de artimanhas, do emprego permanente de astúcias. Por isso ela implica uma crítica da moral e de suas prescrições, ao fazê-las cair na história, ao levá-la a perder sua pretensa universalidade e seriedade, revelando que nos começos de sua fabricação reina o basfond, os mais baixos propósitos, levando a uma reflexão ética, de quem tem liberdade de espírito mas se incumbe de traçar os próprios limites para suas práticas, levando em conta a existência do outro, da alteridade radical da existência do outro. A ironia leva a imoralidade a sair de seu esconderijo, incitando seus defeitos, provocando-os, parodiando sua hipocrisia, de forma a que ninguém possa mais acreditar nela. A história satírica é uma maquinaria da produção do descrédito das mitologias que nos subordinam e nos domesticam. A ironia é a rebeldia da e na linguagem, que se assume como agente histórico, é o discurso se descobrindo como ação, para além do bem e do mal.[18]

Foucault, o historiador da loucura[19], parece ter sido consciente do caráter corrosivo do riso, de como o humor permite a liberdade do pensar sem tornar o pensamento louco, de como ele permite afrontar os limites do pensamento sobre uma dada época sem atravessar estes limites. A história satírica teria esta tarefa política de nos abrir à possibilidade de pensar diferentemente o passado, o presente e o futuro, de nos abrir a possibilidade de ser diferentes do que somos e do que nos disseram para ser, rompendo com todos os automatismos, permitindo-nos, dentro do possível, ser construtores de nosso próprio vir-a-ser, escrever a nossa própria vida. O humor permite lidar com os males da existência e as convulsões da história, assumindo a sua dimensão trágica com leveza e em todas as suas contradições; é uma maneira de se acreditar nos homens, apesar deles. Ele testemunha a nossa recusa de nos refugiarmos nos mitos para satisfazermos nossos desejos e apaziguarmos nossas angústias. Ele permite encarar de frente o limite, a incerteza e a morte, por isso é um bom modo de se praticar a história, este carnaval organizado, onde descobrimos que somos "polichinelos de Deus", comediantes em um grande palco, representando inúmeros papéis, que nos faz sempre muito diferentes daquilo que pensamos ser e é dessa distância entre o que somos e o que julgamos ser que nasce o riso. Só o riso nos permite sobreviver ao fato de que somos pensantes; se somos o único animal que ri, talvez seja porque somos o único que pensa e se não existisse o riso, talvez o pensamento nos levasse ao suicídio.

Michel de Certeau afirma que, neste século, o intelectual deve ser ridente, para inventar maneiras de pensar diferente. Ele toma Foucault como exemplo de um intelectual onde o riso esteve a serviço do pensamento. Diz ele: "Seus achados são acontecimentos de um pensamento que ainda pensa. Essa invenção surpreendente de palavras e coisas, experiência intelectual de desapropriação instauradora de possíveis, é marcada pelo riso. É sua assinatura de filósofo à ironia da história"[20]. O riso manifesta o domínio de si sobre si mesmo, tema das obras finais de sua vida[21], tece uma distância crítica que assegura a inegociável liberdade subjetiva, o riso é a afirmação da liberdade, é por isso que ele inquieta aqueles que adoram as gaiolas das certezas, mesmo flexíveis; ele é desapego, coragem de afrontar a vida sem garantias de verdades absolutas. Ele nasce da constatação do disparate, quando as coisas são privadas de seu suposto sentido, do lugar que lhes é assinalado como natural na ordem estabelecida, quando aparecem em sua impostura e em sua imposição. Milan Kundera fala que há qualquer coisa de maldade na ironia, pois as coisas se revelam diferentes do que pareciam ser, tornam-se diabólicas, mas também há algo nela de alívio benfazejo, pois se descobre que as coisas são mais leves do que pareciam, elas nos deixam viver mais livremente, deixam de nos oprimir com sua austera seriedade. Por isso, Foucault pratica uma gaia história, uma alegre história, para nos devolver a capacidade de rir e viver levemente.[22]

A história satírica participa da preocupação de Roland Barthes[23] com o prazer do texto. O humor é um processo de defesa que impede a eclosão do desprazer, à medida que dá a narrativa histórica a leveza e a sedução quase sempre ausentes dos textos acadêmicos. Uma história que enfatiza o conceitual, em detrimento do poético e do literário, quase sempre visa afastar o leitor de uma atitude de fruição e enfatizar a dimensão racional e lógica da relação com o texto. Como a história irônica sabe de antemão da diversidade da recepção que pode ter um texto, da multiplicidade de significados que serão produzidos a partir dele, como não está preocupada em dirigir a leitura, em cercá-la de garantias, em evitar que a equivocidade do sentido se faça, não há a busca do conceito exato ou do sentido inequívoco, o texto histórico pode se deixar atravessar pela vertigem da linguagem, pelo delírio do sentido, pela inobservância das regras e das normas, em busca não da melhor adequação à realidade do passado, mas de que este produza determinados efeitos no presente. A efetividade de um texto de história está na erudição e na documentação que o embasa, mas não só; o efeito social que venha a produzir também depende do estilo em que está vazado, da felicidade das imagens escolhidas, das metáforas postas para funcionar, da economia discursiva que o tece. No texto de história, como na narrativa de uma piada, a forma é fundamental para o efeito que venha a provocar; a habilidade do narrador é decisiva para o sucesso da empreitada.

As obras de Foucault nos interpelam, como o sorriso da Mona Lisa, para que desvendemos os seus segredos, ao mesmo tempo em que já riem desta pretensão, quando ele mesmo nestas obras arruinou as categorias com as quais poderíamos fazê-lo: autor, obra, comentário, verdade, método, nada escapou de sua cortante ironia. Seus textos, como o famoso quadro de Da Vinci, já deram origem a inúmeras leituras, que seguiram as inúmeras e contraditórias pistas que deixou, sem conseguir aprisioná-lo em uma identidade. Ele nunca foi o mesmo, suas obras nunca seguiram as mesmas regras de produção, ele próprio se divertia com seus críticos: "Você se prepara para dizer, ainda uma vez, que você nunca foi aquilo que em você se critica. Você já arranja a saída que lhe permitirá, em seu próximo livro, ressurgir em outro lugar e zombar como o faz agora: não, não, eu não estou onde você me espreita, mas aqui de onde o observo rindo... Não me pergunte quem eu sou e não me diga para permanecer o mesmo: é uma moral de estado civil; ela rege nossos papéis. Que ela nos deixe livres quando se trata de escrever".[24] Foucault, a mona lisa[25] de nossos tempos, estaria se divertindo muito em ver esta sala repleta de pessoas dispostas a apreender, seriamente, as verdade de si e de seus textos.

Embora não possamos reduzir o entendimento dos textos aos contextos ou das obras à vida do autor, não podemos deixar de afirmar que a forma irônica de se relacionar com o mundo e com o saber, que norteia o trabalho de Foucault, está relacionada com sua vivência da homossexualidade.

Obrigados, muitas vezes, a viver nas sombras, incitados à mentira e ao disfarce, os homossexuais partilham uma visão irônica da vida e dos sujeitos, fazendo do riso e do deboche formas de defesa e um certo estilo de vida. Os homossexuais cedo aprendem que as coisas não são aquilo que aparentam, que as identidades são máscaras que se coloca ou que se tira ao sabor das conveniências e das ocasiões. Muito cedo um homossexual aprende a desconfiar da seriedade daquilo que lhe é dito e da forma como as coisas são justificadas. Desde cedo, aprende que a sociedade é feita de representação e que há um descompasso entre as palavras e ações, o discurso e as práticas. Tendo aprendido, por experiência, que os sujeitos podem se transformar ao simples fechar de uma porta, que uma respeitável verdade pode desaparecer em poucos segundos, entre lençóis, o homossexual tende a relativizar as identidades e as verdades, duvidar das certezas e a por em questão os valores morais dominantes. A homossexualidade é uma vivência de fronteira, de limite, é um não-lugar, que permite um olhar distanciado e crítico em relação á norma, à ordem, aos lugares estabelecidos e valorados positivamente. A vivência homossexual, numa sociedade heteronormativa, é quase uma ironia, já que é a vivência do descompasso entre o que se diz e o que se vive, entre o discurso e o corpo, entre o que deve ser e o que é. A homossexualidade é vivenciada, quase sempre, como desordem, como anomalia, como fantasia, como simulação, como desconcerto e descompasso, como desajuste, como experiência do fora, como riso farsesco que visa evitar a morte e o suicídio. A história destes seres da noite, das fímbrias, dos desvãos, dos esconderijos, dos guetos, das máscaras e dos limites, só pode ser narrada com certa dose de amarga ironia, de sarcasmo, história com gosto amargo na boca, história com rímel, batom e lágrimas. Uma história batalha, de seres mal tratados.

Na história, somos todos comediantes representando um papel, e cabe ao saber histórico indagar-se como estes papéis foram estabelecidos, justificados, legitimados, modificados com o tempo. Como estes lugares fixos e cristalizados de identidade chegaram a ser constituídos. A historiografia de Foucault, ao contrário do que afirma muitos de seus críticos, não é um elogio ao poder ou não toma o poder como uma nova essência da história.[26] Foucault não constrói a imagem de uma sociedade carcerária, onde o poder estaria em toda parte e dele ninguém poderia fugir. Quem lê os textos de Foucault, com o mínimo de boa vontade, e quem prestar atenção às atitudes que presidiram sua vida, terão de admitir que a luta contra os poderes e a resistência foi a marca de sua vida e de seus textos. O uso da ironia, em seu cotidiano e em seus escritos, faz parte desta postura de resistência e de rebelião diante dos poderes e suas imposturas. O poder não tem humor, dizia Maurice Lever, senão ele não seria poder[27]. O riso, pois, é uma arma na luta contra o poder, contra seu mau-humor e sua seriedade. Todo aquele que encarna o poder, em uma dada situação, imediatamente quer fazer cessar o riso, a ironia, a gargalhada, a brincadeira; imediatamente quer ser levado a sério, quer ser respeitado em sua autoridade, quer ser presenteado com a lisonja e com a circunspecção. O riso na historiografia teria a função de evitar a produção de uma memória voltada para a homenagem e para a idolatria, para a bajulação e para a mitificação. A história praticada como ironia seria uma arma contra a idiotia dos poderes e suas verdades incontestáveis e definitivas. O riso foi uma arma de luta contra o poder, ao longo de toda a vida de Foucault, e seu principal legado para quem o acompanhou até sua morte.

Suspeito que Foucault tenha sorrido até pouco antes de morrer, ao ver os médicos, de quem denunciou durante toda a vida o poder desmesurado que têm em nossa sociedade, impotentes diante da sua doença, eles que, na modernidade, eram os donos da verdade e não cessavam de enunciá-la, mudos, sem nada poder dizer sobre o mal que o acometia. Como deve ter se divertido vendo seu corpo ser perscrutado sem que nenhum diagnóstico ainda pudesse ser feito, vendo, nos seus últimos momentos, uma disciplina em pânico, exames que nada significavam para o arrogante saber do hospital. Seu corpo tornando-se indócil ao saber e ao poder disciplinar, como a sua mente; seu corpo sacudido por dores e por humores, seu corpo morrendo como uma de suas últimas grandes zombarias, como a sua maior gargalhada, sua vitória final diante da vontade de verdade e da vontade de poder que a acompanha. Corpo marcado pela história, corpo arruinado pela história. Há vinte anos, Foucault morreu de rir.

Notas

[1] CHARTIER, Roger. *A Beira da Falésia*. Porto Alegre: Editora da UFRGS, 2002, p. 126.

[2] ERIBON, Didier. *Michel Foucault: uma biografia*. São Paulo: Companhia das Letras, 1990, p. 40-41.

[3] GUIBERT, Hervé. *Para o amigo que não me salvou a vida*, s/l, s/e, 1996, p. 12, 15 e 16.

[4] WHITE, Hayden. Foucault Decodificado: notas do subterrâneo. In: *Trópicos do Discurso*. São Paulo: EDUSP, 1994. p. 253-284.

[5] Ver FOUCAULT, Michel. *As Palavras e as Coisas*. São Paulo: Martins Fontes, 1999.

[6] Idem, ibidem, p. IX.

[7] FOUCAULT, Michel. *A Ordem do Discurso*. São Paulo: Loyola, 1996. p. 70.

[8] FOUCAULT, Michel. Nietzsche, a genealogia e a história. In. *Microfísica do Poder*. 4 ed, Rio de Janeiro: Graal, 1984. p. 15-38.

[9] WHITE, Hayden, *op. cit.*, p. 256.

[10] No capítulo introdutório de *História da Sexualidade I*, intitulado "Nós, vitorianos", Foucault realiza uma exemplar narrativa paródica do discurso sobre a história da sexualidade

prevalecente até então e que estava centrado naquilo que chama de hipótese repressiva. Ver FOUCAULT, Michel. *História da Sexualidade I: a vontade de saber*. Rio de Janeiro: Graal, 1977. p. 9-11.

[11] FOUCAULT, Michel. *A Microfísica do Poder*, p. 18.

[12] MINOIS, Georges. *História do Riso e do Escárnio*. São Paulo: EDUNESP, 2003. p. 512.

[13] FOUCAULT, Michel. *A Microfísica do Poder*. p. 31.

[14] WHITE, Hayden, *op. cit*, p. 268.

[15] MINOIS, Georges. *História do Riso e do Escárnio*. São Paulo: UNESP, 2003. p. 566.

[16] Idem, ibidem, p. 567-568.

[17] FOUCAULT, Michel. *op. cit*, p. 27.

[18] Ver MINOIS, Georges. *op. cit*, p. 567-571.

[19] Ver FOUCAULT, Michel. *História da Loucura*. São Paulo: Perspectiva, 1978.

[20] CERTEAU, Michel de. O riso de Michel Foucault. In : Paris, *Le Débat*, n. 41, set/nov de 1986, p. 152.

[21] FOUCAULT, Michel. *História da Sexualidade III: o cuidado de si*. Rio de Janeiro: Graal, 1985.

[22] KUNDERA, Milan. *O livro do riso e do esquecimento*. Paris: Galimard, 1978. p. 92.

[23] BARTHES, Roland. *O Prazer do Texto*. Lisboa: Edições 70, 1988.

[24] FOUCAULT, Michel. *A Arqueologia do Saber*. 2 ed., Rio de Janeiro: Forense-Universitária, 1986. p. 20.

[25] É interessante lembrar que *mona* é, no Brasil, uma maneira de os homossexuais se referirem a si mesmos e que Michel Foucault foi um homossexual completamente sem cabelos ou pelos, devido uma enfermidade, tendo a cabeça completamente lisa.

[26] A mais nova investida, neste sentido, pode ser lida em duas páginas do novo livro de Marcel Shalins, convenientemente intitulado *Esperando Foucault, ainda*. São Paulo: Cosac & Naify, 2004. O leitor atento à obra de Foucault também ficará esperando por ele.

[27] LEVER, Maurice. Citado em MINOIS, Georges, *op. cit.*, p. 595.

Heterotopia, anarquismo e pirataria

Edson Passetti

Foucault, antena propícia

Foucault é para quem aprecia ranger, gosta de chiar. Ele afirmava que para ser coerente com Nietzsche era preciso fazê-lo ranger. Difícil não concordar com Foucault e tampouco não abordá-lo desta maneira. Pegue-o por onde quiser, mas frequente-o. Ele é vital para quem inventa espaços, habita contraposicionamentos, utopias efetivamente realizadas, as heterotopias[1]. Não teme a vida em expansão nos espaços em que se habita, e muito menos as resistências ali implicadas, que não requerem um local especial. Atravessam as estratificações sociais, provocam contrapoderes, desestabilizam Estado e prisões, escolas e famílias, sexo seguro e carnavalização do sexo. Resistências captadas desta maneira fazem de Foucault, simultaneamente, um antiliberal e antissocialista. No final do século XX – após maio de 68, antevendo o final do socialismo e compreendendo o neoliberalismo norte-americano na veia[2] –, afirma, no escrito de 1984, *O que são as luzes?*, que não devemos seguir ninguém, acompanhando o "basta de obedecer a outrem!", declarado por Kant, em 1783, no opúsculo *O que é o iluminismo?*. Hoje em dia, a recusa à obediência superior não se relaciona com a superação de teologias e adesão à democracia como regime político de Estado, da mesma maneira que entre 1795 e 1796, Kant relacionava república e monarquia planetária, em *A paz perpétua, um projeto filosófico*. Um quer o fim da obediência a outrem, à submissão e ao assujeitamento, para lidar consigo em suas lutas infindáveis, *cuidar de si*; o outro queria uma impessoal obediência uniforme para se chegar à paz mundial.

Foucault range por si, louco, raposa, terceiro, último, um *único* Foucault, homem e pensador que não se deixou apanhar por representações, nem descansa em ninhos universitários. Ele é isto e aquilo, bem apanhado pela criteriosa e muitas vezes preciosas reflexões universitárias[3]. Foucault habita a região da fronteira afirmando a expansão das forças da natureza e das pessoas que abalam as certezas dos tratados e seus arbitrários limites modernos. Foucault estremece fronteiras que aninham e acariciam as movimentações dos Estados, sob a forma de nação, união, comunidade e as múltiplas maneiras de instituir um Estado superior sobre Estados nacionais, fato que vem de Maastrich, em 1992, desmembrando, mais uma vez, o Tratado de Westfalia, três séculos depois: Europa abalada, convulsionado Estados Unidos conservador, atordoada América Latina desejando freudianamente ser democrática.

Poucas pessoas reparam que os Estados Unidos defendem direitos, financiam organizações internacionais para este fim, mas que desde a institucionalização de sua enaltecida democracia conviveu internamente com escravidão, preconceitos e discriminações explícitas, atualizadas, hoje em dia, sob o regime da política de ação afirmativa; que além de praticar usos e abusos acentuados sobre o encarceramento dos corpos desde a aplicação das políticas de tolerância zero nos anos 1980, atua desde o 11 de setembro de 2001 regido pelo *Patriotic Act*, que autoriza ainda mais o Estado a invadir a vida de cada um de maneira sorrateira como fizeram, recentemente, as ditaduras militares no Brasil, na América Latina, África e Caribe, Ásia e Oriente Médio. Jimmy Carter, emblema da *política pelos direitos humanos* norteando a passagem pacífica para o exercício democrático, é produto *for export*, premiado com Nobel. Não é para uso interno.

De maneira que ações afirmativas, pletora de direitos, disseminação de políticas de penas alternativas, multiculturalismo, culto à reforma das polícias, maiores e milimétricas punições, tolerância zero com georeferenciamentos e que tais, demarcam posicionamentos que vêm dessacralizando o espaço e dissolvendo oposições como espaço privado e público, o espaço da família e o social, o espaço cultural e o útil, o espaço de lazer e o de trabalho, como indicou Foucault em *Outros espaços*.

Nocivo

Passe perto de um crente do anarquismo e ele lhe dirá que Foucault é nocivo. Entretanto, os anarquismos permanecem vivos quando suas práticas provocam abalos, rangem os ativistas que os domesticam numa doutrina. Foucault, por diversas vezes, apartou-se da *classificação* de anarquista, incluindo uma extravagante e acadêmica que o denominou um anarquista de esquerda[4]. Pretender vincular diretamente anarquismo e Foucault é se propor a andar em círculos tentando apanhar o próprio rabo, que devido a tantos giros termina ferido e fedido. Os escritos de anarquistas contemporâneos que se aproximam de Foucault mostram certa intimidade no campo da atitude demolidora na fronteira. O poder entendido como relações de força desloca e desassossega a herança liberal e socialista que entende o poder como decorrência dos efeitos de soberania e de seus desdobramentos jurídico-políticos. Relações de poder não são práticas apanhadas pelo pensar, domesticada e instrumentalizada segundo o *melhor dos lados* que governa o Estado. Poder em Foucault é uma prática que sedimenta autoridades em posicionamentos, em movimentos que percorrem a vida na casa, no trabalho, nas relações amorosas e sexuais, na pesquisa, e que provoca resistências, práticas correlatas e múltiplas que podem *nomadizar* existências, provocando contraposicionamentos, heterotopias, heterotopias anarquistas que realçam suas histórias e que dispensam o bolor acumulado advindo do culto aos registros da história passada. Nas modernas relações de poder não há predomínio de locais. O lugar demarcado na Idade Média cedeu a posicionamentos e estes por sua vez tendem a se revirar passando de relações em redes (como na sociedade disciplinar) para fluxos (como na sociedade de controle). Os adversários e inimigos de Foucault protestam: há poder em tudo![5] Há poder em tudo reconhece um anarquista que pratica demolições cotidianamente, e desde Proudhon, também compreende o poder como relações de forças. Mas Foucault não deixa este humanista moderno num *lugar* confortável e abala suas propostas solidárias universalizantes que levariam à utópica sociedade igualitária e à crença em uma especial natureza humana. Além disso, as derradeiras pesquisas de Foucault, acompanhadas de seus ditos e escritos, chamam atenção para as subjetividades, os devastadores efeitos dos assujeitamentos, a atenção para com a estilística da existência, o rompimento com a genialidade dos artistas, os objetos de exaltação do brilhantismo individual: a vida pode ser uma obra de arte e o cuidado de si não se confunde com os apreços hedonistas com o corpo ou com o espírito. A vida como obra de arte também é uma preocupação anarquista. Voltados para associações livres, experimentavam relações amorosas, produtivas, educação de crianças alheia à escolarização, fazendo repercutir, mais do que os desdobramentos iluministas enquanto potencialidades da razão, o exercício da pessoalidade, o livre acesso a conhecimentos, partilhas científicas, respeito pela cooperação entre espécies antes de qualquer exaltação da competitividade, abolição do castigo como invenção da vida, problematização da prevenção geral, disseminação de imprensa própria, demolição de propriedades, Estado, religião e direitos: eram e são exercícios do fazer diário. Por cuidar de si, um anarquista se diferencia dos demais socialistas. Equivocadamente, certa vez Lênin afirmou que a diferença entre anarquistas e socialistas era de meios, pois a finalidade era a mesma. Uma mulher extraordinária chamada Emma Goldman respondeu incisiva afirmando que meios libertários levam a fins libertários e que meios autoritários determinam fins autoritários. A questão não era de diferença segundo os meios, práticas de continuidade do Estado que historicamente assemelham liberais e socialistas marxistas, mas de maneiras libertárias de criá-los e exercitá-los, fato que abala a existência de qualquer autoridade superior que exige obediência, abdicação da vontade. Direitos para todos, segundo os anarquistas, são apenas os deveres de muitos para com o Estado. Diante do governo da vida por direitos, ciência e Estado, os anarquistas faziam no século XIX, e até a primeira metade do século XX, experimentações mutualistas econômicas, realizavam federações, externavam seus desesperos diante dos massacres governamentais chegando a inventar o terrorismo moderno contra a vida do soberano que até hoje, século XXI, ainda tem o direito de causar a morte (e vale lembrar não só da continuidade da pena de morte em diversos estados norte-americanos ou chineses, como sua defesa aberta ou camuflada em qualquer lugar, inclusive no Brasil)... Anarquistas praticam, experimentam. Os que preferem contar histórias e glorificar atos do passado acostumaram-se ao bolor. Foucault é nocivo a este anarquismo. Mas, demolidor, também, Foucault é saudável a qualquer um que revira-se como único.

Heterotopias 1

Foucault encerrou o seu "Outros espaços" falando do desaparecimento dos piratas e da ocupação dos mares pela polícia[6]. Os piratas surpreendiam mares e oceanos, abalavam os itinerários dos comerciantes, inventavam percursos para cada navio e possíveis encontros em espaços estranhos e ao mesmo tempo paradisíacos como o Caribe. No imaginário europeu, o exotismo, a liberdade, o calor, o suor, os corpos semidespidos e a transparência das águas, o sexo livre, ouro, prata, pérolas e joias eram transformados em adornos circunstanciais sobre corpos marcados pelo sol. Os piratas eram espertos, mesmo quando faltavam-lhes partes do corpo. Eram estrategistas: abalavam fragatas e caravelas, e por vezes outros corsários. Inventavam percursos e desafiavam as forças de contenção do Estado. Eles apareciam e reapareciam sob circunstâncias históricas, mas não deixavam de habitar e contaminar imaginários juvenis, femininos, aventureiros. Considerados desaparecidos dos espaços marítimos, segundo as autoridades navais, devido a eficácia da regular vigilância policial, reapareceram recentemente, no século XX, no interior do trânsito livre e surpreendente gerador de outros espaços navegáveis propiciados pela história atual de constituição da sociedade de controle. Diante da disseminação da prática da economia em fluxos eletrônicos do final do século XX, imediatamente, reapareceram os piratas. Eles voltaram quando na Terra os espaços foram ampliados em universos. A polícia digitalizada, dispondo de domínio de imagens por satélites, rastreadores, agentes de segurança computacional e informacional, rapidamente detectaram que os *hackers* eram os novos piratas. Contudo, simultaneamente, constatou-se que a maior parte dos *hackers* era formada de corsários e que se bandearam para a política da ordem. Este fluxo, quase imperceptível, sinaliza para os antecedentes de uma nova e veloz criminalização de práticas, nos moldes do passado, reiterando a existência do direito como lei universal fundada em ilegalidades benéficas a particulares. Este fluxo mostra, também, que a dinâmica da economia atual não se faz mais por descobertas de terras desconhecidas e espaços paradisíacos, propiciados pelas navegações por mares e oceanos, provocando alucinadas e alucinantes aventuras heterotópicas. O comércio mercantil transnacional, sem piratas e tráfico, é uma verdade de anjos, virgens, crianças tolas, competentes burocratas e policiais a serviço da grande causa. Lá no passado a aventura pirata transformava personagens boçais tragados pela literatura em instantâneos seres diabólicos, mulheres *sérias* e regeneradoras de bandidos em *mulheres de piratas* livres para o sexo. As crianças tolas, geralmente sequestradas, rapidamente aprendiam a comer e dormir com os adultos, a lutar para viver, crescendo rapidamente e aproximando-se do sexo. Tráfico de especiarias, pedras preciosas, sedas, ouro, prata, frutas, bichos, índios, negros e muito do que deveria seguir para portos prósperos ou gabinetes de monarcas europeus, os piratas interceptavam contraposicionando-se. Comer de tudo, usar vestuários e adornos para inventar diferenças, içar uma bandeira com caveira para apartarem-se das luminosas bandeiras utilitaristas nacionais europeias – nesta sociedade o pirata era um assunto de polícia e um personagem atraente a crianças, jovens, mulheres e adultos entediados com as excursões científicas, relatos de viajantes e o comércio. O pirata no mar é um parceiro do nômade do deserto que faz trafegar mercadorias, ilusões, sonhos e a heterotopia do oásis. Piratas e atravessadores do deserto, compunham espaços desconhecidos de mar e areias onde habitavam vidas que abalavam sedentarismos. Na atual sociedade de controle o pirata atua sobre uma outra superfície, agora sideral, deslocando-se para o desconhecido não mais composto de novas terras, desdobramentos das excursões pela superfície ou dos surpreendentes momentos em que se experimentava a profundidade de mares e oceanos, reavivando lendas e mitos da antiguidade grecoromana. Os piratas, agora, atuam no fluxo que atravessa outros espaços, longe da Terra, dentro e fora da Terra. Afinal, a Terra é a profundidade do universo ou um relevo na superfície? Estamos fora das noções de superfície e profundidade, *noutros espaços*. Resistência pirata é contrapoder, contraposicionamento, uma heterotopia. Ah!, os institucionalizados lembrarão que um pirata poderia ser apanhado, julgado e morto; ou capturado e morto; ou ainda transformado pela mocinha em comerciante honesto e marido religioso... Enfim, não há pirata como conceito ou idealização, mas práticas que inclusive podem levar à captura, integração e moralidade do pirata. Importa a invenção de outros espaços, diferentes da vigilância policial do Estado que guarda fronteiras. Piratas provocam diversidades, incômodos; Estado exige uniformidades, muitas vezes como sinônimo de pluralidade democrática. Os *hackers*, piratas de hoje, também não são indivíduos. São indivíduos[7] que podem ir a diversas zonas onde anjos da guarda eletrônicos e programas de seguranças, tentam captar, policiar, prender, mandar calar ou subordiná-los, convocando-os para as fileiras dos agentes da ordem, inventando programas de segurança, gerando mais confiança nos protocolos informacionais, atuando como diplomatas da economia eletrônica. Piratas, modernos ou de hoje, são inventores de espaços, de percursos, de heterotopias que recusam a convocação à participação democrática. Os piratas provocam resistências, e tanto nas redes da sociedade disciplinar quanto nos fluxos da sociedade de controle, abalam, incomodam e anarquizam. Estranhos homens do deserto, ainda sobrevivem em oásis mas, também eles, podem ser capturados. Homens do oriente, com suas roupas extravagantes, religião fundamentalista, costumes misóginos, muitos dólares e petróleos comandam economias e fazem o terrorismo contemporâneo capaz de abalar o ocidente, em nome de um novo posicionamento como Osama Bin Laden e seus projéteis aéreos sobre o céu de Manhatan e do Pentágono, nos trilhos de Madrid, embaixadas e escritórios da ONU. Terroristas anarquistas atacavam o soberano exigindo liberdade para ser soberano de si. Terroristas orientais, aos moldes do Estado, nada mais querem que outro posicionamento uniformizador: querem Estado. Contudo, resistir é também provocar contra-posicionamentos, inventar outros espaços, implodir posicionamentos e suas histórias temporais.

Heterotopias 2

Há heterotopias que não me interessam, como as de desvios. A heterotopia anarquista interessa como problematização atual da existência na passagem da sociedade disciplinar para a sociedade de controle, por justapor espaços – como o jardim antigo –, romper com a temporalidade tradicional – com seus arquivos, com sua existência crônica no refazer de associações, e pela sua capacidade de esta permanecer penetrável, sem isolar-se – deixando de ser heterotopia de ilusão, como o bordel, ou de compensação, como a Missão jesuíta. A heterotopia anarquista é um barco, reserva de imaginação[8]. Os anarquistas buscam sim a utopia da sociedade igualitária a cada instante de suas vidas. Para eles, a utopia não é o consolo, a avenida lisa, o porto seguro, como Foucault constatava no prefácio de *As palavras e as coisas* para daí insinuar uma primeira aproximação das heterotopias como realização de utopias. Para os anarquistas há um lugar no futuro em que a Sociedade substituirá o Estado, a posse esmagará a propriedade, a razão livre, livre estará das religiões, o mutualismo econômico e o federalismo político superarão a universalidade dos direitos, e a educação livre de crianças numa vida amorosa e livre do casamento darão fim à história dos castigos e medos. Os anarquistas são guerreiros. Superam os itinerários, trajetos conhecidos de espaços reconhecidos para lugares certos, inventando percursos. Diferenciam-se dos demais socialistas que requerem a tomada pacífica ou revolucionária do Estado, com democracia ou ditadura de classe, sob o regime determinado por uma consciência científica superior, capaz de organizar a massa. Para o anarquista a *consciência* se ergue na prática, nas mobilizações, na vida das associações. Experimenta-se a utopia. O espaço para tal, é a associação, e esta não depende de propriedade e de seu correlato, a fronteira. A associação é nômade. Todavia, se há heterotopias anarquistas que se fazem na associação, há também a problematização da utopia da Sociedade em lugar do Estado, uma prática que atravessa para demolir, anarquizar o anarquismo. Foucault fez ranger os anarquismos e se hoje é um nocivo saudável, no século XIX, Max Stirner o foi ao problematizar o *liberalismo social* de Proudhon, em *O único e a sua propriedade*, de 1845, imediatamente após os primeiros escritos do anarquista francês, no início da década de 1840, que empolgaram os hegelianos de esquerda, incluindo Marx e Bakunin.

Stirner: conversação com a mocidade

Foucault, raramente, fala de Max Stirner, assim como Nietzsche, apesar de se notar, em ambos, ressonâncias do jovem filósofo alemão. Mas não é disso que pretendo me ocupar neste momento[9]. Interesso-me pela publicação recente (2001, em francês e 2004, em português) do curso *A hermenêutica do sujeito*, em que Foucault, na aula de 17 de fevereiro de 1982: *primeira hora*, ao referir-se à estética do eu, situa as conversações sobre governo de si no século XIX levadas por filósofos, escritores e anarquistas. De maneira breve, procurarei lidar com a heterotopia do soberano de si anarquista no espaço heterotópico. "Cuidar de si", dizia Foucault, "é uma regra coextensiva à vida. [...] É o ser inteiro do sujeito que, ao longo de toda sua existência, deve cuidar de si e de si enquanto tal"[10]. O *sujeito*, no caso o anarquista, volta-se para uma conversão a si, um retorno a si, uma *navegação*, como afirma Foucault. Navegar implica arte, saber, técnica em pilotagem: pilotar a cura é o itinerário da medicina; dirigir os outros, os itinerários do governo político; mas governar a si mesmo é inventar percursos, espaços de experimentações, da expansão da vida no presente e de possibilidades, no futuro, de capturas pelo governo político. Entretanto, diante da captura permanece o alerta constante sobre a diversidade das práticas de resistências. No século XVI, Etienne de la Boétie, no conhecido *Discurso sobre a servidão voluntária*, atacava e apartava-se do soberano que causava a morte e deixava viver os súditos, interceptando o governo político, sempre tirânico, por meio da soberania de si, o *não* afirmativo, o exercício da liberação e da libertação por meio do gesto pessoal e intransferível. Anunciava a soberania do eu pelo exercício da recusa ao soberano, e como pensamento na fronteira, deslizava para a coexistência do eu com o si. Ainda que concluísse lembrando de Deus, distanciava-se do cristianismo que recomenda a salvação a quem afastar-se de si. La Boétie, não estranhamente, habita o imaginário anarquista do século XIX em diante, por anunciar e praticar o abalo à tirania do governante e do eu. O retorno a si como indicou Foucault é tema do século XVI e também do XIX, e inclui a livre escolha dos exercícios, não como regra de vida, mas arte de viver para fazer da própria vida uma obra. Em Max Stirner a reviravolta se instala mediante a constatação que é impossível pacificar os instintos. Muito menos apanhá-los por meio da razão em forma de conceitos que informem sobre o *indivíduo*, a *propriedade* e o *Estado*. Stirner duvida da superioridade da razão impessoal correlata à dominância teológica, e as equipara para interceptá-las pelo assombroso instante do instinto, o das intermináveis insurreições. A criança capturada pela moral é como o guerreiro transformado em soldado. Não navega, é navegada: é pilotada, medicalizada, governada pelo seu pastor. Contudo, afirma Stirner, a criança é um guerreiro que luta pelo objeto, circunscreve suas ações a ele e provoca o fim temporário das animosidades com os parceiros depois de obtido ou não o objeto pretendido. A perda circunstancial nesta luta não situa o campo da amizade e da inimizade como guerra de extermínio ou subordinação do outro, governo sobre os demais, em nome de uma paz abstrata. Uma criança, enfim, só sabe o que é amor, desdobramento moral, depois de experimentar íntimas afetividades. A vida é luta. Seu destino não está determinado por uma paz perpétua liberal ou igualitária, e tampouco pela paz geradora de guerra alimentada pelos tratados de Estado. A vida é luta das forças de expansão diante da conservação. Stirner inicia seu livro problematizando o governo sobre as crianças para seguir demolidor até o questionamento da substituição do Estado pela Sociedade Igualitária dos anarquistas. Estremece pela primeira vez a utopia da universal sociedade igualitária por dentro do libertarismo. São as insurreições que instauram a reviravolta do *único*, dimensão que abala o *indivíduo*, a individualidade institucional democrática, o Eu, a universalidade igualitária coletiva ou individual. Com Stirner não se regressa à criança como origem, mas como mais tarde em Nietzsche em sua busca por uma filosofia criança ou mulher, está em prática ranger a filosofia. Cuidar de si e conhecer-se em Stirner é corrosão da moral, da supremacia da ciência, da capacidade superior de governar a todos, muitos, alguns, um, outros. São exercícios de pilotagem. Exercícios que levaram a práticas educativas em Bakunin, que estabelece o iluminismo radical da escola pelos exercícios de autoridade do professor sendo retroagida pelos movimentos de liberdade de pensar e atuar das crianças; exercícios de pais que dissolvem o pátrio poder e o regime dos castigos, como em Willian Godwin, no século XVIII; como as de Stirner por meio de exercícios pessoais que levam à recusa do saber para reerguê-lo como vontade recriada a cada dia, em que não se almeja mais sociedade alguma, mas a proliferação de miríades de associações, heterotopias. Não se trata de uma nova convicção a ser interposta, pois segundo Nietzsche, esta é "a crença de estar, em algum ponto do conhecimento, de posse da verdade absoluta"[11]. A criança é o retorno do adulto que rangeu, tornou-se pirata de si, navega como piloto de si, desdobrado, artístico. É a eclosão da surpresa oceânica como tormenta ou calmaria, aprendizado de exercícios em espaços heterotópicos, onde se dissolvem os absolutos de autoridade e liberdade junto com o governo político. Foucault indica que "é possível suspeitar que haja uma certa impossibilidade de constituir hoje uma ética do eu, quando talvez seja esta uma tarefa urgente, fundamental, politicamente indispensável, se for verdade que, afinal, não há outro ponto, primeiro e último, de resistência ao poder político senão na relação de si para consigo"[12]. Foucault desafia os anarquistas a saírem do bolor, da mesma maneira que estes foram abalados por Stirner e cujas ressonâncias aguardam *outros* inventivos percursos de liberdade. De fato se queremos, como sublinha Foucault, articular questão política e questão ética, devemos considerar as relações de poder/governamentalidade/governo dos outros e de si/relações de si para consigo compondo *uma cadeia*[13]. Mas, diante da história atual dos espaços dessacralizados talvez não seja mais uma *cadeia* ou *rede* que articulem a questão política e a questão ética, mas na sociedade de controle, sejam os fluxos compondo outras navegações. O indomesticável Foucault permanece vivo nas incômodas práticas de resistências. Habita conversas de piratas noite adentro, depois do sol do meio-dia, conversas de mocidade.

Notas

[1] "Outros espaços", in MOTTA, Manoel B. da (Org.). *Michel Foucault. Estética: literatura e pintura, música e cinema*. Coleção Ditos & Escritos III. Tradução de Inês A. D. Barbosa. Rio de Janeiro/São Paulo: Forense, 2001. p. 411-422.

[2] Foucault compreendia o neoliberalismo norte-americano ultrapassando os domínios econômicos para situar-se na família, na delinquência, na política penal. Abre-se uma maneira distinta de lidar com o aparecimento do regime de *tolerância zero* numa sociedade de controle

que convoca à participação democrática que se estende do âmbito conservador para o das esquerdas. O conservadorismo norte-americano não tem cara de republicano ou de democrata, mas de ambos, expressa posicionamentos, relações de vizinhança entre pontos. Cf. FOUCAULT, Michel. *Naissance de la biopolitique. Cours au Collège de France. 1978-1979.* Paris: Seuil, Galllimard, 2004, p. 221-270; FOUCAULT, Michel. *Resumo dos cursos do Collège de France (1970-1982)*, Tradução Andrea Daher. Rio de Janeiro: Jorge Zahar, 1997, p. 87-97.

[3] Sobre Foucault e o Kant de "O que são as Luzes?", em especial, as sutilezas e vigores de Guilherme Castelo Branco. "Kant no último Foucault: liberdade e política" e Oswaldo Giacóia Júnior (GIACÓIA JÚNIOR, Oswaldo. "O conceito do Direito e a ontologia do presente". In: CALOMENI, Tereza C. B. (Org.). *Michel Foucault, entre o murmúrio e a palavra*. Campos: Faculdade de Direito de Campos, 2004.

[4] Segundo Jules Vuillemin, em Clermont, nos anos 60. ERIBON, Didier. *Michel Foucault, uma biografia*, Tradução de Hildegard Feist. São Paulo: Companhia das Letras, 1990. p. 138.

[5] "Quero dizer que as relações de poder suscitam necessariamente, apelam a cada instante, abrem a possibilidade a uma resistência, e é porque há possibilidade de resistência e resistência real que o poder daquele que domina tenta se manter com tanto mais força, tanto mais astúcia quanto maior for a resistência. De modo que é mais a luta perpétua e multiforme que procuro fazer aparecer do que a dominação morna e estável de um aparelho uniformizante." (FOUCAULT, Michel. "Poder e Saber", In: MOTTA, Manoel B. da (Org.) *Michel Foucault. Estratégia, poder*-saber, Tradução de Vera L. A. Ribeiro. Rio de Janeiro: Forense Universitária, Coleção Ditos e Escritos, v. IV, 2003. p. 232.

[6] "O navio é a heterotopia por excelência. Nas civilizações sem barcos os sonhos se esgotam, a espionagem ali substitui a aventura e a polícia, os corsários." FOUCAULT, Michel, "Outros espaços", *op. cit.*, p. 422.

[7] NIETZSCHE, Friedrich. *Humano, demasiado humano. Um livro para espíritos livres*. Tradução Paulo César de Souza. São Paulo: Companhia das Letras, 2000, p. 57.

[8] Sobre os princípios indicados por Foucault a respeito de heterotopias, ver *op. cit.*

[9] Sobre relações entre Foucault, Nietzsche e Stirner: PASSETTI, Edson. *Éticas dos amigos. Invenções libertárias da vida*. São Paulo: Imaginário/Capes, 2003.

[10] FOUCAULT, Michel. *A hermenêutica do sujeito*. Tradução de Marcio A. da Fonseca e Salma T. Muchail. São Paulo: Martins Fontes, 2004. p. 301.

[11] Idem, p. 630.

[12] Michel Foucault, *op. cit.*, p. 306.

[13] Idem, p. 307.

História, discurso e poder em Michel Foucault

Flávia Biroli

Neste texto, discuto aspectos que considero relevantes da concepção de história em Michel Foucault, relacionada às concepções de discurso e de poder. Farei referências, breves e restritas, às discussões presentes nos livros *A arqueologia do saber*[1], *A ordem do discurso*[2], e também às indicações sobre política e poder contidas em textos presentes no livro *Microfísica do poder*[3] e em cursos reunidos no livro *Em defesa da sociedade*[4]. Não pretendo, propriamente, abordar esses escritos de Foucault, mas apropriar-me deles em busca de caminhos para o exercício do pensamento e para a "utilização do saber nas táticas atuais" (MP, "Genealogia e Poder", p. 171).

Inicio essa reflexão de forma sinuosa. Começo pelas palavras do pequeno Yassin, personagem de um livro recente, intitulado "Terra e cinzas", do escritor afegão Atiq Rahimi[5]: "A bomba era muito forte. Ela fez tudo se calar. Os tanques roubaram a voz da gente e foram embora", são as palavras de Yassin, que ficara surdo após o bombardeio russo ao vilarejo em que morava, no norte do Afeganistão.

Além da voz, o bombardeio tirara-lhe a mãe e outros familiares. Ficara o avô, com quem convive nas páginas do livro em tentativas recíprocas – e sempre frustradas – de diálogo. Em Yassin, a perda da audição é vivenciada como confronto com um mundo mudo. "O mundo está silencioso... Mas, então, por que os homens movem os lábios?". Os personagens do livro estão imersos na destruição, que tem a forma de frases e imagens entrecortadas, que demarcam mal as fronteiras entre o sono e a vigília, entre a morte e o pensamento. Trata-se de tatear em busca de formas de viver em um mundo que não fala e no qual os sujeitos, ao dizer, encontram-se face à solidão: "Falar – diz o avô – não é o bastante se o outro não te ouve".

Parece-me que essa situação em que o dizer tem a forma do desencontro e da confrontação não se restringe às práticas e formas de subjetivação constituídas pela situação de guerra (em sentido tradicional) em que se encontram Yassin e seu avô Dastaguir, face à destruição da vida que conheciam. Na esteira de Foucault, parto do pressuposto de que existe uma relação constitutiva entre o que reconhecemos como paz civil e a guerra; do pressuposto de que essa paz civil pode ser, hoje, o *modus operandi* da guerra. Nas palavras de Foucault, a inversão do enunciado de Clausewitz resulta na afirmação de que "a política é a guerra prolongada por outros meios" e implica as seguintes asserções: 1) as relações de poder nas sociedades baseiam-se em relações de força estabelecidas na guerra e pela guerra, o que faz com que a paz civil reinscreva essas relações, continuamente, nas instituições e nas desigualdades econômicas, na linguagem e no corpo dos indivíduos. 2) As relações de poder, estratégias e modificações do funcionamento dessas relações em uma situação de paz são desdobramentos da guerra, derivando daí que as histórias que podem ser escritas, mesmo na paz, são histórias da guerra. 3) por último, a decisão final, o desenlace final da política, só poderia vir da guerra, como limite último que faria dobrar-se sobre si mesma essa mecânica do poder, que é bélica (MP, "Genealogia e Poder", p. 176).

Essas colocações de Foucault compõem a proposta de que se pense o funcionamento dos poderes e da política segundo o esquema guerra-repressão e a oposição luta-submissão, e não segundo o esquema contrato-opressão, consagrado pela tradição política predominante a partir do século XVII, que se funda, por sua vez, na oposição entre o legítimo e o ilegítimo. Ainda que Foucault possa ter como referência histórica um período específico ao produzir essa leitura – isso é, o período posterior ao encerramento da Segunda Guerra Mundial –, sua proposta implica em pensar a política por meio de outros critérios, de outras estratégias, que demarcariam limites também diferenciados para o saber histórico (e para o que me interessa mais nesta reflexão, que é a constituição de um saber histórico diferenciado sobre a política). É preciso ter clareza quanto ao fato de que a oposição legítimo-ilegítimo funda todo um campo de possibilidades de discursos políticos e sobre a política, que desdobram e ultrapassam os contratualistas do século XVIII, e que têm a forma da repetição, legando ao silêncio outras possibilidades do dizer político e sobre a política[6].

Voltando às imagens trazidas do livro de Atiq Rahimi, viver em um mundo mudo, ou falar àqueles que a guerra impediu de ouvir, pode ser um aspecto importante das práticas que constituem os sujeitos em nossas sociedades. O que é possível ouvir em meio a essa paz que é guerra continuada? Na hipótese sustentada aqui, a maquinaria discursiva que nos constitui, a rede de relações de força que a funda, poderia ser analisada, mesmo na paz, segundo o esquema da guerra, da luta, das estratégias de submissão. Não se trata, no entanto, de opor a censura à liberdade, a restrição à autonomia do sujeito de fala e de ação. No tempo presente, em que somos envolvidos por um sem-número de dizeres, opiniões e asserções sobre a paz, a guerra, o direito à vida, a liberdade jurídica, o prolongamento da vida individual e a ameaça sempre premente da extinção da vida na Terra, somos também *impelidos a dizer*: "tudo pode ser dito, tudo deve ser dito", sinaliza a maquinaria de poder e discurso.

Mas, impelidos a dizer, segundo que regras e princípios o fazemos? Até que ponto, por exemplo, é possível *dizer a violência* se nos constituímos em meio a relações de poder que se fundam em práticas de violência e as constituem como o campo de seu exercício continuado? Como *dizer a violência* se seu exercício continuado envolve a produção, também continuada, de falas desencontradas que parecem ocupar todo o espaço do dizer em nossas sociedades? Até que ponto é possível reconhecer essa violência ou reconhecer-se em suas práticas? Ou, ainda, podemos dizer algo que escape à oposição legítimo-ilegítimo, permitindo-nos tocar na materialidade densa de práticas de violência que não se deixam descrever segundo essa oposição?

No campo em que a política é pensada por meio dos conceitos de *soberania* (fundada no medo e/ou na vontade) e de *legitimidade* (fundada no reconhecimento e na aceitação da dominação como relação necessária à autoproteção), o princípio da guerra é silenciado ou negado. Não digo que ele seja ocultado, mas ele se desdobra em sentidos outros, em uma convivência tácita com a violência que não permite dizer seu nome, a não ser que esse nome seja dito e repetido no discurso da soberania e da legalidade, que o neutralizam. Pode-se dizer que, nesse caso, as estratégias teóricas e políticas e o mecanismo discursivo que as preserva funcionam em uma direção dupla: a da negação de que a violência exista como prática difusa organizadora dos discursos e dos sujeitos; e a da repetição de modos de dizer a violência que a tornam rarefeita enquanto objeto de crítica e de pensamento.

A materialidade densa das práticas que compõem as relações de força no presente, assim como a materialidade de sua violência, só podem ser descritas, parece-me, se deslocamos as oposições paz e guerra, com seus desgastados correlatos, democracia e autoritarismo, liberdade e censura. Abrem-se, assim, outras séries de acontecimentos passíveis de descrição, permitindo fazer funcionar em outra direção, quem sabe, as redes de subordinação que se baseiam naquele funcionamento duplo de que eu falava há pouco: a negação da positividade da violência e um jogo discursivo fundado na repetição.

Nesse sentido, poderíamos voltar ao personagem de *Terra e Cinzas*, Yassin; não aos aspectos biográficos de sua surdez, mas a uma imagem que se desdobraria na medida em que os ecos do bombardeio sofrido funcionariam como modo de organização das relações de força em tempos de paz, como mecanismo que *faz dizer*, ao mesmo tempo em que constitui *subjetividades surdas* em um mundo que lhes parece *mudo*. Em que consistiria, pergunto, a percepção de que está emudecido o mesmo mundo em que, supostamente, tudo pode ser dito? Em que consistiria, afinal, a experiência de que o que se diz não é suficiente ou não pode ser ouvido em um presente que é saturado de palavras?

E, ainda uma questão, agora voltada para minha própria enunciação. Por que trazer esta reflexão a um colóquio sobre Michel Foucault?

Ao trabalhar com os conceitos de história, poder e discurso, Foucault permite que nos situemos, ao que me parece, no campo de uma relação refeita com *aquilo que é possível dizer*. Ao construir o seu próprio lugar de enunciação como o de um corte – em relação à tradição que caracteriza como metafísica e à história que vê como o desenrolar de princípios e o desdobrar monótono da vontade ou da necessidade –, Foucault estabelece também uma relação refeita com aquilo que foi dito, com o que se repete, com os limites estabelecidos para o que é *dizível* em um dado momento. É este, parece-me, o viés que permite pensar, em conjunto, o conceito de *história* (em que o conhecimento se constitui como corte e positivação de séries discursivas tornadas rarefeitas e, muitas vezes, mudas por operações de "compreensão" fundadas em princípios identitários), o conceito de *discurso* (como materialidade que implica em regras específicas para o dizer e para o dizível, e não como expressão de realidades mais essenciais ou originais) e o conceito de *poder* (como positivação que, no interior de um esquema tático-cognitivo que é o da guerra, desloca o esquema jurídico em que a dominação é lida no interior da oposição entre o legítimo e o ilegítimo).

Em uma das noções trabalhadas em *A ordem do discurso*, a aula inaugural no Collège de France pronunciada no dia 2 de dezembro de 1970, Foucault indica um caminho de reflexão que considero produtivo sobre o paradoxo que anunciei, e que constitui a temática central a esta reflexão: o paradoxo da convivência entre o silêncio e a incitação contínua ao dizer (que considero fundante das relações de força na atualidade). Trata-se da noção de "comentário", que implica uma concepção de historicidade, vinculada à de discurso.

Em *A ordem do discurso*, Foucault discorre sobre procedimentos de controle, seleção e organização dos discursos em nossas sociedades, produtores de *restrições* ao que se diz, mas também de enunciados que *devem* ser ditos e repetidos em certas circunstâncias. Esses procedimentos teriam como efeito a rarefação dos discursos (das possibilidades do dizer), mas também formas de positivação que produziriam *o verdadeiro*, *o sensato*, e, de modo mais geral, o que é *dizível* em circunstâncias específicas. De modo correlato ao que desenvolve em *A Arqueologia do Saber*, publicado pela primeira vez em 1969, trata-se de negar a busca das origens do dizer e das tradições, e visualizar os recortes, as relações de poder que constituem os discursos e a própria história.

O "comentário" limitaria a aparição dos discursos na medida em que estabeleceria a *repetição* como a forma adequada para o dizer. E a repetição continuada talvez seja compatível com a percepção de que *é possível dizer, mas diante de um mundo emudecido*, no qual os efeitos do dizer e da ação e a possibilidade de constituição do novo seriam reduzidos. Na relação entre dois tipos de discursos, os que são ditos cotidianamente e passam no momento mesmo em que são pronunciados, e outros, que "estão na origem de um certo número de atos novos de fala que os retomam, os transformam ou falam deles" (OD, p. 22), estabelece-se um desnível entre "texto primeiro" (aqueles que são retomados inúmeras vezes, demonstrando permanência) e "texto segundo" (os comentários, que podem, por vezes, tomar o lugar de "textos primeiros" sem que, no entanto, o desnível entre esses dois funcionamentos dos discursos se desfaça). Ao referir-se a esse desnível, Foucault toca no ponto que me interessa destacar nesse momento: as possibilidades de dizer seriam indefinidas, *desde que se diga aquilo que já havia sido dito*. O paradoxo maior do "comentário" seria permitir que se diga algo além dos textos já ditos e estabelecidos, "mas com a condição de que o texto mesmo seja dito e de certo modo realizado", restringindo o novo, não ao que é dito, mas ao "acontecimento de sua volta" (OD, p. 26).

E como deslocar esse paradoxo que produz subjetividades e fortalece o estado atual das relações de força? A resposta de Foucault, parece-me, está na aposta no saber histórico, do modo como o enuncia ao propor as operações arqueológica e genealógica.

Para Foucault, a pesquisa arqueo-genealógica coloca a pesquisa histórica no centro das estratégias que permitem visualizar práticas e discursos constituídos por redes de poder. A pesquisa histórica, nessa perspectiva, tornaria possível apreender em sua positividade práticas e discursos que nos tornam incapazes de *estranhar* e de nos situarmos em uma perspectiva que chamo aqui de *ético-crítica* em relação ao presente. A questão, dentro da hipótese trabalhada aqui, é a seguinte: quais formas de dizer e de agir poderiam ser consideradas estratégicas em uma atualidade tão repleta de palavras, de razões e intenções, de consciência e de vontade subjetiva?

A resposta que trago de Foucault aponta para a positivação dos saberes históricos descontínuos e emudecidos, como citei antes. Em *Genealogia e Poder*, curso de 1976 já citado neste texto, Foucault indica que na conjunção entre o *saber erudito*, que dá densidade aos dizeres legados ao esquecimento, à desrazão ou à inverdade, e os *saberes locais*, saberes não absorvidos pelas sistematizações científicas e filosóficas, é que se constituiria "o saber histórico das lutas", a ser utilizado nas táticas atuais. O conhecimento seria, assim, uma estratégia; consistiria em uma relação tática com a massa de discursos que nos cerca e com seus limites, com as séries de percepções, enunciados e objetos que constituem o dizível e com aquelas que foram emudecidas e que compõem o fundo do que é dito e a forma do que é visível.

Para Foucault, a genealogia, ao lidar com os efeitos de poder próprios de um discurso considerado como científico, ao combater esses efeitos, coloca em questão, sobretudo, a mecânica do poder. Trata-se, em suas palavras, de questionar "quais são, em seus mecanismos, em seus efeitos, em suas relações, os diversos dispositivos de poder que se exercem a níveis diferentes da sociedade, em domínios e com extensões tão variadas" (MP, "Genealogia e poder", p. 174), compondo o perceptível, o dizível e o visível. A mecânica do poder não deve ser analisada em uma perspectiva que indique as fontes (do dizer ou da autoridade), as intenções (do dizer ou do agir), ou, ainda, em uma perspectiva que desvende a verdade sob o ilusório (no dizer e no agir). Se o poder, como afirma Foucault, "induz ao prazer, forma saber, produz discurso" (MP, "Verdade e poder", p. 8), constituindo, assim, as relações entre o sujeito e o verdadeiro, é preciso confrontar-se com a materialidade dos laços de submissão e das práticas que os colocam em funcionamento, sem apostar que se possa encontrar uma verdade-libertação que desfaça esses laços.

A pesquisa histórica e a crítica não confrontariam a guerra para pacificá-la, uma vez que se constituem como estratégias e táticas que procuram fazer com que a maquinaria – instável e fluida – funcione em outra direção. Não procurariam revelar verdades soterradas, mas positivar as regras de emergência de verdades que se constituem como *efeitos de poder*. Cito, apenas, uma discussão presente em *Arqueologia*, que me parece extremamente importante para os historiadores: os documentos com os quais trabalhamos, nessa perspectiva, seriam a materialização de relações de força, e não sua narrativa. Nos enunciados que compõem os documentos trabalhados pelo historiador, seria preciso encontrar não "sentidos", mas efeitos de poder que não são desdobramentos significantes, mas bélicos: pertencem à "inteligibilidade das lutas, das estratégias, das táticas".

A proposta, portanto, que essa minha exposição articula a partir de Foucault, não é de procurar fazer falar palavras preservadas *sob a violência* ou *sob os mecanismos de poder*, mas de procurar vislumbrar o funcionamento dos discursos e das práticas que constituem o paradoxo indicado de um tempo presente que se apresenta, ao mesmo tempo, emudecido e saturado de palavras; trata-se, ainda, de descrever o funcionamento dessa massa de discursos desencontrados que constituem objetos e os aprisionam a um conjunto limitado de técnicas que permitiriam abordá-los, que constituem enunciados e aprisionam seus efeitos em sistematizações científicas ou nos modelos da expressão e da intenção.

Isso me parece particularmente importante para se pensar as possibilidades de uma história e de uma crítica política. Em *A Arqueologia do Saber*, Foucault indica caminhos para uma análise do poder político, que vem ao encontro dos meus interesses atuais. Deve-se procurar, segundo ele, descrever práticas discursivas que atravessam o comportamento político de uma sociedade; da política, diz, essa análise "definiria o que pode tornar-se objeto de enunciação, as formas que tal enunciação pode tomar, os conceitos que aí se encontram empregados e as escolhas estratégicas que aí se operam" (AS, p. 220). O saber político que daí poderia emergir não seria uma teorização secundária da prática ou uma aplicação teórica, mas estaria articulado a práticas outras, em uma relação que não é de causalidade ou reflexo, mas de interdependência.

Trata-se, assim, de descrever o campo em que as práticas discursivas se entrelaçam a práticas não-discursivas, compondo um conjunto denso de temas, possibilidades de dizer e de agir. Conjunto que não é exterior aos sujeitos que agem e dizem na e sobre a política, mas que constitui os lugares de autoridade e reconhecimento, as estratégias de domínio e submissão, a "vontade" e a "potência" que lhes fazem ser reconhecidos ou combatidos. Compõe, assim, o campo mesmo em que a luta se dá, em que a batalha impõe suas regras e os limites de sua conservação.

Essas observações sobre discurso e poder me permitem retornar às questões antes lançadas, em especial a duas delas: em que conjunto de restrições e incitações está fundada a experiência de que o que se diz não é suficiente ou não pode ser ouvido em um presente que é, no entanto, saturado de palavras? Em que consiste, afinal, a mudez de um mundo em que, supostamente, tudo pode ser dito?

Parece-me que é preciso ter, como horizonte de pesquisa, no sentido indicado por Foucault, a procura sistemática de *positivar as palavras como práticas*, e as práticas em seu funcionamento violento, que inclui movimentos de conservação ou de confrontação com as relações de força predominantes.

O bombardeio que emudeceu o mundo de Yassin não me parece diferenciar-se, em sua lógica, das incitações a um dizer repetitivo, das incitações a um esgotamento da escuta, que caracterizam o cotidiano em que vivemos. Para o historiador, uma tarefa tática, ético-crítica como chamei antes, talvez possa ser a de expor a densidade de todas essas formas de dizer, de positivar suas estratégias de submissão, apontando para o que é concreto e aparente, mas que, mesmo não sendo oculto, torna-se invisível àqueles que foram ensurdecidos pelos bombardeios cotidianos ou ensinados a ouvir em meio a práticas frequentes de subordinação. Trata-se de confrontar esse mundo que, na experiência do pequeno Yassin, não deixou de mexer os lábios, mas tornou-se palavra que não pode ser ouvida.

Notas

[1] FOUCAULT, Michel. *A arqueologia do saber.* 5.ed. Rio de Janeiro: Forense Universitária, 1997. Ao longo do meu texto, usarei as letras AS para me referir a esta obra.

[2] FOUCAULT, Michel. *A ordem do discurso.* São Paulo: Loyola, 1996. Ao longo do meu texto, usarei as letras OD para me referir a esta obra.

[3] FOUCAULT, Michel. *Microfísica do poder.* 11a. reimpressão. Rio de Janeiro: Graal, 1995. Ao longo do meu texto, usarei as letras MP para me referir a esta obra.

[4] FOUCAULT, Michel. *Em defesa da sociedade.* São Paulo: Martins Fontes, 2000. Ao longo do meu texto, usarei as letras EDS para me referir a esta obra.

[5] RAHIMI, Atiq. *Terra e cinzas: um conto afegão.* São Paulo: Estação Liberdade, 2002.

[6] Aspectos importantes dessa temática são abordados por Michel Foucault nos cursos presentes em EDS, realizados no *Collège de France* entre os meses de janeiro e março de 1976.

O cuidado de si em Michel Foucault

Frédéric Gros
Tradução: Margareth Rago e Alfredo Veiga-Neto

Gostaria de evocar um conjunto de reflexões, a partir do curso proferido por Foucault, no Collège de France, em 1982: *A hermenêutica do sujeito*[1]. Convém inicialmente observar que o título do curso pode ser enganoso. Por "hermenêutica", trata-se, em geral, para Foucault de designar uma postura subjetiva propriamente cristã (aquela cuja lenta elaboração de Tertuliano a Cassiano, em torno das práticas de penitência ele descreve, no curso pronunciado em 1980: *O governo dos vivos*). A hermenêutica de si é a decifração analítica e meticulosa dos próprios estados de consciência, a leitura nos próprios pensamentos de traços de desejo, etc., isto é, no fundo, tudo aquilo que as práticas da confissão[2] designam. Mais precisamente, no curso de 1982, não se trata de descrever essas técnicas cristãs de si, mas de lhes opor outras: os "exercícios espirituais" (para retomar a expressão de P. Hadot), elaboradas pela filosofia antiga.

Privilegiando o tema das práticas de si, das técnicas de subjetivação, do vínculo histórico da subjetividade à verdade, Foucault não opera evidentemente um retorno a esse mesmo sujeito que ele havia denunciado quase quinze anos antes, por ocasião das polêmicas suscitadas pelo aparecimento de *As Palavras e as Coisas* (cf. a querela do estruturalismo, do anti-humanismo, a oposição a Sartre, a recusa de um sujeito fonte de sentido, universal constituinte, soberano, a ideia do sujeito como simples dobra da linguagem, ou disperso pelo ato da palavra – textos sobre a literatura –, do discurso como agenciamento das posturas subjetivas em *A arqueologia do saber*).

Pois, no fundo, Foucault não cessa de insistir sobre o fato de que o *sujeito* suposto por essas técnicas de si, pelas artes da existência é um eu ético, antes que um sujeito ideal de conhecimento. Isto significa que o sujeito é compreendido como transformável, modificável: é um sujeito que se constrói, que se dá regras de existência e conduta, que se forma através dos exercícios, das práticas, das técnicas, etc.

Persiste, entretanto, uma grande oposição a toda uma tradição filosófica, que tenta articular num discurso a natureza originária, preestabelecida, essencial de uma estrutura subjetiva (a alma da reminiscência platônica, a *res cogitans* de Descartes, o Eu como pura função transcendental em Kant, a consciência doadora de sentido em Husserl, etc.). Não é evidentemente deste sujeito como fundamento de um conhecimento verdadeiro que se trata com o eu ético.

Inicialmente, porque a interrogação sobre o eu ético se situa no horizonte (problemático, sem dúvida) de uma história da subjetividade, portanto, de uma historicização do sujeito, enquanto que a construção filosófica do sujeito universal adquire sentido evidentemente já por sua irredutibilidade ao indivíduo histórico. Isto posto, não se trata aqui propriamente de crítica ou de denúncia, como poderia ter sido o caso no final dos anos sessenta. Foucault, de todo modo, não procura com o eu ético fundar um conhecimento verdadeiro ou tornar uma ciência possível, enquanto que, outrora, a arqueologia dos discursos, quando recusava o dogma da subjetividade constituinte, pretendia ao mesmo tempo dar conta das condições de emergência das ciências. Portanto, a crítica do sujeito fundador se encontra aqui bem mais suavizada.

Contudo, essas primeiras formulações continuam inadequadas: seria preciso falar bem mais sistematicamente da "relação consigo", antes que simplesmente do "si" em Foucault. O que significa dizer que a "subjetividade" nele não remete evidentemente nem a uma substância nem a uma determinação transcendental, mas a uma reflexividade que se poderia chamar de prática: uma maneira de se relacionar consigo mesmo para se construir, para se elaborar. Esta história do sujeito na perspectiva das práticas de si, dos procedimentos de subjetivação se separa nitidamente do projeto formulado, nos anos setenta, da história da produção das subjetividades, dos procedimentos de sujeição pelas máquinas do poder.

A história que Foucault quer descrever, em 1982 é a das técnicas de ajuste da relação de si para consigo: história que leva em conta os *exercícios* pelos quais eu me constituo como sujeito, a história das *técnicas* de subjetivação, história do *olhar* a partir do qual eu me constituo para mim mesmo como sujeito.

Aqui, pode-se notar uma fidelidade claramente reivindicada a uma parte, ao menos, das lições de P. Hadot: a ideia de que a filosofia antiga deve ser compreendida menos como a elaboração de um sistema de conhecimento, metafísica geral do Ser, construção de um discurso racional total, do que como a elaboração de modos de vida, de esquemas de existência através da proposta de exercícios espirituais, arte de viver. Mas, a partir de uma mesma perspectiva, Foucault, de um lado, insistirá muito mais sobre os exercícios de autossubjetivação, de reforço ético de si para consigo, etc, declarando marginais os exercícios espirituais de diluição do sujeito numa totalidade cósmica; e, por outro lado, ele se dedicará a construir uma ruptura franca e decisiva entre os modos de subjetivação antigo e cristão, enquanto que Hadot multiplica os vínculos entre esses dois modos de subjetivação. Trata-se mesmo, para Foucault, de detalhar um modo de subjetivação *irredutível* ao mesmo tempo tanto ao cristianismo, quanto ao platonismo: o modelo helenístico, presente na filosofia estoica e epicurista. Daí uma oscilação perpétua entre, de um lado, uma oposição massiva entre um sujeito antigo e um sujeito cristão e, de outro lado, uma série de distinções mais nuançadas entre os modos de subjetivação platônico, helenístico (estoico e epicurista) e cristão.

Constata-se, aqui como alhures, que Foucault não faz propriamente história da filosofia (mesmo se suas referências forem mais "clássicas" que em outras pesquisas), assim como também não faz história da psiquiatria na *História da Loucura*, ou história da medicina, em *O Nascimento da Clínica*. O que não significa que ele seja negligente em relação ao seu objeto de estudo. Surpreendemo-nos, ao contrário, pela abundância de leituras e referências, pelo domínio do conjunto da literatura secundária, pela atenção dedicada aos textos em sua língua original, pelo respeito aos dados históricos contextuais, etc. Mas, não se trata de uma história doutrinal da filosofia: Foucault não procede por conteúdos doutrinais (a natureza da alma, a lógica, a teoria da percepção, etc). Ele procura captar nos textos antigos um elemento pré-doutrinal: a estruturação da relação consigo mesmo, a modalidade de construção subjetiva proposta.

Pode-se proceder, para avançar, por distinções conceituais. A primeira, que é uma das mais decisivas é a que separa o conhecimento de si do cuidado de si. No fundo, a tese de Foucault consiste em dizer: se existe mesmo um enunciado constitutivo da subjetivação antiga é o "cuida-te de ti mesmo", "tenha cuidado consigo mesmo", mais do que o "conhece-te a ti mesmo" (oposição do *epimeleia heautou* e do *gnôthi seauton*). Então, esta proposição impõe primeiramente, sem dúvida, um reenquadramento histórico, porque evidentemente para nós, desde logo, a empresa filosófica ganha precisamente uma parte de sua raiz e sentido no preceito délfico (*gnôthi seauton*) perfeitamente assumido, reivindicado por Sócrates. Daí um primeiro trabalho de Foucault, que consiste seja em atenuar a importância desta injunção (mostrando, por exemplo, que Sócrates em sua *Apologie* é, antes de tudo, apresentado como aquele que "cuida": aquele cuja missão divina é a de preocupar-se com o cuidado de si dos outros, de fazer com que eles retornem a si mesmos); seja, ainda, em tentar mostrar que o sentido original do "*gnôthi seauton*" era da ordem de um apelo à vigilância e à atenção (antes de colocar uma questão ao oráculo, que se pesem bem os termos, sem precipitação), mais do que à introspecção interior e à decifração indefinida da natureza secreta; seja, enfim, em mostrar que, nas formas antigas de subjetivação, o conhecimento de si permanecia subordinado ao cuidado de si (era enquanto dever de cuidar de si mesmo que os elementos do conhecimento de si eram requeridos).

O cuidado de si constitui, portanto, para Foucault, um enunciado fundamental da cultura antiga. É a questão que Sócrates coloca a Alcibíades, no diálogo que leva seu nome: "agora que atingiu a idade adulta, você quer governar os outros, tornar-se um dos primeiros homens da cidade, mas será que você cuida corretamente de si mesmo?" Malgrado este enraizamento socrático, Foucault sempre tenderá, no entanto, a identificar o imperativo do cuidado de si mais particularmente com a filosofia helenística e romana.

É que lhe parece que mesmo que Platão formule bem a questão do cuidado, ele tende a fazer deste um exercício puramente intelectual de contemplação (cf. o final do *Alcibíades* e a metáfora do olho, a propósito do conhecimento do divino pela parte divina da alma). Ao contrário, em Sêneca, Marco Aurélio, Epíteto e Epicuro, o cuidado de si se desintelectualizaria à medida que não redunda em pura *theória*. De fato, ele se aproxima mais de exercícios de meditação prática, de atividades sociais reguladas, podendo, às vezes, associar-se a práticas físicas de prova.

É essencialmente nos textos estoicos e apenas ocasionalmente nos epicuristas, que Foucault constrói a estruturação subjetiva designada como "cuidado de si". Ela apresenta um certo número de características muito fortes e importantes.

Primeiro, o cuidado de si constitui um sujeito da *concentração* mais do que da meditação. Trata-se de mostrar que todos os exercícios de conversão a si, de retorno a si mesmo não podem ser sobrepostos às posturas subjetivas da introspecção, da decifração ou da hermenêutica de si, da objetivação de si por si mesmo. A atitude que consiste para o sábio em se retirar em si mesmo, em se voltar para si, em se concentrar em si mesmo visa antes *uma intensificação da presença para si*. É desta maneira que se deve pensar o imperativo: "conhece-te a ti mesmo", quando enunciado no quadro do cuidado de si. Não se trata de provocar em si um desdobramento interior pelo qual eu me constituiria a mim mesmo como objeto de uma observação introspectiva, mas de concentrar-me em mim e de *acompanhar-me*. É deste modo que o atleta, antes do esforço, reúne todas as suas forças em si mesmo e concentra-se, antes de realizar sua atividade. Encontra-se aí a afirmação, creio eu, de um princípio de imanência radical: conhecer-se não é se dividir e fazer de si um objeto separado que seria preciso descrever e estudar, mas permanecer totalmente presente a si mesmo e estar completamente atento às suas próprias capacidades. Este conhecimento de si não divide interiormente o sujeito segundo o fio do conhecimento (sujeito que observa/objeto observado); ele é, antes, da ordem de um esforço de vigilância que intensifica a imanência a si mesmo.

O cuidado de si constitui também um sujeito forte. Trata-se, por exercícios apropriados (como a aplicação sistemática da regra de ouro do estoicismo: distinguir o que depende de mim e o que não depende) e pelas meditações regulares sobre a natureza das coisas, de assegurar uma posse plena de si, um completo domínio de si, uma fruição total de si (não tirar todas as alegrias que de seu próprio fundo, não fazer sua felicidade depender jamais de outra coisa que de si mesmo, estar em si mesmo como em um porto seguro, uma fortaleza irredutível, etc.). No fundo, o cuidado de si permitiria encerrar a relação de si para consigo numa relação de imanência perfeita e absoluta. Ideal da serenidade inabalável do sábio estoico.

Estas duas primeiras características (o sujeito da concentração atlética e do fortalecimento ético) são evidentemente importantes, mas, ao mesmo tempo, constituem a fonte de um certo número de possíveis mal-entendidos: poder-se-ia crer, se se deixasse impressionar demais por eles, que Foucault se deixa fascinar completamente pela figura de um eu solitário, autossuficiente, indiferente ao mundo e aos outros, todo-poderoso, tomado pela vertigem narcisista deste círculo perfeito da relação de si para consigo: a figura orgulhosa do sábio impermeável aos acidentes da existência.

Donde a primeira crítica dizendo que Foucault defende, em seus últimos anos, através do cuidado de si, uma moral puramente individualista, sem qualquer preocupação com o laço social ou político, em que se trataria, para cada um precisamente, de se dedicar à pura imanência de si, longe de toda relação com os outros e com a ação política.

Ora, de um lado, é preciso lembrar que, apesar de tudo, Foucault não defende aqui uma moral particular: não se trata, para ele, de apresentar a ética grega como um modelo a ser seguido, um ideal de comportamento proposto para todos. Ele propõe uma leitura desta, mas não se coloca no plano do proselitismo.

Mas, sobretudo, o que interessa a Foucault neste cuidado de si é a maneira como ele se integra num tecido social e constitui um motor da ação política.

O cuidado de si, como Foucault procura, com efeito, mostrar, se exerce num quadro largamente comunitário e institucional: é a escola de Epíteto que oferece formações diferenciadas e dirige-se a um amplo público de discípulos ou de transeuntes); é Sêneca praticando o cuidado de si, ao entreter uma correspondência escrita com amigos, escrevendo tratados circunstanciados, etc. Foucault não deixa de insistir sobre esse ponto: o cuidado de si não é uma atividade solitária, que cortaria do mundo aquele que se dedicasse a ele, mas constitui, ao contrário, uma modulação intensificada da relação social. Não se trata de renunciar ao mundo e aos outros, mas de modular de outro modo esta relação com os outros pelo cuidado de si.

É preciso notar, também, que o cuidado de si é muito pouco excludente do outro, que, aliás, ele supõe. Foucault mostra claramente que "cuidar de si" não é uma atitude espontânea e natural, pouco a pouco recoberta pelas alienações do mundo. O eu de que se trata de cuidar não é um dado primeiro e esquecido, mas uma *conquista* difícil; espontaneamente nós desprezamos este cuidado ético e preferimos o egoísmo. É por isso que a este cuidado de si austero, que nos coloca na vertical de nós mesmos, é preciso chamar um outro, e é um outro que deve nos ajudar a cuidarmos bem de nós mesmos: donde a figura do mestre da existência. O cuidado de si não é tampouco uma atividade solitária, pois supõe sempre o acompanhamento de um mais velho e ele se distribui segundo atividades eminentemente sociais: conversações, troca de cartas, ensinamento e aprendizagem em escolas, formações individuais, etc

De outro lado, o cuidado de si intensifica também a relação com a ação política mais do que a entrava. Foucault mostra claramente que o cuidado de si introduz entre o sujeito e o mundo uma certa *distância*, mas esta distância é precisamente constitutiva da ação. E´ esta distância que me permite não me deixar fascinar pelo objetivo imediato; impede a precipitação; permite um retorno a si, a partir do qual posso consultar o catálogo dos meus deveres e agir de maneira circunstanciada, ao invés de reagir com urgência (assim em Epíteto, a história daquele pai de família que, encontrando sua filha doente ao voltar para casa, abandona seu lar – *Entretiens*, I-11 –; e Epíteto lhe diz: "se você fugiu das tuas responsabilidades é porque você não cuidou direito de si mesmo; você se preocupou demais com sua filha e se impressionou demais com sua doença, enquanto que se você tivesse cuidado de si mesmo, se antes de fazer qualquer coisa, você tivesse introduzido entre você e o mundo uma certa distância, uma certa defasagem, você poderia retornar a si mesmo, preocupar-se consigo mesmo, dizendo: 'o que está acontecendo, a doença de minha filha exige de mim um certo papel a desempenhar: o do pai de família, e este papel impõe um certo número de deveres como proteção, o cuidado dos seus, etc.)'." A distância, portanto, que é aprofundada pelo cuidado de si entre eu e o mundo é constitutiva da ação, mas de uma ação regulada, circunstanciada, refletida. Não se cuida de si para escapar do mundo, mas para agir como se deve.

Essa dimensão ativa do sujeito, para a qual preparam os exercícios espirituais da filosofia helenística (sobretudo estoica) é ainda sublinhada por Foucault, quando insiste sobre a divisão recorrente entre conhecimentos "úteis" e conhecimentos "inúteis " (baseando-se num texto de Sêneca, citando Demetrius em seu *De Beneficiis*, VII, 1). Espontaneamente, tenderíamos a interpretar esta divisão dos saberes como aquela que poderia separar as ciências puramente físicas ou biológicas das ciências humanas: como se se tratasse de separar o que posso aprender sobre o mundo, do que eu posso aprender sobre mim mesmo (digamos os conhecimentos "mundanos" e os "psicológicos"). Ora, Foucault mostra claramente que não se trata absolutamente desta separação. Não são dois domínios de objetos (a natureza, de um lado e, de outro, o sujeito humano) que são distintos, mas dois estilos de saberes, dois regimes de aquisição de conhecimentos: de um lado, há os conhecimentos puramente culturais, eruditos, que podem concernir tanto ao sujeito humano, quanto ao mundo natural e que não afetam diretamente o modo de ser de um sujeito nem o transformam, mas apenas o tornam mais culto, aumentam quantitativamente a soma de seus saberes, sem servir a regular ou a orientar a conduta. De outro lado, há os conhecimentos que Foucault chama de "ethopoéticos" e que orientam a conduta do sujeito, informam praticamente seu comportamento e que podem bem estar ligados à cosmologia (cf. o exemplo da *Lettre à Pythoclès* de Epicuro: a serenidade do sábio se apoia em uma visão do universo, é uma ciência física que nos ensina a não temer nem os deuses nem a morte).

Esta importância do sujeito da ação no quadro do cuidado de si se verifica, ainda, na insistência dada por Foucault ao exercício de meditação dos males ou da morte na espiritualidade estoica (exemplos tomados em Sêneca, Epiteto e Marco Aurélio). A meditação dos males consiste em fazer como se o pior devesse acontecer inevitavelmente, a fim de adquirir na ação uma lucidez superior, que não possa ser abalada pelo medo e pela esperança: faço o melhor que posso, tendo como certo que a situação está perdida (carta 24 a Lucilius). Quanto à meditação da morte, ela também não desencoraja a ação, mas a intensifica: diante de tudo aquilo que você faz, diz Epiteto, pergunte-se: "se a morte me levasse nesse exato momento, é exatamente na realização deste ato que eu gostaria que ela me alcançasse?" (*Entretiens*, III, 5, 5) Não se trata de pensar na morte como num tema de meditação, mas de engajar-se na ideia de que se vai efetivamente morrer, a fim de operar uma partilha entre os atos possíveis (é, sem dúvida, um pouco o equivalente do pensamento do Eterno Retorno de Nietzsche).

O cuidado de si constitui tanto mais um sujeito da ação, quanto um dos seus eixos essenciais consiste em estabelecer uma correspondência regrada entre os atos e as palavras. Eis aí um dos pontos importantes sublinhados por

Foucault. O exemplo mais forte é o do exame de consciência, exemplo tanto mais decisivo já que se trata, ao mesmo tempo, de mostrar em que esse exercício espiritual antigo não supõe evidentemente nenhuma introspecção. Foucault mostra claramente, pela análise minuciosa do livro III do *De Ira*, onde este exercício é apresentado (cap. XXXVI), que para Sêneca não se trata de decifrar, de desvendar através desse exame regular alguma coisa nele mesmo como uma identidade secreta, uma natureza obscura, mas de assegurar uma correspondência entre os princípios de ação que ele se dá e os que efetivamente realiza. O problema é: "minhas ações de hoje correspondem aos princípios que me dei?" E, no caso de fracasso: "que exercícios devo me impor a fim de conseguir chegar a uma correspondência mais perfeita?" O olhar lançado a si mesmo não é o de um hermeneuta desconfiado, nem mesmo o de um juiz: mas o de um *administrador* um pouco meticuloso, um mestre de obras cuidando para que as coisas se realizem segundo as regras. E, no fundo, a maior parte dos exercícios referentes ao cuidado de si participam desta obsessão única: assegurar da melhor maneira possível a correspondência entre o que digo que é preciso fazer e o que faço. Assim, os exercícios de leitura e de escrita (*hupomnêmata*), com os quais devo me dotar de um pequeno número de princípios filosóficos, assimilá-los, incorporá-los, a fim de que esses *logoi* possam me servir de remédios ou de equipamento, ou de ajuda na ação. Devo poder dispor (ter às mãos: *pro kheiron*) de um certo número de enunciados, de princípios, a fim de não ser levado pela urgência da ação, nem me deixar desamparar pelos infortúnios e catástrofes. Eis aí o verdadeiro sentido de uma "estética da existência": não tanto como se criticou a Foucault, a exaltação da moral do dandy, mas o esforço para *tornar visíveis*, na trama da existência, princípios de ação, *logoi* (encontra-se aqui o problema da relação entre enunciados e visibilidades, tão presentes em *O Nascimento da Clínica* e em *Raymond Roussel*). O cuidado de si visa, por uma série de técnicas (exames da noite e da manhã, análise e triagem das representações, meditações dos males e da morte, etc.) instaurar uma harmonia entre *logoi* e *erga*. Sócrates é, por excelência, aquele que faz ver em sua própria vida os princípios de justiça que ele pode defender oralmente. A correspondência *harmônica* procurada se dá entre os atos e as palavras (Foucault retoma esta tese nos primeiros cursos do ano 1984, consagrados à apresentação de Sócrates no *Lachès*).

Aqui ainda, o modelo do cuidado de si se opõe ao do conhecimento de si. De fato, a subjetivação pelo conhecimento de si, pela leitura e verbalização indefinida dos próprios desejos, tal como Foucault mostrava aflorar progressivamente nas práticas de penitência de Tertuliano a Cassiano (passagem da exomologese à exagorese, ver o curso de 1980, no Collège de France), pois bem, sua tarefa é a de assegurar a correspondência não entre o que eu digo e o que eu faço, mas entre o que eu sou e o que creio que sou.

Concluindo, pois, a construção ética do sujeito implícita no cuidado de si ou na cultura estoica de si não é passível de ser sobreposta a um sujeito egoísta ou individualista. Malgrado as expressões consagradas ("dedicar um culto a si-mesmo", "respeitar-se", etc.), não se trata de modo algum de idolatria ou de autoadoração beata. Simplesmente, de si para consigo é uma questão de elevação. Não se trata tampouco de narcisismo: Foucault não cessa de insistir sobre esse princípio de austeridade: a fruição de si mesmo não é da ordem do prazer, mas visa o sentido jurídico de uma posse completa, de uma imanência a si total e perfeitamente igual. O cuidado de si aparece mesmo, às vezes, sobretudo na lição de Epíteto, como uma colocação permanente de si mesmo à prova, supondo uma *tensão* permanente sem hiatos, ao contrário de um dandismo satisfeito. (*Entretiens*, III, XX).

É nesse ponto, sem dúvida, que me parece que no fio dessas descrições (porém, escapando-lhes, pois não se trata simplesmente de categorias históricas, mas de chaves de leitura da história), poder-se-ia construir conceitualmente uma distinção entre, de um lado, o sujeito moral e de outro, o eu ético.

O sujeito moral é um sujeito dividido, separado, cortado. E o que o separa dele mesmo é um conhecimento impossível, um segredo. O sujeito moral é separado de si mesmo por um segredo e destinado à tarefa indefinida, necessariamente inacabada de se constituir a si mesmo como objeto de conhecimento inacessível e obsedante. Sujeito da separação trágica e do humor, pois, no fundo, o que se trata de conhecer é a impossibilidade de se conhecer.

O eu ético não está separado pela trágica arrogância de uma divisão fundamental: ele está simplesmente defasado. Defasado em relação a si mesmo, na medida em que entre si e si, ele traça a fina distância de uma obra a realizar: obra de vida. O sujeito não é separado dele mesmo por um desconhecimento fundamental, mas entre si e si mesmo, abre-se a distância de uma obra de vida a ser realizada.

E como o sujeito moral era um sujeito vítima da angústia e capaz de humor, sujeito *a posteriori*, o eu ético é um sujeito da inquietude e da ironia, um sujeito da hesitação do futuro.

Esta oposição entre o sujeito moral e o si ético pode se exprimir, ainda, como oposição entre duas interrogações, duas questões estruturantes: "quem é você?" e "O que você está fazendo de sua vida?". Para Foucault (seria preciso dispor da edição completa do curso pronunciado em 1980, sobre *O governo dos vivos*, especialmente as três últimas lições, para demonstrar completamente) a questão "Quem sou eu?" não é uma questão grega, é uma questão cristã. Sócrates não colocou jamais a questão "Quem sou eu?", e não era para respondê-la que ele ensinava que era preciso "conhecer-se a si mesmo". "Quem sou eu?" é uma questão que se articula através da relação instaurada entre o diretor de consciência e o seu dirigido, nos primeiros monastérios cristãos. Isso quer dizer que esta interrogação se inscreve num dispositivo preciso de obediência incondicional e indefinida ao Outro, enquanto que a questão grega "O que você está fazendo de sua vida?" se inscreve num projeto pontual de liberação.

Colocar-se a questão "Quem sou eu?" – não somente colocá-la, mas sobretudo tentar respondê-la a partir de si mesmo, desdobrando seu discurso diante de um Outro, em que se tratará da questão da verdade de si mesmo, procurar estabelecer sua identidade a mais singular, reencontrar em si os segredos esquecidos e que, no entanto, nos constituem, confessar a um Outro, diante Dele, em que consiste o meu desejo, ora bem, toda esta prática de *colocação de minha verdade em discurso*, elaborada nas primeiras práticas monásticas cristãs (e sobre o que se deve bem perguntar até que ponto a psicanálise não as retoma por seu lado e aí se inscreve) – eis onde se joga para Foucault a chave da *obediência* do sujeito ocidental moderno. De tal modo que no momento mesmo em que o sujeito procura se liberar, por uma verbalização paciente e numa identificação preocupada com o outro, a verdade singular e única daquilo que o constitui, ele singularmente, mas à sua revelia, nesse momento, para Foucault, longe de se liberar das alienações de todo tipo (família, sociedade, educação, etc.) que teriam recoberto e deformado uma natureza primeira pura, longe de renascer para si mesmo liberando-se, enfim, de todos os recalques selvagens e incontrolados, longe de fazer aflorar o Eu "ali onde ele estava", longe, portanto, que este ponto ideal seja aquele em que o sujeito, enfim liberado, se lança na vertical de sua verdade, ele seria o da maior *submissão* ao Outro. Colocar-se a questão "Quem sou eu?" e tentar respondê-la é nossa maneira própria de obedecer.

Então, por que e de onde vem a estranha fatalidade desse momento que nos coloca sob a dependência do Outro no momento mesmo em que nos promete o reencontro conosco mesmos? Creio, primeiro, que para Foucault, a questão "quem sou eu?" não é primeira. Ela não é senão o eco exato de uma outra: "Quem é você?". Mas "quem é você?" pede o outro, "Quem afinal é você?", e por aí mesmo, no entendimento da questão, enquanto ela nos surpreende, traz em mim a suspeita de que a consciência imediata e ingênua de mim mesmo não coincide com o que sou *verdadeiramente,* a suspeita terrível de que o ser de mim mesmo em sua verdade não me é dado nessa presença inocente a si que eu chamo de consciência. A partir daí, o Outro me tem. Ele me tem em sua dependência, indicando-me o caminho a seguir sob sua direção, para fazer coincidir cada vez mais quem eu creio que sou e *quem eu sou verdadeiramente*. Ele me tem sob seu controle, na medida em que o caminho a seguir para reencontrar-*me* torna o Outro *necessário* para mim, pela descoberta desses segredos, que eu devo mesmo encontrar, já que o Outro os supõe em mim. De tal modo, enfim, que o sujeito separado da psicanálise, este sujeito cindido não é uma descoberta freudiana somando ao número das grandes descobertas antropológicas, tardiamente estabelecidas. Ele é, antes, o efeito de uma tomada de poder, o efeito desta introdução de um segredo em mim, introdução em mim do segredo de mim mesmo pelo Outro. Porque é o Outro que me colocando a questão "Quem é você?" e, em seguida, deixando-me a tarefa de responder a mim a partir de mim mesmo e diante Dele, é o Outro que introduz em mim esse corte. Quanto mais eu me procuro, tanto mais obedeço ao Outro.

Daí o efeito *retrospectivamente* liberador da questão grega, colocada por Sócrates a Calliclès, a Alcibíades: "Mas o que você está fazendo, pois, da sua vida?", cavando entre si e si mesmo a distância não mais de um segredo, mas de uma obra de vida a ser realizada, com a condição, é claro, de liberar esta questão ela mesma, de todo o recobrimento psicológico (debate do cuidado de si e do conhecimento de si). É assim ainda que, no curso de 1980, Foucault não se cansa de lançar um contra o outro o domínio antigo da existência e a direção cristã da existência.

De outro lado, e desta certa maneira mais distante, é preciso ver que são novamente as ciências humanas que são visadas por Foucault. A ideia central é, com efeito, ligar o imperativo da obediência a uma objetivação do sujeito. Pois, eu não me constituo a mim mesmo como objeto de conhecimento senão sob o controle, o olhar, a escuta de um outro. Esta objetivação, no quadro das técnicas cristãs da confissão, passa pela verbalização ativa, efetiva: devo fazer passar meus estados de consciência pelo fio de um discurso efetivamente pronunciado e dirigido a um outro (meu confessor, meu diretor). Mas, esta objetivação pode também se fazer diretamente desde esse Outro: objetivação científica do sábio que analisa minhas determinações e me impõe do exterior uma identidade. Reencontram-se aí as primeiras críticas de Foucault à psicologia, em particular e às ciências humanas, em geral, como fixação autoritária e alienante de identidades (*História da Loucura*), regulação das existências pela determinação de condutas cientificamente estabelecidas como "normais" (*Vigiar e Punir*). Simplesmente não dá mais para acreditar que se poderia escapar da normatização pelo viés de uma psicologia (ou de uma psicanálise) atenta a desvendar, para além das identidades anônimas, comportamentos "médios", uma identidade desta vez singular, própria, íntima, historicamente única. Porque o que nos aprisiona não é uma identidade abstrata, fixada pelas ciências humanas em estudos estatísticos, em detrimento de uma identidade concreta e pessoal que somente uma análise privada poderia fazer aparecer, mas é a busca mesma de uma identidade que, de cara, nos fixa em um dispositivo de obediência. Uma vez mais, porque a questão "Quem sou eu?" não é primeira, mas o eco no sujeito particular de uma injunção social, geral ("Quem é você?"), em que se fixa nossa dependência pela fixação de uma verdade singular que não existiu nunca, senão na promessa do Outro.

Uma última dimensão desta oposição entre subjectivação cristã e subjectivação antiga é trabalhada nas últimas lições do curso de 1980, pronunciado no Collège de France. Trata-se de mostrar que os exercícios cristãos de confissão e outras práticas monásticas de direção desenham um mesmo horizonte de abnegação e de sacrifício, de renúncia de si. No momento em que se pede ao sujeito para se constituir a si mesmo como objeto, de se objetivar, pede-se-lhe também para morrer para si mesmo. Como se todo conhecimento objetivo de si caminhasse ao lado de uma perda seca: quanto menos existo para mim mesmo, tanto mais procuro me conhecer. A ideia é, em todo caso, de mostrar uma solidariedade histórica entre a constituição de si como objeto de conhecimento por si mesmo, a obediência indefinida ao Outro e a morte perpétua para si mesmo. Daí a tendência que aparece algumas vezes em Foucault, de opor massivamente aos exercícios antigos de subjetivação, os exercícios cristãos de de-subjetivação: o cuidado de si contra a renúncia de si.

Notas

[1] FOUCAULT, Michel. *L'hermeneutique du sujet*. Paris: Gallimard - Le Seuil-Hautes Etudes, 2001; tradução brasileira: *A Hermenêutica do sujeito*, por Márcio Alves da Fonseca e Salma Tannus Muchail. São Paulo: Martins Fontes, 2004.

[2] No texto em francês, o autor se refere a "aveu" e "confession", que em português são traduzidos pela mesma expressão: "confissão".

Uma genealogia das práticas de confissão no Ocidente

Kleber Prado Filho

Escolhi esta questão para apresentar neste encontro por entender que, tal como problematizado por Michel Foucault, o desenvolvimento de uma tecnologia de confissão encontra-se imediatamente ligado à formação de uma hermenêutica de si no Ocidente, que é o tema proposto para esta mesa.

Eu me aproximei desta temática de forma gradual e não intencional, em momentos diversos, e a questão foi ganhando importância na minha leitura de Foucault.

Meu primeiro contato com o tema deu-se há bastante tempo, numa leitura preliminar de "A vontade de saber", quando me deparei com uma pequena história da formação de uma tecnologia de confissão na modernidade, provinda do cristianismo, que é levada a efeito neste estudo, o que despertou minha atenção. Perguntei-me então: qual a relevância da questão, se nem todo mundo é cristão e nem todos se confessam? Ingenuidade de principiante, uma vez que há muito tempo entre nós o cristianismo deixou de ser mera questão de dogma e fé, passando a constituir-se como conjunto de valores e cultura, além de ética que implica modos de vida, formas de subjetividade e modos de relação do sujeito consigo mesmo e com os outros. Também, há muito que as práticas de confissão transbordaram o confessionário cristão para difundir-se amplamente nas sociedades Ocidentais em diversos contextos: na justiça, na pedagogia, na família, nas relações afetivas, nos consultórios, o que pude constatar numa leitura mais recente de "A verdade e as formas jurídicas", texto que nos coloca em contato com a difusão destas práticas no âmbito específico da justiça na passagem à Modernidade.

Em meu doutorado na USP, onde tratei de "Uma história crítica da subjetividade no pensamento de M. Foucault", deparei-me com a importância da questão na sua genealogia da ética, bem como, a partir deste estudo me dei conta da centralidade destas práticas em nosso cotidiano, considerando o caráter confessional da nossa cultura em termos das relações com os outros e do sujeito consigo mesmo. Tomei contato nesta época com os textos de Morey e Abraham relativos a transcrições de palestras por ele proferidas nos anos 1980, onde o tema é explorado de forma bem ampla e central.

Atualmente, desenvolvendo um projeto de pós-doutorado no Departamento de História da UNICAMP, com a Prof.ª Margareth Rago, venho me dedicando à pesquisa aquilo que o próprio Foucault denomina: "Uma história política da verdade", que, a exemplo da sua "História crítica da subjetividade", não se encontra sistematizada em seus escritos, precisando ser recolhida entre eles. E curiosamente, mas não por mera coincidência, um dos capítulos desta história das relações subjetividade x verdade no Ocidente diz respeito às relações do sujeito com a verdade de si mesmo, que entre nós assume a forma de uma hermenêutica, um exercício de decifração, um modo de relação do sujeito consigo mesmo que implica desvendar sua própria verdade e conhecer-se, no qual a confissão ocupa lugar central no exercício desta vontade de verdade que age ao nível da subjetividade ou, das relações do sujeito consigo mesmo.

Então, o que considero mais importante na questão – particularmente para mim que sou psicólogo – é perceber, com Foucault, a centralidade deste modo de relação com o outro e consigo mesmo em nossa cultura que é a confissão, que é, por sua vez, o próprio modo de operação da hermenêutica de si, esta busca da verdade de si por si mesmo esta obrigação de verdade à qual estamos submetidos no Ocidental. E este conhecimento de si não está desligado, em nossa cultura, de um conjunto de práticas e trabalhos do sujeito sobre si mesmo – tecnologias de si – este cuidado de si, esta estética da existência, esta sociedade das academias[1].

Esse é o contexto da ética de Michel Foucault, aquilo que tem sido chamado de "o último Foucault", que concentra, penso eu, os interesses mais atuais por seus escritos, para onde os olhares têm se voltado com maior intensidade, e acredito, assim, que a leitura de uma genealogia das práticas de confissão nos ajuda a avançar no entendimento da hermenêutica de si e da ética como relação consigo mesmo, tais como são por ele problematizadas – não se deve esquecer que encontram-se superpostas em seus estudos uma genealogia da ética e uma genealogia do indivíduo moderno.

O contexto do estudo (algumas indicações sobre as leituras[2])

Como já foi anteriormente observado, esta genealogia da confissão deve ser recolhida na diversidade dos estudos de M. Foucault, uma vez que não se encontra sistematizada em seus escritos.

Do ponto de vista de uma cronologia dos textos, uma primeira abordagem do tema em termos de uma genealogia acontece em "A vontade de saber", que trata do desenvolvimento da tecnologia de confissão no final do período medieval, na passagem à modernidade, com todas as imprecisões das suas indicações históricas. No entanto, a questão confessional já havia sido tratada de forma mais pontual nas conferências por ele realizadas na PUC do Rio de Janeiro, em maio de 1973 – publicadas em 1978 sob título de: "A verdade e as formas jurídicas" – focando a migração das técnicas de confissão do confessionário para os procedimentos inquisitoriais e destes para as modernas práticas judiciais.

Depois a questão será por ele retomada na sua genealogia da ética, da perspectiva das relações do sujeito com a verdade de si mesmo, no início dos anos 1980, pouco antes da sua morte. Considerando que existem diferentes versões disponíveis destas aulas, selecionei e trabalhei com três textos que derivam de três séries de conferências proferidas por Foucault neste período, editadas por estudiosos confiáveis dos seus trabalhos. Um deles, "Tecnologias del yo", editado por Miguel Morey em livro do mesmo título, é uma transcrição fiel dos seis seminários por ele ministrados na Universidade de Vermont em 1982, onde ele trata do nascimento das práticas de confissão no contexto do cristianismo dos séculos IV, V a VIII dC. Os outros dois foram editados por Tomas Abraham em seu livro: "Foucault y la ética", referentes, um, às seis conferências proferidas na Universidade Católica de Louvain, Bélgica, em 1981, fazendo um percurso mais longo da passagem das práticas de veridicção antigas à tecnologia de confissão cristã, pontuando o nascimento de uma hermenêutica de si sob o cristianismo, e o outro trata da problematização da "parrehesia" entre os gregos em torno do século IV a.C., abordada nas seis conferências por ele proferidas na Universidade de Berkeley em 1983.

Trata-se agora de jogar com estes textos, recortá-los, rearticulá-los – fazer uma bricolagem – uma vez que eles tratam de temporalidades muito diferentes e se apresentam de forma não-sistemática, porém reposicionados cobrem um período compreendido entre o Século IV aC entre os gregos, os primeiros anos de nossa era entre os romanos, passando por práticas cristãs antes da instituição do sacramento da confissão, depois mostram a difusão das práticas confessionais na modernidade, possibilitando uma crítica das nossas práticas atuais e do nosso momento presente.

O trajeto, apesar de longo, é descontínuo, marcado por rupturas – como convém a uma genealogia – que procurarei reproduzir aqui, em termos de localizar proveniências e emergências, apontar acontecimentos e condições de possibilidade para diferentes experiências éticas e modos de relação consigo mesmo às quais os indivíduos estão sujeitos em diferentes tempos históricos.

Considerando que a hermenêutica é uma forma histórica de relação do sujeito consigo mesmo e que a confissão é um modo igualmente histórico de relação do sujeito com a verdade sobre si mesmo, podemos remeter uma e outra destas tecnologias cristãs à história maior na qual elas se inscrevem: uma história dos modos de relação do sujeito consigo mesmo no Ocidente, posta em correlação com uma história das relações subjetividade x verdade, ou das práticas de veridicção em nossa cultura.

Ponto de partida que não é "origem", mas indica uma proveniência e uma emergência: a mais antiga prática de veridicção estudada por Foucault na cultura Ocidental é a "parrehesia", comum entre os gregos do Século IV aC. Trata-se um termo de difícil tradução, podendo ser entendido como "atividade de fala", indicando um discurso a respeito de si mesmo que da ordem da sinceridade, da autenticidade e da expressão da verdade sobre si mesmo. Exatamente por isto, é um ato de verdade ao mesmo tempo que ato de coragem, uma vez que pode colocar aquele que fala em risco: de perder amizade, prestígio, fortuna, ou a própria vida.

Existe parrehesia em sentido pejorativo, quando não atende a certa disciplina de verbalização ou falta qualificação moral àquele que fala, e com valor positivo, quando há coincidência entre crença e verdade, que é garantida pelas qualidades morais e pela coragem daquele que fala. A parrehesia é na cultura grega uma atitude esperada do bom cidadão, uma ética e um caminho para a democracia, implicando também entre eles certa relação de inferioridade daquele que fala em relação àquele que escuta.

Ela existe entre os gregos como arte de vida e cuidado de si, sendo utilizada como técnica de guia espiritual e aplicada em três grandes domínios: do conhecimento e ensino de verdades sobre o mundo e a natureza – questão epistêmica – para pensar as leis da cidade – questão política – e para fazer uma reflexão sobre a verdade, os estilos de vida, as éticas e estéticas da existência.

A experiência romana dos dois primeiros séculos da nossa era marca diferenças em relação à experiência grega de veridicção. Entre eles – como entre os gregos – o "ocupar-se de si mesmo", que é um conjunto de práticas e operações sobre si, antece o conhecimento sobre si mesmo, o que significa que o sujeito se conhece à medida que se ocupa de si mesmo. Na cultura greco-romana, como na cultura grega Antiga, o trabalho sobre si mesmo é condição para o conhecimento de si.

No entanto, a cultura romana do cuidado de si introduz alguns elementos reflexivos estranhos à experiência grega: um certo hábito diário de rememoração dos acontecimentos – que não é ainda um "exame de consciência" cristão, uma vez que atende a um modelo mnemotécnico e contábil – e um hábito relativamente sistemático de registro escrito dos acontecimentos diários: a prática da "escritura de si"[3].

A cultura do cuidado de si entre os romanos introduz alguns elementos de redução de intensidade de ação em favor de uma certa economia de vida, de energia, onde passa a ser valor a morte em idade avançada, tomada como possibilidade de acesso à sabedoria. Conforme Foucault, a despeito das habituais narrativas históricas relativas à "decadência moral romana", há uma austerização entre os romanos em relação à experiência ética grega em vários campos: da institucionalização da sociedade – as leis, o império e o exército romanos – das relações afetivas, com o casamento contratual; da sexualidade, com a condenação da "pederastia", nova designação das relações de amor entre dois homens, que eram valorizadas na sociedade grega.

A experiência ética da estética da existência entre os gregos é mais ativa do que a experiência romana do cuidado de si, que contempla alguns elementos de reflexividade e reatividade.

Foi necessária uma inversão entre estes dois princípios fundamentais da cultura ocidental – *epimelesthai sauton* e *gnothi sauton*: o ocupa-te de ti mesmo e o conhece-te a ti mesmo – para que nascesse uma hermenêutica de si, uma nova forma de conhecimento de si e um novo modo de relação do sujeito consigo mesmo, o que foi produzido pelo cristianismo dos primeiros séculos.

Opera-se, dessa forma, uma inversão na experiência ética dos sujeitos ocidentais, onde o conhecimento de si passa a ser condição para trabalho sobre si mesmo, para a transformação de si. E o conhecimento de si, agora, deixa de atender ao modelo pedagógico grego, para submeter-se aos princípios da obediência cristã, da submissão total do discípulo em relação ao mestre como condição de acesso à verdade de si mesmo, que deve ser conforme à verdade de um deus antropomórfico.

Também esta – a verdade sobre si mesmo – deve ser agora buscada em outro lugar: não mais nas palavras de falantes moralmente qualificados, não mais na mnemotécnica dos acontecimentos diários ou na escritura de si, mas no interior do próprio sujeito. E a forma privilegiada de acesso à verdade de si passa a ser uma atividade de verbalização na qual o sujeito produz um discurso sobre si mesmo, colocando-se como objeto de seu próprio discurso.

É neste sentido que Foucault afirma que o cristianismo inventou a "interioridade", à medida que interiorizou a verdade e construiu um novo tipo de relação do sujeito consigo mesmo que exige uma "volta para dentro de si mesmo" no sentido de descobrir a verdade sobre si, de decifrar-se, de conhecer-se.

Ao colocar em movimento este exercício interiorizado de decifração e inventar a hermenêutica de si o cristianismo inventa novos modos de relação do sujeito consigo mesmo, novos modos de subjetivação e novas formas de subjetividade – a rigor ele inventa um novo sujeito: sujeito interiorizado, reativo, da culpa e da obediência.

Foucault conclui isso a partir de seus estudos relativos à introdução das práticas de penitência do cristianismo primitivo – a *examologesis* e a *exagoreusis* – que virão a constituir posteriormente as técnicas por nós conhecidas como exame de consciência e confissão.

O exame de consciência implica o exercício da volta do pensamento para dentro de si mesmo objetivando a expiação, a vigilância de si por si mesmo, a culpabilização, a mortificação – tem que doer para purificar! Tudo tem que ser vasculhado: os movimentos do espírito – pensamentos, sentimentos, lembranças – e os movimentos da matéria – as ações, as tentações, as intenções.

A confissão consiste na verbalização de todos estes movimentos a outro sujeito que ouve e julga – condena ou absolve – aquele que fala, e o objeto do discurso confessional é preferencialmente a "carne": aquilo que nós modernos conhecemos como sexo.

Na ética cristã o exame de consciência e as práticas de confissão são formas de acesso à verdade e ao conhecimento de si, que estão colocadas como condições para a realização de um trabalho do sujeito sobre si mesmo que é da ordem da renúncia à matéria (ao corpo, ao desejo, aos prazeres) e da busca da transformação da si, da transcendência desta vida, para só então ganhar a outra: a vida eterna.

As técnicas de penitência dos primeiros séculos do cristianismo são práticas relativamente voluntárias, de caráter público e dramático, no entanto, à medida que a doutrina, o texto cristão se articula e que a instituição Igreja Católica se fortalece, a confissão ganha *status* de sacramento, torna-se obrigatória e sempre mais uma relação privada, protegida por sigilo. O acontecimento que marca esta passagem é o Concílio de Latrão em 1215.

A partir de então a confissão se difunde pelo Ocidente para muito além das fronteiras da Igreja Católica, expandindo-se inicialmente em procedimentos inquisitoriais, depois jurídicos, policiais, pedagógicos, familiares, médicos, psiquiátricos, psicológicos e psicanalíticos.

Enquanto a confissão cristã coloca-se num contexto religioso, moral, de culpabilização, as práticas confessionais modernas, contemporâneas, inscrevem-se numa grande diversidade de registros discursivos de cunho científico, perdendo visibilidade quanto às suas proveniências. A confissão é também um tipo de relação com os outros e consigo mesmo que implica imediatamente poder:

– com os outros é, conforme Foucault, um estranho tipo de relação na qual aquele que fala tem o desconhecimento e aquele que ouve tem o conhecimento – e o poder: de perdoar (no contexto do cristianismo); de interpretar (no contexto da psicanálise, por ex.); de conhecer: o segredo, a mentira, a verdade, a doença, a loucura, o crime... E o poder aqui não se restringe àquilo que se conhece, mas liga-se também às possibilidades de agir e intervir sobre o sujeito a partir daquilo que dele se conhece;

– consigo mesmo, configura-se como relação de interiorização, de introspecção, de busca da verdade dentro de si, onde o sujeito do enunciado coincide com o sujeito que fala. É também, relação de expiação, muitas vezes de culpabilização, implicando conhecimento de si, disciplina do sujeito sobre si mesmo, trabalho sobre si mesmo, quando não, um certo ascetismo, renúncia de si – ao corpo, ao desejo – e um sentido de purificação, que é muito importante na hermenêutica cristã, ou de transformação de si mesmo, valorizado na hermenêutica moderna.

É, ainda, um discurso que produz efeitos não naquele ao qual é dirigido, mas naquele mesmo que fala.

Quando se diz "confissão" deve-se entender tecnologia de confissão: conjunto embricado de saberes e práticas relativos à subjetividade, colocados numa relação de incitação recíproca, onde o ato de verbalização, o exercício do discurso em relação a si mesmo, gera um conhecimento sobre o sujeito. Ela é uma grande tecnologia de conhecimento e subjetivação dos sujeitos inventada pelo cristianismo, que se difundiu em variados campos da vida moderna, presente entre nós no âmbito relações institucionais, mas também das relações pessoais, íntimas, sempre ligada a formas de conhecimento e de trabalho dos sujeitos sobre si mesmos.

Marcando rupturas, é importante notar alguns desníveis de experiência ética no Ocidente tendo em conta a formação histórica desse modo hermenêutico de relação do sujeito consigo mesmo em nossa cultura:

a) primeiro – não há entre gregos e romanos formas de relação com a verdade de si mesmo que impliquem num movimento decifratório, interiorizado, no qual um sujeito busca dentro de si a sua verdade – nada parecido com uma hermenêutica de si, nem nada parecido com uma tecnologia de confissão: a cultura Antiga é ativa e tem seus próprios modos de veridicção;

b) depois – a hermenêutica de si nasce no contexto dos primeiros séculos do cristianismo, tendo por suporte o desenvolvimento de uma tecnologia de confissão que coloca em jogo novas formas de relação com a verdade de si mesmo, além de formas reativas de relação consigo mesmo, que são da ordem da interiorização e da decifração da verdade de si mesmo.

c) ainda – a hermenêutica de si cristã é diferente da hermenêutica moderna: enquanto uma está colocada num contexto religioso, moral, a outra funciona dentro de uma regularidade científica – enquanto o cristão confessa ao padre suas culpas e as "fraquezas da carne", o indivíduo moderno confessa ao psicanalista centralmente seu desejo e seu sexo.

Finalizando: a hermenêutica de si é um modo de relação com a verdade de si que implica uma relação interiorizada do sujeito consigo mesmo e é da ordem da decifração, colocando o conhecimento de si como base para a realização de um trabalho sobre si ou como condição para a transformação de si mesmo, devendo ser remetida ao exercício de uma certa vontade de verdade histórica que atravessa a cultura Ocidental.

Notas

[1] Academia/Universidade como lugar de produção do conhecimento, de culto à razão – "templo do saber" – desligada desta figura também tão contemporânea nossa, da academia do culto ao corpo – da "corpolatria". De certa forma poderíamos nos referir às sociedades ocidentais como "sociedades das academias", respeitadas no entanto suas diferenças: na cultura grega da "mens sana in corpore sano" havia um só sentido de academia e o conhecimento de si era decorrência de um trabalho realizado sobre si mesmo; na cultura moderna, debitária do enunciado cartesiano corpo – mente, estas práticas se desligam e o trabalho sobre si passa a ser o resultado do conhecimento de si mesmo. Isto permite constatar que este culto contemporâneo ao corpo – esta "corpolatria" posta em exercício em nossas academias – é algo bastante distinto daquilo que era conhecido na experiência ética Antiga como "cuidado de si" e "estética da existência".

[2] Os textos aqui referidos, assim como outros, encontram-se todos indicados na bibliografia.

[3] A "escritura de si", que é objeto de uma publicação de Foucault datada de 1983, refere-se a uma série de estudos genealógicos sobre uma técnica de governo de si habitual entre os romanos dos dois primeiros séculos da nossa era, referente à publicação de si mesmo perante outro através do exercício da escrita. Esta prática inscrita num registro diverso e anterior ao cristão – que é centrado num ato de fala e obediência – introduz, no entanto, procedimentos de reflexão e reatividade ao nível das relações do sujeito consigo mesmo.

Referências

ABRAHAM, T. *Foucault y la ética*. Buenos Aires: Letra Buena, 1992.

FOUCAULT, M. *La verdad y las formas jurídicas*. Barcelona: Gedisa, 1992(1).

FOUCAULT, M. "A escrita de si". In: FOUCAULT, M. *O que é um autor?* Lisboa: Vega, 1992.

FOUCAULT, M. *História da sexualidade I: A vontade de saber*. Rio de Janeiro: Graal, 1988.

FOUCAULT, M. *História da sexualidade II: O uso dos prazeres*. Rio de Janeiro: Graal, 1989(1).

FOUCAULT, M. *História da sexualidade III: O cuidado de si*. Rio de Janeiro: Graal, 1989(2).

MOREY, M. *Tecnologias del yo*. Barcelona: Piadós/ICE-UAB, 1990.

O gato entre Alice e Foucault

Luiz B. L. Orlandi

Não é minha intenção defender aqui alguma tese sobre Foucault ou sobre Lewis Carroll. Nem mesmo pretendo comunicar uma nova descoberta biológica ou sociológica sobre os gatos, esses estranhos animais que oscilam entre um sutil ronronar diurno e aquelas lancinantes gritarias noturnas. E nem competência eu teria para intrometer-me numa análise psicológica interessada em hipotéticas devassidões escondidas nos encontros ocorridos entre Alice e o gato. Que pretendo, então?

Não são poucos os gatos que se esgueiram pelos meandros da labiríntica obra de Foucault. Em certos momentos, a presença de alguns deles é fugaz, ora alegre, ora sofredora; em outros instantes, alguns desses gatos são como que desdobráveis, ganhando ares de bichos até esquartejáveis, tendo posturas de seus corpos descortinando vias filosóficas distintas; e há também a ocasião em que aparece a adesão admirativa de Foucault por um sorriso de gato separado do próprio gato. Mas acontece também um entretempo algo estranho – um misto de escrita foucaultiana e de intromissão de leitura nessa escrita – uma hora e vez em que um gato irônico eriça a pergunta que lhe é dirigida por uma menina escondida numa das linhas de fuga desse labirinto, pergunta que entra em ressonância com o tema desta mesa redonda – "Foucault e a atualidade". É por esta razão que o gato aparecerá aqui entre Alice e Foucault.

Mas há também uma outra razão, uma razão de aprendiz. Sem pretender desenvolvê-la aqui, gostaria apenas de delinear uma preocupação com meu próprio aprendizado: gostaria de esboçar alguma lição para mim mesmo no que se refere à presença de figuras ficcionais em regimes discursivos ditos filosóficos. É provável que algumas dessas incidências sejam irredutíveis a uma simples manipulação metafórica de tais figuras.

Concretamente falando, e aproveitando a oportunidade deste simpósio, penso que talvez seja possível encontrar em Foucault algum gato desse tipo, um gato transmetafórico. Quero dizer que – em vez de simplesmente ronronar ou gritar como exemplo ou substituto metafórico de um jogo nocional meramente sugerido – algum gato foucaultiano talvez opere como componente de um jogo conceitual explícito ou explicitável. Assim, em vez de nos contentarmos com a compreensão metafórica sobreposta a um fluxo pre-conceitual dela dependente, o que procuro é o provável agenciamento de gatos foucaultianos por um fluxo conceitual questionante.

Juntando essas duas motivações – a de corresponder ao tema desta mesa redonda e a de pensar metáforas em função de conceitos – passo a fotografar, sem qualquer pretensão analítica, algumas das incidências de gatos em textos de Foucault [1].

Em *História da loucura na idade clássica*, encontramos uma referência a "gatossibilantes" dotados de "corpos de sapos". É que um pintor holandês do século XV, chamado Thierry Bouts (1400-1475), ao pintar *O Inferno*, misturou esses gatos com a "nudez dos condenados". Foucault também recolhe desses tempos "borboletas com cabeças de gatos". Há também "insetos alados" e outros partícipes do delírio. Por que ele dá guarida a esses bichos horrendos em suas páginas? Porque assim o exige seu modo de pensar, questionando, perguntando. Nesse ponto, sua pergunta é esta: "Qual é, pois, essa potência de fascinação que, nessa época, se exerce através das imagens da loucura?" É como se a loucura fascinasse o espírito dos homens ao longo de uma oscilação entre dois polos: num deles, o delírio semeia "figuras fantásticas" nas quais os humanos encontram "como que um dos segredos e uma das vocações de sua natureza", uma "natureza de trevas", portanto. Num outro polo a "loucura fascina porque ela é saber", ou melhor, porque a "curiosidade" daquele que deseja saber postula que o próprio "Louco", em sua "tolice inocente", é que "detém", como dirá Gerolamo Cardano (1501-1576), a oculta "Sabedoria [...] das entranhas da Terra"[2].

Nessa incidência, os gatos pintados aparecem para ilustrar o fascínio exercido pela loucura. Esse fascínio estava presente em pintores como Hieronymus Bosch (1450-1516), Albrecht Dürer (1471-1528) e Pieter Brueghel (1525-1569). Enquanto, para esses pintores, a loucura "brotava em torno deles", implicando-os como dimensão trágica do homem; a literatura de um Erasmo (Desiderius Erasmus – 1469-1536), no próprio momento em que faz o *Elogio à loucura*, distancia-se desse fascínio, podendo "rir dela" como se fora portador do "riso inextinguível dos Deuses"[3]. Seja como for, os gatos que incidem nessas páginas como figuras da loucura não são metáforas. Mas, embora a presença deles no fluxo discursivo não seja decisiva, penso que eles são indiretamente articulados a um jogo conceitual através de uma pergunta interessada nos registros da loucura em determinada época.

Em *Raymond Roussel*[4] é que aparece o maior número de incidências de gatos. Duas delas são expressões idiomáticas; as nove restantes são como que neutralizáveis como peças literárias de Roussel, sem articulações conceituais.

No volume III da *História da sexualidade*, os *Preceitos conjugais* de Plutarco é que são responsáveis pelo aparecimento dos gatos numa relação analógica, de certo modo redutível à metáfora: assim como gatos "ficam furiosos com o odor de um perfume", assim também "as mulheres tornam-se furiosas quando seus maridos têm relação com outras mulheres"[5].

Em *Vigiar e punir*, Foucault aponta uma "semiologia do crime" que, por volta de 1836, está interessada numa espécie de análise de fisionomias de criminosos. Então, no conjunto dos "'tipos bestiais'", aparece "o gato, o macaco, o abutre, a hiena"[6].

O aparecimento de "gato e cachorro", em *As palavras e as coisas*, assim como de "dois galgos" justifica-se apenas para perguntar pelas condições de "instauração de uma ordem entre as coisas", de uma ordenação das "identidades, similitudes, analogias" dispersas num campo em que se disseminam diferenças, campo esse em que a "coerência [...] não é determinada por um encadeamento *a priori* e necessário e nem imposta por conteúdos imediatamente sensíveis"[7].

Em outro texto, aparece um gato em carne e osso sofrendo maus tratos nas mãos indóceis de um "perverso" ou "obsessivo". Por volta da metade do século XIX, o perverso e o obsessivo surgem como dois novos personagens nesse que é o momento de "mutação das relações psiquiatria-família", quando vai se criando "todo um domínio de objetos novos"[8].

Por ocasião de uma entrevista concedida, em 1968, a Lindung, em Estocolmo, Foucault destaca a impossibilidade de se adivinhar ou de se reconstituir o indivíduo Sade a partir da obra *Justine*, ou o indivíduo Lautréamont a partir de *Chants de Maldoror*. Diz ele: "eis um caso experimental concernente a uma obra, uma linguagem e um discurso sem pessoa atrás". Mas o que teria o gato a ver com isso? Muito, pois Foucault arremata sua fala admirativa do seguinte modo: "vocês conhecem a história de Lewis Carroll segundo a qual é frequente ver gatos que não sorriem, mas que nunca se vê sorriso sem gato. Mas, sim! Há um sorriso sem gato! É Sade e é Lautréamont. Uma obra sem pessoa atrás. Eis porque são obras exemplares"[9]. Penso que temos nessa emancipação do sorriso do gato uma operação pró-conceitual, não simplesmente metafórica, pois isso se concatena com toda uma crítica foucaultiana à necessidade de se recorrer ao sujeito criador no estudo de obras capazes de se imporem por si sós. Pode-se falar aí em metáfora auxiliar, sem dúvida, mas um tal auxílio só ocorre porque a própria metáfora é absorvida por um movimento ideal conceitualmente articulado.

Em seu *Theatrum philosophicum* (1970), ao escrever sobre dois livros de Deleuze – *Diferença e repetição* (1968) e *Lógica do sentido* (1969) – Foucault destaca o quanto estas obras permitem pensar o "acontecimento" segundo uma "lógica mais complexa", uma lógica capaz de singularizá-lo como sentido incorpóreo efetuando-se num estado de coisas do qual ele é um efeito, mas ao qual ele não se reduz. Foucault valoriza a teoria deleuzeana do acontecimento, destacando-a sobre o fundo de três outras "grandes tentativas": o neopositivismo, a fenomenologia e a filosofia da história. Assim, ao confundir o acontecimento com o estado de coisas, o *neopositivismo*, diz ele, faz do acontecimento um "processo material", caindo num "fisicalismo", ao mesmo tempo em que, do ponto de vista da gramática, acaba reduzindo-o a um "atributo". A *filosofia da história*, por sua vez, aprisiona o acontecimento no "ciclo do tempo", de modo a cometer um "erro gramatical" ao fazer do "presente uma figura enquadrada pelo futuro e pelo passado". Com isso, esse modo de pensar se abre, de um lado, a uma "lógica da essência (que a funda em memória) e do conceito (que a estabelece como saber do futuro)"; por outro lado, esse modo de pensar se abre a uma "metafísica do cosmo coerente e coroada, do mundo em hierarquia". Pois bem, entre essas duas maneiras de pensar, de pensar insuficientemente o acontecimento, Foucault situa uma *dupla via fenomenológica*, a de Sartre e a de Merleau-Ponty. Ambas também insuficientes, porque "deslocam o acontecimento em relação ao sentido". Assim, com Sartre, o "acontecimento bruto é colocado antes e à parte", é deixado como "rochedo de facticidade, inércia muda do que acontece"; em seguida, essa via "entrega-se ao ágil trabalho do sentido que escava e elabora". Para Foucault, essa via sartreana é a do "gato que, com bom senso, precede o sorriso". Com Merleau-Ponty, há também um deslocamento do acontecimento em relação ao sentido, mas agora é o "senso comum do sorriso que antecipa o gato". É que esta segunda via fenomenológica supõe uma "significação prévia que já teria disposto o mundo em torno do eu, traçando vias e lugares privilegiados, indicando de antemão onde o acontecimento poderia se produzir e que rosto ele tomaria". O problema é que nessas duas vias fenomenológicas "o sentido jamais coincide com o acontecimento". Para Foucault o resultado disso é uma "lógica da significação, uma gramática da primeira pessoa, uma metafísica da consciência"[10]. De um ponto de vista deleuzeano, tão bem projetado por esse texto, Focault poderia mostrar que o acontecimento-sentido – isso é, o acontecimento puro, o acontecimento em sua virtualidade – é irredutível, no caso do exemplo em pauta, tanto ao gato-acontecimento (que se antecipa ao seu sorriso-sentido) quanto ao sorriso-sentido (que se antecipa ao gato-acontecimento), sendo, isto sim, o próprio *sorrir*, este infinitivo que se atualiza distintamente como sorriso de gato ou de cachorro, de Foucault ou de cada um de nós.

E no caso da atualidade, que sorridente gato poderei trazer a esta mesa redonda? [Vocês já tiveram neste magnífico encontro o admirável riso do nosso Durval, o riso que revela para minha leitura mais um gato sorridente, o gato Mona Foucault].

Vocês sabem que a garota que Lewis Carroll colocou no "País das Maravilhas", Alice, aparece não raramente como portadora de perguntas. Sabemos também o quanto Foucault adora problematizar. Pois bem, provoquemos uma encruzilhada de textos que considero importantes do ponto de vista da pergunta pelas *saídas*. Acho isto justificável. Afinal, que atualidade, que presente espaço-temporal não pede saídas? A ideia de arquivo em Foucault deixa entrever que, em cada presente, em cada atualidade, somos tomados por uma intersecção na qual aquilo que julgamos saber o que somos coexiste com o aquilo que estamos nos tornando, mas que ainda não sabemos o que é. É como se cada atualidade, é como se cada configuração espaço-temporal fosse um complexo lugar de embates e de simultâneas emissões de signos que buscamos decifrar, seja como signos de nossas retenções, de nossas contenções, de nossos bloqueios, de nossas insuficiências, seja como signos de resistências ou de afirmações diferenciais anunciadoras de saídas.

No texto de Lewis Carroll lemos o seguinte: "'Onde fica a saída?', perguntou Alice ao gato que ria. 'Depende', respondeu o gato. 'De quê?', replicou Alice. 'Depende de para onde você quer ir'". [Leio novamente a passagem].

Por que leio novamente essa passagem? Por causa desse riso do gato. Ele está rindo de uma dificuldade que a filosofia contemporânea tenta levar a sério quando não perde tempo em construir ou repetir verdades banais, como algumas que circularam no último encontro da ANPOF. A dificuldade de se saber para onde se quer ou se pode ir, a dificuldade, portanto, de afirmar diferentemente, a dificuldade de pensar de outro modo, dificuldade essa que encontra uma excepcional acolhida nas obras de Foucault: basta lembrar suas múltiplas saídas: o sair da "estultícia"[11]; o sair de "um longo erro", o sair da "fenomenologia", mesmo o sair do "marxismo através de Nietzsche", ou ainda o sair "de si mesmo", o sair do "hegelianismo"[12]; o sair da "metafísica", e até o sair daquilo a que se é "sensível"[13]; sempre atento à ameaça de "não sairmos inteiramente", embora sabendo que "desde o século XIX o pensamento já saiu de si mesmo em seu próprio ser", este ser tocado de fora e já não podendo ater-se como "teoria"[14], a não ser que esta seja revirada num múltiplo rir de todos os teos.

Pois bem, o texto foucaultiano, no qual ressoa a pergunta de Alice pela saída, é o texto[15] em que ele retoma a resposta dada por Kant, em 1784, à pergunta feita por um jornal alemão: "*Was ist Aufklärung?*" ("Que é o Iluminismo?"). Não é o caso de discutirmos aqui o texto de Foucault ou a resposta de Kant. Interessa, isso sim, privilegiar o jogo entre uma pergunta dirigida ao presente e o termo kantiano que levou Foucault a interessar-se mais ainda pela resposta de Kant. Para este, a *Aufklärung*, o Iluminismo, digamos, aparece como *Ausgang*, isto é, como saída ou até desenlace ou passagem de uma configuração presente para outra pensada como racionalmente necessária. Kant está preocupado com sua atualidade europeia, com o estado que ele caracteriza como estado de "menoridade", esse estado da "nossa vontade que nos faz aceitar a autoridade de outrem para nos conduzir nos domínios nos quais convém fazer uso da razão". É claro que, em sua resposta, Kant vai delineando as "condições essenciais para que o homem saia do seu estado de menoridade".

Entretanto, passado tanto tempo, o gato continua repetindo sua resposta à pergunta de Alice. Mas, agora, Alice já é muitas; é multiplicidade: onde ficam as saídas nessa atualidade marcada e sangrada pela coexistência de mundos incompossíveis, meu caro gatinho? – perguntam novamente as fractais Alices a um mundaréu de gatos dispersos nos mais variados rincões das práticas e teorias. Mas a resposta é como que unânime: "Depende", respondem eles em uníssono. "Mas depende de quê, gatos malditos?". "Depende de para onde vocês querem ou podem ir, caríssimas Alices". Sabemos que já não contamos, como contava Kant, com o anteparo de um poderoso acontecimento, como o Iluminismo (mesmo porque suas ressurreições por aí são ainda cômicas); sabemos também que não contamos com a confiável programação de uma saída, apesar de termos votado numa delas há cerca de dois anos. Nosso presente comprova o que talvez esteja embutido em qualquer dimensão do tempo: que a vastidão do nosso campo problemático não cabe numa única escolha.

Então não temos saída alguma?

Apesar de tudo, acho que temos. Qual? A de pensarmos juntos algumas saídas, sem nunca nos esquecermos de rir. Mas para não ficarmos apenas numa vaga frase como essa, proponho que pensemos essas saídas ao longo de uma grande marcha em direção aos palácios; aos palácios, reformados ou não, nos quais se instalaram aqueles que continuam provando que esperança não é saída, que esperança é apenas alimento cristão para o riso irônico dos gatos.

Notas

[1] Esta comunicação tornou-se possível graças a pesquisas preliminares que contaram com o imprescindível apoio logístico que recebi de um belo casal de pessoas adoráveis, Alexandre Henz e Érika Inforsato, a quem muito agradeço.

² FOUCAULT, Michel. *Histoire de la folie à l'âge classique*. Paris: Gallimard. 1961; 1972. p. 30-32.

³ Idem, p. 36.

⁴ FOUCAULT, Michel. *Raymond Roussel*. Paris: Gallimard, 1963. p. 9, 66, 92, 101, 102, 107-109, 185, 192.

⁵ FOUCAULT, Michel. *Histoire de la sexualité: le souci de soi*. Paris: Gallimard. p. 204.

⁶ FOUCAULT, Michel. *Surveiller et punir: naissance de la prison*. Paris: Gallimard, 1975. p. 264.

⁷ FOUCAULT, Michel. *Les mots et les choses: une archeologie des sciences humaines*. Paris: Gallimard, 1966. p. 11.

⁸ FOUCAULT, Michel. *Les anormaux*. Paris: Gallimard, 1999. p.137. Em *Le Foucault Éléctronique (Version 2001)*.

⁹ FOUCAULT, Michel. *Dits et écrits*, v. I. Paris: Gallimard, 1994. p. 661.

¹⁰ FOUCAULT, Michel. *Dits et écrits*, II, *op. cit.*, p. 83.

¹¹ FOUCAULT, Michel. *Herméneutique du sujet*, p. 129.

¹² FOUCAULT, Michel. *Dits et écrits*, IV, *op. cit.*, p. 312, 437, 49, 705.

¹³ FOUCAULT, Michel. *Dits et écrits*, II, *op. cit.*, p. 203.

¹⁴ FOUCAULT, Michel. *Les mots et les choses*, p. 339.

¹⁵ FOUCAULT, Michel. "Qu'est-ce que les Lumières?". In: *Dits et écrits*, IV, *op. cit.*, p. 562 ss.

Para pensar o público e o privado
Foucault e o tema das artes de governar

Márcio Alves da Fonseca

Ao participar recentemente de um debate sobre o tema "o público e o privado" relativamente à *cultura brasileira*, chamou-me a atenção a frase que foi proposta como pretexto para a discussão. Era a seguinte: "O Brasil não tem povo, só público".

Pareceu-me que esta afirmação – além de fazer referência ao tema já tantas vezes tratado do público e do privado – também encerrava um ponto de vista sobre nossa sociedade que expressava, no mínimo, a percepção do que poderíamos chamar de *déficit* ou esvaziamento de sentido da dimensão pública em nosso país.

A afirmação de que o "Brasil não tem povo, mas somente um público" se constrói apoiada em uma oposição explícita. Trata-se da oposição entre *povo*, de um lado, e *público* de outro. Se atribuímos à expressão "povo" o sentido de um conjunto de indivíduos que não apenas vivem no mesmo território, mas que estão unidos por laços e interesses comuns em relação aos quais todos são corresponsáveis, então, "público" – que aparece na frase em oposição a "povo" – terá o sentido menor de um conjunto de indivíduos que são meros espectadores da vida política e social.

Esta oposição entre "povo" e "público" remeteu-me a algumas expressões utilizadas por Michel Foucault em um texto de 1981, intitulado "Em Face dos governos, os direitos do homem"[1]. Trata-se de um pequeno manifesto, de um texto de circunstância, escrito para servir de protesto à criação, em Genebra, de um Comitê Internacional contra a pirataria aérea.

Ao referir-se ao significado daquele manifesto, redigido por indivíduos particulares que se dirigiam aos governos a fim de manifestarem sua oposição a uma determinada medida política, Foucault faz algumas afirmações interessantes:

"É preciso recusar a separação das tarefas que, frequentemente, nos é proposta: aos indivíduos cabe indignarem-se e falar; aos governos refletir e agir. Por certo: os bons governos amam a santa indignação dos governados, contanto que ela permaneça lírica". [...] "A experiência mostra que podemos e que devemos recusar o papel teatral, que nos é proposto, da pura e simples indignação"[2].

Tanto na frase que serviu de tema para aquele debate sobre a cultura brasileira – e que remetia à ideia de um esvaziamento de sentido da dimensão pública em nosso país, porque no lugar de um povo, formaríamos apenas um público de espectadores da política – quanto no manifesto redigido por Foucault, no qual se denuncia o papel menor que cabe aos indivíduos frente aos governos, sobressai o que talvez seja um dos traços daquilo a que se pode chamar de "racionalidade política" da arte de governar liberal – ou, mais precisamente, neoliberal – segundo o filósofo: a saber, o sistemático afastamento dos indivíduos das esferas de participação e de decisão política, o sistemático esvaziamento de sentido da dimensão pública, devido a uma separação de papéis entre governos e governados, na qual os primeiros (os governos) aparecem como os agentes qualificados para decidir e agir, restando aos segundos (os governados) o papel menor da simples indignação.

Foucault, em uma parte importante de seus trabalhos, dedica-se a estudar o tema das "artes de governar" na perspectiva de sua "racionalidade política". O estreito vínculo de seu pensamento com a atualidade permitiu inúmeras análises que ainda hoje parecem nos dizer respeito de perto: e por certo, dentre elas, o estudo da racionalidade política que corresponde às artes de governar liberal e neoliberal é um dos menos explorado.

A publicação recente de mais dois dos seus cursos no *Collège de France* – o curso *Segurança, território, população*[3], de 1978, e o curso *Nascimento da biopolítica*[4], de 1979 – oferece um novo conjunto de análises que certamente têm um forte caráter de atualidade.

Estes dois cursos situam-se no âmbito das discussões sobre a biopolítica e têm como eixo central o tema das "governamentalidades". Neste sentido, pode-se dizer que *Segurança, território, população* e *Nascimento da biopolítica* encerram um deslocamento importante no interior da analítica do poder realizada por Foucault.

Em um primeiro momento desta analítica do poder, com a noção de poder disciplinar-normalizador, Foucault realiza um primeiro deslocamento, que se dá em relação a uma forma de análise do poder prioritariamente referida quer às noções de "legalidade" e de "ordem" (próprias ao modelo contratualista), quer às noções de "dominação" e "ideologia" (próprias do pensamento marxista). Com esse primeiro deslocamento, no lugar de apoiar-se nas noções de "lei", "ordem" e "ideologia dominante" a fim de pensar as relações entre os domínios das formações de saber, dos mecanismos de poder e das formas de subjetivação, Foucault se apoiará no eixo "saber-poder".

Segundo Frédéric Gros[5], este eixo saber-poder permitirá a Foucault, até meados dos anos 70, pensar as implicações entre estes três domínios (as formações de saber, os mecanismos de poder, as formas de subjetivação) segundo uma operacionalidade em que as relações de poder apareciam como "matrizes" das formações de saber e das formas de subjetivação.

Com a noção de governamentalidade tem lugar um segundo deslocamento, que vai agora do eixo "saber-poder" para a ideia de "governo dos homens". Com esta noção, a relação entre os três domínios – saber, poder, subjetivação – poderá ser pensada de um modo diferente. Não se trata mais de mostrar *como* as formações de saber e as formas de subjetivação são produzidas pelos mecanismos de poder, mas sim pensá-los como três domínios que se articulam no interior de uma determinada "arte de governar"[6].

Assim, *Segurança, território, população* e *Nascimento da biopolítica* são os trabalhos mais importantes de Foucault para o estudo do tema do "governo". E é no contexto mais amplo das discussões sobre os mecanismos de poder que constituem a biopolítica que este tema será desenvolvido.

Nos procedimentos da biopolítica, trata-se não apenas de distribuir, vigiar e adestrar os indivíduos no interior de espaços determinados (como por exemplo, no interior de instituições como a prisão, o hospital, a fábrica), mas trata-se de dar conta de fenômenos mais amplos da vida biológica. Trata-se de organizar um "meio" que permita circulações; trata-se de regular os processos da vida (como a natalidade, a mortalidade, a morbidade, os deslocamentos) segundo o princípio geral da "segurança"; trata-se, em suma, de atuar sobre fenômenos naturais que se manifestam em uma determinada população.

Já na aula de 25 de janeiro de 1978 – terceira aula do curso – Foucault procura caracterizar o que chama de um "personagem político absolutamente novo", cujo "aparecimento notável" teria se dado no século XVIII: a "população".[7]

Nesta aula, procura mostrar que se até o século XVII, a noção de "população" aparecia segundo uma "modalidade negativa", uma vez que remetia ao movimento pelo qual se repovoava um território que havia se tornado "despovoado" devido a desastres naturais, epidemias ou guerras; se com o mercantilismo, ainda no século XVII, surge um "valor positivo" da noção de "população", na medida em que ela aparece como o princípio da riqueza e da força produtiva de um determinado Estado, pois era aquilo que fornecia ao Estado os braços para as atividades produtivas; no século XVIII, no contexto do pensamento econômico-político dos fisiocratas, a noção de "população" ganhará um novo sentido. A população deixará de significar uma coleção de sujeitos de direito, ou uma coleção de vontades que devem obedecer à vontade de um soberano pelo intermédio de leis e regulamentos, e será um "conjunto de processos aos quais é preciso gerir naquilo que têm de natural e a partir daquilo que têm de natural"[8]. Em outras palavras, a população se configura, neste momento, e segundo um determinado pensamento econômico-político, como o objeto técnico-político de uma gestão ou de um "governo".

E o que nela caberá governar são os componentes de sua "naturalidade". Este é o domínio que corresponde ao estudo do tema do "governo", realizado por Foucault nos cursos de 1978 e 1979.

Ao falar em "governo", no âmbito destes dois cursos, Foucault não se refere, portanto, aos "regimes políticos" assumidos pelos Estados. Quando fala em "governo" (no contexto do estudo das "artes de governar") refere-se ao problema da "gestão das coisas e das pessoas", refere-se ao problema de sua "condução", refere-se ao problema da "condução das condutas" dos indivíduos de uma sociedade.

Assim, nas aulas de 22 de fevereiro e de 1º de março do curso de 1978, fará a análise do "poder pastoral", que entende ser a matriz desta economia de poder cujo objeto é o governo das condutas. Localiza, então, a forma de governo das condutas que corresponderia a uma "pastoral das almas", no contexto da pastoral cristã. E, no restante das aulas que compõem tanto o curso de 1978 quanto o curso de 1979, seu objeto de análise será não mais o governo como "pastoral das almas", mas o "governo político dos homens": discutirá as características de diferentes "governamentalidades políticas", sendo que a primeira delas (estudada ainda no restante das aulas do curso de 1978) é a "razão de Estado" (dos séculos XVI e XVII); e nas aulas que compõem o curso de 1979, estuda as "artes de governar" representadas pelo "liberalismo" (do século XVIII) e pelos neoliberalismos alemão e americano (do século XX).

Todas estas análises comportam, ao estilo de Foucault, uma abundância de referências a autores, textos, documentos e fatos históricos. Certamente não é possível aqui retomá-las integralmente. Interessa-me apenas recuperar brevemente algumas de suas considerações acerca da arte de governar representada pelos neoliberalismos[9], pois nestas considerações sobre a racionalidade política neoliberal, encontramos indicações para pensar naquela separação de tarefas entre governos e governados que relega aos indivíduos o papel menor da "pura e simples indignação", o papel menor de espectadores da vida política.

Para Foucault, as duas principais versões do neoliberalismo do século XX – a versão alemã e a versão americana – procurariam responder à chamada "crise do liberalismo", desencadeada por um conjunto de situações concretas. Em linhas gerais, estas situações concretas podem ser resumidas pelas ameaças à liberdade representadas pelo aumento do custo econômico do próprio exercício das liberdades, pelo socialismo, pelo nacional-socialismo e pelo fascismo. As respostas a tais ameaças à liberdade se apoiarão em mecanismos de intervenção econômica, colocados em prática entre 1930 e 1960, e constituem o contexto no qual se estruturaram as artes de governar neoliberais.[10]

O neoliberalismo alemão[11] tem seu ponto de fixação ligado à crítica ao nazismo e à reconstrução do Estado alemão no pós-guerra. Na Alemanha, o programa neoliberal vinculou-se à ideia de uma fundação legitimadora do Estado, apoiada no exercício garantido da liberdade econômica, sendo que a economia assumiu, então, o papel de "produzir" a soberania política a partir do jogo institucional que deveria fazer funcionar.

Enquanto para os economistas do século XVIII (no contexto do pensamento liberal, portanto) o problema era estabelecer critérios para se limitar as formas de intervenção do Estado na esfera da economia, resguardando-se assim, uma esfera de liberdade econômica necessária ao crescimento deste Estado, o problema do neoliberalismo alemão foi constituir ou legitimar o Estado – em oposição ao Estado construído pelo nazismo – não a partir da afirmação do próprio Estado – conjurando assim a ameaça de um ressurgimento do estigma nazista –, mas a partir de um domínio não-estatal, representado pela liberdade econômica.

Assim, para o neoliberalismo alemão – expresso pelo pensamento dos *ordoliberais* – a liberdade de mercado aparece como um "princípio organizador e regulador do próprio Estado".

Já, o contexto no qual se organiza o chamado neoliberalismo americano[12] é diferente. As reivindicações liberais estão no ponto de partida histórico do processo de independência dos Estados Unidos e as ideias liberais não cessaram de figurar no centro do debate político daquele país.

Neste contexto – de um fundo permanente de debate liberal – o não-intervencionismo ou a liberdade de mercado não aparecem somente como um princípio organizador do Estado. Mais do que isto, uma das marcas do neoliberalismo americano será a utilização da economia de mercado – e de suas análises características – para a decifração de relações de caráter não propriamente econômico, como por exemplo, os fenômenos sociais em geral.

Segundo Foucault, na racionalidade política da arte de governar neoliberal, em especial em sua versão americana, trata-se de generalizar a forma política do mercado para todo o corpo social, de modo que esta – a economia de mercado – funcionará como um princípio de inteligibilidade das relações sociais e dos comportamentos individuais.

Como ilustração deste caráter da racionalidade política neoliberal, Foucault refere-se à "teoria do capital humano", como um componente central do programa neoliberal americano. Buscando reinterpretar em termos econômicos o domínio do trabalho, por exemplo, a arte de governar neoliberal determinará a análise do comportamento humano como sendo uma das tarefas da economia política.

A economia não será somente uma análise da lógica histórica de um processo, mas será também uma análise da programação estratégica das atividades e dos comportamentos dos indivíduos: como se produz e se acumula o chamado "capital humano"? De que ele se compõe? Quais são seus elementos inatos ou hereditários? Como ele pode ser adquirido por meio de políticas educacionais? Estas são algumas das questões que a economia deve responder.

Assim, para esta teoria do "capital humano" – para a qual o homem é constituído como capital para si mesmo, como seu próprio recurso – além de campos como a própria genética, interessam diversos domínios e atividades, como por exemplo, o tempo de afeição e de cuidados que os pais devem dispensar aos filhos, as medidas referentes à saúde dos indivíduos, o problema de seus deslocamentos, etc.

Deste modo, o traço peculiar da arte de governar neoliberal, em seu modelo americano, segundo as análises de Foucault, seria a maneira pela qual a economia de mercado passará a ser utilizada para a decifração de relações que não são propriamente relações de mercado. O critério econômico servirá de referência central para a decifração de fenômenos sociais e políticos diversos.

Enquanto no liberalismo clássico pedia-se ao governo para respeitar a forma de mercado, no neoliberalismo, o mercado não é apenas um princípio de autolimitação do governo, mais do que isto, é um princípio normativo que se invoca constantemente diante dele. O mercado torna-se um "tribunal econômico permanente" perante as políticas governamentais.

Ora, as análises de Foucault sobre a arte de governar neoliberal – esboçadas aqui de modo bastante genérico e meramente indicativo – talvez nos permitam identificar algumas das marcas mais importantes da política na atualidade. No contexto desta arte de governar, a política encontra-se reduzida a uma racionalidade econômica, e, deste modo, é pensada e praticada segundo critérios essencialmente técnicos. De tal forma que neste domínio de decisões e de procedimentos de caráter prioritariamente técnico, o indivíduo comum não está "qualificado" para intervir.

Por isso, apesar do estilo solene e do caráter local das palavras de Foucault naquele manifesto citado no início – que denuncia o fato de em nossas sociedades caber aos governos "pensar" e "agir", restando aos governados "indignarem-se" e "falar" –, elas encerram uma ideia importante: a ideia de que a política não é – ou ao menos não deveria ser – um domínio próprio de especialistas. Essa talvez seja apenas sua forma moderna dominante.

Diante das inversões das governamentalidades neoliberais, cuja marca mais importante constitui-se na mercantilização da política, com a consequente redução da esfera de atuação dos indivíduos ao âmbito restrito da pura e simples indignação, é necessário avançar em um tipo de análise que seja capaz de desfibrar a racionalidade política que as constitui, o que implica identificar sua gênese, descrever seu funcionamento e, assim também, indicar as brechas para o surgimento das "contracondutas" que a ela podem se opor.

Os cursos *Segurança, território, população* e *Nascimento da biopolítica* constituem, nesta linha, um novo e importante objeto para pesquisa, cujo interesse e pertinência se tornam ainda maiores quando, no reverso das análises das governamentalidades próprias de nossa atualidade, está contida, e de maneira indissociável, uma reflexão sobre contracondutas possíveis, sobre as possíveis "crises das governamentalidades"[13] – expressão utilizada por Foucault no início do curso *Nascimento da biopolítica*.

Permanece, então, nestes dois cursos, ainda que de maneira indireta, o forte apelo de seu pensamento às formas que podem assumir as novas modalidades de luta ou de resistência. A este respeito, Senellart, em seu comentário que "situa" os cursos de 1978 e 1979[14], dirá que a leitura do liberalismo proposta por Foucault somente pode ser compreendida sob o fundo da interrogação acerca das formas possíveis de contracondutas[15].

Ao final deste comentário, Senellart recupera uma passagem do "manuscrit sur la gouvernementalité" – escrito inédito, consultado para a edição dos cursos de 1978 e 1979 – na qual percebemos que, para o filósofo, a política será sempre concebida do ponto de vista das formas de resistência. Após afirmar que a análise da governamentalidade implica na concepção de que "tudo é político", Foucault faz uma correção: "Trata-se antes de dizer: nada é político, tudo é politizável, tudo pode tornar-se político. A política não é nada mais e nada menos do que aquilo que nasce com a resistência às governamentalidades, a primeira revolta, o primeiro afrontamento".[16]

Se a política na atualidade comporta um crescente esvaziamento de sentido da dimensão pública, se ela encerra uma redução do âmbito de ação dos indivíduos – para quem resta o papel menor da simples indignação – é, sem dúvida, no interior da mesma racionalidade política, é no próprio jogo das artes de governar que as contracondutas possíveis podem se dar. É este conjunto de questões, cuja atualidade ainda nos concerne, que os cursos de 1978 e 1979 procuram tratar.

Notas

[1] FOUCAULT, Michel. Face aux gouvernements, les droits de l'homme. In: *Dits et écrits*, IV, Paris: Gallimard, 1994. p. 707-708.

[2] Cf. FOUCAULT, Michel. *id.*, p. 708.

[3] FOUCAULT, Michel. *Sécurité, territoire, population. Cours au Collège de France. 1977-1978*. Paris: Gallimard/Seuil, 2004.

[4] FOUCAULT, Michel. *Naissance de la biopolitique. Cours au Collège de France. 1978-1979*. Paris: Gallimard/Seuil, 2004.

[5] Cf. GROS, Frederic. *Michel Foucault*. Paris: PUF, 1998. p. 84.

[6] Foucault faz uma referência clara a este duplo deslocamento presente em seus escritos, numa das aulas do curso de 1980: FOUCAULT, M. *Du gouvernement des vivants. Cours au Collège de France. 1980*. Inédito.

[7] FOUCAULT, Michel. *Sécurité, territoire, population, op. cit.*, p. 69.

[8] Cf. FOUCAULT, Michel. *Sécurité, territoire, population, op. cit.*, p. 72.

[9] As considerações que se seguem sobre as "artes de governar" representadas pelo neoliberalismo alemão e americano são realizadas por Foucault nas aulas de 31 de janeiro a 28 de março de 1979, do curso *Naissance de la biopolitique*.

[10] Cf. FOUCAULT, Michel. *Naissance de la biopolitique, op. cit.*, p. 70-71.

[11] Para as referências ao neoliberalismo alemão, considerar as aulas de 31 de janeiro a 07 de março do curso *Naissance de la biopolitique, op. cit.*, p. 77-220.

[12] Para as referências ao neoliberalismo americano, considerar as aulas de 14 de março a 04 de abril do curso *Naissance de la biopolitique, op. cit.*, p. 221-320.

[13] FOUCAULT, Michel. *Naissance de la biopolitique, op. cit.*, p. 70.

[14] SENELLART, M. "Situation du cours", in FOUCAULT, M. *Sécurité, territoire, population, op. cit.*, p. 379-411.

[15] Cf. SENELLART, Michel. idem, p. 408.

[16] Cf. FOUCAULT, Michel. "Manuscrit sur la gouvernementalité", *apud* SENELLART, M. idem, p. 409.

Referências

FOUCAULT, Michel. Face aux gouvernements, les droits de l'homme. In: *Dits et écrits*, vol. 4, Paris : Gallimard, 1994.

FOUCAULT, Michel. Le sujet et le pouvoir. In: *Dits et écrits*, vol. IV, Paris: Gallimard, 1994.

FOUCAULT, Michel. *Sécurité, territoire, population. Cours au Collège de France. 1977-1978*. Paris: Gallimard/Seuil, 2004.

FOUCAULT, Michel. *Naissance de la biopolitique. Cours au Collège de France. 1978-1979*. Paris: Gallimard/Seuil, 2004.

FOUCAULT, Michel. A governamentalidade. In: *Microfísica do poder*. Rio de Janeiro: Graal, 1988, 7ª edição. p. 191-192.

Foucault e as artes de viver do anarco-feminismo

Margareth Rago

A possibilidade de constituir um novo sujeito ético marca fortemente as preocupações de Michel Foucault, acentuando-se em suas últimas obras, como observam seus mais destacados comentadores.[1] Para o intelectual profundamente atento aos problemas de sua época, a crítica do presente se impõe com radicalidade e dentre os muitos alvos mirados, a desnaturalização do sujeito ganha um destaque privilegiado, já que considera como ponto nodal de uma transformação social necessária, a própria constituição de novas práticas de subjetivação, muito distantes das formas egocêntricas e narcisistas de relação consigo mesmo, que se afirmam assustadoramente em nosso mundo. Nessa direção, numa de suas aulas proferidas no Collège de France, em 1982, Foucault afirma:

> é possível suspeitar que haja uma certa impossibilidade de constituir hoje uma ética do eu, quando talvez seja esta uma tarefa urgente, fundamental, politicamente indispensável, se for verdade que, afinal, não há outro ponto, primeiro e último, de resistência ao poder político senão na relação de si para consigo.[2]

Escapar das formas modernas de sujeição e inventar-se a si mesmo a partir de práticas da liberdade parecem-lhe as principais saídas para a construção de novas configurações e agenciamentos sociais, na atualidade. Em sua busca de inspiração, Foucault pesquisa as experiências constitutivas de nossa tradição histórica – e não fora dela, vale notar –, destacando de relance, para além das "artes da existência" do mundo greco-romano, outros momentos expressivos de problematização dos códigos morais dominantes e de busca por novos modos de subjetivação. Novamente em suas palavras:

podemos reler toda uma vertente do pensamento do século XIX como a difícil tentativa, ou uma série de difíceis tentativas, para reconstituir uma ética e uma estética do eu. Tomemos, por exemplo, Stirner, Schopenhauer, Nietzsche, o dandismo, Baudelaire, a anarquia, o pensamento anarquista, etc, e teremos uma série de tentativas, sem dúvida inteiramente diversas umas das outras, mas todas elas, creio eu, mais ou menos polarizadas pela questão: é possível constituir, reconstituir uma estética e uma ética do eu? A que preço e em que condições?[3]

Destaco, no trecho citado, a referência que Foucault faz ao anarquismo, doutrina e movimento em que se registra historicamente um enorme investimento na construção de uma nova ética, de novos valores sociais e de referências culturais capazes de orientar a formação de pessoas solidárias, livres e justas. O anarquismo se caracteriza por uma violenta crítica das formas de exercício do poder, sobretudo na Modernidade, pela denúncia dos micropoderes, tanto quanto da dominação estatal e pela proposta da construção de novas relações sociais, pautadas por valores éticos fundamentais. Da pedagogia libertária ao amor livre, da autogestão nas fábricas e nos campos à criação de centros culturais, ateneus e bibliotecas para os trabalhadores, toda uma tradição de lutas e resistências na história do anarquismo, em inúmeros países do Ocidente revela que, desde o século XIX, os libertários estiveram comprometidos com a formação de novas individualidades capazes de questionar os códigos burgueses e de recusar a moral particular, imposta para toda a sociedade como universalmente válida.

Do mesmo modo, também o feminismo, outro movimento que nasce no século XIX, caracteriza-se por uma intensa preocupação em criar novos espaços sociais e outras condições subjetivas para as mulheres, na luta contra os modelos de feminilidade impostos pela dominação classista e sexista. Desde as primeiras manifestações pelo direito de voto, ou reivindicando igualdade de salários para as mulheres, as feministas lutaram para alterar as condições de formação e educação das meninas e moças, incitando-as a que procurassem construir-se autonomamente, rejeitando as sujeições cotidianamente impostas pelo sistema patriarcal e experimentadas na própria carne. Críticas da definição biológica da mulher como estreitamente vinculada ao útero, da maternidade obrigatória e da mistificação da esfera privada do lar, elas têm lutado para que outras formas de invenção de si se tornem possíveis para as próprias mulheres.

Embora as questões feministas não estivessem diretamente presentes no leque das problematizações de Foucault, o potencial transformador que trazia o feminismo não passou indiferente a ele.[4] Refletindo sobre a diferença do aporte cultural das mulheres ao mundo masculino, ele converge para um tema já enunciado por várias feministas:

Eu diria também, no que diz respeito ao movimento lésbico, em minha perspectiva, que o fato de que as mulheres tenham sido por séculos e séculos isoladas na sociedade, frustradas, desprezadas de várias maneiras lhes proporcionou uma possibilidade real de constituir uma sociedade, de criar um tipo de relação social entre elas, fora de um mundo dominado pelos homens.[5]

Contudo, embora o anarquismo e o feminismo carreguem uma larga experiência histórica, constituída a partir de críticas contundentes às formas de organização da vida social, desde o século 19, é Foucault, ao lado de Deleuze e Guattari, quem traz conceitos adequados e um enorme refinamento teórico às discussões sobre a produção da subjetividade, fornecendo tanto às feministas, quanto aos anarquistas, operadores para pensarem politicamente questões pouco aclaradas ou visíveis. Assim, ao historicizar as "artes da existência", na Antiguidade Clássica e ao desdobrar suas reflexões sobre o "cuidado de si" e a constituição do sujeito ético, dá visibilidade a práticas de subjetivação que estavam esmaecidas no imaginário social, ou que eram totalmente ignoradas, mesmo porque até recentemente pensar o "eu" era tido como algo restrito à Psicologia, ou era considerado negativamente como uma atitude individualista pouco louvável. Pensar no outro exigia, nessa lógica, um esquecimento de si, ao contrário do que indica esse filósofo, já que o cuidado de si para os antigos implica a atenção para com o outro, como ele deixa claro em inúmeras passagens. É importante, nesse sentido, considerar suas próprias colocações no sentido de afirmar a dimensão social e intersubjetiva do "cuidado de si" dos antigos. Assim, diz Foucault, em O *cuidado de si*:

> Tem-se aí um dos pontos mais importantes dessa atividade consagrada a si mesmo: ela não constitui um exercício da solidão, mas sim uma verdadeira prática social [...] Encontrava-se também – e em Roma, particularmente, nos meios aristocráticos – a prática do consultor privado que servia, numa família ou num grupo, como conselheiro de existência, como inspirador político, como intermediário eventual numa negociação [...]. O cuidado de si – ou os cuidados que se têm com o cuidado que os outros devem ter consigo mesmos – aparece então como *uma intensificação das relações sociais*.[6]
> (grifos meus)

Tendo em vista essas colocações, gostaria de destacar a experiência histórica do Grupo "Mujeres Libres", formado por militantes anarco-feministas, bastante ativas durante a Guerra Civil espanhola, entre 1936-1939, mas ainda muito desconhecido. Valendo-me de determinados conceitos foucaultianos, considero que a mudança que essas ativistas espanholas visavam apontava não apenas para a conquista da igualdade em relação aos homens, mas sobretudo para a criação de novos estilos de vida, fundados em uma ética libertária.[7] A questão da produção da subjetividade se colocou enfaticamente para elas, sobretudo nesse contexto revolucionário, em que as/os anarquistas lutaram tanto para destruir o poder político concentrado no Estado e fortalecido pela ajuda material de outros países, como também investiram para transformar radicalmente a vida econômica, as relações sociais hierárquicas e desiguais e garantir as manifestações culturais populares. Como dizia uma das fundadoras do grupo, Lucía Sanchez Saornil, criticando o tradicionalismo moral dos companheiros/as em relação à união livre:

> Dissemos outro dia que a Revolução deveria começar em nós mesmos, e se não o fizermos, perderemos a Revolução social, nem mais, nem menos; nossa mentalidade burguesa não fará mais do que revestir de roupas novas os velhos conceitos, conservando-os em toda a sua integridade.[8]

As principais fundadoras do Grupo "Mujeres Libres" – a médica pediatra Amparo Poch y Gascon, a advogada Mercedes Comaposada e a poetisa Lucía Sanchez Saornil, que também trabalhara na Companhia Telefônica de Madri – eram antigas militantes anarquistas, vinculadas à CNT (Confederação Nacional do Trabalho). Intelectualizadas, publicavam suas reflexões e críticas nos jornais "Tierra y Libertad", "Solidariedad Obrera" ou em revistas libertárias, como "Estudios". Profundamente insatisfeitas com o esquecimento da "questão feminina" inclusive pelos anarquistas, decidiram criar espaços sociais e culturais exclusivos para as trabalhadoras pobres, onde poderiam debater suas questões, deixar aflorar os problemas e as necessidades que as afetavam, mas que, em geral, ficavam encobertos pelas questões sociais, consideradas prioritárias. Formadas em meios operários libertários, revoltavam-se com as dificuldades e com a opressão sexual enfrentadas pelas mulheres pobres, mesmo nos meios libertários, já mais oxigenados, em que eram mais incentivadas a participar do espaço público.

Desde o último quarto do século XIX, os/as anarquistas haviam conseguido forte penetração social, fundando sindicatos, criando ateneus libertários, promovendo inúmeras atividades culturais por toda a Espanha. Mas, apesar de suas críticas contundentes às instituições sociais, como a Igreja e a família, apesar dos ataques ao casamento monogâmico indissolúvel, às desigualdades sexuais e à educação coercitiva para as crianças, na prática, a situação das mulheres continuava muito desigual em relação à dos homens e poucas melhoras haviam sido realizadas.

Logo que o pequeno grupo se forma, em 1936, encontra-se com outras companheiras, que também começavam a atuar em Barcelona, na "Agrupación Cultural Feminina", formada por anarquistas como Pilar Grangel, professora racionalista e militante da CNT. Rapidamente, novos grupos locais são criados por toda a Espanha e inúmeras mulheres aderem à organização. Muitas eram operárias analfabetas; outras autodidatas, como Lola Iturbe, ou formaram-se nos ateneus libertários. Espanholas, na grande maioria. A anarquista Etta Federn, por sua vez, vinha da Alemanha e também opta por unir-se ao grupo.

Mudar as condições de existência das mulheres pobres da Espanha, capacitando-as para o trabalho e para a vida pública, retirando-as do confinamento doméstico e do obscurantismo religioso, proporcionando-lhes meios práticos para a participação na vida social, política e cultural foi preocupação constante nas propostas e realizações do Grupo. Assim, além do "Instituto Mujeres Libres" e das centenas de agrupamentos locais espalhados pelo país, fundaram o "Casal de la Dona Traballadora", no Paseo de Gracia, em Barcelona, espaço cultural destinado aos cursos, palestras e oficinas que realizam para cerca de 600 mulheres. No bairro de Sans, nesta cidade, criaram um "Instituto nocturno", também chamado "Mujeres Libres". Segundo um anúncio publicado no jornal CNT, de 1937, ficamos sabendo que aí eram oferecidos cursos de Aritmética, Gramática, História da Literatura, Geografia, História, Contabilidade, Ciências Naturais, Anatomia, Idiomas, Desenho, cursos de Agricultura, Puericultura, Enfermagem, formação de secretárias, mecanografia, taquigrafia, redação e cursos em Propaganda. Além disso, podiam estudar mecânica na escola de transporte, entre outros ofícios que não eram tradicionalmente oferecidos às mulheres, mesmo que estas já ocupassem um largo espaço no mercado de trabalho industrial.

Para o Grupo "Mujeres Libres", as questões sociais se aliaram às lutas pela autonomia feminina e, nesse sentido, elas procuraram promover novos modos de constituição de si, subvertendo os códigos burgueses de definição das mulheres como esposas, mães, figuras exclusivas do lar, ou como seu avesso. E é sobre esse ponto que gostaria de insistir, já que a transformação revolucionária, para elas, não exigia uma renúncia de si, como aparece, em geral, no discurso da militância política, mas um trabalho sobre si, uma "escultura de si", valendo-me da expressão de Michel Onfray.[9] Aliás, vale notar que essa elaboração de si não era pensada de uma maneira apenas negativa, isto é, como forma de reação ao poder, já que essas lutadoras implementaram muitas iniciativas pioneiras, como a criação de cursos de capacitação das operárias, nos quais desejavam *despertar a consciência feminina para as ideias libertárias*, como afirmavam; cursos de alfabetização e profissionalizantes, visando criar novas formas de inserção social para as mulheres pobres; centros de assistência médica e de educação sexual; creches; *liberatórios de la prostitución*, isto é, casas destinadas às que desejassem sair da prostituição e também *para que as prostitutas pudessem ter tratamento médico e orientação para melhorar suas vidas*, como afirmava Pura Perez[10], além de espaços, como os da revista que leva o nome do Grupo, onde podiam refletir sobre si mesmas e criar toda uma cultura feminina e feminista, reunindo as militantes e simpatizantes do anarquismo.

A cultura pela cultura? A cultura em abstrato? Não. Capacitação da mulher com um fim imediato, urgente: ajudar de maneira positiva a ganhar a guerra. Capacitar a mulher para liberá-la da tríplice escravidão: escravidão da ignorância, escravidão de produtora, escravidão de mulher. Capacitá-la para uma nova ordem social mais justa e para uma nova concepção mais humana, declarava a Federação "Mujeres Libres" na revista do mesmo nome. (n. 9 – Semana 21 da Revolução)

Aliás, a revista, da qual apareceram apenas treze números, foi escrita, feita e subvencionada só por mulheres, pois, segundo elas, *sabemos por experiência que os homens, por muito boa vontade que tenham, dificilmente atinam com o tom preciso.*[11] Abordava temas femininos variados, como maternidade consciente, prostituição, puericultura e infância, moda, ginástica e discutia a constituição de uma nova moral sexual. Revelando uma preocupação estética, para além de ética, a revista divulgava as realizações do grupo, propagava as ideias libertárias, chamando as trabalhadoras para a reflexão e a militância anarco-feminista.

Vale notar que as possibilidades de outras formas de produção da subjetividade abertas por elas não se efetivaram num marco individualista, como se poderia supor – e aqui recorro novamente às conceitualizações de Foucault –, pois, podemos dizer, visavam a uma intensificação da relação de si para consigo, mas não no sentido corrente de uma valorização da vida privada em detrimento da esfera pública, nem no de uma acentuação do valor do indivíduo sobreposto em relação ao grupo.[12] Longe de estimular o apego à esfera privada como refúgio em relação ao mundo competitivo dos negócios e da política, como propunha a ideologia da domesticidade, contra a qual, evidentemente, elas se batiam, essa "cultura de si" do anarco-feminismo, se assim podemos chamar, passava pelo estabelecimento de novas relações consigo, mas também com o outro, relações solidárias, de amizade, de companheirismo político, anti-hierárquicas, num meio bastante sofrido como o operário. Visava, portanto, fortalecer as redes da militância política tanto entre elas mesmas, quanto com os companheiros ligados a outras entidades, sobretudo nesse momento de grande movimentação revolucionária, em que se punham em prática novas formas de organização social e de vida.

Essa questão não passou desapercebida para algumas historiadoras, como Temma Kaplan, que registra a preocupação dessas ativistas com as dimensões psicossociais, em geral, ignoradas pelos homens, evidenciadas em investimentos para "ensinar as mulheres a agir politicamente, a assumir posições de liderança e a desenvolver *novas imagens de si* como povo potencialmente autônomo [...]"[13] (grifos meus). Segundo ela, esses temas escapavam aos militantes do sexo masculino, que, como outros revolucionários, acreditavam firmemente que o sucesso da Revolução em termos econômicos e sociais levaria necessariamente ao fim da opressão sexual e das desigualdades de gênero. O que significa que muitas mulheres continuavam a enfrentar imensas dificuldades tanto diante da tirania dos pais, maridos e irmãos, quanto pela proliferação da prole, ou ainda, pelas situações de abandono, já que eram pobres e sem dote.

O nome escolhido pelo Grupo para se identificar e ser identificado é surpreendente e revelador: *Mujeres Libres* demarca com ousadia um espaço próprio, já que assumido no contexto de uma Espanha católica, machista e ultraconservadora, em que a liberdade feminina era associada à degeneração moral pelo discurso religioso e científico. Como observava Emma Goldman, em um artigo enviado para a revista *Mujeres Libres*, em que fazia um balanço sobre a "Situação social da mulher", embora em alguns países as mulheres tivessem tido grandes conquistas,

> Na Espanha, por exemplo, considera-se a mulher muito inferior ao homem, como um simples objeto de prazer e produtora de crianças. Não me surpreenderia se somente os burgueses pensassem assim, mas é incrível constatar a presença deste conceito antediluviano entre os operários e até mesmo entre nossos próprios camaradas. [...] A maioria dos homens espanhóis parece não compreender o sentido da verdadeira emancipação, ou prefere que sua mulher continue a ignorá-lo. O fato é que muitos homens continuam convencidos de que a mulher prefere continuar vivendo em posição de inferioridade. [...] O certo é que não pode existir uma verdadeira emancipação enquanto subsistir o predomínio de um indivíduo sobre outro ou de uma classe sobre outra. E muito menor realidade terá a emancipação da raça humana enquanto um sexo domine o outro.[4]

Assim, segundo essas militantes, o objetivo proposto era bem explicitado:

> Pretendíamos dar ao substantivo "mulheres" todo um conteúdo que reiteradamente se havia negado, e ao associá-lo ao adjetivo "livres", além de nos definirmos como totalmente independentes de toda seita ou grupo político, buscávamos a reivindicação de um conceito – mulher livre – que até o momento havia sido preenchido com interpretações equívocas, que rebaixavam a condição da mulher ao mesmo tempo que prostituíam o conceito de liberdade, como se ambos os termos fossem incompatíveis.

O feminismo que defendiam, contudo, difere muito do feminismo liberal vigente no período. Na tentativa de diferenciarem-se das liberais, que lutavam pelo direito do voto, pelo acesso à esfera pública, deixando inquestionados os códigos da feminilidade hegemônicos, as "Mujeres Libres" chegaram, às vezes, a declararem-se não-feministas, ambiguidade que se expressa nos próprios artigos publicados em sua revista. Assim, se de um lado, a própria revista afirmava desejar "reforçar a ação social da mulher, dando-lhe uma nova visão das coisas, evitando que sua sensibilidade e seu cérebro se contaminem com os erros masculinos. E entendemos por erros masculinos todos os conceitos atuais de relação e convivência [...]". (n. 1, maio de 1936); de outro, criticava o feminismo que, segundo elas, havia levado as mulheres à guerra, "feminismo que buscava sua expressão fora do feminino, tratando de assimilar virtudes e valores estranhos" [...].

Propunham, portanto, um outro feminismo, como diziam claramente:

> é outro feminismo, mais substantivo, de dentro para fora, expressão de um modo, de uma natureza, de um complexo diverso frente ao complexo, à expressão e à natureza masculinos. Está claro que elas defendiam uma afirmação das mulheres e, por isso mesmo, recusavam a publicação de quaisquer artigos escritos por homens, na revista, reservando e preservando o espaço feminino que construíam e queriam fazer expandir. Como observam: (a revista) quer [...] fazer ouvir uma voz sincera, firme e desinteressada: da mulher, porém uma voz própria, a sua, a que nasce de sua natureza íntima [...]

Ao mesmo tempo, se de um lado, o discurso do grupo aparece muitas vezes como essencialista, ao invocar uma natureza feminina diferenciada da masculina e, por isso mesmo, capaz de trazer novas formas para modelar a vida social e cultural, de outro, destaca-se por sua crítica ao modelo dominante de feminilidade, como aparece em vários números dessa publicação. Assim, enquanto defendiam a igualdade de direitos entre mulheres e homens, também questionavam a maternidade como função essencial da mulher:

> que a mulher cuja vocação não for doméstica e sua ampla realização, a maternidade, tenha as mesmas facilidades que o homem para buscar e obter outras oportunidades que lhe permitam conseguir sua liberação econômica. (n. 5)

Aliás, num artigo de Lucía Sanchez Saornil, que não quis ser mãe e em que critica certas organizações feministas, a maternidade aparece identificada negativamente pela metáfora animal. Diz ela:

> [...] recolhendo ao sentido tradicional da feminilidade, (aquelas organizações) pretendiam que a emancipação feminina só estava no fortalecimento daquele sentido tradicionalista que centrava toda a vida e todo o direito da mulher em torno da maternidade, elevando esta função animal até sublimações incompreensíveis. Nenhuma nos satisfez.[15]

Portanto, muito distante dos ideais de feminilidade e masculinidade que vigoravam na Espanha dos anos trinta, o Grupo "Mujeres Libres" defendia o fim das hierarquias sexuais e sociais, o amor livre, a maternidade consciente, o direito ao aborto, além dos direitos de acesso à cultura, ao trabalho e à educação para as mulheres. Se não se podem generalizar essas concepções para todas aquelas que se envolveram com o Grupo, ao examinar a biografia das três fundadoras, observa-se que apenas Mercedes teve um companheiro fixo, o escultor Balthazar Lobo. Lucía viveu com sua amiga América Barroso a vida toda, enquanto Amparo, que defendia claramente o amor livre, não se fixou com nenhum homem. Nenhuma teve filhos.

Destaco os artigos que discutem a formação de "uma nova personalidade feminina", a exemplo de "Em vez de críticas, soluções", em que Pilar Grangel afirma:

> [...] Para educar-se a mulher, é preciso primeiro criar sua personalidade, fazer-se Mulher em toda a extensão desta palavra. E´ preciso que chegues a ser o que és: Mulher.[16]

Já no artigo inaugural da Revista, Emma Goldmann afirmava que a mulher percebeu *que tem todo o direito à personalidade e que suas necessidades e aspirações são de importância vital como as do rapaz*. Nessa direção, eram constantes as críticas à mulher do passado, passiva, "apenas fêmea". No artigo "A dupla luta da mulher" (*Mujeres Libres*, Ano VIII da Revolução), assinado por Ilse, evidenciavam-se os dois alvos que a mulher deveria mirar: a luta contra o mundo exterior, mas também pela liberdade interior, como a que o homem desfruta na atualidade, luta na qual *a mulher está sozinha* e em que deve enfrentar o inimigo em seu próprio campo, a começar pela família, pais, maridos, etc...[17]

Os discursos e as práticas do Grupo soam, hoje, de uma impressionante atualidade e parecem bem mais próximas das questões formuladas pelo feminismo contemporâneo do que as de suas precursoras institucionalmente reconhecidas, as antigas feministas liberais. Num debate relativamente recente em que questiona as políticas afirmativas da identidade, por exemplo, Elizabeth Grosz sustenta que o feminismo precisa reconceitualizar o que o entende por subjetividade, discordando que se trata de libertar as mulheres, pois reconhecer identidades seria defender uma *política servil*. Segundo ela:

> O feminismo [...] é a luta para tornar mais móveis, fluidos e transformáveis, os meios pelos quais o sujeito feminino é produzido e representado. É a luta para se produzir um futuro, no qual as forças se alinham de maneiras fundamentalmente diferentes do passado e do presente. Essa luta não é uma luta de sujeitos para serem reconhecidos e valorizados, para serem ou serem vistos, para serem o que eles são, mas uma luta para mobilizar e transformar a posição das mulheres, o alinhamento das forças que constituem aquela "identidade" e "posição", aquela estratificação que se estabiliza como um lugar e uma identidade.[18]

Rosi Braidotti, por seu lado, afirma que

> figurações de subjetividade nômade, complexas e mutantes estão aqui para ficar, e propõe abandonar o lar, porque o lar é frequentemente local de sexismo e racismo – um local que nós precisamos retrabalhar política, construtiva e coletivamente.[19]

Certamente, as discussões atuais sobre o caráter aprisionador do conceito de identidade não eram formuladas por essas ativistas com a complexidade e o grau de profundidade de hoje. Contudo, a preocupação em libertar as mulheres das formas constrangedoras de ser mulher impostas socialmente fica bastante clara em seus discursos e alertas. Assim, nos anos trinta, Amparo Poch y Gascon afirmava poeticamente sua posição, em seu "Elogio del amor libre", profundamente consciente dos efeitos nocivos e paralisantes da vida doméstica, tanto quanto do modelo romântico de feminilidade, para ambos os gêneros. Opto por manter o trecho no original, para não perder a qualidade literária do texto dessa combativa militante:

> I. Yo no tengo Casa. Tengo, sí, un techo amable para resguardar-te de la lluvia y un lecho para que descanses y me hables de amor. Pero no tengo Casa. No quiero! No quiero la insaciable ventosa que ahila el Pensamiento, absorbe la Voluntad, mata el Ensueño, rompe la dulce línea de la Paz y el Amor. Yo no tengo Casa. Quiero amar en el anchuroso "más allá" que no cierra ningún muro ni limita ningún egoísmo. [...]
>
> Yo no tengo Casa, que tira de ti como una incomprensiva e implacable garra; ni el Derecho que te limita y te niega. Pero tengo, Amado, un carro de flores y horizonte, donde el Sol se pone por rueda cuando tú me miras.[20]

A vitória dos franquistas, em 1939, levou para o exílio milhares de espanhóis, entre mulheres e homens, como muitas das participantes do Grupo "Mujeres Libres", destruindo brutalmente experiências libertárias, que levariam muitos anos para serem retomadas, ou apenas conhecidas e lembradas. Afinal, somente no final dos anos sessenta, o feminismo ressurge com vigor, levantando como bandeira não apenas a luta contra as desigualdades de gênero, mas questionando a própria imposição da identidade biologizada "mulher" às mulheres. A partir desse mesmo momento, passam a ser recuperadas experiências autogestionárias históricas, apagadas da memória social; já as antigas "Mujeres Libres", na década de setenta, iniciam toda uma movimentação no sentido de se rearticularem e de reatualizarem suas vivências passadas. Somente então, suas lutas incansáveis pela construção de novos horizontes e de outros espaços – interiores e exteriores – para as mulheres ganham visibilidade, contudo, já podendo ser apreciadas a partir de novos conceitos capazes de lhes conferir a dignidade que merecem. Foucault se torna, nesse sentido, imprescindível para libertar a experiência histórica também de "Mujeres Libres".

Notas

[1] Veja-se, por exemplo, GROS, Frédéric. *Michel Foucault*. Paris: Presses Universitaires de France, 1996. cap. III.

[2] FOUCAULT, Michel. *A Hermenêutica do Sujeito*. São Paulo: Martins Fontes, 2004. p. 306.

[3] Idem, p. 306.

[4] Num instigante artigo em que pergunta pelo lugar que as mulheres ocupam na obra de Foucault, Michelle Perrot mostra como, entrando pela família, como mães e esposas (na *História da Loucura* e em *Pierre Rivière*,...), elas passam a adquirir corpo e maior consistência a partir das discussões sobre a sexualidade. Pelo dispositivo do poder, o corpo feminino se torna uma questão do poder, ponto de apoio da biopolítica, como aparece no vol. I da *História da Sexualidade*. PERROT, Michelle. "Michel Foucault et l'histoire des femmes". In: *Les Femmes ou Les Silences de l'Histoire*. Paris: Flammarion, 1998. p. 413-424.

[5] "M. Foucault, uma entrevista: sexo, poder e a política da identidade". *Verve*, Revista do NU-SOL, PUC-SP, n. 5, 2004. p. 269.

[6] FOUCAULT, Michel. *O cuidado de si*. Rio de Janeiro: Graal, 1985, p.57; ver ainda o artigo de Frédéric Gros, publicado nesta coletânea.

[7] Para um aprofundamento do tema, ver PASSETTI, Edson. *Ética dos Amigos*. São Paulo: Imaginário, 2003.

[8] SAORNIL, Lucía Sanchez. *Horas de Revolución*. Barcelona: Sindicato Único del Ramo de Alimentación de Barcelona, p. 26.

[9] ONFRAY, Michel. *A escultura de si*. Rio de Janeiro: Rocco, 1996.

[10] Depoimento de Pura Perez, em 1993, em *Mujeres Libres: luchadoras libertarias*, p. 65.

[11] *Carta de Mujeres Libres a Hernandez Domenech, 27 de maio de 1936*, apud Nash, 1981, p. 86.

[12] Veja-se FOUCAULT, Michel. *O uso dos prazeres*. Rio de Janeiro: Graal, 1985. cap. II.

[13] KAPLAN, Temma. "Other scenarios: Women and Spanish Anarchism". In: BRIDENTHAL, Renate; KOONZ, Claudia. *Becoming Visible. Women in European History*. Atlanta: Houghton Miffling Company, 1977. p. 418.

[14] GOLDMAN, Emma. "Mujeres Libres", Semana 21 de la Revolución. In: NASH, Mary. *Mujeres Libres. España 1936-1939*. Barcelona: Tusquets Editor, 1977. p. 128.

[15] SAORNIL, Lucía Sanchez. "CNT, 1937". In: *Mujeres Libres: luchadoras libertarias*. Madrid: Fundación Anselmo Lorenzo, 1999. p. 41.

[16] NASH, *op. cit.*, 1977, p. 139.

[17] In: NASH, *op. cit.*, 1977, p. 131.

[18] GROSZ, Elizabeth. "Futuro feminista ou o futuro do pensamento". *Labrys, estudos feministas*, n.1-2, jul-dez. 2002.

[19] BRADOTTI, Rosi. "Diferença, Diversidade e Subjetividade Nômade". *Labrys, estudos feministas*, n.1-2, jul-dez. 2002. p. 14.

[20] POCH Y GASCÓN, Amparo. *Mujeres Libres*, n.3, jul. 1936, também reproduzido em RODRIGO, Antonina (Org.). *Amparo Poch y Gascon. Textos de una médica libertaria*. Barcelona: Alcaraván, 2002. p. 95-101.

A erudição imaginária

Nathalie Piégay

Tradução de Pedro de Souza[1]

Neste outono, foram numerosas as fotografias de Foucault a circular nas exposições, nas revistas, nas capas de livros. Algumas mostram o filosofo em ação, manifestando-se, na rua. Outras, compõem o retrato de um homem rodeado de livros; pode-se ver nas de Roland Allard – que tomam o filósofo recostado nas paredes de seu apartamento cobertas de prateleiras empilhadas de livros –, uma imagem dessa erudição que Foucault comentou em particular a propósito de Flaubert e sobre a qual não é abusivo pensar que ela habitou todo seu pensamento.

É a propósito de Flaubert que ele notou com mais força o novo uso da erudição que a modernidade literária desenvolve; longe de ser acessório, ele toca na concepção de literatura sob seus aspectos maiores; além disso, essa prática de uma erudição fantástica tem repercussões consideráveis não somente para a teoria da literatura, mas também na invenção literária contemporânea. Não se tratará aqui de dizer como Foucault foi percebido pela crítica literária, nem de medir em termos de influência seus propósitos sobre a literatura, mas sobretudo de medir o quanto a configuração dos discursos que ele coloca em evidência é ainda a que modela nossa abordagem da literatura.

Retomemos primeiramente o texto de 64 consagrado a Flaubert. Aí Foucault se mostra de uma extraordinária clarividência ao encontrar a massa de documentos que foi necessária a Flaubert para escrever *A Tentação de Santo Antônio*, "monumento de saber meticuloso[2]" (p. 323) como para reconstituir Cartago, ou para escrever a cena do pé aleijado em *Mada*-ascinado pela acumulação dos títulos : *Mémoires ecclésiatiques*, de Tillement; três volumes de Matter sobre a história do gnosticismo; *L'histoire de Manichée*, por Beausobre; a *Théologie chrétienne*, de Ruess; a *Patrologie*, de Migne; *Les Traditions tératologiques*, de Xivrey; *Le Physiologus*, reeditado por Cahier e Martin... Os três volumes de Herbelot de Molainville, *Bibliothèque orientale*, ou *Dictionnaire universel contenant tout ce qui regarde la connaissance des peuples de l'Orient, leur religions, leurs mythologies*; poderíamos por longo tempo prosseguir a enumeração. Desses títulos obscuros e sábios, uma poesia se extrai; mas também uma força delirante, aquela mesma da qual Flaubert se encontrava preso gozando "de uma exaltação terrível"; a imaginação é excitada pelo arquivo cinza necessário à evocação do ermitão. A coleção calma das fontes, a constituição desinteressada e confiável de um saber a transmitir dá lugar ao delírio de um romancista que nunca teve, acredite-se, a "cabeça nas nuvens". Eis aí, para Foucault, a experiência manifesta de uma oscilação: o que estava do lado da "paciência do saber", pertence de agora em diante "à imaginação em delírio", é a experiência de um "fantástico singularmente moderno"[3].

> O quimérico nasce daqui por diante da superfície em preto e branco dos signos impressos, do volume fechado e poeirento que se abre sobre um vôo de palavras esquecidas; ele se desdobra cuidadosamente na biblioteca ensurdecida, com suas colunas de livros, seus títulos alinhados e suas prateleiras que a fecham em todas partes, mas se entreabrem por outro lado sobre mundos impossíveis.[4]

A assunção de uma tal prática será a loucura organizada de Bouvard e Pécuchet, copiando os livros dos quais eles tentaram primeiro se apropriar pela experiência e colocando-os à prova do real. Eles copiam, eles são os livros: essa empresa delirante e tola transforma em farsa a sede positivista e faz simular a crença no progresso do espírito humano, assentada sobre o crescimento lento e seguro da erudição na qual acreditava, por exemplo, um Renan. Longe de ser um procedimento que ordena e racionaliza o saber e os conhecimentos, a erudição fantástica toma de vertigem os livros; ela é então desprovida de toda sua força de discriminação e de classificação. Ela faz cair as fronteiras entre a crítica e a invenção, entre o comentário e a ficção. Mais: ela torna caducas as operações que consistem em discernir filiações, um antes e um depois, o jogo das influências. Ela desconhece as sucessões, estratificando o que primeiramente se desenrolou de modo linear. É precisamente a acumulação, o capital dos enunciados que importa, e não seu encadeamento regrado e ordenado. Ter-se-á compreendido: a erudição fantástica não produz um saber racional controlável, a serviço do espírito crítico. Ela é afastada de toda visão humanista. Enquanto a erudição renascentista e clássica deixava entrever o retrato do homem iluminado, sábio, paciente acumulador de saberes, ela apaga seu rosto, mostra-o em combate com os demônios de um saber que excita a imaginação mas altera a razão. Os próprios discursos são desestabilizados: presos na repetição indefinida, comprometidos com uma forma de desdobramento pela invenção como no comentário, eles não são objeto de um retorno ao texto comparável àquele do Renascimento ou da Reforma. Mais que restituídos, eles são exilados deles mesmos. É o fim do face a face tranquilo de um saber e de uma obra. A erudição não constitui mais um discurso exterior à obra, mas se mistura à sua invenção. Ela participa mais de perto da invenção da literatura.

O nascimento da literatura é acompanhado de um movimento de descentramento, de evidenciamento necessário à instauração da linguagem pela qual a literatura se afirma como tal. É esse desdobramento e essa suspensão do sentido em torno de uma lacuna que constituem, segundo Foucault, a vizinhança da literatura e da loucura. Em torno de um vazio que a afunda, a literatura se desdobra, tornando necessárias todas as metalinguagens. Fundamentalmente crítica e reflexiva, a literatura se desenvolve em um espaço saturado de discurso. Essa massa de um "já-dito" constitutivo do ser da literatura, Foucault chama de "Biblioteca" e a opõe à retórica. O nascimento da literatura – como ele o lembra em uma conferência proferida em Bruxelas, em 1964, intitulada "Qu'est-ce que la littérature?" – é, com efeito, contemporânea do desaparecimento da retórica. Enquanto a retórica permitia transcrever por figuras transparentes a linguagem primeira, opaca, a literatura afirma sua essência repetindo o que já foi dito, reduplicando um murmúrio já aí que a desdobra. O espaço da retórica, que era coisa de representação, cede lugar ao "volume dos livros".

A literatura é o reconhecimento do perpétuo murmúrio de uma fala já dita, enquanto a retórica era uma operação de tradução: ela visava a transcrever indiretamente o que não podia ser inteiramente desvelado. A retórica indicava que tínhamos relação com um discurso particular; a literatura – quando ela não está mais sob o domínio dessa linguagem primitiva a traduzir tanto quanto é possível fazê-lo – deve se definir e se reconhecer ela mesma como linguagem. Então, "ela se constitui em rede – em uma rede na qual não podem mais atuar a verdade da palavra nem a série da história, na qual o único a priori é a linguagem"[5].

Esta concepção da erudição como fermento da imaginação, dobra da literatura sobre ela mesma, opõe-se à acumulação do saber como progresso e como constituição de uma memória. A linguagem não está do lado da memória, mas do esquecimento: "ela é apenas rumor informe e jorro, sua força está na dissimulação; porque ela faz apenas uma única e mesma coisa com a erosão do tempo; é esquecimento sem profundidade e vazio transparente da espera"[6]. Experiência do fora, a literatura é bordada pela morte; o uso que ela faz da erudição acaba num apagamento e numa desaparição. A introversão sobre a biblioteca, a repetição dos textos já ditos tendem para o esquecimento. A lenta sedimentação dos enunciados produz a ruminação e não uma retomada dialética dos discursos e dos saberes. A repetição tende ao apagamento, à anulação do que precedeu e não à formação de uma memória que possa transmitir um saber. A acumulação dos arquivos no espaço imaginário de uma biblioteca formidável que conteria a totalidade dos enunciados não é uma figura da memória conservadora; a biblioteca imaginária é um palimpsesto mais que um tesauro: ela rumina e apaga, murmura: isso é, reduplica, repete, difrata. Se ela retoma o que foi dito, não é para asssimilar e ultrapassar, mas para ensurdecer, dispersar, deslocar. A erudição tradicional manifestava a certeza de que uma cultura pode tomar lugar da memória; ela tendia à conservação, ao crescimento e à transmissão. A erudiçao imaginária é trabalho de fantasia e de esquecimento lúcido.

Essa tensão em direção ao esquecimento, ao vazio[7], está em profunda homologia com o que Roland Barthes chamou de "a morte do autor": a literatura procede por repetição, reedita enunciados disponíveis nessa biblioteca – redobramento que é necessário à afirmação[8] da Literatura como linguagem própria. Todo texto é concebido como a retomada de enunciados precedentes, na indiferença total para com a identidade deles. A lista dos títulos consultados por Flaubert para escrever *a Tentação* – obra à qual fiz alusão no início desta exposição – levanta um catálogo anônimo de obras. A declinação dos volumes tão numerosos e tão heterogêneos acarreta seguramente o apagamento do nome do autor. Estamos no oposto de uma prática humanista da leitura e da citação concebida como diálogo, conversação entre espíritos esclarecidos. O imaginário da Biblioteca está, então, em perfeita coerência com as concepções que a Literatura desenvolveu: a obra não é a expressão de um homem que seria sua origem e garantia. É a vida do homem que é uma consequência de sua escritura, como afirma, por exemplo, Roland Barthes a propósito de Sade – que para Foucault marca o nascimento da literatura:

> Basta ler a biografia do marquês, após ter lido sua obra, para estar persuadido de que é um pouco de sua obra que ele colocou em sua vida e não o contrário, como a pretensa ciência literária quis nos fazer crer. [...] as cenas reais e as cenas fantasiadas não estão em uma relação de filiação; elas são todas apenas duplicações paralelas, mais ou menos fortes (mais fortes na obra que na vida) de uma cena ausente, infigurada, mas não inarticulada, cujo lugar de infiguração e de articulação não pode ser senão a escritura: a obra e a vida de Sade atravessam em igualdade essa região de escritura.[8]

A desaparição elocutória do poeta, o automatismo surrealista, a fala sem sujeito de Beckett dizem também este apagamento do autor: "Que importa quem fala, alguém disse, que importa quem fala", dizia Beckett que cita

Foucault"⁹. Do mesmo modo, para Blanchot – de quem o Foucault dos anos 60 é tão próximo por suas concepções da literatura –, a escritura é trabalho de impessoalidade: "Escrever é se fazer o eco do que não pode cessar de falar. [...] Eu me torno sensível por minha meditação silenciosa, pela afirmação ininterrupta, o murmúrio gigante pelo qual a linguagem abrindo-se torna-se imaginária, profundidade falante, indistinta plenitude que é vazia"[10]. Lembramos que Borges podia sonhar com uma obra que conteria o conjunto dos discursos; sem origem definida, sem ancoragem em um autor com identidade bem assegurada – data de nascimento, nome, títulos... –, ela reuniria tudo o que foi escrito e tornaria caducas todas as formas de escrituras pessoais. A erudição imaginária – ela é matéria da ficção; ela é também a imagem que se faz da literatura– assegura ao mesmo tempo a proeminência da literatura como linguagem e o apagamento do nome do autor. Monótona, anônima, repetitiva, importa apenas a literatura; ela não é mais regida por nenhuma lei de sucessão mas parece sobretudo uma esfera, como a de Pascal, sem centro e sem circunferência assinaláveis. Não se deve entretanto se equivocar sobre as posições de Foucault: se ele estabelece tão firmemente a função autor, não é para desprestigiar, como faz, a crítica das fontes e depois da ilusão biográfica empreendida pela teoria e crítica literárias.

Um tanto próximo que ele estava de Blanchot, de Tel Quel, de Barthes e admirador que foi de Borges, ele não prega a morte do autor, como poderia, por exemplo, fazer um Genette – para quem "uma das funções da linguagem, e da literatura como linguagem, é destruir seu locutor e designá-lo como ausente"[11]. Se é preciso determinar a função autor que as experimentações e as teorias colocam em questão, é sobretudo na medida em que ela é ponto de corte para essa circulação indefinida de discursos. O autor não é uma origem absoluta mas um ponto de ligação ao qual referir os enunciados; ele faz marcar a cadência com o murmúrio indistinto e estridente da Biblioteca.

É que a biblioteca fantástica, por mais fascinante que ela seja, não é menos assustadora. Bouvard e Pécuchet, como *Santo Antônio*, são figuras da santidade e da idiotice; eles são também seres tocados pela tentação e pela loucura. Da fantasia ao delírio, em Flaubert, há apenas um passo. A melancolia que opera na erudição pode acabar na loucura: "Não se saberá nunca o quanto foi preciso estar triste para empreender ressuscitar Cartago"[12]. A acumulação de documentos sucumbe, é preciso fazer o luto de toda palavra nova e inventar sob a injunção de uma repetição necessária e infinita. O entrelaçamento das vozes, sua estridência, pode levar à loucura. A circulação infinita da linguagem, o que ele, em seu *Raymond Roussel*, denomina *o murmúrio*, é uma forma de loucura: ela leva a escrever, de uma maneira tão obscura quanto insistente, como se não pudesse fazer calar a massa de discursos; insistente, ela formula uma injunção a enunciar que obriga o filósofo, o escritor, o historiador, a juntar a esse murmúrio, a colocar nesta circulação, enunciados do quais a *Arqueologia do Saber* diz que é preciso empreender uma "teoria geral". Em uma nota da conferência "O que é um autor?", Foucault evoca o grande perigo, o grande risco, pelos quais a ficção ameaça o mundo[13]. É exatamente disso que se trata: o contexto dos discursos pode ser percebido como um risco para o real: não que o imaginário ganhe e termine por prevalecer sobre o real, mas a massa dos enunciados acumulados exerce uma pressão confusa que arrisca sempre desestabilizar a relação que cada um entretém com o real. Podemos imaginar que obras como as de Borges, desenvolvidas no espaço imaginário de uma biblioteca fantástica, exorcizam tal demônio.

Se o nascimento da literatura é acompanhado por uma ruptura na concepção da erudição humanista e positivista, ele vai também a par com a injunção a conservar os discursos e os enunciados – esses, em particular, que o poder obriga a produzir. Não é necessário, sem dúvida, estabelecer fratura entre, de um lado, a Biblioteca constituída pelos volumes acumulados – livros sábios, livros de histórias, obras literárias... – e, de outro lado, a prosa morna do arquivo médico, jurídico, administrativo. O imaginário alimenta-se tanto do arquivo quanto dos livros, ao que Foucault chama, aliás de maneira reveladora, *volumes* – volumes que habitamos, que nos frequentam, que redistribuímos. O imaginário não se desenvolve, com efeito, contra o real, para remunerá-lo ou desfazê-lo de suas prerrogativas, mas entre os signos que ele produz. A massa considerável de documentos acumulados estimula e nutre o imaginário literário, tanto mais fortemente quanto a injunção a produzir e conservar o arquivo se prolonga pelo dever de os fazer falar, de fazer levantar seus segredos. A literatura obedece, ela também, à obrigação da confissão. Para Foucault, tal obrigação constitui mesmo uma linha divisória decisiva entre o que se poderia chamar a era heroica e a era romanesca da literatura. O indivíduo, quem quer que seja, torna-se objeto de discurso, sua vida merece ser contada, sua intimidade, sua subjetividade chamam o discurso[14]. Se estão aí, é para que se as consulte e que se as retome, quaisquer que sejam sua discrição, seu abandono, seu anonimato, seu caráter minúsculo. Sabemos qual fortuna literária conheceu tal uso. Sem poder aqui desenvolver, lembro algumas grandes manifestações delas. A mais importante sobre o plano literário é, sem dúvida, as *Vies minuscules*, de Michon. A força de um estilo literário apurado, sempre no limite da ênfase, coloca o destino dos homens e das mulheres a quem a linguagem fazia falta e os quais a literatura pode daqui por diante erigir em sujeitos. Mas seria preciso levar em conta o que Philippe Lejeune chamou de a autobiografia daqueles que não escrevem[15]. As memórias imaginárias[16] relevam a mesma estratégia: o arquivo é necessário para contar a vida de um sujeito, que é constituído primeiro pela acumulação de documentos (correspondência, diário íntimo, documentos heterônimos...) que um narrador vai retomar por sua conta. "Colocação em discurso do cotidiano" (*Vie des Hommes Infâmes*), essas biografias tomam a dobra ética da modernidade literária que valoriza os traços mais íntimos de uma subjetividade, seja ela medíocre, para tomá-la em uma narrativa que lhe dá um relevo e uma coerência. A imaginação não se desenvolve mais inventando sujeitos à maneira daqueles que o real mostra – para compensá-los, negá-los, sublimá-los, explicá-los... – mas nos vazios e nos abismos dos arquivos que esse mesmo real produziu. A erudição não é mais a paciente exploração dos arquivos para nutrir a ciência e o saber; ela é o fermento da ficção.

Um passo a mais é dado na prática da erudição com a invenção de arquivos ficcionais. O sujeito é o produto de documentos inventados pelo inventor, como se a subjetividade não pudesse ser formada senão pelos meandros de documentos a decifrar e a citar[17]. O processo de assujeitamento próprio do arquivo é, então, exemplar: ele produz um sujeito no duplo sentido do termo: um indivíduo e um tema literário – esse sobre o que se vai escrever. Foucault o exprimiu com uma grande clareza na *Vie des hommes infâmes*:

> a literatura faz portanto parte desse grande sistema de coerção pelo qual o Ocidente obrigou o cotidiano a se colocar em discurso; mas ela ocupa aí um lugar particular: incitada a buscar o cotidiano abaixo de si mesmo, a atravessar os limites, a levantar brutalmente ou insidiosamente os segredos, a deslocar as regras e os códigos, a fazer dizer o inconfessável, ela tenderá então a colocar fora da lei ou, ao menos, a tomar sobre ela o encargo do escândalo, da transgressão ou da revolta.[18]

A erudição imaginária é uma forma maior desta transgressão essencial ao nascimento da literatura. Ela perturba o regime do arquivo, inverte a hierarquiado documento e do monumento, faz explodir os gêneros literários a ponto de reverter a oposição fundamental entre crítica e invenção.

No oposto desta valorização dos arquivos do sujeito medíocre, a propensão da Modernidade, e muito particularmente do século XX, em explorar a vida dos escritores, testemunha fecundidade e o poder de transgressão da erudição literária. Ensaios, mas também biografias ou romances, se escrevem para tentar deter a imagem ausente de um autor que o conhecimento meticuloso de sua obra desnuda indefinidamente. As citações de correspondências, de diários íntimos, testemunhas raras, a leitura do homem no espelho da obra, todas essas estratégias intelectuais e pacientes ressaltam uma certa poesia e por vezes mesmo algum romanesco, mas não chegam a prender o homem por trás da obra. Uma tal fascinação pela figura do escritor não é apenas o sinal de um retorno do sujeito, e ainda menos um fracasso da "morte do autor". Mais certamente, ela confirma que a literatura é essencialmente reflexiva, que o que a habita é, de modo exponencial, a escritura e os que a vivem. Nesse movimento de reduplicação, é a morte de quem fala. Nessas ficções, encontra-se o que Foucault notava a propósito de *Tel Quel* (do qual elas estão, não obstante, bem distantes): "A linguagem da ficção se insere na linguagem do já dito, em um murmúrio que nunca começou. [...] Nada é dito na aurora[19]". Forma particular da pressão que a Biblioteca exerce sobre o desejo de escrever, esses ensaios biográficos ou esses romances do escritor manifestam a sacralização do arquivo enquanto depósito de uma individualidade, de uma subjetividade tão mais valorizada pelo fato de ser a de um escritor. O uso que eles fazem de documentos tradicionalmente próprios à crítica das fontes é desviado em proveito da ficção, ou ao menos da invenção em nada redutível ao comentário erudito e crítico. Não se trata de constituir um discurso de saber a partir de documentos eruditos, levantados diante da obra como um princípio explicativo, uma origem. Mas, sobretudo, de explorar documentos eruditos; eruditos por uma subjetividade que ali se depõe.

A proliferação desse tipo de documentos biográficos no coração de narrativas de gênero indeterminado só é possível em um regime literário que valoriza a palavra íntima, onde se situa, qualquer que seja sua forma, a despeito por vezes da própria obra, como um arquivo propício não à constituição de um saber, mas como um traço a seguir, uma confissão a escutar, na busca desejada de uma figura do autor habitado pela ausência e pela morte. Esse "Ele" que se torna todo "Eu" desde que, escreve Blanchot, "é eu mesmo tornado pessoa, outros tornados o outro". Esse dispositivo não tem nada a ver com a vida como fonte da obra, o homem como origem que é preciso conhecer melhor para melhor compreender seus livros. Ele tenta, sobretudo, estabelecer um compromisso entre a desaparição do autor e o desejo do escritor que toda obra produz, tão mais fortemente talvez quanto é viva a consciência chicaneira que o sujeito estabelece entre ele e o que ele escreve (segundo a expressão empregada em "O que é um autor?"). O ultrapassamento intelectual, o demônio da citação – que caracterizam, por exemplo, *Rimbaud en Abyssinie*, de Alain Borer ou *Eblouissements*, de Pierre Mertens, ou ainda *Ex libris* de Gérard Macé – não cedem à ilusão biográfica. O uso do arquivo não permite amarrar o homem e a obra. A biblioteca imaginária libera apenas o espectro de um escritor. Sem dúvida, esses livros híbridos, de erudição impressionante, experimentam um novo uso da "função-autor". Se ela não tem mais por papel regular a circulação dos discursos, manter a divisão dos gêneros; se ela não serve mais para canalizar a proliferação do sentido, ela redistribui os enunciados segundo uma ordem que não considera mais a lei geral que separa crítica e invenção, discurso erudito que constitui fontes e um saber, e ficção que manipula impunemente todas as formas de enunciados.

A experiência literária dá a ver, com uma potência de condensação e uma complexidade que fazem sua força e sua singularidade, as modalidades discursivas observadas por Foucault. A literatura que desdobra uma erudição imaginária – uma erudição ficcional, uma erudição que é o motor da imaginação, uma erudição que é a imagem fantasiada da literatura – é então totalmente desvinculada de uma preocupação de saber objetivo ou científico. O que está em causa não é, absolutamente, a constituição de conhecimentos acima da obra literária. Ela não forma um *corpus* tangível de enunciados que estão em uma relação de exterioridade face à obra e que permitiria, em particular, de acrescentar o conhecimento que se pode ter do autor ou da obra; ela é tomada na invenção da própria obra. Mais: ela pode ser inventada para inventar. Esse arquivo ficcional, que produz a literatura submetida à Biblioteca fantástica, é o oposto de um arquivo documental. Não se inventa mais apoiando-se sobre o que se sabe; o que está em causa não é o saber que fornece o documento nem sua exploração para fins de realismo ou verossimilhança romanesca. Inventam-se os documentos cinzas sem os quais não há sujeito. O arquivo está aí porque ele é a base sobre a qual se desenvolve a narrativa literária. Ele mostra como a literatura é habitada por uma biblioteca fantástica, que assegura sua soberania enquanto linguagem e por isso mesmo a obriga a uma perpétua retomada, uma indefinida repetição do já dito. A obrigação de escrever (e não de fazer obra), que Michel Foucault podia assinalar a propósito de Nerval, refere-se precisamente a esta pressão dos arquivos; ela é uma injunção da biblioteca imaginária sem a qual não há desejo nem necessidade de escrever.

Notas

[1] Agradeço à Prof.ª Zélia Anita Viviani, do Departamento de Língua e Literatura Francesa, da UFSC, pela revisão gramatical da tradução.

[2] FOUCAULT, Michel. "La Bibliothèque fantastique". In: *Dits et écrits*, I. Paris: Gallimard, 2001. p. 323.

[3] Ibidem, p. 325.

[4] Ibidem.

[5] FOUCAULT, Michel. "Distance, aspect, origine". In: *Dits et écrits*, I. *op. cit.*, p. 307. Tradução brasileira: *Ditos e escritos*. Rio de Janeiro: Forense Universitária, 2001. p. 67.

[6] FOUCAULT, Michel. "La Pensée du dehors", *Idem*, p. 566. Tradução brasileira: *Ditos e escritos*. Rio de janeiro: Forense Universitária, 2001. p. 241.

[7] Esta ideia de que a literatura se forma sobre um lugar vazio está igualmente presente na reflexão de Barthes: "Se, portanto, Sade, Fourier e Loyola são fundadores da língua, e são apenas isso, é justamente por nada dizer, por observar uma vacância, (se eles quisessem dizer alguma coisa, a língua linguistica, a língua da comunicação e da filosofia bastaria:

se poderia resumi-las, o que não é o caso para nenhum deles). BARTHES, Roland. *Sade, Fourier, Loyola*. Paris: Le Seuil, Tome III, p. 704.

[8] Ibidem, p. 855.

[9] FOUCAULT, Michel "Qu'est-ce qu'un auteur ?". In: *Dits et écrits, op. cit.*, p. 820.

[10] BLANCHOT, Maurice. *L'Espace littéraire*. Paris: Gallimard, "Idées", 1955. p. 18.

[11] GENETTE, Gérard. "Raison de la critique pure". In: *Figures II*. Paris: Le Seuil, "Points", 1969. p. 13. Podemos também remeter ao inicio do artigo que Blanchot consagra a Mallarmé, no qual ele lamenta que o autor não tenha sido inteiramente consumido por sua obra (BLANCHOT, Maurice. "Le Silence de Mallarmé", *Faux Pas*. Paris: Gallimard, 1941, 1971.

[12] FLAUBERT, Gustave. *Correspondance*, lettre du 29-30 novembre 1859 à Ernest Feydeau.

[13] *Op. cit.*, p. 839.

[14] Sobre esses pontos, remeto às analises de *La Volonté de savoir*, página 80 e seguintes e *Surveiller et Punir*, páginas 194 a 195.

[15] Ver ARTIÈRES, Philippe, "Michel Foucault et l'autobiographie". In: *Michel Foucault, la littérature et les arts*, colloque de Cerisy, dir. Philippe Artières. Kimé, 2004, bem como LEJEUNE, Philippe. "L'autobiographie de ceux qui n'écrivent pas". In: *Je est un autre, L'autobiographie, de la littérature aux médias*. Paris: Le Seuil, 1980.

[16] Philippe Lejeune analisou o "mentir falso" sobre o qual repousa essas autobiografias imaginárias em LEJEUNE, Philippe. "Moi, la Clairon ". In: *Le Désir biographique*. Université Paris X: Cahiers de sémiotique textuelle, 1985.

[17] Dois textos exemplares desta estratégia podem ser citados: *L'Allée du roi* de Françoise de Chandernagor, Julliard, 1981 e *Sir Andrew Marbot*, de Wolfgang Hildesheimer, Jean-Claude Lattès, 1984, trad. de Martin Kaltenecker, [Suhrkampf, 1981].

[18] FOUCAULT, Michel. *Dits et écrits, op. cit.*, tome II, p. 252.

[19] FOUCAULT, Michel. "Distance, aspect, origine", *op. cit.*, p. 309.

Foucault

Oswaldo Giacoia Junior

No final do primeiro volume da *História da sexualidade*, Foucault indica um tema de investigação que, por motivo de sua morte, teve que permanecer como um território muito pouco explorado por sua pesquisa: trata-se, como é sabido, da biopolítica, do ingresso da vida natural – daquilo que o filósofo italiano Giorgio Agamben denominou *a vida nua* – na trama das relações e dos cálculos explícitos do saber-poder na sociedade ocidental.

> Pela primeira vez na história, sem dúvida, o biológico se refletiu no político; o fato de viver não é mais esse subsolo inacessível que não emerge senão de tempos em tempos, no acaso da morte e da fatalidade; ele passa para uma outra parte no campo de controle do saber e da intervenção do poder. Este não se encarregará mais apenas de assuntos de direito, a respeito dos quais a derradeira contenda é a morte, mas dos seres vivos, e a captura que ele poderá exercer sobre eles deverá se colocar ao nível da vida, considerada nela mesma; é a tomada da vida a seu encargo mais do que a ameaça da morte, que dá ao poder seu acesso ao corpo. Se podemos denominar "bio-história" as pressões pelas quais os movimentos da vida e os processos da história interferem reciprocamente, seria necessário falar de "biopolítica" para designar o que faz ingressar a vida e seus mecanismos no domínio dos cálculos explícitos e faz do poder-saber um agente de transformação da vida humana; não se trata, de modo algum, de que a vida tenha sido exaustivamente integrada às técnicas que a dominam e a gerenciam; sem cessar, ela lhes escapa. Fora do mundo ocidental, a fome existe numa escala mais importante que nunca; e os riscos biológicos enfrentados pela espécie são talvez ainda maiores, mais graves, em todo caso, do que antes do nascimento da microbiologia. Entretanto, o que se poderia denominar o "limiar da modernidade biológica" de uma sociedade situa-se no momento em que a espécie ingressa como aposta no jogo nas próprias estratégias políticas. Durante milênios, o homem

permaneceu o que era para Aristóteles: um animal vivente e, além disso, capaz de uma existência política; o homem moderno é um animal em cuja política está em questão sua vida de ser vivente.[1]

Se, num movimento que se desdobra do final do século XVII e atravessa o século XVIII, consolida-se, na sociedade ocidental, um tipo de poder que caracteriza a sociedade disciplinar, a passagem para o século XIX marca o aparecimento dessa nova grande tecnologia do poder, que Foucault denomina o biopoder. Uma figura não abole a outra; trata-se antes de uma modificação e de um novo ajustamento nas engrenagens do poder-saber.

> Durante a segunda metade do século XVIII, eu creio que se vê aparecer algo de novo, que é uma outra tecnologia de poder, não disciplinar dessa feita. Uma tecnologia de poder que não exclui a técnica disciplinar, mas que a embute, que a integra, que a modifica parcialmente e que, sobretudo, vai utilizá-la implantando-se de certo modo nela, e incrustando-se efetivamente graças a essa técnica disciplinar prévia. Essa nova técnica não suprime a técnica disciplinar simplesmente porque é de outro nível, está em outra escala, tem outra superfície de suporte e é auxiliada por instrumentos totalmente diferentes.[2]

Grosso modo, pode-se dizer que é sempre a vida e o corpo que se colocam como a presa do poder na sociedade europeia desse período. No entanto, essa presa deve ser considerada numa diferença de escala: a tecnologia do biopoder pode ser considerada não disciplinar porque não se dirige *prima facie* para os corpos individuais, com o propósito de vigiá-los, treiná-los, utilizá-los, intensificar suas forças e rendimentos, inclusive puni-los, como o fazem as disciplinas. O biopoder toma a seu encargo a espécie, o homem como ser vivo, a massa global de uma população, sobre cujos processos e ciclos biológicos (como a natalidade, a morbidez, a mortalidade, por exemplo) ele intervém para controlar, normatizar, regulamentar. Trata-se, portanto, no léxico de Michel Foucault, de um acoplamento entre tecnologias disciplinares e regulamentares.

Dizer que o poder, no século XIX, incumbiu-se da vida, é dizer que ele conseguiu cobrir toda a superfície que se estende do orgânico ao biológico, do corpo à população, mediante o jogo duplo das tecnologias de disciplina, de uma parte, e das tecnologias de regulamentação, de outra. Portanto, estamos num poder que se incumbiu tanto do corpo quanto da vida, ou que se incumbiu, se vocês preferirem, da vida em geral, com o polo do corpo e o polo da população. Biopoder, por conseguinte, do qual logo podemos localizar os paradoxos que aparecem no próprio limite de seu exercício.[3]

A essa transformação, ocorrida na passagem do século XVIII para o século XIX, afeta o macro registro das instituições de Estado, da soberania e do regime legal, e se distribui por todas as camadas de estratificação da sociedade;

a ela corresponde também uma alteração completa no modo de produção e organização da vida social, que poderíamos, grosseiramente, caracterizar como o advento da sociedade burguesa, emergente da revolução industrial.

A possibilidade de encarregar-se da vida e de seus mecanismos, fazendo com que a espécie entre em suas próprias estratégias políticas, penetrando no domínio dos cálculos e da transformação da vida humana, é o que Foucault considera o "limiar de modernidade biológica" de uma sociedade. Esse limiar é coetâneo do aparecimento, na Modernidade, do homem em sua especificidade de ser vivo, como um corpo concreto, sujeito e objeto de si mesmo, com uma historicidade própria. Foucault ressalta, nesse limiar, a importância da proliferação de técnicas políticas investindo todo o espaço da existência.[4]

Desse modo, a moderna sociedade capitalista deixa progressivamente de se regrar por uma ordenação estritamente legal, para se transformar numa sociedade de *vigilância e regulamentação*, em que a norma ultrapassa em importância conferida à estrita legalidade jurídica clássica. Surge assim, a partir do século XIX, um tipo de configuração de poder – complementação entre disciplina e regulamento –, cuja tarefa se especificará, cada vez mais, em termos de ajustamento à norma, pelo agenciamento de "mecanismos contínuos, reguladores e corretivos".

O que caracteriza o biopoder é a crescente importância da norma que distribui os seres vivos num campo de valor e utilidade. A própria lei funciona como norma devido a suas funções reguladoras. Uma sociedade normalizadora é o efeito histórico de técnicas de poder centradas na vida. A principal característica das técnicas de normalização consiste no fato de integrarem no corpo social a criação, a classificação e o controle sistemático das anormalidades.[5]

Trata-se de um tipo de poder em que o fundamental não é mais a segregação, sob a forma do banimento e do degredo, um poder

não tem que traçar a linha que separa as pessoas que obedecem, os inimigos do soberano; ele opera distribuições em torno da norma. Não quero dizer que a lei se apague, ou que as instituições de justiça tendem a desaparecer; mas que, doravante, a lei funciona sempre como norma e que a instituição judiciária se integra cada vez mais a um continuum de aparelhos (médicos, administrativos, etc.) cujas funções são, sobretudo, reguladoras. Uma sociedade normalizadora é o efeito histórico de uma tecnologia do poder centrado sobre a vida. Por relação às sociedades que tínhamos conhecido até o século XVIII, ingressamos numa fase de regressão do jurídico; as Constituições escritas no mundo inteiro, depois da Revolução francesa, os códigos redigidos e reformulados, toda uma atividade legislativa permanente e ruidosa não nos devem iludir: são formas que tornam aceitável Um poder essencialmente normalizador.[6]

Faz parte da lógica da normalização – e do exercício do poder normalizador fundado na norma – um jogo antitético de inclusão/exclusão, em que os antípodas interagem permanentemente num processo bipolar de inversão. Por meio dele, a norma se define tanto positivamente pela inclusão em seu domínio daquilo que sob ela se subsume, como também negativamente pela exclusão do que não se compreende em seu campo de incidência.

Trata-se, todavia, de uma exclusão includente, posto que a norma exige, para sua própria compreensão, assim como para a produção do efeito geral por ela visado (a partição entre normal e anormal), a referência necessária ao excluído de seu campo de extensão.

Desse modo, o investimento da biopolítica sobre a vida se faz por meio do exercício do poder normalizador, pela inclusão/exclusão de indivíduos e grupos nos processos econômicos, pelo ajustamento dos corpos aos aparelhos de produção, por meio de novas estratégias de gestão e administração de recursos, do capital, dos meios de produção, procedimentos e métodos de intensificação e majoração da forças produtivas, que naturalmente incidem também sobre as forças do corpo. Todo esse grande agenciamento incluía tanto o corpo global da população como os corpos dos indivíduos, na forma de um biopoder que constituiu um elemento indispensável ao desenvolvimento do capitalismo.

> Se o desenvolvimento dos grandes aparelhos de Estado, como *instituições* de poder, assegurou a manutenção das relações de produção, os rudimentos da anátomo e da biopolítica, inventados no século XVIII como *técnicas* de poder, presentes em todos os níveis do corpo social e utilizadas por instituições muito diversas (a família como o exército, a escola ou a polícia, a medicina individual ou a administração das coletividades), agiram ao nível dos processos econômicos, de seu desdobramento, das forças que aí estão em operação e os sustentam. O investimento do corpo vivo, sua valorização e a gestão distributiva de suas forças foram indispensáveis nesse momento.[7]

Nessas condições, e acompanhando a mudança nos modos de aquisição, constituição, acumulação e asseguramento jurídico da riqueza, tornou-se absolutamente necessário proteger bens e recursos valiosos, que, sob as circunstâncias novas, tinham que permanecer fora das mãos de seus proprietários, de possíveis furtos, danificações ou perdas. Para tanto, tornava-se imprescindível uma racionalização das formas de ilegalidade, sobretudo de tornava-se necessária uma delimitação inequívoca das fronteiras da delinquência, que se apresentava como tarefa econômica e politicamente indispensável. É nesse conjunto de transformações que se insere, como se comprova pelo trabalho pioneiro de Foucault, a principal função estratégica do aprisionamento: aquela que consiste na produção da delinquência.

> A partir do momento em que a capitalização pôs nas mãos da classe popular uma riqueza investida em matérias-primas, máquinas e instrumentos, foi absolutamente necessário proteger esta riqueza. Já que a sociedade industrial exige que a riqueza esteja diretamente nas mãos não daqueles que a possuem, mas daqueles que permitem a extração do lucro fazendo-a trabalhar, como proteger essa riqueza? Evidentemente por uma moral rigorosa: daí esta formidável ofensiva de moralização que incidiu sobre a população do século XIX... Foi absolutamente necessário constituir o povo como sujeito moral, portanto separando-o da delinqüência, portanto, separando nitidamente o grupo de delinqüentes, mostrando-os como perigosos não apenas para os ricos, mas também para os pobres, mostrando-os carregados de todos os vícios e responsáveis pelos maiores perigos.[8]

Eis aí, portanto, a solução para o curioso enigma que, desde a metade do século XIX, não deixou de acompanhar o discurso sobre a reforma dos aparelhos carcerários. Sabia-se, desde então, que a prisão fracassara em sua alegada função normalizadora, reintegradora, transformadora; em sua tarefa de reeducar para a vida social. Relativamente a esse papel, a prisão simplesmente fracassara desde o início de sua mobilização entre os demais aparelhos modernos de disciplina.

E, no entanto, ela nunca deixou de se constituir como principal, ou mesmo única alternativa em matéria penal. Que lógica, pois, comandaria esse processo, a saber, que as instituições carcerárias protagonizassem, de modo reiterado, tanto um fracasso retumbante, como a confirmação de sua imprescindibilidade? É que o biopoder pode extrair dela um rendimento estratégico: a prisão representava a forma pura, paradigmática, das instituições de vigilância e adestramento numa sociedade disciplinar, ela era nada menos que o modelo a ser seguido pelas demais instituições de sequestro, como as escolas, os hospitais, os reformatórios, as casernas, as fábricas e oficinas. Além disso, a prisão se encarregava da separação, divisão, circunscrição de um território claramente definido, ela exerce uma função positiva de produção social da *delinquência*.

Escreve Foucault:

> Minha hipótese é que a prisão esteve, desde sua origem, ligada a um projeto de transformação dos indivíduos. Habitualmente se acredita que a prisão era uma espécie de depósito de criminosos, depósito cujos inconvenientes se teriam constatado por seu funcionamento, de tal forma que se teria dito ser

necessário reformar as prisões, fazer delas um instrumento de transformação dos indivíduos. Isto não é verdade: os textos, os programas, as declarações de intenção estão aí para mostrar. Desde o começo, a prisão devia ser um instrumento tão aperfeiçoado quanto a escola, a caserna ou o hospital, e agir com precisão sobre os indivíduos. O fracasso foi imediato e registrado quase ao mesmo tempo em que o próprio projeto. Desde 1820 se constata que a prisão, longe de transformar os criminosos em gente honesta, serve apenas para fabricar novos criminosos ou para afundá-los ainda mais na criminalidade. Foi então que houve, como sempre nos mecanismos de poder, uma utilização estratégica daquilo que era um inconveniente. A prisão fabrica delinqüentes, mas os delinqüentes são úteis tanto no domínio econômico como no político. Os delinqüentes servem para alguma coisa.[9]

A forma moderna do encarceramento corresponderia, de acordo com essas análises, à instituição de uma figura histórica de poder que caracteriza a sociedade disciplinar. Não se trata mais, doravante, da figura solene da antiga soberania, mas de um poder exercido minuciosamente e distribuído de modo capilar por todo o tecido social, que se exerce por "mecanismos contínuos, reguladores e corretivos", ou seja, não mais do império da lei, mas da introjeção da norma, do controle, da vigilância, da punição. Aquilo que estará efetivamente em jogo nas relações de poder consistirá, doravante, em qualificar, medir apreciar, hierarquizar as forças vivas, sobretudo investindo sobre seu suporte biológico, os corpos. Antes de tudo são indispensáveis corpos dóceis e úteis.

Por outro lado, no macro registro institucional dos grandes aparelhos de Estado, essa gestão política da vida natural, que o poder tomava a seu cargo, é de imediato enquadrada no ordenamento jurídico-político da cidadania. Nesse sentido, observa Giorgio Agamben,

> seria indispensável deixar de considerar as modernas declarações de direitos fundamentais como proclamações de valores eternos meta-jurídicos, para poder fazer justiça à sua função histórica real no surgimento das modernas soberanias nacionais. As declarações dos direitos representam aquela figura original da inscrição da vida natural na ordem jurídico-política do Estado-nação. Aquela vida nua natural que, no antigo regime, era politicamente indiferente e pertencia, como fruto da criação, a Deus, e no mundo clássico era (ao menos, em aparência) claramente distinta como *zoé* da vida política (*bios*) entra agora em primeiro plano na estrutura do Estado e torna-se, aliás, o fundamento terreno de sua legitimidade soberana.[10]

Que a vida nua, ou o simples fato do nascimento se apresenta como fonte originária de direitos é o que fica consignado na abertura da Declaração dos Direitos Fundamentais do Homem e do Cidadão da Constituição Francesa de 1789: "Todos os homens permanecem livres e iguais em direitos".

Ora, é em relação a essa inscrição da vida natural na ordem jurídico-política do Estado-nação que se define princípio áureo da moderna noção de soberania, com o expressivo conjunto de metáforas biológicas que a acompanha: "O princípio de toda soberania reside essencialmente na Nação. Nenhum corpo, nenhum indivíduo pode exercer uma autoridade que não emane expressamente da Nação".

Desse modo, prossegue Giorgio Agamben, as modernas declarações dos direitos devem então ser vistas como o local em que se efetua uma passagem da forma clássica da soberania régia, de origem divina, à nova figura histórica da soberania nacional. As declarações de direitos

> asseguram a *exceptio* da vida na nova ordem estatal que deverá suceder à derrocada do *ancien régime*. Que, através dela, o "súdito" se transforme, como foi observado, em "cidadão", significa que o nascimento – isto é, a vida nua natural como ta – torna-se aqui pela primeira vez (com uma transformação cujas conseqüências biopolíticas somente hoje podemos começar a mensurar) o portador imediato da soberania. O princípio da nativitade e o princípio da soberania, separados no antigo regime (onde o nascimento dava direito somente ao *sujet*, ao súdito), unem-se agora irrevogavelmente no corpo Estado-nação. Não é possível compreender o desenvolvimento e a vocação "nacional" e biopolítica do Estado moderno nos séculos XIX e XX, se esquecemos que em seu fundamento não está o homem como sujeito político livre e consciente, mas, antes de tudo, a sua vida nua, o simples nascimento que, na passagem do súdito ao cidadão, é investido como tal pelo princípio da soberania. A ficção aqui implícita é a de que o *nascimento* torne-se imediatamente *nação*, de modo que entre os dois termos não possa haver resíduo algum. Os direitos são atribuídos ao homem (ou brotam dele) somente na medida em que ele é o fundamento imediatamente dissipante (e que, aliás, não deve nunca vir à luz como tal), do cidadão.[11]

A essa alteração profunda na natureza e na forma da soberania que corresponde ainda a um acréscimo de importância da norma em detrimento do antigo sistema jurídico da lei, assim como numa mudança decisiva no foco de incidência do poder. A soberania fundada na força da lei e no corpo do rei tinha como insígnia o gládio e como efeito geral a morte: a lei, escreve Foucault, "não pode deixar de estar armada, e sua arma, por excelência, é a morte; àqueles que a transgridem, ela reponde, ao menos a título de último recurso, com essa ameaça absoluta. A lei se refere sempre ao gládio". O biopoder, todavia, é uma forma de

> poder que tem por tarefa tomar a vida a seu cargo, (ele) terá necessidade de mecanismos contínuos, reguladores e corretivos. Não se trata mais de lançar a morte no campo da soberania, mas de distribuir o vivente em um domínio de valor e de utilidade. Um tal poder tem que qualificar, medir, apreciar, hierarquizar, antes do que se manifestar em seu brilho mortal.[12]

Entretanto, essa mudança de regime não faz desaparecer a clássica e antiga figura do modelo do poder soberano como poder sobre a vida, como o direito de deixar viver e fazer morrer. Porque o soberano tem o direito de matar, ele exerce sobre a vida de outrem uma prerrogativa de concessão.

> E eu creio que, justamente uma das mais maciças transformações do direito político do século XIX consistiu, não digo exatamente em substituir, mas em completar esse velho direito de soberania – fazer morrer ou deixar viver – com outro direito novo, que não vai apagar o primeiro, mas vai penetrá-lo, perpassá-lo, modificá-lo, e que vai ser um direito, ou melhor, um poder exatamente inverso: poder de "fazer" viver e de "deixar" morrer. O direito de soberania é, portanto, o de fazer morrer ou de deixar viver. E depois, este novo direito é que se instala: direito de fazer viver e de deixar morrer.[13]

Tomando como base e referência os marcos teóricos que acabam de ser traçados, gostaria de sublinhar dois aspectos que considero de máxima relevância: em primeiro lugar, que o surgimento dos direitos humanos e das garantias fundamentais assegurada nas declarações de direitos dos estados democráticos modernos é estritamente contemporâneo dessa gestão política da vida natural, desse investimento do poder sobre a vida nua – ou seja, desse confisco da vida, sobretudo dos corpos vivos, pelos mecanismos de poder.

Os dois fenômenos podem ser considerados, pois, como se ambos constituíssem o verso e o reverso, ou as duas faces de uma mesma moeda, aquela que configura a forma histórica dos modernos Estados nacionais, e que constituiu um elemento indispensável no desenvolvimento do capitalismo. Essas duas faces podem ser também compreendidas como os dois polos indefectíveis na relação poder-saber: de um lado, o polo do exercício do poder, de outro o da resistência que a ele se opõe.

Em segundo lugar, cumpre observar que esses dois processos estão igualmente ligados, do ponto de vista histórico, à configuração do tipo de soberania consolidada no Estado moderno. Desse modo, tanto as modernas declarações de direitos como o biopoder, com a biopolítica que constitui o seu elemento mais essencial, formam corpo com a noção moderna de soberania nacional.

Não se inclui em meus propósitos, de modo algum, questionar a importância fundamental das declarações de direitos como garantia das liberdades públicas, sua função histórica de emancipação e resistência ao arbítrio e à tirania. Pretendo apenas sugerir uma conexão entre esses três termos: a soberania dos modernos estados nacionais, os direitos humanos e a biopolítica.

Se é inegável que, sobretudo como efeito da segunda guerra mundial, multiplicam-se as convenções e declarações de direitos humanos no âmbito de organizações supranacionais, obliterando assim o vínculo entre direitos humanos e Estado-nação, nem por isso é menos certo que a conexão acima sugerida é historicamente inegável.

A esse respeito, observa Agamben:

> É chegado o momento de cessar de ver as declarações de direitos como proclamações gratuitas de valores eternos e metajurídicos, que tendem (na verdade sem muito sucesso) a vincular o legislador ao respeito pelos princípios éticos eternos, para então considerá-las de acordo com aquela que é sua função histórica real na formação do moderno Estado-nação.[14]

Ora, a figura de soberania que vemos surgir com o poder normatizador e biopolítico, tal como o caracteriza Focault, não suprimiu, mas se acoplou ao "velho direito de soberania". Este, por sua vez, implica sempre na prerrogativa de decidir sobre o exercício do estado de exceção, e, assim, de algum modo, "fazer morrer e deixar viver". Pois, de acordo com a definição lapidar formulada por Carl Schmitt:

> Souverän ist, wer über den Ausnahmezustand entscheidet. Diese Definition kann dem Begriff der Souveranität als einem Grenzbegriff allein gerecht werden. Denn Grenzbegriff bedeutet nicht einen konfusen Begriff, wie in der unsaubern Terminologie populärer Literatur, sondern einen Begriff der äussersten Sphäre. Dem entspricht es, dass seine Definition nicht anknüpfen kann an den Normalfall, sondern an einen Grenzfall.[15]

É por essa razão que, depois dos trabalhos de Foucault, Agamben e outros, não se pode mais passar ao largo da imbricação entre a democracia moderna e relevância política da vida natural para os investimentos de biopoder. Somente se compreendemos, escreve Agamben,

> esta essencial função histórica das declarações dos direitos, é possível também entender seu desenvolvimento e suas metamorfoses no nosso século [século XX]. Quando, após as convulsões do sistema geopolítico da Europa que se seguiram à Primeira Guerra Mundial, o resíduo removido entre nascimento e nação emerge como tal à luz, e o Estado-nação entra em uma crise duradoura, surgem então o fascismo e o nazismo, dois movimentos biopolíticos em sentido próprio, que fazem portanto da vida natural o local por excelência da decisão soberana.[16]

Agamben tem aqui em vista, manifestamente, os campos de concentração e o totalitarismo político como *loci* privilegiados de manifestação massiva dessa vinculação histórica entre a figura de soberania do moderno Estado-nação e a biopolítica.

A esse respeito, pode-se dizer que o trabalho de Agamben prolonga as intuições e algumas das hipóteses teóricas apenas parcialmente desenvolvidas pelo próprio Michel Foucault sobre biopolítica e biopoder. Assim, por exemplo, em um de seus textos tardios, podemos ler o seguinte trecho específico:

> Afinal de contas, o nazismo é, de fato, o desenvolvimento até o paroxismo dos mecanismos de poder novos que haviam sido introduzidos desde o século XVIII. Não há Estado mais disciplinar, claro, do que o regime nazista; tampouco há Estado onde as regulamentações biológicas sejam adotadas de uma maneira mais densa e mais insistente. Poder disciplinar, biopoder: tudo isso percorreu, sustentou a muque a sociedade nazista (assunção do biológico, da procriação, da hereditariedade, assunção também da doença, dos doentes). Não há sociedade a um só tempo mais disciplinar e mais previdenciária do que a que foi implantada, ou em todo caso projetada, pelos nazistas. O controle das eventualidades próprias dos processos biológicos era um dos objetivos imediatos do regime. Mas, ao mesmo tempo em que se tinha essa sociedade universalmente previdenciária, universalmente seguradora, universalmente regulamentadora e disciplinar, através dessa sociedade, desencadeamento mais completo do poder assassino, ou seja, do velho poder soberano de matar.[17]

Talvez seja justamente em razão daquele vínculo histórico acima indicado que Hannah Arendt já havia sugerido que a crise dos direitos humanos coincide com o declínio do Estado-nação. Ora, com a crise permanente do Estado-nação ao longo do século XX, tornou-se possível o aparecimento, em sua crueza rude, daquela face ominosa da biopolítica; o fascismo, o nazismo e o stalinismo, que trouxeram à tona o que há também de violência nos regimes biopolíticos, que fazem da vida natural o "local por excelência da decisão soberana", como escreve Agamben.

Até esse momento, cuidei de preparar as bases suficientes para dar sustentação a uma hipótese que considero de suma importância para a reflexão sobre a temática que venho tentando formular. Suspeito que, em nossos dias, tanto no plano dos organismos internacionais, assim como no contexto da realidade brasileira, deparamo-nos com outros cenários, não menos dantescos, não menos cruéis, nos quais novamente se manifesta o sentido próprio da intervenção soberana sobre a vida nua, esta considerada como campo de exercício da decisão soberana.

Com base nesses elementos, permito-me articular a seguinte sugestão: se é verdade que as declarações de direitos e garantias fundamentais do constitucionalismo moderno surgem simultaneamente com o grande empreendimento de normatização, regulamentação e disciplina da sociedade ocidental; se esse movimento é caracterizado por um enredamento da vida natural, da vida nua, no domínio próprio da política, ou seja pela tomada em consideração da vida individual e coletiva nos cálculos de poder soberano; se o que Foucault denominou de biopolítica pode ser compreendido também por um tipo de governo que toma a seu cargo a vida dos indivíduos e das populações, no sentido de uma gestão planificada e de uma intensificação de suas forças; então também o discurso libertário das declarações de direitos humanos compõe esse mesmo universo histórico, integra a mesma constelação e toma parte no mesmo processo caracterizado como o surgimento da biopolítica e pela forma histórica da soberania dos Estados-nação, ainda que como exercício de resistência contra as pretensões desmedidas desse poder.

E aqui me permito recorrer, uma vez mais, a uma citação de Foucault verdadeiramente seminal para meus propósitos, pois a novidade representada pela configuração histórica do poder, tal como instituída a partir do século XIX, determina, com o advento de um biopoder, uma nova modalidade histórica da organização política da moderna sociedade ocidental – e com isso também a essência e a estrutura da experiência de soberania que é ainda a nossa hoje, e que, de acordo com importantes indícios, encontra-se em franco processo de desagregação, em transição para outras modalidades, ainda não inteiramente discerníveis, de relações de saber-poder.

> Parece-me que um dos fenômenos fundamentais do século XIX foi, é o que se poderia denominar a assunção da vida pelo poder: se vocês preferirem, uma tomada de poder sobre o homem enquanto ser vivo, uma espécie de estatização do biológico ou, pelo menos, uma certa inclinação que conduz ao que se poderia chamar de estatização do biológico.[18]

Ora, a estatização do biológico implica, naturalmente, a inscrição da vida nua na esfera de decisão da soberania – e, com isso, que vida e morte deixam de ser considerados meros "fenômenos naturais, imediatos, de certo modo originais ou radicais, que se localizam fora do campo político [...] Em todo caso, a vida e a morte dos súditos só se tornam direitos pelo efeito da vontade soberana".[19]

Ora, se o conceito até aqui conhecido e as formas de soberania herdadas dos Estados-nação, tendo entrado em crise permanente já no século passado, revelaram também a face assassina do biopoder na experiência dos campos de concentração e extermínio; e se essa crise prolongada se tornou ainda mais aguda, se aprofundou, generalizou e intensificou com as sistêmicas transformações globais ocorridas no final do mesmo século XX, então se compreende que novos agenciamentos e dispositivos estratégicos comecem a se esboçar também no que se refere aos investimentos de poder político sobre a vida, entendida como *locus* do exercício da decisão soberana.

A vida nua, que desde sempre esteve em jogo como contraface e figura gêmea do poder biopolítico – enquanto se abria como espaço de emergência da decisão soberana –, exibe também hoje sua aterradora fragilidade nos campos de refugiados palestinos, asiáticos e africanos, por exemplo; mas também emerge, em sua realidade pungente, dos porões sombrios da prisão-símbolo de Abu-Ghraib. É o fenômeno da vida nua que se expõe também nos macabros depósitos de corpos humanos confinados em presídios brasileiros, trazendo à memória que a materialidade do poder sobre os corpos dos indivíduos e das populações simplesmente *sempre esteve aí* – mesmo nas origens do moderno estado democrático de direito,

Pois, como escreve Foucault,

> durante séculos o Estado foi uma das formas de governo humano as mais notáveis, uma das mais temíveis também. Basta observar a racionalidade do Estado nascente e ver qual foi o primeiro projeto de polícia para se dar conta que, desde o princípio, o Estado foi, ao mesmo tempo, individualizante e totalitário. Opor-lhe o indivíduo e seus interesses é tão problemático quanto lhe opor a comunidade e suas exigências.[20]

Desse modo, o processo de agonia do moderno estado nacional, talvez possa ser indiciada, de forma macabra, pelo recrudescimento do terrorismo internacional, que foi capaz de rasgar na face do poder imperial uma cicatriz monstruosa, devastando, com o ímpeto de uma violência inaudita, os seus ícones maiores e mais venerados – protagonizando uma forma macabra de retomada do poder de deixar viver e fazer morrer, ou seja, de decisão soberana sobre a vida nua.

De modo análogo e em sincronia com o processo global, também, no obscuro subsolo dos presídios e reformatórios brasileiros, afirma-se um novo afrontamento que tem por objeto a decisão soberana e a vida nua, a corroborar a impressão – impressão que talvez tenha que permanecer por algum tempo ainda como um pressentimento e uma intuição velada – de que talvez sejamos nós as primeiras testemunhas de remanejamento em grande escala nas formas tradicionais da soberania.

Refiro-me às recentes rebeliões em cárceres, casas correcionais e presídios vários, que proliferam em diferentes estados brasileiros. Desde o episódio conhecido como o massacre da casa de detenção do Carandiru, até as sublevações incessantemente retomadas nas FEBEMs em São Paulo – mas principalmente as mutilações bárbaras e a hedionda carnificina que foram praticadas na penitenciária de Porto Velho, em Rondônia, e no Estado do Rio de Janeiro.

Seus autores se organizam a partir de comandos com extensas ramificações extracarcerárias – como o Comando Vermelho, ou o Primeiro Comando da Capital –, cujas malhas dão suporte a ações coordenadas em rede, com amplo alcance territorial e que, em virtude de sua sólida ligação com o crime organizado e com o tráfico internacional de armas e drogas, ultrapassam largamente os limites de uma única nação.

De acordo com um sofisticado esquema de ação, tecnicamente bem aparelhado, integrantes de grupos rivais proferem e executam a decisão soberana acerca do direito de vida e de morte sobre *a vida nua*, depositada nas prisões oficiais, onde um Estado em crise não reúne mais as condições de se impor como o detentor efetivo e único titular do monopólio da violência. Sem exagero, pode-se dizer que assistimos, em todos esses casos, a uma disputa entre o poder estatal e a resistência que se lhe opõe, tendo estranhamente por objeto *a decisão sobre o estado de exceção*, a saber o exercício do poder de vida e de morte sobre a vida nua. E se, como já observara Michel Foucault, a violência, ao mesmo tempo individualizante e totalitária sobre a vida nua, é congênita ao surgimento da moderna racionalidade estatal, talvez a novidade desses fenômenos consista em que hoje se contesta eficazmente à soberania oficial dessa forma de racionalidade o direito de decidir sobre o estado de exceção.

Registrando a transformação no modo de exercício de relações de poder no século XIX, assim como os movimentos de resistência a que deram origem, Michel Foucault conecta diretamente a inclusão da vida natural nos circuitos do poder com os movimentos de resistência gerados por esse ingresso da vida nua no domínio do biopoder:

> E contra esse poder ainda novo no século XIX, as forças que resistem tomaram apoio sobre aquilo mesmo que ele investia – quer dizer, sobre a vida e o homem enquanto ele é um ser vivente. Desde o século passado, as grandes lutas que colocam em questão o sistema geral de poder não se fazem mais em nome de um retorno aos antigos direitos, ou em função do sonho milenar de um ciclo dos tempos e de uma idade de ouro. Não se espera mais o imperador dos pobres, nem o reinado dos últimos dias, nem mesmo apenas o restabelecimento das justiças que se imagina ancestrais; o que é reivindicado e serve de objetivo é a vida, entendida como necessidades fundamentais, essência concreta do homem, realização de suas virtualidades, plenitude do possível. Pouco importa se se trata ou não de utopia, tem-se aí um processo muito real de luta; a vida como objeto político foi, de algum modo, tomada literalmente e retornada contra o sistema que empreendia controlá-la.[21]

Se, como poderíamos ser levados a pensar, com auxílio de Foucault, há dois séculos passados, os afrontamentos decisivos que colocavam em cheque o sistema geral de poder tinham por objeto a vida, reivindicando suas necessidades fundamentais, a essência concreta do homem, ou a plena realização de suas virtualidades – o que, em grande medida encontrou seu espaço na codificação dos direitos e garantias fundamentais –, talvez essa retomada literal da vida nua como objeto político, em nossos dias, – essa resistência que a faz voltar-se contra o sistema que empreendia controlá-la –, tenha um sentido bastante diverso daquele de há dois séculos passados.

Nesse sentido, talvez estejamos imersos numa crise muito mais radical e profunda do que aquelas que outrora foram enfrentadas com projetos de reforma dos institutos correcionais, com a racionalização e gestão otimizada do sistema carcerário, pautada pelo respeito aos direitos humanos e garantias fundamentais da Constituição. Consternados, verificamos aqui a uma repetição sinistra daquilo que sempre ocorreu em termos das relações entre poder e resistência – é sobre o mesmo elemento de apoio que a força de ambos se exerce – poder e resistência ao poder, de modo que a resistência ao poder oficial sempre toma por base de suas ações estratégicas o mesmo campo em que as técnicas de poder intentam controlá-la e neutralizar seus efeitos: a vida nua em sua significação política.

O que gostaria de sugerir é que, no eterno confronto entre poder e resistência – e no peculiar espaço social de manifestação dos efeitos do poder soberano, ou seja, no espaço cerrado e normatizado dos presídios, em que se delimita a rígida fronteira entre criminosos e inocentes, normais e delinquentes sob correção –, isto é, nesse palco por excelência de exibição triunfante do monopólio da violência legal, é nele que se encena, de modo aterrador e ostensivo, o *réquiem* patético da soberania do Estado-nação; é a partir dele que se impugna ao Estado-nação, de modo explícito e ruidoso, a tradicional prerrogativa de decidir sobre o estado de exceção.

O espetáculo que se desenrola em nos morros, favelas, mas também no coração das metrópoles de um país periférico do capitalismo mundial, como o Brasil; aquilo que se passa em seus presídios e institutos correcionais é que a delinquência reivindica para si, com a violência bruta, própria de forças ainda bárbaras, a insígnia e o capital simbólico mais característico da decisão soberana: o direito de morte sobre a vida nua, num exercício pirotécnico do poder desmesurado de deixar viver e de fazer morrer. É certo que, muitas vezes, nossa consternação diante da brutalidade dos fatos nos mantém como que enfeitiçados por uma ótica moralista, que se compraz em criticar obstinadamente as insuficiências econômicas, a ineficácia crônica das políticas sociais, assistenciais, previdenciárias e de segurança pública das quais deveria se incumbir o Estado brasileiro. Entretanto, talvez estivesse mais do que na hora de superarmos o prisma estreito da indignação moralista, para nos alçarmos ao nível da reflexão histórico-filosófica, com seu escopo ampliado de análise e crítica.

Talvez o que esteja ganhando formas e contornos, em todos esses episódios, seja a dramática perempção de um modelo de soberania, que é contrastado e contradito precisamente em seu fulcro – a decisão soberana sobre o estado de exceção, que, no caso em análise, implica no direito de morte sobre a vida nua, exercido à margem e em aberto confronto com os aparatos normativos, criminológicos, legais, policiais e judiciários do Estado nacional. Que novas figuras de soberania se insinuam nesses limiares de transformação que lentamente nos separam das referências tradicionais e plenamente reconhecíveis nas quais ancorávamos nossa identidade cultural? Quem são os novos soberanos?

Num um de seus últimos livros, *A Constelação Pós-Nacional* – com certeza tendo em vista um panorama e uma problemática inteiramente diversos, a saber, o ultrapassamento dos limites políticos determinados dos antigos Estados-nação, com suas respectivas jurisdições essencialmente territoriais –, Jürgen Habermas formula uma observação que, para os nossos propósitos, é de imensa relevância.

Referindo-se às implicações trans e supranacionais dos efeitos ecológico-ambientais das novas tecnologias, Habermas escreve:

> Por meio da perturbação dos ciclos ecológicos e da vulnerabilidade a perturbações por parte das grandes instalações técnicas, surgiram novos riscos que ultrapassam fronteiras. "Tchernobyl", "buraco na camada de ozônio", ou "chuvas ácidas" sinalizam acidentes e mudanças ecológicas que, em virtude de sua intensidade e extensão, não se deixam mais controlar no quadro nacional e que, nessa medida, sobrecarregam a capacidade de organização de estados particulares. Também em outros aspectos tornam-se porosas as fronteiras do Estado. Isso vale para a criminalidade organizada, sobretudo para o tráfego de drogas e armas.[22]

Pergunto-me se em todos esses acontecimentos de inaudita dramaticidade, em que os criminosos administram e executam a decisão soberana sobre a vida nua – para o espanto catatônico da sociedade civil e dos aparelhos de Estado – ou seja, em que a mutilação de corpos, a sumária condenação à morte, seguida de pronta e brutal execução, em suma, a decretação do estado de exceção, sob a forma dos toques de recolher, do fechamento do comércio, da aberta intimidação, se eles também não encontram enquadramento adequado na linha de reflexão sugerida por Habermas: a saber, no constatável processo de declínio da soberania configurada nos Estados-Nação.

E se assim é, então a forma de manifestação dessa agonia deve necessariamente coincidir com o domínio privilegiado de afrontamento das relações entre poder e resistência no mundo moderno: o campo da vida nua, campo em que os corpos são tomados em conta pelas relações de poder e de dominação. Valeria a pena, tendo isso em vista, que nossas intervenções se limitassem ao discurso recorrente sobre a urgente e inequívoca necessidade de reforma dos sistemas prisionais?

Sem ignorar as razões humanitárias que tornam urgentes tais reformas, não seria igualmente imprescindível levar também em conta que, a nível sistêmico, talvez esteja em curso uma transformação profunda no próprio tipo histórico de relações de poder e soberania a cujo surgimento a prisão moderna esteve associada como regime modelar?

Suspeito que uma reflexão filosoficamente acurada e historicamente bem instruída sobre nossos antigos circuitos discursivos a respeito de privação da liberdade, sistemas carcerários e direitos humanos poderia descortinar novos horizontes teóricos e práticos, que permitissem vislumbrar pontos de intervenção, linhas de resistência, vetores para o pensamento e a ação, que nos auxiliassem a formular com mais lucidez nossas questões e identificar a verdadeira natureza e a extensão dos impasses em cujas malhas nos debatemos.

Notas

[1] FOUCAULT, Michel. *Histoire de la Sexualité. La Volonté de Savoir*. Paris: Gallimard, 1976, p.187s. Salvo indicação em contrário, as traduções são de minha autoria.

[2] FOUCAULT, Michel. *Em Defesa da Sociedade. Curso no Collège de France (1975-76)*. Trad. Maria Ermantina Galvão. São Paulo: Martins Fontes, 1999, p. 288s.

[3] FOUCAULT, Michel. *Em Defesa da Sociedade. Curso no Collège de France (1975-76)*. Trad. Maria Ermantina Galvão. São Paulo: Martins Fontes, 1999, p. 302.

[4] PORTOCARRERO, V. *Normalização e Invenção: Um Uso do Pensamento de Michel Foucault*. In: Calomeni, T. (Org.). *Michel Foucault. Entre o Murmúrio e a Palavra*. Campos/RJ: Ed. Faculdade de Direito de Campos, 2004, p. 141.

[5] Idem, p. 141s.

[6] Idem, p. 190s.

[7] FOUCAULT, Michel. *Histoire de la Sexualité. La Volonté de Savoir*. Paris: Gallimard, 1976, p. 185s.

[8] FOUCAULT, Michel. *Sobre a Prisão*. In: *Microfísica do Poder*. Trad. Roberto Machado. Rio de Janeiro: Edições Graal, 1979, p. 129s.

[9] FOUCAULT, Michel. *Sobre a Prisão*. In: *Microfísica do Poder*. Trad. Roberto Machado. Rio de Janeiro: Edições Graal, 1979, p. 129s.

[10] AGAMBEN, Giorgio. *Homo Sacer. O Poder Soberano e a Vida Nua I*. Trad. Henrique Burigo. Belo Horizonte: Editora UFMG, 2002, p. 134.

[11] AGAMBEN, Giorgio. *Homo Sacer. O Poder Soberano e a Vida Nua I*. Trad. Henrique Burigo. Belo Horizonte: Editora UFMG. 2002, p. 135.

[12] FOUCAULT, Michel. *Histoire de la Sexualité. La Volonté de Savoir.*. Paris: Gallimard, 1976, p. 189s..

[13] FOUCAULT, Michel. *Em Defesa da Sociedade. Curso no Collège de France (1975-76)*. Trad. Maria Ermantina Galvão. São Paulo: Martins Fontes, 1999, p. 287.

[14] AGAMBEN, G. *Homo Sacer. O Poder Soberano e a Vida Nua I.* Trad. Henrique Burigo. Belo Horizonte: Editora UFMG. 2002, p. 134.

[15] SCHMITT, Carl. *Politische Theologie. Vier Kapitel zur Lehre von der Souveränität.* Berlin: Duncker und Humblot Verlag, 1990, p.11. "Soberano é quem decide sobre o estado de exceção. Essa definição apenas pode fazer justiça ao conceito de soberania, como a um conceito-limite. Pois conceito-limite não significa um conceito confuso, como na impura terminologia da literatura popular, mas um conceito da mais extrema esfera".

[16] AGAMBEN, Giorgio. *Op. cit.*, p. 135.

[17] FOUCAULT, Michel. *Em Defesa da Sociedade. Curso no Collège de France (1975-76).* Trad. Maria Ermantina Galvão. São Paulo: Martins Fontes, 1999, p. 309s.

[18] Idem, p. 285

[19] Idem, p. 286. As duas citações feitas nesse parágrafo se referem ao texto indicado na presente nota.

[20] FOUCAULT, Michel. *Dits et Écrits* IV, op. cit. p. 160.

[21] FOUCAULT, Michel. *Histoire de la Sexualité*, op. cit., p. 190s.

[22] HABERMAS, Jürgen. *Die postnationale Konstellation. Politische Essays.* Frankfurt/M: Suhrkamp, 1998, p. 105s.

O sujeito fora de si
Movimentos híbridos de
subjetivação na escrita foucaultiana

Pedro de Souza

Reexaminando os textos compilados de exposições públicas proferidas por Michel Foucault, ocorre-me proceder à tentativa de levantar flagrantes de escrita em processo. Penso em textos, exaustivamente estudados, sobretudo na área de Letras, como *O que é um autor* e *A ordem do discurso*, em que, ao trazê-los para uma plateia atenta de ouvintes, Foucault expõe e deixa entrever na textualização de um discurso que não ousa dizer a que veio, os vestígios de uma escritura errante. Em outros termos, pretendo mostrar como os ritos de explanação pública aos quais se entregava Foucault, denunciam um ato de enunciação que expõe a escrita em exercício, o que equivale, como bem já assinalou Jorge Larrosa[1] á atitude ensaísta – ao mesmo tempo generosa e corajosa – do escritor de partilhar publicamente o seu processo escritural de subjetivação, ou, dito de outro modo, o exercício de criação de si presente no seu modo de escrever.

Meu ponto de partida é observar a maneira como Michel Foucault elege formulações linguísticas que encurtam a distância entre o sujeito que enuncia e o preciso instante em que profere seu texto. Falo da intensidade do que Emile Benveniste chamou de enunciação embreada, ou seja, a impossível desarticulação e distinção entre o enunciado e o contexto que lhe dá sustentação. Quero então colocar na mira analítica os primeiros lances da embreagem que move, mediante descontínuos ritmos e modulações prosódicas, perceptíveis no jogo das pontuações gramaticais, o sujeito se fazendo no intervalo entre dirigir-se ao público e dizer uma escrita inconclusa.

É enfim o encanto de todo começo que pretendo descrever e deter, tal como cristais de tempo na enunciação. Para isso, ocupo-me tão somente dos primeiros parágrafos de conferencias celebres e emblemáticas como *O que é um autor?* e *A ordem do discurso*. Aí o ritmo da modulação introdutória faz ver, antes do pensamento a expor, alguém que, ao desculpar-se pela lição de casa inacabada ou confessar-se perdido no lugar em que deveria estar absolutamente seguro de seu dizer, assume o risco de se perder em um vazio, renunciando a afirmar-se como sujeito na origem do discurso que atravessa a enunciação.

Vejamos como isso se passa primeiramente nas formulações iniciais de *O que é um autor?*. Após sua presença ter sido solenemente anunciada na sessão da Sociedade de Filosofia, realizada na sala 6, do Collége de France, Michel Foucault toma a palavra:

> Creio – sem estar, aliás, muito seguro sobre isso – que é tradição trazer a essa Sociedade de Filosofia o resultado de trabalhos já concluídos, para submetê-los ao exame e á crítica de vocês. Infelizmente, o que lhes trago hoje é muito pouco, eu receio, para merecer sua atenção; é um projeto que eu gostaria de submeter a vocês, uma tentativa de análise cujas linhas gerais apenas entrevejo, mas pareceu-me que, esforçando para traçá-las diante de vocês, pedindo-lhes para julgá-las e retificá-las, eu estava, como "um bom neurótico", á procura de um duplo benefício: inicialmente de submeter os resultados de um trabalho que ainda não existe ao rigor de suas objeções, e o de beneficiá-lo, no momento de seu nascimento, não somente com seu apadrinhamento, mas com suas sugestões.

Quero realçar o modo singular com que Michel Foucault realiza o protocolo de enunciação em uma reunião de filósofos tão solene como esta no *Collége de France*. Há uma hesitação aqui entre dizer na lógica e o dizer fora da lógica da ordem discursiva na qual o filosofo é convocado e se convoca a falar. A vacilação entre apresentar resultados de trabalhos já concluídos e mostrar o "muito pouco" a que chegou até o momento de submeter-se ao julgamento de um grupo de filósofos insinua uma estratégia de exposição cuja urdidura já vem calculada por um modo de escrita, antecipadamente embreada a um imaginário contexto enunciativo no qual o sujeito que detém o lugar de fala rodopia em torno de si próprio, paradoxalmente, entregue e alheio à imediatez do movimento que o impulsiona a enunciar.

Na forma da escrita deste trecho em destaque, o intervalo subjetivante delimita-se nos espaços entre vírgulas, parênteses e ponto e vírgulas. A pontuação marca, neste caso, a maneira particular que vai adotar o ritmo da escrita prefigurando o fluxo intermitente de um ato de fala que abre passagem a seus ouvintes/leitores. O fôlego maior vem indicado pelo ponto final dividindo em dois blocos frasais este primeiro parágrafo de *O que é um autor?*.

O estilo de pontuação sinaliza aqui o percurso do sujeito fazendo-se enquanto pensa e escreve diante do interlocutor. Aí se insinua uma voz outra: em vez daquela que, em principio, sempre sabe a que vem, emerge a voz do sujeito que se põe entre travessões – "... – *sans en être d'ailleurs trés sur* – " *("... – sem estar aliás muito seguro sobre isso* – ") – para dizer-se vacilante na posição em que é interpelado a falar em dado lugar autorizado de enunciação.

É assim tão inseguro que Foucault expressa-se como sujeito fora de si, quero dizer, voluntariamente renunciando-se à certeza de quem é ou deve ser no horizonte do discurso que o convoca. O sujeito de que se trata neste evento enunciativo não é o da afirmação, mas o da negação de si tal como cartesianamente aquele que deveria se apresentar enquanto representante do ponto de origem na discursividade que o delega.

Ao dizer-se não muito seguro sobre como os resultados de uma investigação devem ser submetidos à apreciação, Foucault simultaneamente reconhece e coloca em suspenso não apenas o seu, mas o estatuto dos outros que ali estão para ouvi-lo e julgá-lo acerca de um trabalho a expor. Tal operação, de natureza enunciativa, por si só já remete ao movimento do falante que se dobra no limite da ordem discursiva que o constitui como sujeito de enunciação no momento em que enuncia.

Quero deter aqui o ritmo da ação do sujeito acontecendo no movimento híbrido que lhe é próprio: dentro e fora da ordem discursiva. Para tanto, recorro à história etimológica da noção de ritmo que Emile Benveniste traçou desde os gregos. Benveniste ressalta os contextos poéticos e filosóficos em que a palavra ritmo remete a "forma no instante em que é assumida naquilo que é movediço, móvel, fluido, a forma daquilo que não tem consistência orgânica"[2]. Se, como diz o linguista, o ritmo diz da forma que, entre outras coisas, convém a uma letra arbitrariamente modelada ou ao que se arruma particularmente como se quer, pretendo adotar o mesmo ponto de vista para aludir ao ritmo da subjetivação que supõe a forma da escrita de Michel Foucault

Assim é que, mediando-se por uma escrita que se oferece ao abismo, posto que improvisada, modificável e instantânea em seu movimento, Foucault resvala do ponto fixo de seu assujeitamento em uma dada sociedade de discurso à disposição de uma subjetividade que se move sem fixidez. A subjetivação em ato aí resulta da exposição de uma escrita cujo arranjo apresenta-se sempre suscetível de mudança.

Tudo se passa no momento em que o filosofo se declara disposto a pensar em cena aberta. No plano de enunciação, a escritura em abismo, além de abrigar um pensamento por se fazer, encena, no interior de seus meandros, um modo de relação daquele que escreve com aqueles que o leem. Realça-se assim a figura do escritor em movimento refletindo-se em sua escrita, como se, do fundo do espelho, se insinuasse como ponto de assimetria com respeito ao leitor.

Destaco aqui, na primeira sequência frasal do fragmento em foco, um modo de pontuar arranjando uma sintaxe pela qual a enunciação é lançada aos efeitos intermitentes e momentâneos da duração. Um desses efeitos recai sobre a duplicação da posição que o sujeito adota para falar. Quando Foucault diz: *"Malheureusement, ce que je vous apporte aujourd'hui est beaucoup trop mince, je le crains, pour meriter votre attention"* (Infelizmente, o que lhes trago hoje é muito pouco, eu receio, para merecer sua atenção), a incisa *je le crains (eu receio)* indica um vaivém entre o dito e o a dizer, ou entre o sentido dado e o sentido a vir.

Algo de mais fundamental ainda é preciso anotar neste procedimento linguístico. Atrelando o enunciado à situação em que acontece, o recurso de encaixamento sintático introduz, no plano temporal inerente ao processo linear da cadeia falada, uma duração que se encarrega de suspender instantaneamente o imaginário fluxo regular da enunciação, mostrando como a maneira de dizer faz do incerto, do improviso, o lugar realçado para que se efetive um dado processo de subjetivação. Neste aspecto é que assinalo a força ilocutória de um estilo de escrita no qual fica implicada a relação entre a verdade e aquele que a diz no instante do dizer.

No instante do proferimento de sua conferência, em Foucault assinala-se um modo de enunciar que conduz a mostrar algo sobre o sujeito que se faz ao mesmo tempo em que se denuncia escrevendo em público. A reflexividade deste modo de dizer caracteriza-se pelo traço subjetivante da enunciação que a põe girando em torno de si mesma. Daí o caráter opacificante da maneira de dizer – marcada por incisas desestruturantes do fio linear da cadeia enunciativa –: já não se sabe de que sujeito se trata, este que vem a público expor um trabalho inacabado.

Abrindo um certo vácuo de subjetividade, Foucault, na hesitação de um pensamento a vir, entrega-se à aventura de subjetivar-se escavando a potência de uma escrita supostamente inconclusa. Na escritura posta em ato, vê-se a abertura de um traço de clivagem entre a ordem estabelecida do discurso e a voz ausente nele, conforme se explicitará a certo ponto deste fragmento de fala em análise .

Pode-se descrever neste processo um movimento híbrido em que, ao colocar-se fora de si, o sujeito se faz em um misto de determinação e indeterminação. Faço recrudescer sobre a escrita do filósofo a metáfora do peão empregada para dizer da subjetivação como algo que ao mesmo tempo gira sobre si mesmo a partir do impulso de um movimento exterior e sob a força de uma imobilidade móvel que atua independentemente do impulso exterior que a origina. A subjetivação pode ser assim descrita como o giro sobre si que, contornado por elementos múltiplos, apresenta perspectivas diferentes em diferentes direções.

No segundo parágrafo do introito dessa conferência, Foucault joga ainda na suspensão da temporalidade enunciativa e leva ao limite a indeterminação do lugar em que toma a palavra:

E eu gostaria de fazer um outro pedido: o de não me levar a mal se, dentro em pouco ao escutar vocês me fazerem perguntas, sinto eu ainda, e sobretudo aqui, a ausência de uma voz que me tem sido até agora indispensável; vocês hão de compreender que ainda nesse momento é meu primeiro mestre que procurarei invencivelmente ouvir. Afinal, é a ele que eu havia inicialmente falado, de meu projeto inicial de trabalho; com toda certeza, seria imprescindível para mim que ele assistisse a este esboço e que me ajudasse uma vez mais em minhas incertezas. Mas, afinal, já que a ausência ocupa o lugar primordial no discurso, aceitem, por favor, que seja a ele, em primeiro lugar, que eu me dirija nessa noite.

O filosofo declara-se desgarrado da voz do mentor — espaço em que sua subjetividade mantém uma relação determinante —, e arrisca-se, no instante da enunciação, a subjetivar-se no vazio dessa voz que lhe falava antes. Trata-se de adotar uma maneira de dizer que, sem preestabelecer o que há a ser dito, deixa aparecer um saber sem sujeito. O risco que o filosofo assume aqui é o de deixar sua fala significar na emergência de uma escrita à beira do abismo. A evocação de uma voz que lhe vinha até então sendo indispensável soa como a experiência da marionete que se vê de repente desligada da linha tênue que vinculava os seus movimentos às mãos de seu mentor; a mesma voz, quanto mais desaparecida, pode soar ainda como a instantânea consciência do personagem de desenho animado que desperta para os seus pés movendo-se no vácuo.

Tudo isso para dizer da instigante empreitada a que convida Michel Foucault ao propor-se a desenrolar um pensamento cujas linhas, ainda não precisamente delineadas, devem coincidir com uma forma material de escrita. É como se Foucault, pensador que pensa enquanto escreve, trouxesse o seu ateliê de escritura para o espaço em que é convidado a falar publicamente. O fundamental deste gesto é a disposição de abandonar-se absolutamente às vicissitudes de um pensar que não precede, mas que é concomitante ao ato de escritura.

Ao buscar, nesta análise, delinear o ato enunciativo que deixa entrever o sujeito que se faz aparecendo na incompletude de sua escrita, não deixo de considerar que o texto da conferência *O que é um autor?* estrutura-se sob a modalidade de uma conversa em presença. Minha ideia é realçar, no ponto inicial desse texto, a maneira como a enunciação que torna possível sua propagação remete a um modo prefigurado de escrita programada para deliberadamente entrar no movimento vacilante de uma performance oral. Isso conduz a interpretar, por exemplo, no "muito pouco" que é dito, o espaço para o dizer a vir; nisto se faz o sentido do desejo do filósofo ao dispor-se a traçar diante de seus interlocutores o que refere como as linhas gerais apenas entrevistas de um projeto inconcluso.

Não se trata aqui de aplicar a Foucault um estilo narcíseo de exposição — afinal a expressão "bom neurótico" assinala, pela maneira de dizer entre aspas, a distância entre o sujeito da enunciação e o desejo do sujeito que jamais abre mão de si como lugar de autoria, incluindo todas as sanções neuroticamente aí implicadas. Bem longe disso, a enunciação que entalha Foucault em sua escrita posta em aberto conspira para a partilha que coloca a si e seus interlocutores no limite da ausência do discurso.

Ao iniciar sua conferência convidando seu ouvinte a intervir "nos resultados de um trabalho que ainda não existe", tudo se passa como se Foucault se apresentasse, não apenas sob o estatuto de filosofo interpelado a exercer o lugar de enunciação legitimado pela rede de discurso sobre o qual se assenta sua fala; ele é também, e, sobretudo no momento em que enuncia, o escritor que ousa retomar publicamente sua escrita em andamento. É como ainda se Foucault, filosofo e escritor, se concedesse o risco de entrar, não no discurso, mas em um processo de construção em abismo, percebendo-se e sendo percebido como o sujeito que escrevendo, mostra-se se subjetivando enquanto escreve.

Assim é que o escritor deixa-se ser pego no flagrante de um ato de escritura que se desdobra em outra, a que vai se desenrolar a partir das intervenções de seus interlocutores. Nisto consiste a opacidade do sujeito que vem pela maneira de dizer modulado pelo ritmo pré-rubricado na pauta de um regime de escritura. Entre as vozes de seus ouvintes imediatos e a do mestre que não está ali se forma um interstício.

É o caso de especular que, mediante a alusão ao lugar primordial da ausência no limite do discurso, Foucault aponta, no ato de sua enunciação, para o espaço da experiência em que o sujeito de saber, destituído de seu ponto de partida, nunca sabe onde vai chegar; não por estar movido por uma razão precognitiva, condição metafísica do conhecer já dado, mas por uma força que impulsiona para a descoberta. Esta é a dimensão do que vai permitir ao sujeito inventar-se em um instante preciso de sua existência. Diria que aqui – nas palavras iniciais de *O que é um autor?* – o jogo estratégico do adiamento e da suspensão com respeito ao tema de que foi encarregado a falar ritualiza um ato de enunciação que implica e problematiza o sujeito tomado como ponto da origem do saber.

A voz que não se deixa capturar

Essa espécie de gagueira retardando o acionamento do circuito discursivo é levada ao paroxismo nos parágrafos iniciais de *A ordem do discurso*. Diferente da condição de convidado, e alçado ao estatuto do mestre, ponto ao qual deve convergir a origem do discurso, desconcertantemente ouve-se no sujeito da enunciação uma voz que ressoa dissonante no limiar do discurso.

Ao retardar o que tem para expor no mesmo espaço institucional em que pronunciou a conferencia *O que é um autor?*, e ao mostrar-se desejando estar além da posição da incerteza, o sujeito da enunciação apresenta-se, experimenta-se perdido na infância da linguagem; neste instante que Agamben, lendo os primeiros gramáticos gregos, percebeu como aquele em que a voz habita uma linguagem ainda não capturada pelo sistema alfabético da escritura. Dessa forma, pode se explicar como, na cena que Foucault engenhosamente estrutura em sua enunciação, insinua-se uma voz que não apenas hesita, mas resiste a modular-se segundo os acordes seguros da ordem do discurso. De tanto repetir a expressão *"j'aurais voulu (gostaria de)"*, Foucault acaba por expressar o desejo do sujeito falante pela negativa *"eu não queria ter que..."*, tal como Bartleby, personagem da novela *O Escriturário*, de Melville, que põe em questão as ordens de seu chefe pela repetição obcecada da mesma fórmula *"I would prefer not to (eu preferia não)"*. Em ambos, a sutileza da resistência mostra-se na conjugação dos verbos preferencialmente no imperfeito e no futuro do pretérito, com a propriedade linguística que essas marcas de aspecto têm de indeterminar o começo e o fim de uma ação.

No momento em que Foucault inicia seu proferimento percebe-se aí uma titubeação que vem rubricada por uma distribuição temporal que desatrela o ato de fala de sua referência pontual. A alternância entre o presente de *"dans le discours qu'aujourd'hui je dois tenir (no discurso que hoje devo pronunciar)"* e o futuro do pretérito em *"j'aurais voulu pouvoir... (gostaria de poder...)"* realça uma outra dimensão temporal no exato momento em que se dá o ato de enunciação.

Nesta suspensão que se impõe sobre a cadeia falada, o sujeito se marca esquivando-se mediante um modo de enunciar que recorta o tempo longe da linearidade que lhe é consensualmente imputada. Trata-se de uma maneira de dizer que produz uma distância entre o processo subjetivo dado pontualmente no presente e outro mostrado em curso, sem destino no *continuum* da fala. Tal é a feição escrita do intervalo que se abre entre as palavras pronunciadas e o discurso determinador de seu acontecimento e sentido.

Tem-se aí o estilo inerente ao processo de subjetivação em que, colocando-se fora do si entalhado pelo discurso, o sujeito percebe-se se contemplando no mesmo processo em que constrói a si e o mundo – promove a dissolução do sujeito e do instante. Eis que flagramos, no estilo do filósofo, o ato performativo da experiência do sujeito enunciando-se na periferia do discurso, colocando-se fora de si relativamente a essa ordem que se interpõe entre o falante e sua fala.

O recurso à alternância temporal permite ao filósofo enunciar desdobrando-se em três vozes que se contrapõem no interior da mesma enunciação. Foucault mistura três vozes: a voz daquele que fala, a daquele que força a falar e a daquele que resiste a falar. Instaura-se assim, a partir de uma voz dominante no curso do dizer, o ato de incorporação de duas vozes trazidas do exterior.

Trata-se da exploração dos efeitos do estilo em que uma enunciação se reporta a outra, incorporando-a a modo de citação. O sinal das aspas é a marca da intromissão do domínio enunciativo citado no campo da enunciação citante, delimitando precisamente o espaço do dizer a partir do qual a voz que cita e incorpora um ato enunciativo externo exerce o comando de toda operação de enunciar[3]. Basta mostrar aqui os trechos em que as aspas exibem a fronteira entre campos enunciativos:

> Gostaria de ter atrás de mim (tendo tomado a palavra há muito tempo, duplicando de antemão tudo o que vou dizer) uma voz que me dissesse: É preciso continuar, eu não posso continuar, é preciso continuar...
>
> [...]
>
> O desejo diz: Eu não queria ter de entrar nesta ordem arriscada do discurso; não queria ter de me haver com o que tem de categórico e decisivo;[...] E a instituição responde: Você não tem que temer começar; estamos todos aí para lhes mostrar que o discurso está na ordem das leis...

Mas aqui a fronteira nítida de territórios de fala realiza mais que a manipulação entre enunciações em contato. Não se trata apenas da marcação de uma atitude do enunciador diante do dizer que ele cita. Especialmente, nos trechos delimitados pelas aspas, observa-se que a enunciação citada é um ponto de comutação em que ora cita-se a voz do desejo, a de quem teme entrar na ordem arriscada do discurso; ora é citada a voz da instituição, território enunciativo da ordem discursiva que controla o poder de proliferação da fala.

Vê-se que Foucault a aplica a si, enquanto enuncia, o que vai dizer depois, no transcorrer de sua aula inaugural, sobre o corte entre o instante e o sujeito. O filósofo compõe a escrita de sua fala de modo a configurar um acontecimento enunciativo que difrata a unidade que articula tempo e posição de sujeito: "gostaria de perceber que, no momento de falar, uma voz sem nome me precedia há muito tempo"

Movido ante a polifonia híbrida a que se entrega em sua performance enunciativa e pelo jogo com o tempo e seus aspectos durativos, Foucault encadeia sua fala, ignorando a sucessão dos instantes temporais e a pluralidade dos sujeitos falantes. Todo o dizer a vir, no decorrer dessa mesma aula, se apresenta assim intransitivo na digressão vacilante de uma voz no começo que preferia não ter de começar – "gostaria de perceber que, no momento de falar, uma voz sem nome me precedia há muito tempo...". É insistindo, no quadro de uma maneira hesitante de enunciar, que Foucault pode denunciar em ato o que em seguida explicitará sobre a clivagem que mostra o instante se impondo alheio a qualquer sequencialidade temporal, e o sujeito divagando em meio a uma multiplicidade de posições e de funções possíveis.

A beleza que modula a inflexão rítmica de sua fala nestes parágrafos iniciais não só aponta para um exercício esmerado de estilo em língua francesa, mas também para o sujeito que, não fosse este modo apurado de dizer escrevendo, não se apresentaria como tal, ou seja, na aurora em que o processo de sua subjetivação é concomitante e inseparável do pensar que sua escrita torna possível. A reivindicação de si como ponto de desaparecimento no lugar daquele de quem parte o discurso aparece em uma formulação que se abdica de qualquer referencial conteudístico e mostra-se como marca de experiência de subjetivação, a que se pode descrever insinuando-se entre a hesitação e a injunção a entrar na ordem arriscada do discurso. Hesitar aqui já não consiste tanto na demora em dizer o que se tem a dizer, mas em se deixar levar pela força das palavras.

O processo de subjetivação que procuro entrever nos trechos destacados de *A ordem do discurso* distancia-se um pouco do que se pode observar em *O que é um autor?*, no qual se apresenta o gesto do escritor aberto a uma ação exterior no interior de uma escrita particular. Da ideia de construção em abismo, destaco aqui um processo de tomada do lugar de fala em que o sujeito da enunciação reflete sobre sua própria constituição enquanto se constitui na falésia, ou seja, na intermitência entre o discurso e seu fora. Vale dizer que, ao se remeter a vozes que o comandam à sua revelia na ordem do discurso, o sujeito expõe as vicissitudes pelas quais passa enquanto enuncia.

Da parte do filósofo, resulta o pensamento de como a escritura que se exerce é parte imanente da subjetividade em construção. Mas é necessário que o sujeito se problematize enquanto tal no interior do ato mesmo de escrever. É preciso que ele reaja resistindo, contudo jamais em completa autonomia com respeito às determinações discursivas que o interpelam ante uma posição institucionalizada.

No campo da textualização institucional do saber, desdobram-se as posições daquele que diz e daquele que pensa o seu ato de dizer. A subjetivação pode ser descrita aqui como o que se põe a pensar movimentando-se em uma pauta de escritura. Mas o sujeito que nela pode advir não descortina um horizonte preestabelecido a que se amolda o gesto de deixar-se dizer pelas palavras. Daí que se flagrar pensando alto é expor múltiplas vozes diagramando possibilidades posicionais de sujeito. Ter admitido a própria voz ecoando em certo domínio de discurso conduz a essa experiência abismal que define a maneira como o indivíduo se constitui sujeito no limite do discurso.

Não é o caso de aplicar à fala do filósofo a interpretação decifradora de um conteúdo secreto, mas de ver mostrando-se em ato, através das pistas escriturais deixadas em seu texto, isso que se quer como a experiência subjetivante em exercício. Pela adoção de um estilo de escritura, Foucault aplica a si a visão da escrita modeladora do sujeito que não antecede, e sim sucede ao gesto de escrever. Isso se explicita depois nos trabalhos em que investiga a história do cuidado de si tal como chega a seu ápice entre os estoicos. É dizer que o sujeito de saber – que se apresentava como desejando insinuar-se sub-repticiamente no discurso que deveria pronunciar no momento em que falava e nos muitos outros anos que viriam – não se pautava pelo cartesianismo no qual a verdade é alvo ao mesmo independente e pressuposto da estrutura cognoscente do sujeito; ao dramatizar em sua escritura o embate entre a impostura da ordem do discurso e aquele que se esquiva á sua interpelação, o filósofo mostra como o alcance da verdade não precede, mas se segue a um duro processo de conversão do sujeito.

Notas

[1] *La operación ensayo: Sobre el ensayar y el ensayarse en el pensamiento, en la escritura y en la vida*. Conferência de Jorge Larrosa, proferida no *Seminário Internacional Michel Foucault: Perspectivas*, realizado em Florianópolis em setembro de 2004.

[2] BENVENISTE, A. "A noção de ritmo na sua expressão lingüística". In: *Problemas de lingüística Geral I*. Tradução brasileira de Maria da Gloria Novak e Luiza Néri. São Paulo: Companhia Editora Nacional, Editora da Universidade de São Paulo, 1975. p. 361-370.

[3] cf. PAULILLO, R. "Procedimentos de análise do discurso referido". In: CHAIA, Vera et alii. *Análise do Discurso Político. Abordagens*. São Paulo: EDUC, 1993.

Existe uma ontologia em Michel Foucault?
Para além da hermenêutica do sujeito

Richard Groulx

Tradução de Kleber Prado Filho
Revisão de Pedro de Souza.

Estamos reunidos hoje para comemorar a memória de Michel Foucault. Ora, o que é "comemorar" senão partilhar certa relação com sua memória, feita de fidelidade à obra e infidelidade ao comentário? Mais ainda, parafraseando Jacques Derrida que acaba de falecer, poder-se-ia dizer: "com a morte de um próximo, a cada vez única, o fim do mundo"[1]. Pois nessas condições, a comemoração do desaparecido deveria então ser vivida como certos mitos cuja repetição conjura o fim próximo do mundo.

Ora, a questão pela qual gostaríamos de introduzir nosso propósito concerne justamente a este "fim do mundo" que nos questiona desde a morte de Michel Foucault. Com efeito, faz-se necessário questionar o sentido da obra e a relação que ela mantém com nossa atualidade sob a forma de uma "ontologia" ou de uma "hermenêutica do sujeito". É necessário logo de saída lembrar que, na sua leitura da questão kantiana das Luzes, Foucault rejeita, para compreender o sentido e a atualidade, a interpretação que a coloca no ponto de partida de um "projeto inacabado", do qual a época contemporânea seria uma espécie de guardiã e herdeira moral. Se a questão kantiana "O que é o Iluminismo?" não objetiva necessariamente tomar a forma de um projeto moral e político que estaria ainda por acabar, Foucault não participa da leitura reducionista que retoma a questão kantiana como simples enunciado de uma proposição moral racionalista.

Toda a argumentação gira em torno de um ponto nodal: mostrar como, através da questão kantiana, forma-se uma nova relação com a atualidade que dá sentido à interrogação filosófica moderna e à sua radicalidade ética e política como "autorreflexividade". Alguma coisa com efeito forma-se em torno e desde Kant através dos acontecimentos que têm permitido situar historicamente, que concerne à definição do sujeito moderno como sujeito ontológico da Modernidade. Pois precisamente o que a questão kantiana anunciaria seria o "fim do mundo", pelo menos tal como conhecido até então, e desde este fim do mundo, o fim do nosso "mundo" não deixa de nos perseguir. Esta é outra forma de colocar a questão do sentido de nossa relação com a "atualidade" e nesta, como vem nos interpelar esta outra questão: de que maneira, desde a morte de Foucault, nossa relação com o mundo, nosso sentido filosófico de atualidade, foram singularmente modificados, senão mesmo radicalmente alterados?

De onde advém essa nossa questão de partida: como é possível hoje comemorar a memória de Michel Foucault senão instaurando uma estranha relação feita de fidelidade infiel com aquilo que se construiu e difundiu em nome da recepção da obra de Michel Foucault – visto que não partilhamos mais necessariamente o mesmo sentido de atualidade, nem mais o mesmo diagnóstico filosófico, nem talvez a mesma ontologia histórica e política? E no entanto mais que nunca, as condições sociais e políticas estão reunidas para justificar a radicalidade de uma reflexão política original. Foucault mesmo havia constatado isto ao observar justamente como a ideia de "revolução" não deixou de ser desvalorizada na medida do seu uso corrente e da sua transformação em simples metáfora.

O essencial não seria tanto reivindicar ser revolucionário nisto ou naquilo, quanto fazer avançar as coisas, transformar tanto quanto possível as relações de força. Em uma palavra, estabelecer uma nova relação com a atualidade que define nosso tempo como problematização das "práticas de si em nossas relações com outrem".

Gostaríamos agora de desenvolver duas trajetórias de leitura que servirão para apoiar nossa tese principal sobre a relação problemática de Foucault com a ontologia sob as formas sucessivas da fenomenologia, da arqueologia, da genealogia e da hermenêutica.

"Como o 'mundo-verdade' tornou-se enfim uma fábula" (Nietzsche)

No essencial, o percurso de Foucault – desde a História da Loucura até seus primeiros cursos no Collège de France – segue fielmente a leitura nietzschiana da crítica radical, senão corrosiva, à história da Filosofia Ocidental como apogeu e declínio de uma metafísica do "mundo-verdade". O que é a loucura senão o discurso da alteridade sobre o que pretendem encarnar as figuras da razão e da verdade? O que é ainda o olhar do clínico sobre o cadáver dissecado, senão a emergência de um saber e de uma ciência que se constituem como o outro da vida? O que é enfim esta entrada em cena de um arsenal de saberes e de poderes destinados a enquadrar e tornar dóceis os corpos e os espíritos, senão uma tecnologia disciplinar dos "instintos" que é necessário domesticar, dos corpos que é preciso adestrar? Finalmente, como definir esta incitação ao discurso, esta obrigação de dizer sob as formas da "confissão" e da "normalização", disso que define a relação mais íntima consigo mesmo e com outrem, diferentemente de uma microfísica do poder que é outra versão do "mundo tornado verdade"?

Eu não penso que seja muito falho se apoiar na demonstração para torná-la mais convincente à medida que o próprio Foucault reivindicaria, para a sua 'démarche' e o "perspectivismo" nietzschiano que a caracterizaria, a afirmação que leva Nietzsche a refutar por trás da metáfora do "mundo-verdade", a ontologia de uma verdade além do mundo como verdade das aparências e aparências da verdade. Poder-se-ia mesmo dizer, de certa maneira, que todo o trabalho de "problematizações" de Foucault sobre a loucura, a clínica, o saber, a prisão e a sexualidade foi inicialmente recebido como um formidável míssil contra toda leitura ontológica possível de sua obra e da sua relação de autor com o que a constitui na sua singularidade, sua transparência enigmática, como transgressão mesmo do estatuto de um sujeito ontológico. Nem teologia negativa – ao modo de Georges Bataille –, nem anarquismo metafísico – como certa leitura de R. Schürmann ou de G. Vattimo poderia nos incitar –, nem menos ainda teoria crítica – no sentido da herança da Escola de Frankfurt –, o trabalho de Foucault, ao menos num primeiro momento, deve ser entendido no sentido heideggeriano de uma "destruktion" ontológica. Para tanto é aqui que as coisas ganham corpo. Heidegger na sua releitura crítica da história da metafísica não invalida, de forma alguma, o projeto nietzschiano de uma demolição radical das aparências e falsos subterfúgios do "mundo-verdade". Ele lhe reprova simplesmente[2] não ter atingido o objetivo do seu projeto: em uma palavra, de permanecer prisioneiro, mesmo sem saber, do platonismo que tanto havia denunciado.

Isto é também o que constituirá sua crítica essencial ao nihilismo de Nietzsche, não por ter invalidado certa leitura originária da experiência grega anterior ao declínio, mas por haver se pendurado, de novo em última instância, numa metafísica vitalista e estética sob os nomes evocadores da "vontade de potência", do "biologismo" e da teoria dos "instintos", do "filósofo-artista" e do "médico da civilização".

Foucault, mesmo naquilo que alguns designarão como seu período mais estetizante dos anos 60, não cederá a esta tentação. Não existe em Foucault nem vitalismo, nem biologismo, nem mesmo uma metafísica do artista-criador; quando muito, concederá o caráter inédito representado por certas revoluções formais nos domínios da arte e da literatura, da escrita musical e da cenografia teatral, mas em nenhum caso ele seguirá pela via de qualquer tipo de inversão do platonismo. Suas leituras da fenomenologia e de Heidegger, em particular, lhe terão sem dúvida prevenido[3]. Assim se manifesta Foucault numa entrevista com R. Martin na Universidade de Vermont em Burlington, em 25 de outubro de 1982 – "Vérité, pouvoir et soi"[4] – :

> O que, intelectualmente, influenciou seu pensamento? Eu fiquei surpreso quando dois de meus amigos de Berkeley escreveram, em seu livro, que eu fui influenciado por Heidegger. [Uma nota em *Dits et écrits* nos lembra que se trata da obra de H. Dreyfus e P. Rabinow, *Beyond Structuralism and Hermeneutics*, Chicago: University of Chicago Press, 1982, editado em português sob o título de *Michel Foucault: Uma Trajetória Filosófica, para além do Estruturalismo e da Hermenêutica*, Rio de Janeiro: Forense Universitária, 1995]. É bem verdade, certamente, mas as pessoas na França não haviam jamais assinalado isso. Quando eu era estudante, nos anos cinqüenta, eu lia Husserl, Sartre, Merleau-Ponty. Quando uma influência se faz sentir com força, tenta-se abrir uma janela. Heidegger – e isto é bastante paradoxal – não é um autor muito difícil de compreender para um francês. Que cada palavra seja um enigma não vos coloca em má posição para compreender Heidegger. *Ser e Tempo* é um livro difícil, mas os escritos mais recentes são menos enigmáticos.

No entanto, procurar-se-ia em vão cercar os vestígios dessas leituras, pelo menos em seus trabalhos publicados até o surgimento dos últimos volumes da *História da sexualidade* – salvo sem dúvida por sua "Introduction"[5] a *Le Rêve et l'Existence* de L. Binswanger, fortemente marcada por sua vinculação à corrente da psiquiatria existencial de inspiração fenomenológica e heideggeriana, que abrira em 1954 o ciclo de seus trabalhos e por certas notas dos cursos no *Collège de France* que serão editadas de maneira póstuma). Foucault jamais quis conceder a menor influência deste debate sobre seus trabalhos, menos ainda à ressonância da crítica de Heidegger ao nihilismo de Nietzsche, pelo menos para seus leitores francófonos até a publicação desta última entrevista com G. Barbedette e A. Scala, em 29 de maio de 1984, em *Les Nouvelles Littéraires*, no dia seguinte à sua morte, sob o título equivocado de *Le retour de la morale*[6].

Naturalmente, as notas – essencialmente alusivas, para não dizer críticas, para assinalar os limites e seu caráter de impasse teórico – sobre a *démarche* heideggeriana aparecem antes em seus trabalhos, mais essencialmente em certas entrevistas, assim como em seus cursos no *Collège de France* (em particular em *A hermenêutica do sujeito*), do que nas obras e artigos publicados, mesmo que ao inverso, as referências (amplamente positivas e afirmativas) a respeito de Nietzsche não parem de se multiplicar.

Que se pode concluir? Que Foucault seja mais reconhecido pela obra de Nietzsche do que pelo empreendimento errante de Heidegger não é uma descoberta. Entretanto, o que nos fascina em mais alto grau é ver que quando Foucault se confronta com a remontagem do seu projeto da *História da sexualidade*, abandona a ideia de uma genealogia analítica das práticas e figuras da sexualidade em proveito de uma genealogia da constituição de um sujeito sexual enquanto sujeito moral, vindo, em decorrência disso, reformular por sua vez aquele projeto, para abordar este da constituição do sujeito moral como experiência de "relação consigo mesmo" e "práticas de si". Naturalmente, as etapas decisivas deverão ser transpostas: aquelas que lhe permitirão passar da problemática de *A vontade de saber* à elaboração de uma nova problematização do poder como "governamentalidade" e "bio-política" e, enfim, aquela do "governo dos vivos" até o resultado de sua problematização final, a saber, "a subjetividade e a verdade".

Esta trajetória é hoje reconhecida e aliás parece em vias de torna-se um dos caminhos mais frequentes para adentrar o universo particular do mundo de Foucault. Um tal matizamento – desse trabalho de problematizações, do qual se encontra o eco na sua releitura da questão kantiana no Collège de France em 1983-1984 – reativa um conceito que até então se acreditava ausente, senão insuspeito na obra de Foucault: o da "ontologia" tal como Foucault reclama para si, doravante como que fazendo sua a radicalidade da démarche kantiana e da sua relação com a atualização da ligação com o tempo e com a historicidade que vem caracterizá-la como "ontologia da atualidade".

A partir deste momento essencial da *démarche* de Foucault, é como se pudéssemos ler subitamente, nos últimos volumes publicados da *História da sexualidade*, os traços deixados por uma longínqua leitura da juventude aflorar à superfície da escritura, na escolha dos temas e expressões, nas figuras de estilo bem como no vocabulário (e mesmo nas práticas de tradução). Mais ou menos como sedimentos que se depositariam silenciosamente no núcleo da obra e dos quais, no entanto, temos todas as razões para pensar, Foucault se recusaria a reconhecer os depósitos soterrados. Naturalmente, não seria necessário se enganar e confundir que Foucault teria descoberto, no último período de sua vida (aquele do "retorno da moral"), afinidades eletivas com a *démarche* e o "jargão" – para fazer referência aqui à crítica de Adorno ao "jargão de autenticidade" – de Heidegger. Nosso problema, antes de tudo, é compreender que relação implícita (a despeito de ser hoje explícita) Foucault mantinha com a empreitada ontológica, seu questionamento próprio, seus debates e confrontações; ao mesmo tempo, onde ele elaboraria seus domínios de problematizações como um trabalho único do pensamento sobre ele mesmo. Mais ou menos como obrigar-se a tomar certa distância da obra a fim de apreender a configuração global e o percurso singular, chegando assim a perceber a arquitetura enigmática que atravessa sua obra, seus movimentos, rupturas e refundações teóricas, o motivo de seu percurso autobiográfico.

"O mundo é tudo o que acontece" (Wittgenstein)

"A cada vez única, o fim do mundo" dizemo-nos, para fazer referência ao mesmo tempo à comemoração que nos reúne em torno da obra de Foucault, mas sem dúvida também para questionar este sentido particular da relação com a "atualidade" com o qual ele conclui sua trajetória. A interrogação que gostaríamos de destacar hoje concerne justamente a esse sentido e a essa percepção da atualidade como sujeito "ontológico" e "ontologia da atualidade".

Foucault observa um mundo em vias de acabar: este do "equilíbrio do terror", da partilha geopolítica entre duas superpotências, do afrontamento entre duas esferas de influência (a das democracias liberais ocidentais e a dos regimes totalitários), da confrontação de duas visões da política (uma fundada em premissas de ação racional, outra que se insurge em nome de valores espirituais). Igualmente, nos planos políticos, sociais e intelectuais, a falência dos sistemas doutrinários e modos de pensamento que acompanharam a delinquência das ideologias modernas e contemporâneas, a recolocação em questão da sociedade do bem-estar social prometida pelo Estado Providência, o impasse do terrorismo de extrema esquerda confrontado com o arsenal repressivo do Estado disciplinar, a ascensão de reflexos conservadores e a pretendida redescoberta dos méritos do neoliberalismo. Enfim, a recolocação em questão do recorte disciplinar tradicional face à emergência de novos campos, objetos e práticas de pesquisa, e finalmente no plano moral mais particularmente a afirmação de um novo contexto de lutas identitárias e de reivindicações que se referem mais especificamente à "prática de si" nas relações com os outros. Se "O mundo é tudo o que acontece", então o fim do mundo é também um acontecimento que caracteriza esse sentido particular da atualidade que Foucault denominou: "ontologia da atualidade"...

A questão agora é saber se vinte anos após sua morte vivemos hoje no mesmo mundo que Michel Foucault ou, antes, se partilhamos essa visão surpreendente de um mundo em vias de acabar e de um mundo em vias de emergir. Ela não é de fácil resposta no sentido em que o outro dela ganha aparência. Ela destaca entre outras, uma interrogação fundamental sobre os riscos envolvidos por um pensamento que quer se definir por relação à atualidade e que supõe implicitamente que as práticas de subjetivação como construção de um novo modelo e polo identitário devem ser necessariamente contextuais.

Todo o problema colocado pela recepção da obra e da *démarche* filosófica e política de Foucault se encontra aí: nos limites em que isto lhe leva a responder em nome de uma ontologia da atualidade. Mais especificamente, de fazer a interpretação de uma obra depender da forma como ela mesma responde às interpelações da atualidade. Enquanto teria sido necessário, ao contrário, receber a novidade radical de uma obra e o testemunho do seu autor no sentido mais universal de uma pesquisa filosófica integral.

É também o que dá a entender Pierre Hadot em *La philosophie comme manière de vivre*[7] e em seus *Exercises spirituels et philosophie antique*[8], plagiando a interpretação foucaultiana do estoicismo como "estética da existência". Ele retorna aos pontos de convergência e divergência com Michel Foucault, insistindo no fato de que esta concepção foucaultiana das "artes da existência" – ainda que estivesse tão bem apoiada nas diversas correntes e tendências da filosofia antiga – teria negligenciado, por outro lado, de destacar a contribuição essencial do neo-platonismo ao debate sobre as "práticas de si" como "exercícios espirituais" (de onde Hadot aponta a dívida teórica implícita de Heidegger a Plotino e ao neo-plotinismo, na elaboração da sua problemática do esquecimento ontológico e da diferença entre o *ser* e o *sendo*) e, mais fundamentalmente, teria ainda restringido a compreensão do "cuidado de si", privando-a da sua dimensão transcendental e cósmica.

Não pensamos, no entanto, que as críticas de Hadot sejam justificadas – apenas retornando à discussão sobre a distinção entre "epimeleia heautou" (cuidado de si) e "gnothi seauton" (conhecimento de si), no curso A hermenêutica do sujeito[9], aula de 24 de março de 1982. Particularmente no que concerne ao debate sobre a transcendência do sujeito, Foucault introduz uma noção muito original para nos fazer compreender sua perspectiva ontológica da historicidade filosófica que não é nem transcendente, nem cósmica, mas oferece um ponto de vista surpreendente sob a forma de "uma visão de cima sobre o mundo":

> Enfim, como vocês podem ver, não se trata de forma alguma, como no Fedro de elevar o olhar o mais alto possível para aquilo que seria supraterrestre... Trata-se antes de se colocar em um ponto tal, ao mesmo tempo central e elevado, de onde se possa ver abaixo de si a ordem global do mundo, ordem global que faz parte de si mesmo. Este tema de uma visão de cima sobre o mundo... me parece definir uma das formas de experiência espiritual mais fundamentais que se teria encontrado na cultura ocidental.[10]

Acreditar-se-ia entender o Hegel da "Introdução" à *Fenomenologia do espírito*, que proclama como o sujeito da Modernidade apreende o mundo como expressão de uma totalidade universalizante que engloba ao mesmo tempo o Sujeito e o Mundo.

De fato, vê-se melhor agora que a *démarche* original de Foucault não deixa nenhum flanco aberto aos críticos que lhe atribuíram, no limite – ou a "falhas ontológicas" para retomar a expressão de Béatrice Han[11] –, a ontologia da atualidade que não corresponde tanto ao projeto de Foucault senão às dificuldades da sua recepção (e em particular, às condições nas quais sua obra foi editada, difundida, recebida).

De fato, certas reservas sobre a recepção da obra como "ontologia histórica e política" subsistem; a esta diferença, embora pequena, faz-se necessário compreender como a partilha da obra de Foucault entre seus livros e seus artigos, suas entrevistas e propostas recolhidas, suas intervenções militantes, seus cursos e conferências editadas de maneira póstuma, assinala uma tensão constante entre a atenção a si, aos vestígios que se deixa atrás de si, ao cuidado de si e uma vontade igualmente inabalável de se desprender de si de se desapossar de qualquer determinação ou identificação formal. É essa luta ao mesmo tempo singular, única e universal que caracteriza isso que é necessário designar de agora em diante sob o conceito de "ontologia da atualidade", a experiência da Modernidade.

A estranheza em Foucault é que forma um tipo de enigma entre o autor e a obra, se é que é efetivamente a mesma pessoa que afirma numa entrevista publicada na *Avanti*, de 3 de março de 1974, com Marco d'Eramo, *Prisions et asiles dans le mécanisme du poivoir*:

> Há alguns anos havia um hábito "a la Heidegger" diria eu: todo filósofo que fizesse uma história do pensamento ou de um ramo do saber deveria ao menos partir da Grécia arcaica e sobretudo jamais ir mais além... Desolador, porque após a Grécia aconteceu uma multiplicidade de coisas divertidas e interessantes a tal ponto que um dos meus alvos polêmicos é querer edificar uma arqueologia aproximada. Há menos de um ou dois séculos produziu-se uma quantidade de fenômenos que têm ligado nossas estruturas sociais, nossa economia, nossa maneira de pensar com uma força ao menos parecida à que se pôde produzir nas primeiras cidades gregas.[12]

E no entanto é ainda o mesmo que responde a uma questão colocada por Alessandro Fontana, sobre o conceito de sujeito e práticas do sujeito – no quadro do prolongamento do seminário de Foucault no *Collège de France* sobre o liberalismo de Hayek et Von Mises –, numa entrevista parcialmente publicada em italiano na revista *Panorama*, de 28 de maio de 1984: "... eu penso, ao contrário, que o sujeito se constitui através de práticas de assujeitamento, ou, de uma maneira mais autônoma, através de práticas de liberação, de liberdade, como, na Antiguidade, a partir, naturalmente, de um certo número de regras, estilos, convenções, que se reencontra no meio cultural."[13]

Naturalmente não haverá ninguém para responder à nossa interpelação: que o verdadeiro Foucault se levante. Todo o Foucault não se encontra no seu texto e no entanto o texto, na ausência de seu autor, deve bastar-se a si mesmo. Foucault não partilharia, longe disso, esta visão do texto e do fora do texto, do contorno e do vestígio, da disseminação e da diferença cara a Jacques Derrida. Uma maneira no entanto de reconciliá-los seria reaproximá-los na sua interrogação sobre o sentido da experiência moderna; não que esse deixasse de se manifestar ou de se transmitir, mas antes por um fenômeno de "saturação", que o filósofo Jean-Luc Marion nos explica que é muitas vezes comum às formas de pré-conhecimento ou de predisposição da experiência, com as quais se toma contato em certos tipos de questionamentos ontológicos.

> Então, bem, para responder sem mais rodeios à sua questão: não, eu nunca aprendi a viver. Mas então, de forma alguma! Aprender a viver deveria significar aprender a morrer, a levar em conta, para aceitá-la, a mortalidade absoluta (sem salvação, nem ressurreição, nem redenção) nem para si, nem para o outro. Desde Platão, esta é a velha injunção filosófica: filosofar é aprender a morrer.[14]

Da mesma maneira, quando questionado sobre o uso da palavra geração para designar o que se transmite através do nome próprio de uma geração à outra, Derrida responde:

> Ora, mesmo se esta fidelidade toma às vezes ainda a forma de infidelidade e de afastamento, é necessário ser fiel a estas diferenças, quer dizer, continuar a discussão. Eu continuo a discutir Bourdieu, Lacan, Deleuze, Foucault, por exemplo, que continuam a me interessar amplamente, mais que esses em torno dos quais insiste a imprensa hoje (salvo exceção, certamente). Eu guardo este debate vivo para que não se nivele nem se degrade em difamações.[15]

Cabe a nós tentar responder a esta questão: como manter vivo e aberto o debate com a obra de Foucault? De início, recusando encerrar esta experiência do pensamento, única e singular, nos limites de uma citação a comparecer diante do tribunal da razão filosófica. Foucault, refletindo sobre a genealogia da constituição das práticas de si desde a Antiguidade greco-latina, interroga o que caracteriza a experiência do sujeito moderno como sujeito ontológico da Modernidade:

> Uma questão surgida no fim do século XVIII define o quadro geral disso que eu chamo de "técnicas de si". Ela transforma-se num dos pólos da Filosofia moderna. Essa questão se distancia claramente das questões filosóficas ditas

tradicionais... A questão, a meu ver, que surge no fim do século XVIII é a seguinte: "Quem somos nós neste tempo que é o nosso?".[16]

Contrariamente ao que se poderia esperar, Foucault não se lança num comentário sobre a questão kantiana das Luzes; ele desenvolve antes uma análise da racionalidade política moderna tal como definida sob a ideia de "razão de Estado". O seminário acontecido na Universidade de Vermont, no outono de 1982, testemunha claramente que não há "retorno à moral" no período da última problematização dos seus trabalhos. No máximo, uma estratégia de leitura que estratifica de forma visível e invisível os textos de Foucault – em particular na edição de suas obras publicadas e de seus cursos e conferências –, por pouco que se dê ao trabalho de lhes ler e lhes escutar.

De resto, é bastante dramático que às vésperas de publicar seus últimos trabalhos sobre a História da sexualidade, numa entrevista já citada com A. Fontana – *Uma estética da existência* –, Foucault retorna à dificuldade da qual se ressente: não de encontrar "bons leitores" mas, simplesmente, de ser lido.

> Eu diria leitores. E é verdade que não se é mais lido. O primeiro livro que se escreve é lido, porque não se é conhecido, porque as pessoas não sabem quem somos... Eu não vejo inconvenientes maiores se um livro, sendo lido, é lido de diferentes maneiras. O que é grave é que, à medida que se escrevem livros, não se é lido de todo, e de deformação em deformação, lendo uns sobre os ombros dos outros, chega-se a dar ao livro uma imagem grotesca.[17]

Se somente nós podemos contribuir um pouco para nos reaproximarmos desse objetivo, é para que Foucault e seus trabalhos sejam realmente lidos, não apenas em razão da consideração e do mérito que é necessário atribuir ao seu autor, nem em virtude das circunstâncias ligadas ao contexto social, histórico e político da sua recepção, mas principalmente porque suas questões e problematizações sobre o sentido de nossa relação com "nós mesmos", com nossa "atualidade", nos interpelam precisamente naquilo que elas têm de mais universal e de mais específico e que concerne essencialmente à nossa relação com a nossa identidade, a essência de nossa liberdade; então somente nós nos sentiríamos recompensados por nosso labor.

Disso subsiste uma questão: que relação feita de "fidelidade infiel" – para retomar os termos de Derrida – deve ser estabelecida com a obra de M. Foucault? Pensamos que é necessário abandonar um certo tom apologético (se não é irênico querer reconciliar todas as leituras possíveis de Foucault num impossível consenso teórico), uma certa altivez de postura, se não é uma certa apropriação da obra para fins polêmicos, para praticar, ao contrário, uma discussão a mais aberta possível, que tolera e encoraja, sem o viés da polêmica e da deformação intelectual, um julgamento crítico sobre a obra e a interpretação que toma nossa relação com a atualidade como "ontologia da experiência do fim do mundo".

Se há um mundo em vias de acabar na obra de Foucault, se ouve-se o estrondo da batalha nas páginas de seus textos, se há um *polemos* ou um "cogito de guerra" entrevisto – um pouco como o espírito que paira sobre o mundo de Hegel ou ainda o anjo exterminador de Buñuel – como luta ininterrupta ou luta à morte do político que representa o "prolongamento da guerra por outros meios", é necessário questionar mais além, ousar perguntar: que esquema filosófico da *destruktion* heideggeriana resta ainda na obra, deixando intactos os traços silenciosos de uma dívida teórica engajada com certa interpretação da história e da política. Que mais ainda? Isto que não aconteceu e que fica ainda por vir: um outro sentido da política, uma outra maneira de nos governarmos, de chegar a outros fins, também a "outros fins de Estado"[18].

Notas

[1] DERRIDA, Jacques. *Chaque fois unique, la fin du monde.* Paris: Galilée, 2003.

[2] E esta *simples* questão levantará mais de uma dúvida sobre os limites e o sentido da empreitada nietzschiana, antes de confrontar a *démarche* heideggeriana (ela mesma) com seu duplo enigmático, sua loucura própria e o revés último de sua refundação da ontologia.

[3] Contrariamente a vários filósofos marxistas (e não entre os menores), que acreditaram na mesma época que se poderia reverter impunemente a dialética hegeliana especulativa em dialética materialista revolucionária.

[4] FOUCAULT, Michel. "Vérité, povoir et soi", tradução francesa de uma entrevista com R. Martin, publicada em HUTTON, P.; GUTMAN, H.; MARTIN. L. H. (Ed.). *Technologies of the self. A seminar with Michel Foucault.* Amherst: Massachusetts University Press, 1988. p. 9-15. Disponível no volume V da edição brasileira de *Ditos e escritos.*

[5] "Introduction", in BINSWANGER, L. *Le Rêve de l'Éxistence.* Paris: Desclée de Brouwer, 1954. p. 9-128. Disponível no volume I da edição brasileira de *Ditos e Escritos.*

[6] "Le retour de la morale". In: *Les nouvelles littéraires* 2937, 28 juin-5 julliet 1984, p. 36-41. Disponível no volume V da edição brasileira de *Ditos e Escritos.*

[7] HADOT, P. *La philosophie comme manière de vivre.* Paris: Albin Michel, 2001.

[8] HADOT, P. *Exercises spirituels et philosophie antique.* Paris: Albin Michel, 2002.

[9] FOUCAULT, Michel. *L'Herméneutique du sujet. Cours au Collège de France, 1981-1982.* Paris: Hautes Ètudes, Gallimard, Seuil, 2001.

[10] FOUCAULT, Michel. *L'Herméneutique du sujet.* op. cit. p. 271.

[11] HAN, B. *L'ontologie manquée de Michel Foucault.* Grenoble: Million, 1998.

[12] FOUCAULT, Michel. "Prisions et asiles dans lê mécanisme du pouvoir". Entrevista com M. d'Eramo, *Avanti*, n. 53, 3 mars 1974, p. 26-27.

[13] FOUCAULT, Michel. "Une esthétique de l'existence". Entrevista com A. Fontana, *Panorama*, n. 945, 28 mai 1984. Disponível no volume V da edição brasileira de *Ditos e Escritos*.

[14] DERRIDA, Jacques. "Je suis en guerre contre moi-même". Le Monde, 19 de agosto de 2004.

[15] DERRIDA, Jacques. *op. cit.*, p.vi.

[16] FOUCAULT, Michel. "La technologie politique des individus". Tradução francesa de "The political technology of individuals". In: *Technologies of the self. A seminar with Michel Foucault.* op cit., p.145. Disponível no volume V da edição brasileira de *Ditos e Escritos*.

[17] FOUCAULT, Michel. "Une esthétique de l'existence". *op. cit.*

[18] DERRIDA, Jacques. "Arriver aux fins de l'État (et de la guerre et de la guerre mondiale)" In: *Voyous. Deux essais sur la raison*. Paris: Galilée, 2003. p. 195-217.

Estética da existência e pânico moral

Richard Miskolci

Nas eleições presidenciais norte-americanas de 2004, os principais temas dos debates – terrorismo, aborto e casamento *gay* – tornaram claro o clima moral não apenas nos Estados Unidos, mas em todo o mundo. O fato de que o Estado que garantiu a vitória a George W. Bush ter sido o mesmo em que os eleitores puderam votar pela proibição do casamento entre pessoas do mesmo sexo fala por si. A vitória do líder republicano é a ponta de um *iceberg* cuja base invisível é a responsável por uma grande onda conservadora que vem se formando há anos.

Neste momento, em que nuvens escuras encobrem o horizonte das possibilidades, devemos enfrentar o desafio proposto por Michel Foucault e tentar diagnosticar o presente, compreender as forças que constituem nossa atualidade e a movimentam. O diagnóstico mostra como todo momento histórico é contingente, produto de um processo e, portanto, passível de transformação. Se uma onda conservadora parece vitoriosa podemos tentar descobrir sua origem e superar a passividade diante do supostamente inevitável.

Dois conceitos podem ser úteis para contrastar o momento histórico atual com o horizonte de possibilidades aparentemente encolhido. O *primeiro conceito*, tão caro ao último Foucault, é o da estética da existência, ou seja, a possibilidade de desenvolvimento de relações novas, diferentes, com os outros e consigo próprio. O *segundo conceito* designa um medo de mudança que pode ser chamado de pânico moral. Este temor coletivo de transformação é a força invisível que delimita o campo das discussões em nossos dias.

A perspectiva deste texto é a de um compromisso intelectual e político de enfrentar o pânico moral, pois o medo tem sido a fonte do recrudescimento de valores que muitos, ingenuamente, consideraram superados. Mas como enfrentar essa inércia cultural que não titubeia em tornar-se ação agressiva e eficaz pelo retrocesso nas transformações sociais? Não podemos mais nos apoiar nas ilusões de outros momentos históricos e precisamos notar que: "O problema não é mudar a consciência das pessoas ou o que elas têm na cabeça, mas o regime político, econômico e institucional de produção da verdade." (FOUCAULT: 1994, p. 160)

O presente é conservador porque uma forma de pensar e agir que nega as alternativas tornou-se hegemônica. A resposta a esse quadro requer desvelar a forma como essa hegemonia atropela as dissidências ou as domestica de forma a nos causar a sensação de um tempo sem alternativa, no qual todo inconformismo está fadado a desaparecer. A ênfase no presente é um compromisso com a possibilidade de transformar a atualidade por meio dos sujeitos, buscando não mudar suas consciências, antes revelando o que as molda e controla. Daí o fato de que a estratégia do diagnóstico do presente foucaultiano é mais do que uma crítica; é uma arqueogenealogia do sujeito que propõe liberá-lo das estruturas falsamente necessárias e essenciais.[1] Em outras palavras, é uma forma de se buscar pensar diferentemente ao invés de contribuir para a constatação da inevitabilidade do que existe.[2]

A prova das alternativas disponibilizadas pelo trabalho de crítica do presente atende pelo nome de estética da existência. Foi justamente ela que marcou as últimas reflexões do filósofo francês. Entre fins da década de setenta e início dos anos oitenta, a descoberta das comunidades *gays* norte-americanas e a reestruturação do projeto dos últimos volumes da História da Sexualidade levaram Foucault a refletir sobre as possibilidades de transformação social abertas pelos novos estilos de vida criados pelos *gays*.[3]

Em suas últimas entrevistas, Foucault revela como considerava importante o desenvolvimento de novas formas de relacionamento que resultassem em uma maior liberdade com relação às pressões e constrangimentos do poder. Seria demais esperar que isso se desse de forma massiva. Apenas grupos sociais estigmatizados poderiam acenar com formas inovadoras de relações sociais, pois, diante das pressões e formas restritivas em que vivem, tenderiam a desenvolver estratégias de sobrevivência que driblariam normas e mecanismos de controle. A forma como os *gays* desafiavam todo código moral estabelecido foi a razão que levou Foucault a acreditar que eles tinham a tarefa histórica de serem porta-vozes de mudanças sociais e políticas (FOUCAULT, 1994, p. 308-314), pois:

> a homossexualidade oferece a ocasião histórica de reabrir as possibilidades existentes de relações e sentimentos, o qual não acontece como conseqüência das qualidades 'verdadeiras' dos homossexuais, mas porque esta se encontra numa posição transversal, permitindo a inscrição de diagonais no tecido

social, que permitam o aparecimento dessas possibilidades. (FOUCAULT, 1994, p. 166)

Foi no problema da relação amorosa entre homens, dessa estranha relação com o mesmo que não é um, que Foucault encontrou o tema que permitiu desenvolver sua filosofia como pensamento da diferença. A problematização do presente depende de um compromisso com essa afirmação positiva da diferença e a recusa dos denominadores sociais comuns. Isso só é possível com a ênfase na criação de novos estilos de vida, outras formas de relação para com os outros e consigo.

Em termos contemporâneos, é possível afirmar que a estética da existência está para a afirmação *queer* da diferença irredutível assim como o que hoje denominamos de gay tende a ser cooptado por um assimilacionismo acrítico.[4] A proposta foucaultiana se insere em um projeto de articular e apoiar a proliferação de práticas sexuais e amorosas fora do casamento e das obrigações de parentesco. E isso fundado em uma política da amizade e na intensificação dos prazeres.

Segundo o filósofo, seria necessário elaborar uma amizade mais profunda, recíproca e transformadora assim como intensificar os prazeres, erotizar todo o corpo, ou ainda inventar novos prazeres que fossem além da tríade sexo, comida e bebida (FOUCAULT, 2004, p. 264). Assim, a estética da existência, alcançada através de uma alternativa a formas de relacionamento socialmente prescritas e institucionalizadas, poderia ser uma forma de resistência à normalização social.

A estética da existência deveria ser pensada como uma forma de vida que encontraria na amizade sua mais perfeita expressão.[5] Ela consistiria na elaboração de uma relação não-normativa consigo, na formação de si mesmo como decisão ético-estética. É uma atitude política fundada na resistência às formas impostas de subjetividade, o que Foucault prefigurou na forma como a vida comunitária *gay* reabilitara a amizade sem a dissociar do sexo.[6]

Desde a Antiguidade, a amizade tendia a ser compreendida como uma relação que excluía a sexualidade, mas foi no Cristianismo que sua "ambigüidade" foi resolvida por Santo Agostinho, o qual substituiu a *philia* pela *ágape*, ou seja, a amizade pelo amor ao próximo fundado na *cáristas* cristã.[7] A política da amizade proposta por Foucault reverte esta "dessexualização" e estabelece as bases para a constituição de novos estilos de vida, os quais o filósofo prefigurara no contato com as comunidades *gays* norte-americanas.

Pesquisas mostram que foram novas sociabilidades que permitiram a formação de enclaves *gays* em algumas metrópoles ocidentais.[8] Em todas elas, o laço social mais importante era a amizade, pois os indivíduos que se relacionavam com pessoas do mesmo sexo tendiam a serem expulsos ou se afastarem de suas famílias. Desprovidos de laços de parentesco tradicionais, desenvolviam outros fundados na experiência comum de uma vida à margem das normas e dos modelos socialmente prescritos. A amizade é a forma na qual se cristalizavam essas relações diferenciadas, proporcionando conforto, apoio e um senso de pertencimento a um outro grupo social.

A amizade cria uma comunidade a partir de uma experiência conjunta, portanto, transforma uma problemática individual em vivência coletiva. É por isso que a experiência do amor por alguém do mesmo sexo para Foucault envolvia a possibilidade de uma ascese como aprendizado, não como uma descoberta de uma verdade oculta em si mesmo. Esta forma de amar permitiria empreender uma tentativa de descobrir o que se pode fazer com a liberdade de que se dispõe, abriria a possibilidade de invenção e transformação não apenas de si, mas de sua relação com o outro e com a sociedade. A amizade, nesse sentido indissociável de uma nova forma de compreensão do amor, alude a uma espécie de teia de relações flexíveis em que os sujeitos poderiam escapar das normas que fixam identidades sociais.

Passados vinte anos após a morte de Foucault, o quadro que temos diante dos olhos é distinto. O potencial criativo que residia nas relações afetivas e sexuais entre homens foi reduzido por fatores como o avanço da política identitária, absorção do potencial criativo das relações pelo mercado e pela quase unanimidade da luta pelo direito à parceria civil entre pessoas do mesmo sexo (ou "casamento *gay*").

A política identitária revelou-se um meio de fixação de condutas e, portanto, aprisionamento dentro das teias do poder. As identidades de *gays* e lésbicas fundam-se na sexualidade como se essa fosse a única forma de justificar suas existências. Essa fixação com a sexualidade gera uma nova forma de miséria sexual que "não é a falta de sexo, a reclusão, a proibição; a miséria sexual é a obrigação do sexo como medida do ser, como essência identitária, padrão de comportamento [...]" (SWAIN, 2002, p. 334).

Os bairros *gays* norte-americanos e canadenses que impressionaram Foucault com seu potencial de transformação social apresentam uma nova configuração devido à hegemonia da política identitária e de sua incorporação por outros discursos, os quais, mesmo "de fora" exercem o poder de constituir estes espaços ou, ao menos, suas fronteiras. A mídia, por exemplo, cunhou termos para classificar toda uma esfera do consumo e uma topografia das cidades como *gay*. Assim, apela a uma identidade manipulável para fins comerciais com consequências de controle e normalização.

Nas sociedades centrais, e em menor grau nas periféricas, um estrato economicamente privilegiado daqueles que se relacionam com pessoas do mesmo sexo vive uma versão minoritária do *american way of life*, uma subcultura de seres aprisionados em um culto da individualidade, de seus corpos e das mais diversas formas de consumo. Nesse grupo a estética da existência parece já ter sido corroída pela domesticação do mercado antes mesmo de emergir.

A somatória da política identitária com a domesticação pelo consumo revela-se ainda mais poderosa quando refletimos sobre seus reflexos na cultura do corpo de nossos dias. A estética da existência levaria à intensificação das relações sociais e à abertura para um outro que, mesmo sendo do mesmo sexo, é um diferente. O culto contemporâneo ao corpo, a fixação com a autoestima e com valores individualistas induzem a um conformismo em que a preocupação consigo resulta em relações com imagens especulares de si mesmo.

A estética da existência apela a uma ascese compreendida como transformação *com* um outro e através do contato com o diferente enquanto vemos proliferar algo muito diverso. O culto ao corpo gerou a bioascese, um processo de conformação social a padrões corporais, identitários e de consumo. Como explica Francisco Ortega, no passado: "A ascese constituía uma forma de resistência cultural e política, a expressão de uma vontade de separação, de alteridade, de dissociação das tradições e instituições culturais, religiosas e sociais pagãs e uma maneira de constituir formas alternativas de subjetividade e sociabilidade." (ORTEGA, 2002, p. 151). A bioascese não apenas impede essa inconformidade como também a torna incompreensível.

Por fim, dentre os fatores que reduziram o potencial criativo e de transformação social das relações entre pessoas do mesmo sexo encontra-se aquele que tende a domesticar o próprio movimento político: a luta pelo direito à parceria civil ou "casamento *gay*". Sem dúvida, direitos políticos devem ser defendidos e respeitados, portanto não se trata apenas de se posicionar a favor ou contra a parceria civil. É uma tarefa intelectual refutar os argumentos homofóbicos contra este direito, mas também é necessário questionar qual a razão por trás desse estreitamento do debate em dois lados, a favor ou contra, e o consequente afunilamento dos objetivos políticos. O "casamento *gay*" é uma causa com grande poder de mobilização, mas também uma forma de "domesticação" das demandas de um movimento social que se depara com uma atmosfera de intolerância crescente. O debate sobre a parceria civil é, além de um meio de mobilização domesticadora, também o reflexo de um fenômeno que marca a sociedade ocidental desde fins do século XIX: os pânicos morais.[9]

Pânicos morais são fenômenos coletivos que surgem como evidência de uma preocupação social profunda sobre temas como moralidade sexual, consumo de drogas ou outras formas de comportamentos considerados ameaçadores para a sociedade em determinado momento. Esses pânicos surgem em contextos históricos específicos e se espalham com o apoio da mídia, de órgãos governamentais ou grupos organizados a partir do que consideram ser um perigo contra o qual devem lutar. Logo um caso isolado é alçado à condição de "ameaça" e se torna de interesse público, pauta reportagens, livros, relatórios governamentais e ações efetivas para erradicá-la.[10] As fontes do medo podem parecer claras, mas suas raízes são mais profundas e menos visíveis do que parece aos desavisados.

Pânicos morais podem ou não gerar cruzadas contra o que se considera a ameaça do momento. Em nossos dias, as cruzadas têm encontrado meios de ação por meio do apoio a partidos e políticos conservadores ou reacionários. No Brasil, não apenas a parceria civil entre pessoas do mesmo sexo jamais foi aprovada como assistimos o surgimento de projetos parlamentares propondo a oferta de "serviço de saúde" para a "recuperação" de homossexuais.[11]

Se quisermos compreender esse cenário, precisamos descobrir quais os interesses e os grupos que se beneficiam em cruzadas morais como as dirigidas contra o casamento *gay*. Políticos de moral conservadora, grupos religiosos, mas também, e sobretudo, os estratos médios influenciados pela agenda contemporânea apoiam (ativamente ou por simples passividade) medidas que visam fazer frente aos temores de transformações sociais que consideram radicais.

A oposição à extensão de direitos políticos a grupos considerados minoritários não é a única consequência da cruzada moral de nossos dias. Pouco se fala da complacência e até mesmo o incentivo a atitudes discriminatórias que isto tem gerado não apenas em nível estatal e jurídico, mas no quotidiano de grupos socialmente estigmatizados. Convém evitar o cenário que coloca dois inimigos, um bom e outro mau, como protagonistas da história. Tal visão é tão simplista quanto enganosa. Pânicos morais pautam a agenda e moldam os próprios grupos que se descobrem alvo da preocupação coletiva além de criarem lutadores e até fanáticos por uma causa.

A partir da década de 1980, tornaram-se frequentes assuntos relacionados à questão *gay* como AIDS, pedofilia, casamento *gay* e parentalidade de pessoas do mesmo sexo. Qual é o pânico, ou falando em termos atuais, o terror moral com o qual o movimento *gay* se depara e contra o qual se volta de forma envergonhada? É a junção de vários pânicos sociais, todos, de uma forma ou de outra, ligados à sexualidade "fora das normas": o medo das novas técnicas reprodutivas, da mudança radical de comportamentos e valores, o medo da perda da unidade familiar e até mesmo de que o futuro da nação esteja em risco.

A AIDS gerou um pânico ainda não superado e na década passada assistimos ao retorno do temor da pedofilia, a qual fez com que ministros caíssem, paróquias norte-americanas entrassem em polvorosa e até o papa se pronunciasse (LOPES, 2004, p. 71). Afeto consentido nunca foi sequer mencionado pela mídia nem em discussões de meios mais esclarecidos. O que assistimos foi a constituição de novos "monstros morais" que apavoram a sociedade.

A mudança progressiva dos valores e das formas de relacionamento é geral, mas facilmente associada à entrada na esfera pública de grupos antes invisibilizados. Dessa forma, as transformações na estrutura familiar, no casamento e o advento de novas técnicas reprodutivas e diferentes formas de parentalidade é vista por muitos como "culpa" desses grupos, em particular *gays*, lésbicas e transgêneros. Tal mudança da ordem moral remonta ao menos à década de sessenta do século passado, mas se aprofundou e agora gera uma reação. Diante do novo pânico moral, o movimento *gay* gerou respostas envergonhadas e rumos assimilacionistas.

É nesse contexto que o discurso sobre a parceria civil entre pessoas do mesmo sexo ganhou força. Direito à herança, acesso a seguro saúde e declaração de importo de renda conjunta foram mecanicamente associados à "necessidade" de institucionalização das relações e, portanto, do reconhecimento do Estado da legitimidade de uniões. Além do enquadramento das relações a um modelo, algo por si só questionável, a parceria civil proporcionou um alvo claro contra o qual se voltam os conservadores.[12]

A autonomia de escolha deve ser defendida, quem quer se "casar" deveria ter esse direito garantido, mas sejamos mais sutis e encaremos o fato de que a problematização dos casais formados por pessoas do mesmo sexo tomou a forma de um confronto com apenas dois lados, a favor ou contra, e perdeu o caráter plástico e inovador apontado por Foucault no final de sua vida. O debate sobre a parceria civil entre pessoas do mesmo sexo é também uma delimitação das relações aceitáveis como norma, o que se dá através da produção e intensificação das zonas de ilegitimidade (BUTLER, 2003, p. 227). Cria-se dentro do próprio movimento *gay* e lésbico uma cisão entre os aceitáveis candidatos à parceria e os outros, partidários de relacionamentos inclassificáveis.

O direito à parceria civil corre o risco de se tornar uma norma e a única maneira de legitimar a sexualidade. Pior, esse debate tende a reduzir a sexualidade ao casamento e este como o único meio para a aquisição de legitimidade social. Isso é algo revelador de um desejo de reconhecimento universal, daquilo que Judith Butler explica como o desejo de "esvaziar a particularidade solitária da relação não-ratificada e, talvez, acima de tudo, de ganhar tanto o lugar como a santificação naquela relação imaginária com o Estado" (BUTLER, 2003, p. 234).

O contexto do pró e contra é conservador e equivocado, pois nele o reconhecimento do Estado aparece como a forma pela qual a sexualidade perderia a culpa, o risco do desvio e de se revelar socialmente inconformista. Opções fora do casamento são excluídas como inaceitáveis e entre os próprios *gays* se instaura uma crise normativa em que a tábua de salvação é também um meio de distinguir entre estilos de vida legítimos e ilegítimos. Poucos constatam que o casamento e a institucionalização das relações são formas de reduzir o léxico de legitimação social e a maioria opta pela renúncia do possível em busca do que é socialmente disponibilizado.

Em tempos em que a coletividade age com temor diante de supostas ameaças morais, movimentos como o de *gays* e lésbicas voltam-se para o Estado em busca da proteção que ele nega ou que só concederá através de um enquadramento significativo desses grupos. A normalização do movimento *gay* esvazia seu potencial de crítica da ordem social e torna seus componentes reféns de formas coletivamente prescritas de comportamento. Essa renúncia das possibilidades que marca a luta pela parceria civil entre pessoas do mesmo sexo torna-se clara em comparação com as especulações empreendidas por Foucault sobre o potencial de transformação social presente no movimento *gay* de seus dias. Ele refletiu sobre a relação entre homens como uma forma criativa de aceder a um estilo de vida e afirmou que o movimento *gay* precisava de uma arte de viver:

> A sexualidade faz parte de nossa conduta. Ela faz parte da liberdade em nosso usufruto deste mundo. A liberdade é algo que nós mesmos criamos – ela é nossa própria criação, ou melhor, ela não é a descoberta de um aspecto secreto de nosso desejo. Nós devemos compreender que, com nossos desejos, por meio deles, instauram-se novas formas de relações, novas formas de amor e de criação. O sexo não é uma fatalidade; ele é uma possibilidade de aceder a uma vida criativa. (FOUCAULT, 2004, p. 260)

O que levou esse ideal de uma vida criativa a ser colocado de lado e quase esquecido é o fato de que o horizonte de possibilidades foi estreitado pelo pânico moral diante da imagem socialmente construída do que seria *o* estilo de vida *gay* e as consequências de desagregação de valores e instituições que ele supostamente geraria. Esse medo gerou uma reação conservadora por parte dos grupos que se consideram socialmente ameaçados pelas transformações sociais e uma tendência conformista naqueles supostamente responsáveis pelas mudanças. Ninguém escapa às forças que movem nossa atualidade.

Frente a esse quadro desolador em que a relação entre pessoas do mesmo sexo sofre pressões de enquadramento e voluntariamente também busca se moldar aos interesses coletivos, vale recordar o que Foucault entrevia nessas relações: um experimento societário, um processo aberto à transformação, um estilo de vida que ia muito além do ato sexual. A homossexualidade para ele era um processo de reinvenção de si a partir da amizade, uma alternativa ao amor romântico que isola o indivíduo da sociedade ou ao sexo rei. Assim, interessar-se por outra pessoa do mesmo sexo poderia ser um meio para uma prática existencial transformadora individual e socialmente.

Foucault se preocupava com novas formas de organizar a conduta de vida, o que o levou a encarar a questão ética fundamental: como devo viver? Ao tornar a ética questão de pesquisa histórica, experimentação corpórea e julgamento estético, evitou sancionar quaisquer normas morais. Esse desafio moral da estética da existência ainda gera controvérsia e repreensões equivocadas da proposta foucaultiana. A crítica ao fato de que ele não foi coerente com as restrições morais que marcavam a estilística de si da Antiguidade ignora o objetivo explicitamente contemporâneo de sua reflexão. Da mesma forma, a exigência de que a intensificação dos prazeres deveria ter sido delimitada pelo filósofo trai um flerte com o temor de que esta nova forma de viver escape às normas e não resulte em estilos de vida ajustáveis às demandas sociais. Por trás dessas represensões morais reside um desejo de impor o padrão social do *gay* dessexualizado, inserido em uma relação monogâmica com feições de heterossexualidade caricata e comungando dos valores hegemônicos da família, tradição e propriedade.

Qualquer moralização da proposta foucaultiana aponta para formas de conformismo social e político. A estética da existência implicaria transformar-se e constituir formas de resistência ao enquadramento em formas de vida socialmente prescritas. O cuidado de si repousa em uma ética da inconformidade, da rebeldia, da rejeição à normalização, daí apelar ao fazer diferenças e, dissociar-se, portanto, de utopias assimilacionistas que mal encobrem sua origem homofóbica.

A vida como práxis estilística apela à possibilidade de criar diferenças com relação aos padrões sociais e constituir espaços de resistência em que estas diferenças tenham lugar. Isto levaria à invenção de novos estilos de vida com o potencial de constituição de novas relações sociais e, portanto, de uma nova organização societária. Afinal,

> um modo de vida pode ser compartilhado por indivíduos que se diferenciam em relação à idade, ao *status* e à atividade social. Pode conduzir a relações intensas que não se assemelham a nenhuma relação institucionalizada. E um modo de vida pode culminar, creio, em uma ética e uma cultura. (FOUCAULT, 1994, p. 165)

A fonte do pânico moral de nossos dias é a possibilidade de criar novos estilos de vida, outras formas de relacionamento e, a partir daí, transformar profundamente a ordem moral da sociedade. Diante do medo, a estética da existência ainda acena com um espaço do imponderável e lugar de resistência não cooptado pela normalidade. Se quisermos persegui-lo, o primeiro passo será o de empreender uma revisão da organização social da amizade e dos contatos sexuais para produzir formas de apoio e aliança não centradas no Estado.

Notas

[1] Sobre esta questão consulte ADORNO, Francesco Paolo. "A Tarefa do Intelectual: O Modelo Socrático" In: GROS, Frédéric. *Foucault: A Coragem da Verdade*. São Paulo: Parábola, 2004. p. 39-64

[2] Judith Butler, filósofa feminista marcada pela herança foucaultiana, afirma que o trabalho acadêmico é o local para especularmos sobre uma política que incorpore uma compreensão crítica do debate presente, uma compreensão autoreflexiva e não-dogmática. Nesse sentido, a busca de um diagnóstico do presente exige perscrutar as relações de força pelas quais se institui o campo de ação político de nossos dias (Butler, 2003, p. 228-229).

[3] Sobre amizade e estética da existência, consulte as últimas entrevistas de Foucault e, para uma análise destas questões, o estudo de ORTEGA, Franciso. *Amizade e Estética da Existência em Michel Foucault*. Rio de Janeiro: Graal, 1999.

[4] Sobre o termo *queer* consulte "Acerca del término *queer*" (BUTLER, Judith. *Cuerpos que importan – sobre los limites materiales y discursivos del "sexo"*. Buenos Aires: Paidos, 2002. p. 313-340.

[5] Jurandir Freire Costa chega a se referir à estética da existência como uma estilística da amizade. Sobre o tema, consulte seu ensaio "Utopia Sexual, Utopia Amorosa". In: COSTA, Jurandir F. *Sem Favor Nem Fraude*. Rio de Janeiro: Rocco, 1998. p. 23-78.

[6] Há muitas discussões sobre os últimos volumes de *História da Sexualidade* e o que Foucault buscaria em seu retorno à Antiguidade. Minha perspectiva é a de que ele buscava uma atualização da Filosofia Antiga compreendida como uma "técnica de si", uma atividade de autotransformação, mas é importante sublinhar que isto não implicaria na incorporação do modelo greco-romano. Foucault não considerava os gregos admiráveis nem via na forma de vida deles uma alternativa para nossos dias. Sua proposta era distinta, inspirada apenas na técnica de si dos antigos e na simpatia com que encarava o potencial criativo presente nas comunidades *gays* americanas. Para uma reflexão sobre as críticas de Hadot aos estudos de Foucault e o caráter contemporâneo da proposta foucaultiana de uma estética da existência consulte PRADEAU, Jean-François. "O sujeito antigo de uma ética moderna" In: Gros, Frédéric. *Op. Cit.* p. 131-154.

[7] Sobre esta questão consulte o ensaio de Jurandir Freire Costa "Sexo e amor em Santo Agostinho". In: COSTA, Jurandir F. *Op. Cit.*, 1998. p. 79-104.

[8] Refiro-me ao estudo de CHANCEY, G. *Gay New York*. London: Flamingo, 1995. Sobre a mesma questão no contexto brasileiro, consulte também GREEN, James N. *Além do Carnaval – História da Homossexualidade Masculina no Brasil do Século XX*. São Paulo: Editora Unesp, 2000.

[9] Sobre pânicos morais consulte THOMPSON, Kenneth. *Moral Panics – Key Ideas*. London: Routledge, 1998 e GOODE, Erich e BEN-YEHUDA, Nachman. *Moral Panics: The Social Construction of Deviance*. Malden: Blackwell Publishers, 2003.

[10] Dentre os exemplos pontuais de pânico moral analisados por Goode e Bem-Yehuda, destacam-se a grande preocupação nacional diante do levante de Canudos no final do século XIX, o terror da pedofilia que se instalou em uma pequena cidade de Idaho na década de 1950 e os rumores de abdução de moças para o tráfico de escravas brancas em Orleans, em 1969. Exemplos mais recentes são facilmente enumeráveis, como a suspeita de abuso sexual de crianças em uma escola infantil de São Paulo na década passada e a preocupação mundial com a pedofilia em nossos dias.

[11] Refiro-me aqui à proposta do deputado estadual e pastor evangélico Edino Fonseca, a qual previa a criação de um programa de auxílio a quem quisesse deixar de ser homossexual. O projeto, como era de se esperar, gerou controvérsia, mas chegou a obter pareceres favoráveis nas comissões de Saúde e de Constituição e Justiça. No final, terminou derrubado em votação na Assembleia Legislativa do Rio de Janeiro, no dia 8 de dezembro de 2004, por 30 votos a seis.

[12] Luis Mello desenvolve uma análise importante sobre a questão da parceria civil no contexto brasileiro, em seu texto apresentado na ANPOCS e publicado na Cadernos Pagu, v. 22. Maria Luiza Heilborn apresenta uma análise importante das conjugalidades *gays*, lésbicas e inclusive heterossexuais em *Dois é Par*. HEILBORN, Maria Luiza. *Dois é Par*. Rio de Janeiro: Garamond, 2004.

Referências

BUTLER, Judith. *Cuerpos que importan – sobre los limites materiales y discursivos del "sexo"*. Buenos Aires: Paidos, 2002. p. 313-340.

BUTLER, Judith. "O parentesco é sempre tido como heterossexual?" *Cadernos Pagu*. Campinas: Núcleo de Estudos de Gênero Pagu, 2003, v. 21, p. 219-260.

CHAUNCEY, George. *Gay New York*. London: Flamingo, 1995.

COSTA, Jurandir Freire. *Nem Fraude Nem Favor – Ensaios sobre o Amor Romântico*. Rio de Janeiro: Rocco, 1998.

FOUCAULT, Michel. *Dits et Écrits III*. Paris: Gallimard, 1994.

FOUCAULT, Michel.Uma Entrevista com Michel Foucault. *Verve – Revista do Nu-Sol*. São Paulo: Programa de Estudos Pós-Graduados em Ciências Sociais da PUC-SP, n.5, maio de 2004, p. 240-259.

FOUCAULT, Michel. Michel Foucault, uma entrevista: Sexo, Poder e a Política da Identidade. *Verve – Revista do Nu-Sol*. São Paulo: Programa de Estudos Pós-Graduados em Ciências Sociais da PUC-SP, n.5, maio de 2004, p. 260-277.

GOODE, Erich; BEM-YEHUDA, Nachman. *Moral Panics – The Social Construction of Deviance*. Malden: Blackwell Publishing, 2003.

GREEN, James N. *Além do Carnaval – História da Homossexualidade Masculina no Brasil do Século XX*. São Paulo: Editora Unesp, 2000.

GROS, Frédéric (Org.) *Foucault: A Coragem da Verdade*. São Paulo: Parábola, 2004.

HEILBORN, Maria Luiza. *Dois é Par – Gênero e Identidade Sexual em Contexto Igualitário*. Rio de Janeiro: Editora Garamond, 2004.

LOPES, Denilson. Desafios dos Estudos *Gays*, Lésbicos e Transgêneros. *Comunicação, Mídia e Consumo*. v. 1, n. 1. São Paulo: ESPM, 2004. p. 63-73.

ORTEGA, Francisco. *Amizade e Estética da Existência em Michel Foucault*. Rio de Janeiro: Graal, 1999.

ORTEGA, Francisco. Da Ascese à Bio-Ascese In: RAGO, Margareth et al. (Org.). *Imagens de Foucault e Deleuze: Ressonâncias Nietzscheanas*. Rio de Janeiro: DP&A, 2002. p. 139-174.

SWAIN, Tânia Navarro. Identidade Nômade: Heterotopias de Mim. In: RAGO, Margareth et al. (Org.) *Imagens de Foucault e Deleuze: Ressonâncias Nietzscheanas*. Rio de Janeiro: DP&A, 2002. p. 324-342.

Da promessa à embriaguês
A propósito da leitura foucaultiana
do *Alcibíades* de Platão

Salma Muchail

O texto de Platão no Curso de Foucault

Comecemos por situar o diálogo de Platão *Alcibíades* no Curso de Foucault, *A Hermenêutica do sujeito*[1], ministrado em 1982. Na primeira hora da primeira aula (dia 6 de janeiro), Foucault estabelece uma aproximação inicial de Platão e o texto então abordado é a *Apologia de Sócrates*. Mas, no total das 24 horas (em 12 aulas) que compõem o Curso, é à leitura do *Alcibíades* que está atribuído, explicitamente, o lugar e o privilégio de um ponto de partida. Introdução, ponto de referência ou de demarcação, em todo caso um marco[2], é assim que Foucault posiciona este texto que, lido e detidamente analisado nas primeiras aulas, reaparecerá ao longo de todo o Curso, como um fio que o percorre e alinhava. Por isso mesmo, para quem acompanha o desenvolvimento do Curso – durante o qual uma pluralidade de pensadores é trazida ao cenário (Epicteto, Epicuro, Marco Aurélio, Musonius Rufus, Filodemo, Fílon de Alexandria, Plutarco, Sêneca, entre tantos outros)–, não surpreende que, na última aula, Foucault proponha: "...gostaria de voltar brevemente ao texto que nos serviu de referência durante todo este ano, a saber, o *Alcibíades* de Platão"[3].

A pergunta que nos vem à mente, Foucault mesmo a formula: "por que tomar o diálogo do *Alcibíades*, a que, ordinariamente, os comentadores não atribuem uma importância tão grande na obra de Platão? Por que tomá-lo como marco, não apenas para falar de Platão como ainda para colocar em perspectiva, afinal, todo um plano da filosofia antiga?"[4].

A resposta que ele nos dá diz respeito à situação do *Alcibíades* em relação à obra de Platão em geral e, nela, ao tema do *cuidado de si* em particular.

Não cabe aqui abordar os muitos e controversos aspectos concernentes à situação do diálogo *Alcibíades* no contexto da obra platônica, mas dois deles merecem ao menos ser mencionados.

Primeiro, a posição que, a partir do século II, a tradição neoplatônica atribui ao *Alcibíades:* "à frente das obras de Platão", "lugar primeiro, inicial", "espécie de portal da Filosofia", "introdução, primeira e solene na Filosofia", "*Alcibíades* iniciador", eis o que Foucault evoca (remetendo principalmente a Proclus e Olimpiodoro)[5].

O outro aspecto diz respeito a complexas questões históricas acerca da sua datação, do seu lugar na classificação nas obras de Platão e da sua autenticidade[6]. Estas questões são mencionadas por Foucault durante suas lições. Muitas vezes, apenas as nomeia[7] ("diálogo de Platão cuja data envolve tantas incertezas"[8]). Aborda-as mais longamente em uma aula – a segunda hora da aula de 13 de janeiro[9]. Ratifica o reconhecimento de sua autenticidade (posta em dúvida no século XIX por Scheleirmacher[10]) e, ao mesmo tempo, considera-o "cronologicamente estranho", pois, apresentando características dos diferentes períodos dos escritos platônicos, é um texto que "parece atravessar, de certo modo, toda a obra de Platão"[11].

De modo geral, o que aqui nos importa realçar é que esta "situação" do *Alcibíades* no contexto das obras de Platão explica, em certa medida, o privilégio de ponto de partida que Foucault lhe confere no contexto do seu Curso. Em síntese, diz ele: "...o que me interessa e acho muito fascinante neste diálogo, é que, no fundo, nele vemos o traçado de todo um percurso da filosofia de Platão, desde a interrogação socrática até o que aparece como elementos muito próximos do último Platão ou mesmo do neoplatonismo"[12].

Mas se, por um lado, a escolha de Foucault encontra respaldo na relação do *Alcibíades* com a trajetória de toda a filosofia de Platão até sua posteridade no neoplatonismo, por outro, no interior desta trajetória, é o tema do *cuidado de si* – e com ele, o do *conhecimento de si* – que, de modo particular, confirma a escolha. Segundo Foucault, entre os textos de Platão este diálogo apresenta "a primeira grande teoria do cuidado de si"[13]; "a única teoria global do cuidado de si", sua "primeira grande emergência teórica"[14], sua "teoria completa"[15], "sua primeira formação histórica e sistemática"[16]. Em síntese, eis o que ele escreve: "Parece-me que Platão ou o momento platônico, e particularmente o texto do *Alcibíades*, traz o testemunho de um destes momentos em que é feita a reorganização progressiva de toda a velha tecnologia do eu"[17]. Além disto, é a partir deste diálogo que se compreende os posteriores desdobramentos históricos da noção de *cuidado de si*, isto é, "todo um conjunto de deslocamentos, de reativações, de organização e reorganização destas técnicas naquilo que viria a ser a grande cultura de si na época helenística e romana"[18]. Em poucas palavras, o *Alcibíades* abre "perspectivas históricas" [19], das quais pode ser considerado como que "marco histórico e chave de inteligibilidade"[20].

Um perfil do personagem-título e um resumo do diálogo

Alcibíades (450-404) é um personagem histórico que pertence a uma geração anterior à de Platão (428/427-347/346). De família aristocrata, tendo precocemente perdido os pais, seu tutor foi ninguém menos que Péricles. Para um delineamento de seu perfil, reproduzimos trechos de um conciso retrato descrito por Pradeau: "Alcibíades é um dos personagens mais famosos da vida política ateniense do século V". Sua celebridade deveu-se "tanto ao seu papel político, incluindo traições e fracassos pelos quais foi culpabilizado, quanto à sua personalidade bem incomum: elegante e debochado, de uma beleza excepcional, empreendedor e excessivo, ele é o jovem ambicioso e desmedido que acompanha a queda do império ateniense"[21]. Ou então, a descrição de Marie-Laurence Desclos (reproduzindo algumas expressões de biógrafos de Alcibíades, como Plutarco e Isócrates): "Paralelamente aos seus sucessos políticos, suas vitórias nos Jogos, também seu 'fausto insolente', 'seus dotes ao Estado', 'sua magnanimidade sem igual para com a cidade', dele fazem um personagem que causa fascínio ou indignação"[22]. Cortejado pelos homens adultos atenienses, a quem quase sempre desprezava, Alcibíades "não é simplesmente um dos privilegiados jovens atenienses que Sócrates havia se dedicado a formar: é o mais querido dentre eles, aquele que Sócrates amava[23]".

O personagem aparece no cenário de três diálogos de Platão. No *Protágoras*, ele tem a idade aproximada de 15 anos e a cena se passa por volta do ano 435 a.C. No *Banquete*, tem mais ou menos 35 anos e a cena ocorre por volta do ano 416 a. C. No diálogo que leva seu nome, a cena se passa perto do ano 432 a. C., às vésperas do início da Guerra do Peloponeso (431-404). Com idade de 18 a 20 anos, o jovem Alcibíades está no final da adolescência, limiar da idade adulta. Idade crítica, escreve Foucault, "quando se sai das mãos dos pedagogos e se está para entrar no período da atividade política"[24], quando o jovem deixa de ser "objeto de desejo erótico, momento em que deve ingressar na vida e exercer seu poder, um poder ativo"[25]. É aí que se localiza a data dramática do diálogo, isto é, a data em que se passa a cena relatada por Platão. Por um lado, Alcibíades já não é mais assediado por seus cortejadores e, por outro, cultiva ambições políticas. Só então é que Sócrates, pela primeira vez, lhe dirige a palavra.

Façamos um breve resumo do diálogo, seguindo de perto as orientações das aulas de Foucault[26]. O diálogo é por ele organizado em duas metades, sendo a segunda delas desdobrada em duas.

A primeira metade – trabalhada na segunda hora da aula de 06 de janeiro – começa com a evidenciação dos privilégios do jovem Alcibíades: bem nascido, belo, rico, ele tem em mente transformar seus privilégios de *status* em competência política, em governo dos outros. Sócrates faz aparecer então as deficiências de Alcibíades, comparando-o aos seus rivais, os espartanos e os persas, cuja riqueza é maior e cuja educação é mais consistente. Tem lugar, então, a primeira referência à inscrição do templo de Delfos, o famoso "conhece-te a ti mesmo" que, neste contexto inicial não passa de um "conselho de prudência"[27], um preceito, não ainda um conceito: "Vamos, meu caro amigo, creia-me, creia nas palavras inscritas em Delfos: 'Conhece-te a ti mesmo'..."[28]. Mais grave porém que a inferioridade em riqueza e educação é que, para superá-la, Alcibíades não dispõe de uma certa "tékhne", não tem um certo "saber"[29]. Instigado por Sócrates a definir em que consiste uma cidade bem governada, Alcibíades acaba por defini-la como aquela em que há concórdia entre os cidadãos, mas, reinterrogado, sequer sabe ele o que é a concórdia. Mas, ainda mais grave: ele não sabe que não sabe. Constatada esta "vil" ou "inglória" situação, esta "vergonhosa ignorância", a "ignorância da ignorância"[30], é declarada a incontornável necessidade de que Alcibíades *cuide de si mesmo*. Eis a passagem: "Não te preocupes. Se isto te tivesse ocorrido aos cinqüenta anos, ser-te-ia difícil remediar tomando cuidado de ti mesmo; estás, ao contrário, justamente na idade em que se deve aperceber-se disto"[31].

As práticas do *cuidado de si* são, conforme insiste Foucault, muito anteriores a Platão ou a Sócrates: "que a verdade não possa ser atingida sem certa prática ou certo conjunto de práticas totalmente especificadas que transformam o modo de ser do sujeito, modificam-no tal como está posto, qualificam-no transfigurando-o, é um tema pré-filosófico que deu lugar a numerosos procedimentos mais ou menos ritualizados"[32]. Agora porém, o *cuidado de si* é incorporado ao âmbito da reflexão filosófica. E, neste contexto, vincula-se ao exercício da ação política (governar-se para bem governar os outros), à superação das deficiências da ação educativa e amorosa, à necessidade de vencer a ignorância (duplamente, em relação ao que não se sabe e à ignorância que se ignora)[33].

Começa então a outra metade do texto, analisado no seu desdobramento em duas questões: primeiro, o que é o *eu* de que se deve cuidar (assunto da primeira hora da aula de 13 de janeiro) e, segundo, em que consiste *cuidar*-se (assunto da segunda hora da aula de 13 de janeiro).

O tratamento da primeira questão (o que é o *eu*?) faz aparecer, pela segunda vez, o preceito délfico, agora, como uma referência de natureza mais "metodológica": o que é "este elemento idêntico" porque é o mesmo enquanto "sujeito" e enquanto "objeto" do cuidado?[34]. A *alma*, esta é a resposta, não a *alma* como "substância", mas como "sujeito de ações"[35]. Eis o que diz o texto: "...é da alma que é preciso cuidar, é a ela que devemos dirigir nosso olhar"[36].

Segue-se a segunda questão (o que é *cuidar*-se?). Cuidar de si é *conhecer a si mesmo*, esta a resposta. Na resposta, a terceira referência ao preceito délfico, agora porém, introduzido "em todo o seu esplendor e em toda a sua plenitude"[37], definitivamente transformado de *preceito de conduta* em *conceito filosófico*. Encontramos aqui aquele traço de "sobreposição" entre *cuidado* e *conhecimento* de si, espécie de origem bifurcada, que direcionará, por assim dizer, o desenvolvimento posterior do pensamento filosófico[38]. Eis a passagem: "Mas pelos deuses, este preceito tão justo de Delfos, que evocávamos há pouco, estamos seguros de tê-lo compreendido?"[39]. Pois bem, só teremos bem compreendido o que é o *conhecimento de si* enquanto conhecimento da *alma* se entendermos que só se verá a alma "dirigindo seu olhar para um elemento que for da mesma natureza que ela" [...], "voltando seu olhar, aplicando-o ao próprio princípio que constitui a natureza da alma, isto é, o pensamento e o saber" [...]."Ora, o que é este elemento? Pois bem, é o elemento divino"[40]. Numa palavra, "é preciso olhar-se no elemento divino para reconhecer-se: é preciso conhecer o divino para reconhecer a si mesmo"[41].

É esta a dinâmica: do cuidado de si ao conhecimento de si; do conhecimento de si ao conhecimento do divino; do conhecimento do divino à sabedoria. E assim, dotada de sabedoria, a alma "saberá distinguir o bem e o mal, o verdadeiro e o falso. Saberá conduzir-se como se deve, saberá governar a cidade", o que significa, no limite, "saberá ocupar-se com a justiça"[42].

Então, no final do diálogo, Alcibíades *promete* e *se compromete*. "Que promessa faz a Sócrates?" Ele promete aplicar-se à justiça e compromete-se a ocupar-se com ela[43].

Destaques:

A ética e a política, o erótico e o divino

O primeiro aspecto a realçar, o mais evidente, é a correlação entre ética e política. Ambicionando participar da vida pública, Alcibíades é por Sócrates conduzido à imperativa necessidade do *cuidado de si*, ou do governo de si próprio, condição primeira – de natureza eminentemente ética – para bem governar os outros. Como se exprime Pradeau, "na discussão do *Alcibíades*" estão reunidas "estas duas espécies de governo, o domínio de si ético e o comando político"[44].

Esta correlação, por sua vez, entre a ambição política e sua condição ética, é como que antecedida por outra que a fundamenta: a relação entre o mestre e o discípulo, relação que podemos denominar de erótica, não necessariamente sexual, mas antes erótico-pedagógica. Eis a frase inicial do diálogo: "Tu sem dúvida te surpreendes, filho de Clínias, que após ter sido o primeiro dos teus enamorados, seja eu o único a não me desligar de ti enquanto os outros te abandonaram; e que, no lugar de, como eles, ter-te importunado com conversas, só depois de tantos anos em que te amo, eu te dirija a palavra"[45]. Sócrates, o que ama, é aquele que cuida de que Alcibíades cuide de si a fim de poder bem cuidar da cidade. Posição análoga, preservadas as diferenças, àquela que, na *Apologia*, Sócrates atribui a si mesmo – mestre ou guia, cuja função é cuidar de que os cidadãos cuidem de si. A tal ponto que se sua absolvição ou seu indulto dependessem de abandonar o posto de mestre, Sócrates preferiria morrer "ainda que tenha de morrer muitas vezes". E logo adiante: "Outra coisa não faço senão andar por aí persuadindo-vos, moços e velhos, a não cuidar tão aferradamente do corpo e das riquezas, como de melhorar o mais possível a alma..."[46]. "Pois o cuidado de si – explicita Foucault – é, com efeito, algo que [...] tem sempre necessidade de passar pela relação com um outro que é o mestre [...]. Porém, o que define a posição do mestre é que ele cuida do cuidado que aquele que ele guia pode ter de si mesmo [...]. O mestre é aquele que cuida do cuidado que o sujeito tem de si mesmo e que, no amor que tem pelo seu discípulo, encontra a possibilidade de cuidar do cuidado que o discípulo tem de si próprio"[47].

Entretanto, o laço entre ética e política e entre ética, política e erótica consagra-se na sua aliança com o divino. Após declarar um amor maior que o dos demais e a decisão de só tardiamente dirigir a palavra a Alcibíades, eis o que diz Sócrates na segunda frase do diálogo: "Ora, não foi um motivo humano que me determinou, mas um certo impedimento demoníaco"[48]. É um motivo análogo ao que Sócrates enuncia na *Apologia*: a "inspiração que me vem de um deus" ou "da divindade"[49]. Função ou ordem a ser cumprida, o *cuidado de si* é, para Sócrates, missão confiada pelos deuses. São os deuses que cuidam de que haja quem cuide do cuidado de si. Por isto Sócrates pode afirmar: "Ficai certos de uma coisa: se me condenardes por ser eu como digo, causareis a vós próprios maior dano que a mim"[50]. Ou ainda: "Outro igual não tereis facilmente senhores", de modo que sem ele, o aguilhão que desperta, "passareis o resto da vida a dormir, salvo se o deus, cuidadoso de vós, vos enviar algum outro"[51]. Por isto mesmo, Sócrates se coloca como que "por detrás do divino"⁵², fazendo-se seu porta-voz. Reconstituamos esta passagem do diálogo entre Sócrates e Alcibíades:

Sócrates – *"Meu tutor vale mais e é mais sábio que o teu, Péricles".*

Alcibíades – *Quem é ele, Sócrates?*

Sócrates – *Um deus, Alcibíades, o mesmo que, até o dia de hoje não me deixou conversar contigo; e é nele que me fio para dizer que só por mim, por mais ninguém te virá a revelação'*⁵³.

Por isto também, já não é Sócrates quem fala diretamente, ele diz o que diz o oráculo de Delfos⁵⁴. De modo análogo, é assim que na sucessão dos discursos sobre *Eros*, no *Banquete*, Sócrates diz o que sobre o amor lhe dissera a sacerdotisa Diotima de Mantinéia.

É pois, no plano do divino, que se passa do *cuidado de si* ao *conhecimento de si*. Conhecer-se a si mesmo, "tal é o presente de uma erótica superior que Sócrates quer fazer"⁵⁵.Conhecer-se é conhecer a alma e na alma, o divino: "... como o olho se vê na pupila de um outro olho, é na alma do *amante*, ou equivalentemente, na *divindade* que melhor nos vemos"⁵⁶. Dito de outro modo, cuidar de si é conhecer-se, entendendo-se o conhecimento de si como uma espécie de exigência divina⁵⁷. O conhecimento de si tem assim, "um sentido profundamente religioso na medida em que preside a uma relação bem sucedida entre o humano e o divino", ainda que caiba a Sócrates "dar-lhe também um sentido filosófico"⁵⁸.

Para cuidar de si, Alcibíades deverá conhecer a si mesmo; para conhecer-se, há que conhecer o divino; conhecendo o divino, conhecerá a sabedoria e, portanto, o que é a justiça; assim, somente assim, Alcibíades poderá ser o bom político capaz de bem governar a cidade. Ou dito de outro modo: a formação do político requer a ética do cuidado de si; o cuidado de si requer a relação amorosa com o mestre; conduzindo o discípulo ao reconhecimento da divindade, o mestre cuida de quem deve cuidar de si.

Por isso mesmo, engana-se Alcibíades e não se revela um bom discípulo quando, no final do diálogo, atribui a Sócrates o que, se tivesse bem compreendido o mestre, atribuiria ao deus⁵⁹. Leiamos uma parte do diálogo final entre nossos personagens:

Sócrates – *"Sabes pois, qual o meio para escapar de teu estado presente?[...]*

Alcibíades – *Sim, eu o sei.*

Sócrates – *Pois bem, e qual é este meio?*

Alcibíades – *Que eu me libertaria sob a condição de que tu o queiras, Sócrates!*

Sócrates – *Não é isto o que deves dizer, Alcibíades!*

Alcibíades – *Mas que devo então dizer?*

Sócrates – *Deves dizer, sob a condição de que deus o consinta!*

Alcibíades – *É então o que eu digo!"*[60]

Podemos repetir Pradeau, que vê neste trecho do diálogo final uma prova de que "Alcibíades não compreendeu Sócrates e parece incapaz de sair da relação de obediência e fascínio que seu curioso amante lhe inspira"[61].

A promessa e seu malogro

Embora Sócrates não consiga que Alcibíades o compreenda, nele encontra uma ocasião de "esperança", de "anúncio", de "promessa"[62]. E, como que num suspense, Foucault assim nos encaminha ao desfecho do diálogo: "... apoiados no conhecimento de si que é o conhecimento do divino, conhecimento da sabedoria e regra para se conduzir como se deve, sabemos agora que poderemos governar e que aquele que tiver feito este movimento de ascensão e de descida poderá ser um governante de qualidade para sua cidade. Alcibíades então promete"[63].

Convém pois que reproduzamos as frases exatamente finais do diálogo:

Alcibíades – *"Pois bem, está decidido; a partir de hoje, começarei a cuidar da justiça!*

Sócrates – *Ah, como desejaria ver-te perseverar! Tenho porém um grande medo. Não que desconfie de tua natureza, mas constatando a potência de nossa cidade, temo que ela nos vença, tanto a ti quanto a mim"*[64].

Ouçamos dois comentários deste epílogo: "A vida pública, contudo, leva ao risco de corromper a boa natureza de Alcibíades e reduzir a nada a influência de Sócrates", escreve Marie-Laurence Desclos[65]. E Pradeau adverte: "Esta última ameaça tem valor de presságio, depois que sabemos o que efetivamente veio a suceder com Sócrates e Alcibíades (este último retomando, no *Banquete*, 216 a sq., seu compromisso não mantido)"[66].

Com efeito, o confronto entre Alcibíades e Sócrates no final do *Banquete*, diz Foucault, "faz eco ao tema do *Alcibíades*"[67]. No *Banquete*, encontramos de Alcibíades como que uma "outra imagem, de certo modo negativa, em todo caso tardia e já esmaecida"[68].

No *Banquete*, cuja data dramática situa-se por volta de 416 a. C., Alcibíades tem aproximadamente 35 anos: "está no seu apogeu", escreve J.-F. Pradeau[69]; "em plena prosperidade política à frente da facção democrática", afirma Cavalcante de Souza[70]. Durante o jantar entre amigos, na casa de Agatão, que comemorava sua vitória em um concurso literário, sucedem-se os convivas em outro concurso, cada qual fazendo um discurso de elogio ao Amor (o jovem Fedro, o político Pausânias, o médico Erixímaco, o poeta cômico Aristófanes, o poeta trágico Agatão e, por último, Sócrates [71]). Alcibíades irrompe de súbito no cenário, completamente embriagado –"chefe da bebedeira", como a si mesmo se elege[72]. E numa espécie de correlato concreto do elogio ao Amor que Sócrates, repetindo a sacerdotisa Diotima, acabara de fazer, Alcibíades faz o elogio a Sócrates. Sempre enamorado, ataca e louva Sócrates, este homem que jamais se embebeda, mas que seduz pelo poder da palavra e enfeitiça pela força da argumentação. Como que em paralelo à *promessa* anterior, segue-se agora um *juramento*: "Eu pelo menos, senhores, se não fosse de todo parecer que estou embriagado, eu vos contaria, *sob juramento*, o que é que eu sofri sob o efeito dos discursos deste homem, e sofro ainda agora"[73]. À exposição das insuficiências das qualidades de Alcibíades, segue-se uma explanação invertida: "Sabeis que nem a quem é *belo* tem ele a mínima consideração"[...], nem tampouco a quem é rico, nem a quem tenha qualquer título de *honra*"[74].

Entre a observância dos argumentos de Sócrates e a as glórias do sucesso político, os impasses de Alcibíades:

> ...tenho certeza de que não posso contestar-lhe que não se deve fazer o que ele manda, mas quando me retiro, sou vencido pelo apreço que me tem o público. Safo-me então de sua presença e fujo, e quando o vejo envergonho-me pelo que admiti. E muitas vezes sem dúvida com prazer o veria não existir entre os homens; mas, se por outro lado tal coisa ocorresse, bem sei que muito maior seria a minha dor, de modo que não sei o que fazer com este homem[75].

E, por fim e mais que tudo, a confissão definitiva do compromisso desfeito: "Pois me força ele a admitir que, embora sendo eu mesmo deficiente em muitos pontos ainda, *de mim mesmo me descuido* e trato dos negócios de Atenas"[76].

Finalmente, é aqui e neste sentido que encontramos a frase de Foucault, onde parece tudo caber, tão genérica quanto incisiva: "E todos os dramas e catástrofes do Alcibíades real estão desenhados neste pequeno intervalo entre a promessa e a embriaguês"[77].

Entretanto, se fizermos um paralelo, já inicialmente sugerido[78], entre Alcibíades e Atenas, vale dizer então que neste intervalo estão também desenhados "todos os dramas e catástrofes da democracia ateniense".

Ecos do *Alcibíades*, hoje?

Deste Alcibíades que "encarnou a ambição" de Atenas, Cazeaux escreve: "Ele tem todas as pretensões ou toda a presunção da própria Atenas, cidade imperialista, falante e orgulhosa"; "como ela, ele é falador e vazio de justiça"[...], "somente belo, somente rico"[79]. Assim, "condenando Alcibíades, é a ambiciosa Atenas que Platão condena"[80].

Paralelo semelhante lemos em J.-F.Pradeau: "...é a figura que melhor parece ter encarnado o período que viu Atenas passar do apogeu de um reinado sem divisões sobre o mundo grego às ruínas da derrota e da ocupação no final da guerra do Peloponeso". Assassinado no mesmo ano em que acaba a guerra (404 a. C.), Alcibíades é uma espécie de "alegoria do desfecho de Atenas"[81]. Mas também sua vida toda é descrita como uma "alegoria" da história de Atenas. Como Atenas, assim ele é julgado: "sempre controverso, acusado de todos os excessos, de uma ambição desmedida e costumes deploráveis, Alcibíades é também e incessantemente louvado por seu carisma, sua audácia e a maneira como parece jamais ter podido dissociar seu destino do destino da cidade" [...], "destino paradoxal de uma cidade democrática que defendia a liberdade, mas dominando um império, que cultivava o fausto baseado em um tesouro colonial extorquido das cidades 'aliadas' e que pereceu nos conflitos que ela mesma provocou"[82].

Estendamos ainda mais, com excessiva licença certamente, mas com alguma verdade, o alcance daquela frase em que Foucault faz tudo caber e, dela eliminando os termos que situam personagens e localizam fatos, poderemos então ler que, naquele "pequeno intervalo entre a promessa e a embriaguês" estão desenhados afinal, "todos os dramas e catástrofes da democracia".

Para concluir: na crítica a Alcibíades, a crítica à incompetência e à ignorância que minam por dentro o poder democrático quando firmado não na sabedoria, mas na retórica, "uma certa retórica ateniense imperial e belicista"[83]. Eliminemos, também aqui, o adjetivo "ateniense" que circunscreve o fato, e poderemos refletir sobre os riscos de qualquer democracia quando firmada "numa certa retórica imperial e belicista".

Notas

[1] FOUCAULT, Michel. *L'Herméneutique du sujet. Cours au Collège de France, 1981-1982*. Édition établie sous la direction de François Ewald et Alessandro Fontana, par Frédéric Gros. Paris: Gallimard/Seuil, 2001. Tradução brasileira: FOUCAULT, Michel. *A Hermenêutica do sujeito*. Tradução de Márcio Alves da Fonseca e Salma Tannus Muchail. São Paulo: Martins Fontes, 2004. Este livro será doravante indicado pela abreviatura *HS*.

[2] *HS*, p. 65, 163, 164, 197, 400, 421, 436, 443-444. Tradução brasileira, p.85, 209, 210, 253, 507, 533, 552, 560-561.

[3] Idem, Ibidem, p. 436. Trad. bras.: p. 532 (aula de 24 de março, primeira hora).

[4] Idem, Ibidem, p. 163. Trad. bras., p. 209-210.

[5] Idem, Ibidem, p. 154-168; p. 182. Trad. bras. p. 209-214, 233. J.-F. Pradeau assim descreve o que ele chama de "privilégio escolar incomparável": "Durante onze séculos o estudo da filosofia platônica recebeu como introdução a leitura do *Alcibíades*. Aprendia-se Platão começando pelo *Alcibíades*" (PRADEAU, Jean-François. "Introduction" a Platon, *Alcibiade*.

Traduction inédite par Chantal Marboeuf e J.-F.Pradeau. Introducion, notes, bibliographie et index par Jean-François Pradeau. Paris: Flammarion, 2.ed., p. 22). Marie-Laurence Desclos também afirma que, para os Antigos, o *Alcibíades* era considerado "*o* diálogo introdutório à filosofia platônica" (DESCLOS, Marie-Laurence. "Introduction" a Platon, *Alcibiade*. Texte établi et traduit par Maurice Croiset, revu par Marie-Laurence Desclos. Introuction et notes de Marie-Laurence Desclos. Paris: Les Belles Lettres, 2002, p. XXVI).

[6] Apenas para indicar algumas referências: Pradeau (*op. cit.*) não o considera um diálogo socrático ou de juventude, localizando-o no mesmo grupo constituído pelo *Eutidemo*, o *Ménon* e o *Górgias*, contemporâneo deste último e antes do *Banquete*, do *Fédon*, da *República* (considerados diálogos da maturidade); portanto, no grupo que Marie –Laurence Desclos denomina "grupo intermediário", após os "diálogos socráticos" ou da juventude, antes dos "diálogos da maturidade" e dos "diálogos da velhice" (DESCLOS, Marie-Laurence, *op. cit.*, XXI-XXII).

[7] Por exemplo, idem, Ibidem, às p. 33, 36, 37, 43-46, 400. Trad. bras., p. 43, 45-46, 47, 55, 58, 507.

[8] Idem, Ibidem, p. 400. Trad.bras., p. 507.

[9] Idem, Ibidem, p. 71-73. Trad.bras., p. 91-93.

[10] Idem, Ibidem, nota 22, p. 77. Trad. bras., p. 100. Cf. também PRADEAU, *op. cit.*, p. 24-29. Veja-se o texto recentemente traduzido para o português, de SCHALEIRMACHER, F. D. *Introdução aos Diálogos de Platão*. Tradução de Georg Otte. Revisão técnica e notas de Fernando Rey Puente. Belo Horizonte: Editora da UFMG, 2002.

[11] Idem, Ibidem, p. 73. Trad.bras., p. 93.

[12] Idem, Ibidem, p. 73. Trad. bras., p. 93.

[13] Idem, Ibidem, p. 32; 33. Trad.bras., p. 41, 42.

[14] Idem, Ibidem, p. 46. Trad. bras., p. 58.

[15] Idem, Ibidem, p. 65. Trad. bras., p. 84.

[16] Idem, Ibidem, p. 237. Trad.bras., p. 301.

[17] Idem, Ibidem, p. 50. Trad.bras., p. 64.

[18] Idem, Ibidem, p. 49. Trad. bras., p. 63. Reconstituamos outras passagens. A partir dele é que se constrói a história do *cuidado de si*, "*de suas peripécias, de sua elaboração filosófica no pensamento grego, helenístico e romano*" (p. 73. Trad. bras., p. 93). No *Alcibíades*, reconhece-se "um desses episódios essenciais" na história do cuidado de si, com "efeitos consideráveis durante a civilização grega helenística e romana" (p. 66. Trad.bras., p. 85). Nele encontramos aquela característica de Platão que é "uma sobreposição dinâmica", "um apelo recíproco" entre *cuidado de si* e *conhecimento de si*, que "será reencontrado em toda a história do pensamento grego, helenístico e romano, evidentemente com equilíbrios diferentes, diferentes relações, tônicas diferentemente atribuídas a um ou a outro, distribuição dos momentos entre conhecimento de si e cuidado de si também diferentes nos diversos tipos de pensamentos"(p. 67-68. Trad. bras., p. 87);

[19] Idem, Ibidem, p. 76. Trad. bras., p. 98.

[20] Idem, Ibidem, p. 84. Trad. bras., p. 107.

[21] J.-F. Pradeau, *op. cit.*, p. 15.

[22] Marie-Laurence Desclos, *op. cit.*, p.IX.

[23] J.-F. Pradeau, *op. cit.*, p. 20.

[24] *HS*, p.38; ver também, p. 34, 45. Trad. bras., p. 49; ver também, p. 43, 58.

[25] Idem, Ibidem, p. 84. Trad. bras., p. 107.

[26] No total das 24 horas (em 12 aulas) do Curso, a análise mais detida do Alcibíades é realizada em quatro horas: na segunda hora da aula de 6 de janeiro; na primeira e na segunda horas da aula de 13 de janeiro; na primeira hora da aula de 3 de fevereiro. Porém, como já foi dito, a remissão ao diálogo atravessa todo o Curso. Esta recorrência dá lugar, algumas vezes, a densas sínteses do texto todo, dentre as quais há duas, nas duas aulas finais que, a nosso ver, são especialmente esclarecedoras: à p. 400-401 (primeira hora da aula de 17 de março) e p. 436-437 (primeira hora da aula de 24 de março); trad. bras., p. 507-508 e p. 552-554.

[27] Idem, Ibidem, p. 36, 53, 66. Trad. bras., p. 46, 67, 85.

[28] PLATÃO. *Alcibíades*, 124 b. Para a reprodução de passagens, faremos uso de uma ou outra das seguintes traduções francesas: PLATON, *Oeuvres Complètes*. Trad. et notes par Léon Robin ave la collaboration de M.-J. Paris, Bibliothèque de la Pléiade p. 233. Trad. de Chantal Marboeuf et J.-F.Pradeau, p. 145. Trad. de M. Croiset, p. 77-79. Trad. de Jacques Cazeaux, *Classiques de la philosophie*. Le livre de poche, Paris: Librairie Générale Française, 1998, p. 87.

[29] *HS.*, p.36-37. Ver também p. 429. Trad. bras., p. 46-47; ver também, p. 543.

[30] PLATÃO. *Alcibíades*, 127 d. A trad. de L. Robin, (Pleiade) traz "vil situação", p. 238; a de Chantal Marboeuf e J.-F. Pradeau traz "o mais vergonhoso estado", p. 160; a de M. Croiset, traz "vergonhosa ignorância", p. 95; a de J. Cazeaux traz "uma situação inglória", p. 97.

[31] PLATÃO. *Alcibíades*, 127 e. Trad. de L. Robin, p. 238; trad. de Marboeuf e Pradeau, p. 160; trad. de Croiset,

p. 95; trad. de Cazeaux, p. 97.

[32] *HS*, p. 46. Trad. bras., p. 59.

[33] *HS*, p. 43-45; retomado às p. 73-75. Trad. bras., p. 55-57; retomado às p. 94-96.

[34] Idem, Ibidem, p. 51-52. Trad. bras. p. 66-67.

[35] Idem, Ibidem, p. 54-57. Trad.bras., p. 68-72.

[36] PLATÃO. *Alcibíades*, 132 c. Trad. de Robin, p. 245; trad. de Marboeuf e Pradeau, p.179; trad. de Croiset, p.113; trad. de Cazeaux, p. 109. Observe-se que o subtítulo do diálogo, tardiamente acrescentado, é: "da natureza humana" (*HS*, p. 39; ver também nota 25, p. 42; p. 66. Trad. bras., p.50; ver também nota 25, p. 54; p. 213. Eis o que J.F. Pradeau (*op. cit.*, p. 67) escreve: "O *Alcibíades*, ao contrário do que sugere o subtítulo que lhe deram seus editores alguns séculos após sua redação, não é uma pesquisa *sobre o homem*" (ou "antropológica").

[37] *HS*, p. 66. Trad. bras., p. 85.

[38] Idem, Ibidem, p. 67. Trad. bras., p. 87. Ver também acima, nota 18.

[39] Platão. *Alcibíades*, 132c. Trad. de Robin, p. 245; trad. de Maeboeuf e Pradeau, p. 179-180; trad. de Croiset, p. 115; trad. de Cazeaux, p. 109.

[40] *HS*, p. 68. Trad. bras., p. 88.

[41] Idem, Ibidem, p. 69; ver também, p. 70-71, 438-439. Trad. bras., p. 89; ver também, p. 90-91, 555-556.

[42] Idem, Ibidem, p. 70. Trad. bras., p. 90.

[43] Idem, Ibidem, p. 70. Cf. também p. 168-169. Trad. bras., p. 90; ver também p. 215-216.

[44] J.-F. Pradeau, *op. cit.*, p. 9.

[45] PLATÃO. *Alcibíades*, 103 a. Trad. de Robin, p. 203; trad. de Marboeuf e Pradeau, p. 87; trad. de Croiset, p. 3; trad. de Cazeaux, p. 39.

[46] PLATÃO. *Apologia de Sócrates*, 29 d e 30 a. Tradução brasileira de Jaime Bruna. In: *Sócrates*, col. "Os Pensadores". São Paulo: Abril Cultural, p. 15.

[47] *HS*, p.58. Trad. bras., p. 73-74.

[48] PLATÃO. *Alcibíades*, 103 a. Trad. de Robin, p. 203; trad. de Marboeuf e Pradeau, p. 87; trad. de Croiset, p. 3; trad. de Cazeaux, p. 39.

[49] PLATÃO. *Apologia de Sócrates*, 31 d e 40 a. Trad. bras., p. 17 e p. 26.

[50] Idem, Ibidem, 30c. Trad. bras., p. 16.

[51] Idem, Ibidem, 31a. Trad. bras., p. 16.

[52] J.Cazeaux, *op. cit.*, p. 24.

[53] PLATÃO. *Alcibíades*, 124 c. Trad. de Robin, p. 233; trad. de Marboeuf e Pradeau, p. 146; trad. de Croiset, p. 79; trad. de Cazeaux, p. 88. Acrescentemos a referência que Foucault faz à ideia de *salvação*: "Salvação de si e salvação dos outros. O termo salvação é absolutamente tradicional. Com efeito, nós o encontramos em Platão e precisamente associado ao problema do cuidado de si e do cuidado dos outros. É preciso salvar-se, salvar-se para salvar os outros" (*HS*, p. 174. Trad. bras., p. 222).

[54] J. Cazeaux, *op. cit.*, p. 25.

[55] Idem, Ibidem, p. 21.

[56] Idem, Ibidem, p. 26. Os grifos são nossos.

[57] J.-F. Pradeau, *op. cit.*, p. 33.

[58] M.-Laurence Desclos, *op. cit.*, p. XXX.

[59] J. Cazeaux, p. 26.

[60] PLATÃO. *Alcibíades*, 135 c-d. Trad. de Robin, p. 250; trad. de Marboeuf e Pradeau, p. 191-192; trad. de Croiset, p. 127; trad. de Cazeaux, p. 116-117.

[61] J.-F. Pradeau, *op. cit.*, p. 218, nota 164.

[62] J. Cazeaux, *op. cit.*, p. 14, 22, 24. J.-F. Pradeau, *op. cit.*, p. 33.

[63] *HS*, p.70. Trad. bras., p. 90.

[64] PLATÃO. *Alcibíades*, 135 e. Trad. de Robin, p. 251; trad. de Marboeuf e Pradeau, p. 192; trad. de Croiset, p. 129; trad. de Cazeaux, p. 117-118. Observação: a tradução de Croiset traz "nosso povo", onde as outras trazem "nossa cidade".

⁶⁵ Marie-Laurence Desclos, *op. cit.*, p. XXXIV.

⁶⁶ J.-F. Pradeau, *op. cit.*, p. 218, nota 167.

⁶⁷ *HS*, p. 168. Trad. bras., p. 215. Cf. expressão semelhante empregada por J.-F.Pradeau, *op. cit.*, p. 19, nota 3.

⁶⁸ *HS*, p.168. Trad. bras., p. 215.

⁶⁹ J.-F. Pradeau, *op. cit.*, p. 19.

⁷⁰ J. Cavalcante de Souza *in* Platão. *O Banquete*, tradução, introdução e notas de J. Cavalcante de Souza. São Paulo: DIFEL, 2002, p. 64.

⁷¹ Pode-se encontrar uma sequência simples mas bem feita dos personagens e seus discursos na publicação da dissertação de mestrado (orientada pela Profa. Dra. Jeanne Marie Gagnebin) de Dion David Macedo, *Do Elogio à verdade: um estudo sobre a noção de* Eros *como intermediário no* Banquete *de Platão*. Porto Alegre: EDIPUCRS, 2001.

⁷² PLATÃO. *O Banquete*, 213 e. Trad. bras., p. 168.

⁷³ Idem, Ibidem, 215 d-e. Trad. bras., p. 173. O grifo é nosso.

⁷⁴ Idem, Ibidem, 216 e. Trad. bras., p. 175. Os grifos são nossos.

⁷⁵ Idem, Ibidem, 216 b-c. Trad. bras., p. 174.

⁷⁶ Idem, Ibidem, 216 a. Trad. bras., p. 173-174. Os grifos são nossos.

⁷⁷ *HS*, p.169. Trad. bras., p. 216.

⁷⁸ Cf. *supra*, nota 21.

⁷⁹ J. Cazeaux, *op. cit.*, p. 10.

⁸⁰ J. Cazeaux, *op. cit.*, p. 30.

⁸¹ J.-F. Pradeau, *op. cit.*, p. 15-16.

⁸² J.-F. Pradeau, *op. cit.*, p.18.

⁸³ J.-F. Pradeau, *op. cit.*, p. 43. Ver também, p. 36; p. 62, nota 1.

Foucault
(Re)pensar a Educação

Sílvio Gallo

Michel Foucault, sabemos, exercitou um pensamento transversal, não ficando circunscrito a uma única área de saber, mas transitando pela Filosofia, pela História, pelo Direito, pela Psicologia... No entanto, a Educação não foi uma das áreas às quais Foucault tenha dedicado seu tempo e seu pensamento, a não ser de forma muito marginal. Certamente, não foi o foco de suas investigações. Por que, então, falarmos de Foucault na Educação? Ou, melhor dizendo, por que fazermos Foucault falar à Educação? Como fazer isso?

A pesquisa em Educação no Brasil teve um impacto da produção foucaultiana sobretudo nos anos oitenta, sob a inspiração de *Vigiar e Punir*. Foram trabalhos que privilegiaram sobretudo a questão do disciplinamento, buscando constatar nas escolas brasileiras as teses levantadas pelo filósofo francês sobre essa instituição moderna. Nos anos noventa, novo impacto, mais significativo, mais abrangente. Trata-se da produção do "grupo de Porto Alegre", em torno de Alfredo Veiga-Neto e Tomaz Tadeu da Silva, que buscou os diversos caminhos possíveis dos estudos foucaultianos em Educação. Nos últimos anos, essa produção vem sendo continuada, através de livros, artigos, dissertações e teses.

Nessa oportunidade, importa-me pensar para além e ao mesmo tempo aquém dos estudos que têm sido desenvolvidos na pesquisa educacional tomando Foucault como referencial teórico. De forma distinta da aplicação da analítica foucaultiana aos temas educacionais, importa-me, com Foucault, repensar a Educação; isto é, tornar uma vez mais o pensamento possível em Educação.

Nessa área de saber grassam duas ervas daninhas, que atrapalham o pensamento e mesmo o impedem: a primeira espécie é a das certezas prontas dos dogmatismos de toda ordem, que creem numa verdade revelada, seja por um deus, pela natureza ou pela história, como no caso das visões religiosas, dos positivismos, de certos marxismos. A segunda espécie é a das certezas prontas das "novidades" que são anunciadas a cada ano, e que propõem uma "nova visão", uma nova verdade que substituirá aquela dos dogmatismos, tornando-se ela mesma um novo dogmatismo.

Penso que a produção filosófica de Foucault, quando deslocada para se pensar a Educação, pode agir como um veneno contra essas ervas daninhas, tornando o pensamento de novo possível. Exatamente porque ele nos mostra que a Filosofia é uma forma de interrogarmos nossa relação com a verdade, de questionarmos o que identificamos como verdadeiro e qual a razão que nos leva a isso. Uma atitude, portanto, completamente avessa a qualquer tipo de "certeza pronta". Vejamos como o filósofo pronunciou-se a esse respeito:

> O que é a Filosofia senão uma maneira de refletir, não exatamente sobre o que é verdadeiro e o que é falso, mas sobre nossa relação com a verdade? Lamenta-se às vezes que não haja Filosofia dominante na França. Tanto melhor. Nenhuma Filosofia soberana, é verdade, mas uma Filosofia, ou melhor, a Filosofia em atividade. É Filosofia o movimento pelo qual, não sem esforços, hesitações, sonhos e ilusões, nos separamos daquilo que é adquirido como verdadeiro, e buscamos outras regras de jogo. É Filosofia o deslocamento e a transformação dos parâmetros de pensamento, a modificação dos valores recebidos e todo o trabalho que se faz para pensar de outra maneira, para fazer outra coisa, para tornar-se diferente do que se é [...]
>
> Eu dizia há pouco que a Filosofia era uma maneira de refletir sobre nossa relação com a verdade. É preciso acrescentar: ela é uma maneira de nos perguntarmos: se esta é a relação que temos com a verdade, como devemos nos conduzir? Acredito que se fez e que se faz atualmente um trabalho considerável e múltiplo, que modifica simultaneamente nossa relação com a verdade e nossa maneira de nos conduzirmos. E isso em uma conjunção complexa entre toda uma série de pesquisas e todo um conjunto de movimentos sociais. É a própria vida da Filosofia. (FOUCAULT, 2000, p. 305-306)

Se a Filosofia, como afirma Foucault, é este exercício da suspeita, esta busca inquietante por aquilo que ainda não pensamos, esta interrogação sobre a própria maneira de nos conduzirmos, então a Filosofia da Educação precisa ser um questionar-se sobre as certezas prontas do universo educacional. Para além de ser um dos pilares, um dos fundamentos da Educação[1], a Filosofia precisa ser para a Educação justamente aquilo que lhe tira os fundamentos, aquilo que lhe tira o chão, fazendo com que o pensamento uma vez mais emirja. Penso ser esta a principal lição que temos a aprender com a obra de Foucault, nós que nos dedicamos à área de Educação.

No entanto, o empreendimento de levar a voz de Foucault à Educação pode ser bastante perigoso. O perigo, por sua vez, é tomar Foucault para uma nova colonização do pensamento, caindo no mesmo problema anterior. Já afirmei que uma das ervas daninhas no campo educacional é o apegar-se às novidades que tragam novas certezas; pois bem, não raro também vemos trabalhos que enxergam na obra de Foucault esse tom novidadeiro, e desdobram-se em enunciar novas certezas pedagógicas, novas verdades a colonizar o pensamento. Mas Foucault não tem a última palavra a ser dita sobre nada, muito menos sobre Educação.

Dizendo de outro modo, para se pensar a Educação, para se fazer uma Filosofia da Educação, penso que a produção foucaultiana pode ser tomada como ponto de partida, mas uma partida que não anuncia de antemão o ponto de chegada, que permita que o pensamento aconteça livremente e não o circunscreva em cânones predefinidos. Se quisermos falar como Deleuze e Guattari, teríamos em Foucault uma espécie de "Filosofia menor", de "Filosofia nômade", opondo-se à Filosofia instituída, definidora dos cânones do pensamento oficial.[2] Se nessa última as certezas das premissas já anunciam de antemão o ponto de chegada, um pensamento nômade é aquele que não tem caminhos definidos de antemão, mas segue ao léu, segundo o fluxo dos acontecimentos, fazendo descortinar perspectivas novas, muitas vezes insuspeitadas.

Produzir uma Filosofia da Educação com inspiração foucaultiana, portanto, é operar deslocamentos no pensamento. E é o próprio Foucault quem nos inspira nesse empreendimento de deslocamento do pensamento, que permita a emergência de novas possibilidades, de caminhos outros, quando na introdução ao segundo volume de sua *História da Sexualidade* explica as alterações de percurso em sua pesquisa.

> Um deslocamento teórico me pareceu necessário para analisar o que freqüentemente era designado como progresso nos conhecimentos: ele me levara a interrogar-me sobre as formas de práticas discursivas que articulavam o saber. E foi preciso também um deslocamento teórico para analisar o que freqüentemente se descreve como manifestações do 'poder': ele me levara a interrogar-me sobretudo sobre as relações múltiplas, as estratégias abertas e as técnicas racionais que articulam o exercício dos poderes. Parecia agora que seria preciso empreender um terceiro deslocamento a fim de analisar o que é designado como 'o sujeito'; convinha pesquisar quais são as formas e as modalidades da relação consigo através das quais o indivíduo se constitui e se reconhece como sujeito. Após o estudo dos jogos de verdade considerados entre si – a partir do exemplo de um certo número de ciências empíricas dos Séculos XVII e XVIII – e posteriormente ao estudo dos jogos de verdade em referência às relações de poder, a partir do exemplo das práticas punitivas, outro trabalho parecia se impor: estudar os jogos de

verdade na relação de si para si e a constituição de si mesmo como sujeito, tomando como espaço de referência e campo de investigação aquilo que poderia chamar-se "história do homem de desejo". (FOUCAULT, 1984, p. 11)

O longo trecho citado serve duplamente aos meus propósitos nesse artigo: por um lado, ao evidenciar que Foucault não admite ficar preso ao próprio pensamento, amarrado ao que foi planejado no início do processo de investigação, mas se abre para as possibilidades que encontra no percurso, não hesitando em mudar o rumo, em admitir deslocamentos teóricos. Ora, se ele não admite isso consigo mesmo, por que o admitiríamos nós, ao fazer uso de seu pensamento para produzir nosso próprio pensamento? Por outro lado, porque nesse trecho o pensador francês nos fornece, ele próprio, uma visão geral de sua produção teórica, articulada em torno de três processos, todos eles frutos de deslocamentos teóricos: a análise do "progresso" dos conhecimentos, com uma interrogação sobre as práticas discursivas, isto é, o estudo dos jogos de verdade entre si; a análise das manifestações do poder, com uma interrogação em torno das múltiplas relações de poder, isto é, o estudo dos jogos de verdade em relação poder; por fim, a análise da constituição do si mesmo como sujeito, com uma interrogação em torno do desejo, isto é, o estudo dos jogos de verdade na relação de si para si.

Essas três dimensões da produção teórica de Foucault já foram identificadas como três momentos estanques e independentes; Miguel Morey forneceu uma visão mais articulada dessas três dimensões, como que constituindo "eixos" em torno de uma ontologia do presente.

Ficarei aqui com a proposta de Alfredo Veiga-Neto, que o identifica na produção foucaultiana três "domínios": o do s*er-saber*; o do *ser-poder*; e o do *ser-consigo* (VEIGA-NETO, 2003).

Penso que cada um desses domínios pode ter implicações interessantes no pensamento educacional contemporâneo, se quisermos investir num pensamento aberto, produtivo, criativo, não afeito a verdades prontas e definitivas. A seguir, limito-me a indicar as potencialidades que vejo em cada um destes domínios, sem a menor pretensão de fazer uma análise, muito menos uma análise exaustiva.

Educação e ser-saber

Para que a Pedagogia pudesse ousar reivindicar um estatuto científico, foi necessário que os saberes se constituíssem enquanto representação do real e que o próprio homem se fizesse alvo de representação, através das ciências humanas. Só quando ele próprio torna-se objeto científico é que se pode arriscar fazer ciência sobre sua formação.

No palco da *episteme* moderna, da representação, o saber científico constrói-se então numa busca de ordenação do mundo. Ora, as diversas ciências –ou as várias disciplinas – constituem-se em esforços de construção de uma ordem do mundo no nível do saber. Esta ordenação está intimamente relacionada com os mecanismos de poder.

A disciplina, que se tornou sinônimo de campo de saber tanto na epistemologia quanto na estrutura curricular do saber escolar, apresenta uma ambiguidade conceitual muito interessante: invoca em si tanto o campo de saber propriamente dito quanto um mecanismo político de controle, de um certo exercício do poder. Disciplinarizar é tanto organizar/classificar as ciências quanto domesticar os corpos e as vontades. Para a Filosofia da Educação pensada a partir dos dispositivos foucaultianos, este é um dos referenciais mais promissores.

Uma Filosofia da Educação de inspiração foucaultiana pode revelar a historicidade dos conhecimentos educacionais, para além de qualquer apelo universal, auxiliando a desvendar os mecanismos disciplinares e de tecnologia de saber que permitiram a conformação da escola moderna tal como a conhecemos, fornecendo elementos para que compreendamos sua crise. E, se a analítica foucaultiana não é propositiva, permite-nos estabelecer experiências de pensamento que possibilitem exercícios em torno de concepções de Educação e de práticas pedagógicas não fundamentalistas.

Educação e ser-poder

Analisando a conformação histórica dos poderes, Foucault mostrou que vivemos, naquilo que se convencionou chamar de Modernidade, três modelos de exercício de poder: o de *soberania*, o *disciplinar* e o *biopoder*. Eles não se excluem, mas se complementam. As tecnologias disciplinares são construídas no âmbito mesmo da soberania, como uma forma de domar os corpos dos indivíduos, como uma forma de introjetar a dominação. Podemos dizer então que a própria noção moderna de indivíduo é um efeito de exercícios de poder, pois é o disciplinamento que faz com que o indivíduo emirja. As instituições disciplinares começaram a tomar forma a partir do século dezessete e se consolidaram durante o dezoito. É no final deste século que começou a se delinear a tecnologia do biopoder, quando a disciplina já cumpriu seu papel de individuação. E o biopoder permitirá o exercício sobre um novo corpo político: a *população*. É o biopoder que possibilita a governabilidade dos povos.

Da mesma maneira em que a tecnologia do poder disciplinar tem como objeto a sujeição do corpo do indivíduo, tornando-o dócil, manipulável, a tecnologia do biopoder é exercida sobre um corpo, mas não um corpo individual e sim coletivo; esse novo corpo político, distinto do corpo individual e do corpo social, a um só tempo instituído por e objeto sobre o qual o biopoder se exerce, é a *população*. "A biopolítica lida com a população, e a população como problema político, como problema a um só tempo científico e político, como problema biológico e como problema de poder, acho que aparece nesse momento" (FOUCAULT, 2000a, p. 292-293).

Na sociedade sob a égide da biopolítica, trata-se de controlar a população, de modo que se estabelecem mecanismos de se acompanhar e controlar a proporção de nascimentos e óbitos, a taxa de reprodução, de se efetuar o controle de endemias e epidemias que se abatem sobre uma dada população etc. Como se trata de "fazer viver" e, em determinados casos, "deixar morrer", a biopolítica faz nascer sistemas de seguridade social, de previdências públicas e privadas, de poupanças. Em suma, podemos dizer que a própria noção de Estado de bem-estar social só foi possível sob a égide do biopoder.

Essa análise genealógica do poder nos permite compreender as diferentes conformações históricas das práticas educativas e de suas instituições. Desvendando as relações de poder no âmbito das práticas educativas, podemos investir na criação de novas relações, de novas possibilidades de ser e de construção subjetiva, não necessariamente moldadas pelos cânones instituídos.

Educação e ser-consigo

Nesse terceiro domínio, Foucault nos permite a nós, educadores, pensarmos em torno daquilo que estamos fazendo de nós mesmos. A investigação em torno das relações de poder levou-o a encontrar os mecanismos de relação do indivíduo consigo, a noção da antiguidade clássica da ética como uma construção de si, como uma forma de cuidar de si.

E qual é a ação do educador, senão cuidar dos outros (os educandos) e, assim, cuidar de si mesmo, constituindo-se ele próprio como sujeito do ato educativo?

Escrevendo sobre a escrita como técnica de si, Foucault afirmou que: "Nenhuma técnica, nenhuma aptidão profissional podem adquirir-se sem exercício; também não se pode aprender a arte de viver, a *tekne tou biou*, sem uma *askesis*, que é preciso entender como um adestramento de si por si mesmo" (FOUCAULT, 1992, p. 132). E mais adiante afirma que o uso da escrita como treino de si encontra em Plutarco sua definição como função *etopoiética* (idem, p.134), isto é, a afirmação de que a escrita de si e sobre si mesmo serviria como uma forma de transformar a verdade em *ethos*, em forma de conduta para moldar a própria vida, como o artesão que com as mãos dá forma ao barro.

Na tradição ocidental, a Educação tem sido identificada como *Paideia* (pelos gregos antigos) e como *Bildung* (pelos alemães da Modernidade), isto é, como uma forma de edificação dos sujeitos, como construção de si, como formação, numa palavra. O problema é que não raro essa formação foi constituída como um processo de subjetivação externa, heterônoma, constituindo sujeitos para uma máquina social de produção e de reprodução.

A inspiração foucaultiana nos desafia a pensar uma construção autônoma de si, como resultante dos jogos de poder, de saber e de verdades nos quais vamos nos constituindo social e coletivamente. Aquela "Educação de si" da qual já falava Nietzsche, na contramão da instituição formativa alemã.

Pensando com Foucault, o educador precisa adestrar-se a si mesmo, construir-se como educador, para que possa educar, isto é, preparar ao outro para que adestre-si a si mesmo.

Se quisermos dizer como o Rancière de *O Mestre Ignorante*, o educador precisa emancipar-se a si mesmo, para que sua atividade docente possa ser um ato de emancipação e não de embrutecimento. Apenas se emancipado, exercitado em si mesmo, o educador poderá estar apto para um processo de subjetivação que insista em que cada um eduque-se a si mesmo.

Finalizando...

Pensar a Educação, repensar a Educação. Pensar. Pensar o já pensado. Pensar o ainda não pensado. Produzir e viver experiências de pensamento, fazendo da Filosofia da Educação uma empresa viva, dinâmica, criativa. Usar a Filosofia de Foucault como ferramenta, como dispositivo para descolonizar o pensamento, em lugar de novamente loteá-lo, agora em nome de conceitos e expressões foucaultianas.

Repensar a Educação em seus domínios epistemológicos, políticos e ético-estéticos, possibilitando uma descolonização do pensamento, tornando o pensamento uma vez mais possível nesse território, eis o que nos possibilita o deslocamento da produção foucaultiana para o território Educação. Em outras palavras, tal empreendimento faz sentido na medida em que permita que nos pensemos a nós mesmos, através das questões educacionais, fazendo o movimento da Filosofia viva. A Filosofia da Educação como um exercício do "ensaio". Não é pouca coisa.

Concluo, corroborando essa afirmação, com mais uma citação de Foucault: "o 'ensaio' – que é necessário entender como experiência modificadora de si no jogo da verdade, e não como apropriação simplificadora de outrem para fins de comunicação – é o corpo vivo da Filosofia, se, pelo menos, ela for ainda hoje o que era outrora, ou seja, uma 'ascese', um exercício de si, no pensamento." (FOUCAULT, 1984, p. 13).

Notas

[1] No Brasil, a Filosofia tem sido compreendida como um dos Fundamentos da Educação, juntamente com a História, a Sociologia, a Psicologia. Estas áreas são vistas como conhecimentos básicos sobre os quais se assentam os saberes pedagógicos, isto é, como verdades primeiras, premissas, que embasam as verdades pedagógicas. Nos cursos de Pedagogia é comum que disciplinas de Filosofia e/ou Filosofia da Educação, assim como de História, Sociologia e Psicologia, apareçam nos primeiros semestres, obedecendo a esta lógica. Também é comum em nossas universidades a existência de departamentos de Fundamentos da Educação, que agregam essas áreas de saber.

[2] A noção de "menoridade", de "nomadismo" na Filosofia e em outras áreas do saber é tratada por Deleuze e Guattari em diversos textos. Sugiro sobretudo aqueles que compõem a obra *Mil Platôs*, em especial o *1227 – Tratado de Nomadologia: a máquina de guerra* (na edição brasileira, está no volume 5). Sugiro ainda uma olhada no livro *Deleuze & a Educação*, que publiquei pela Editora Autêntica; ali, exploro a ideia de uma "Educação menor".

Referências

DELEUZE, Gilles; GUATTARI, Félix. *Mille Plateaux*. Paris: Minuit, 1980.

FOUCAULT, Michel. *História da Sexualidade II: o uso dos prazeres*. Rio de Janeiro: Graal, 1984.

FOUCAULT, Michel. *A Escrita de Si*. In: *O que é um autor?* Lisboa: Vega, 1992.

FOUCAULT, Michel. *Arqueologia das Ciências e Histórias dos Sistemas de Pensamento* (Ditos e Escritos, vol. II. Rio de Janeiro: Forense Universitária, 2000.

FOUCAULT, Michel. *Em defesa da sociedade*. São Paulo: Martins Fontes, 2000a.

FOUCAULT, Michel. *Le Foucault Électronique – version électronique de les ouvres completes de Michel Foucault*. Paris: Gallimard-Seuil, 2001.

GALLO, Sílvio. *Deleuze & a Educação*. Belo Horizonte: Autêntica, 2003.

RANCIÈRE, Jacques. *O Mestre Ignorante*. Belo Horizonte: Autêntica, 2002.

VEIGA-NETO, Alfredo. *Foucault & a Educação*. Belo Horizonte: Autêntica, 2003.

Velha? Eu?
Autorretrato de uma feminista[1]

Tania Navarro Swain

A velhice não é, finalmente, senão uma categoria social. No quadro binário de construção do mundo, seu referente é a juventude, outra categoria instituída pelo social e hiper valorizada.

Um dos grandes tabus de nossa cultura é a velhice. Os corpos perdem força e vitalidade, é verdade, mas a "velhice" não passa de uma representação social que polariza e hierarquiza o humano para melhor excluir, para melhor controlar, para melhor cindir as forças de resistência. Mas e esta pele que se enruga e esta altura que encolhe, estes desejos que se fanam, esta sabedoria duvidosa, feita de desencantos? A velhice, afinal, é um estado pelo qual todas/os passaremos, a menos que a morte antes nos ceife. Vida e morte colidem no estado de velhice, mas em algum momento é a morte que triunfa. A velhice é a marca da morte em nossos corpos e peles, em nossos olhos, em nosso olhar, mas também o é a doença, o medo, o ódio, o poder que dissolve as entranhas, ao decretar na norma, o direito à vida.

A velhice se debate, assim, entre *chronos* e *tanatos*, mais um objeto da biopolítica de hierarquização social, que instala o paradoxo da exaltação da vida face à violência da morte que habita nossos corpos e nos circunda. É a interdição do aborto e o descaso com as crianças que povoam nossas ruas; é, como assinala Foucault "[...] o controle da vida mais que a ameaça da morte que dá ao poder seu acesso ao corpo", a biopolítica [...] que faz entrar a vida e seus mecanismos no domínio dos cálculos explícitos e faz do poder-saber um agente de transformação da vida humana" (FOUCAULT, 1976, p. 188).

Mas a velhice é também uma abstração materializada pelo biopoder: ao questioná-la em suas evidências, encontramos um vácuo de sentido, uma categoria disseminada, construída segundo suas condições de inteligibilidade e imaginação. Se Foucault aponta para uma nova sensibilidade em relação à velhice, uma nova categorização inclusive[2], seu lugar de fala é a França, onde idosos são um grupo consumidor, fazem parte do mercado capitalista. Entre nós, esta nova sensibilidade apenas encobre o desprezo, que aparece em uma certa condescendência social em relação à velhice, criando-lhes um não-lugar: seus relacionamentos vistos como travessuras, "tão bonitinhos", "a melhor idade", a "terceira idade" que começa cada vez mais cedo. Atenção aos mais de 40! É a quarta idade!

De fato, esses grupos de pessoas são vistos através da ótica de um referente, também criatura histórica e disseminada: a juventude. Seria esta definida pelos parâmetros do dispositivo da sexualidade, regida pelo sexo, pela performance e/ou capacidade reprodutiva? Marcada por limites tão indefinidos quanto a velhice, a juventude seria apenas o domínio da incompletude, da expectativa, domínio explícito do biopoder, na expansão da sexualidade e do trabalho?

Foucault considera que "Contra o dispositivo da sexualidade o ponto de apoio para o contra-ataque não deve ser o sexo-desejo, mas os corpos e os prazeres" (id., p. 208). Dessa perspectiva, podemos reconsiderar a categoria velhice, pois as técnicas da existência, a construção e o deleite de si não têm idade cronológica.

Assim, a identidade sexuada, quer seja definida pela sexualidade e suas formas de exercício, quer seja demarcada pela naturalização do sexo biológico faz, desse não-lugar da velhice, de fato, um lócus de fomento à libertação das contingências do dispositivo, dessa construção de nossos corpos em sexo.

Entretanto, em nossa sociedade, a velhice é considerada a antecâmara da morte, uma morte em vida: para as mulheres, a essência que lhes é atribuída, a procriação-sedução desaparece, reduzindo-as a corpos inexpressivos; para os homens, a virilidade identitária míngua, murcha. Viagra neles! Adentrar a velhice, nesse universo de sentidos, significa perda: perda de importância, de *status*, de autoestima.

Por outro lado, esse não-lugar esgarça a inteligibilidade social do indivíduo: não é mulher nem homem, é "idoso", assim como ser "aposentada/o" significa a perda de toda uma bagagem e experiência profissionais, de toda uma existência no mundo do trabalho. Aliás, no caso das mulheres "do lar", com a velhice nem essa categorização atingem: são avós, ou... avós. Afinal, suas carreiras não ficaram contidas na maternidade?

Essa velhice disseminada, este objeto histórico que congrega e dissocia pessoas, Foucault coloca no âmbito das heterotopias: "[...] estes espaços diferentes, estes outros lugares, uma espécie de contestação, ao mesmo tempo mítica e real, do espaço em que vivemos" (FOUCAULT, 1980-88, p. 756).

Esse não-lugar habitado da velhice pode ser, portanto, uma chance de transformação do imaginário social, das representações sociais que atrelam velhice a corpos desfeitos e mentes errantes, que fazem de uma mítica juventude – tão fugaz, tão sofrida – um ideal a ser eternamente perseguido.

Cada heterotopia, entretanto, diz ele, tem um funcionamento preciso e determinado no interior da sociedade e a mesma heterotopia pode, segundo a sincronia da cultura na qual se encontra, ter um funcionamento ou um outro (idem, p. 757).

É o caso da velhice, definida e contemplada, em sua disseminação histórica, ali enquanto lócus de sabedoria, acolá peso social; de fato, para Foucault, a velhice estaria entre as heterotopias do desvio, "[...] aquelas nas quais se coloca os indivíduos cujo comportamento é desviante em relação à média ou à norma exigida [...]."

Que média é esta, senão um arbitrário referente, "os jovens"; quem são eles? Como identificá-los? Apenas pela idade cronológica? Seria isso suficiente? Tais questões se colocam apenas em uma perspectiva binária do mundo: o corpo não é velho senão em relação a um referente que, hoje, se chama "juventude", um valor entre outros, suscetível de mudança, segundo os espaços e as culturas.

Valores instituindo corpos, peles, marcas, sua textura, suas cavidades e protuberâncias, seus orifícios, seus limites, valores que os tornam inteligíveis; no caso das mulheres, enquanto fêmeas, são construídas segundo sua capacidade de despertar os fantasmas sexuais, de posse, de prazer e, sobretudo, do poder masculino. Valores criando velhice, juventude, mulheres e homens, sempre de forma binária, numa biopolítica de campos opostos de exclusão

Deste lugar de fala que é o meu, expresso minha experiência paradoxal e mimética de ser mulher e feminista, posição que me remete também a uma heterotopia do desvio, fora das normas, mas em um espaço excêntrico de possibilidades.

Meus cabelos são compridos e brancos, crime de lesa majestade para uma mulher no Brasil. Visto-me como bem me apetece, para escândalo das/dos colegas e para alegria de meus alunos, que partilham minhas preferências. Nunca torturei meus pés nesses sapatos pontudos e de salto alto (elegantes!) que nos impedem de correr, saltar, ter uma postura correta. Sinto-me bem e confortável nos meus *running sho*es que me transportam entre conferências e palestras, das bancas de tese às aulas habituais.

Tenho 58 anos e as pessoas, até agora, costumam exclamar: "tudo isso?" Vejo nesse espanto uma reação de incredulidade face à *obscena* (Dao, 2003) exposição desta tara: uma "certa" idade.

Navego muitas vezes contra a correnteza (e isto desenvolve os músculos – intelectuais?). Com essa imagem, eu me construo um sujeito feminista que não agrada a tod@s (longe disto!) mas que avança como um peão do Go, descrito por Deleuze (1997, p. 13-15)[3], que não é subjetivado nem definido e seu poder depende exclusivamente de sua posição estratégica, para além dos espaços estriados, fora dos trilhos que restringem o espalhar das sendas.

Enquanto sujeito feminista, aspiro à transumância, à mudança, à destruição das evidências, que nos confinam aos papeis de gênero, às definições sexuadas, a um corpo preestabelecido para minha "feminitude".

Recuso-me, de fato, a compor o binário entre "mim e o outro", eu não sou outro de um sujeito definido como norma, nem, tampouco, "o outro do outrem". O olhar que me roça para melhor definir meus contornos, estabelecer para mim um lugar na taxonomia do social, não me provoca senão um riso de mofa.

Seria eu a outra de mim mesma? Minha imagem no espelho é a de uma estrangeira, renovada a cada dia; aqui uma dobra, ali uma ruga, uma expressão nos olhos; essa tristeza que se acumula na experiência; a neve que, cada vez mais, possui meus cabelos.

A idade cronológica avança inexoravelmente para tod@s. Apenas os mortos não envelhecem. Mas o que faz de um ser humano uma pessoa jovem ou velha? O corpo, é verdade, se estiola; mas a velhice, essa é apenas uma categoria social, criada pelo biopoder para melhor separar o humano em hierarquias e impor modelos de consumo e de vida. Aqueles que respondem às necessidades de mercado, ao patriarcado, ao desejo de poder, essa tormenta que assola as relações humanas.

O que é esta juventude, tão rápida, tão fugaz, tão fluida, cujas margens se alongam ou se retraem, segundo as *condições de imaginação*, de enunciação, das representações sociais do mundo, dos corpos, do humano? Em certas regiões do Brasil, uma criança de 12 anos é uma mulher pronta para o casamento; aos 25 é uma "velha", enrugada, desfeita pelos partos e/ou abortos sucessivos (ilegais, clandestinos para a hipocrisia social, mas que se contam aos milhões), dobrada pelo peso dos dias, ainda tão poucos, de sua vida.

Mas o que é afinal a velhice? Vemos florescer, mesmo nas fileiras dos feminismos, os " grupos de jovens", face às feministas "clássicas", tradicionais, "idosas", velhas, enfim. O que faz a coerência dos grupos de "jovens"? Quais são seus limites, seus objetivos, seus laços? Como a idade pode determinar o pertencimento, senão em um mundo traçado, estabelecido, definido, onde os gostos e preferências se estabelecem segundo a publicidade, a propaganda, avatar último de uma globalização avassaladora em marcha? E quais são os detalhes sutis que colocam alguém, inexoravelmente, entre as "velhas"? A terceira idade começa aos 30 ou 31 ou 42 ou 54? E a quarta idade e a quinta? Qual é a ruga ou a quantidade de cabelos brancos que determinam essa passagem?

A "juventude" significa comportamentos especiais, preferências particulares, tendências específicas? O que constitui este grupo de "eleit@", cujo reino é tão rapidamente corroído pelo tempo-que-foge? E a "velhice", que significa? Em que momento passamos de um lado para o outro? Seria a idade ou a aparência?

"Velhice", "juventude", mais uma vez a linguagem nos molda em palavras generalizantes, que fingem ter um sentido único, lá onde há apenas dispersão, como bem apontou Foucault (1971). Mais uma identidade ilusória que define o humano para melhor hierarquizá-lo, cindi-lo, criando separações e exclusões. É assim tão difícil perceber as linhas de poder que sustentam as oposições binárias? Na formação de grupos, cujos limites criam as margens e os marginais?

A idade é com certeza um definidor de gêneros, mas não apenas nas categorizações do feminino/masculino; dentre as próprias mulheres, as feministas e os grupos ditos "minoritários", a idade é também um divisor de águas.

Aprecio a noção de *serialidade* como força positiva de ação política feminista, tal como explicita Íris Young (1996, p. 168), para além de uma suposta coerência de "grupos", que criam a ilusão de uma essência comum a fim de permitir sua coesão (as ditas "minorias visíveis", classificadas segundo a cor da pele, a estatura, a força, o peso, a idade, etc.):

> Eu proponho que se estenda o gênero em referência a uma serialidade social, um tipo específico de coletividade social [...] Eu sugiro que entender o gênero numa serialidade traz várias vantagens. Isso permite um tipo de entendimento acerca das mulheres como um coletivo social, sem exigir que todas as mulheres possuam atributos comuns ou uma situação comum. Além disso, o gênero como uma serialidade não implica uma identidade ou de uma autoidentidade para que se compreenda a produção social ou o significado de pertencimento a um coletivo.

Os grupos, nessa perspectiva, formam-se por "precipitação" (no sentido químico do termo), isto é, pela necessidade política de intervenção sobre o social, pelo desejo de transformação, pelo gosto do movimento, da transumância, pelos sulcos estratégicos sobre os espaços lisos, que não marcam senão provisoriamente a direção dos passos. Essa é uma perspectiva heterotópica, criadora de espaços outros, afastando os limites e as margens dos grupos instituídos por uma qualquer identificação.

Em meu entender, nisso se encontra a coesão dos grupos e não nos detalhes corporais, ou em certas práticas, definidos previamente pelos valores instituídos pelo social. Assim, para as mulheres, os valores são beleza (segundo rígidos padrões), a juventude, a magreza, a capacidade de sedução; são normas que constroem os corpos femininos em um quadro de poder e inteligibilidade binária. Neste caso, fica clara a análise proposta por Judith Butler (1990, p. 7) que o gênero (ou seja, os valores, as representações, as imagens atuantes em um tempo/espaço definidos na diferenciação dos sexos) *cria* os corpos e o sexo, ao moldá-los.

Mas como forjar o novo, em um mundo construído pelos paradigmas, por certezas e verdades? Os imaginários feministas, para Rosi Braidotti, Luce Irigaray e Donna Haraway estão comprometidos com a tarefa de subverter as visões e representações convencionais do humano e especialmente da subjetividade feminina, lutando com a linguagem para produzir representações afirmativas. (BRAIDOTTI, 1994, p. 3)

Nesse sentido, encontramo-nos além dos corpos instituídos, delimitados pelo traço invisível dos valores sociais, em pleno domínio da criatividade, em plena heterotopia, mesmo se nossa experiência-como-mulher-no-mundo nos determina um ponto de ancoragem[4].

A polarização de grupos divididos em "juventude" *versus* "velhice", retoma, de fato, a naturalização dos corpos, remetendo ao biológico, à evolução, aos corpos como superfície pré-discursiva. Vemos, assim, em ação, as categorias sociais que criam os corpos em bases identitárias, articuladas pelo gênero *e* pela idade, pois os valores são diferenciados para a instituição dos corpos-em-mulheres e dos corpos-em-homens.

Nas fileiras dos feminismos, a oposição anódina entre "jovens" e "velhas" retoma o biológico como vetor valorativo de cisão, escondendo os valores que a sustentam. "Estilos de carne", como sublinha Judith Butler (1990), *generizados e* articulados pelo eixo idade. Dividir, para melhor controlar? A quem interessa essa cisão? Quem controla, que poder é este que se articula sobre corpos dotados de sentidos, criando outros sentidos, um corpo que existe segundo os graus de valor estabelecidos pelo social/patriarcal?

Devemos nós sofrer novas hierarquizações que enfraqueçam nossas ações, nossas "precipitações" políticas? Aprecio sobremaneira o modo como as feministas de Quebec falam das "jovens": consideram-nas como as sucessoras. Aquelas que estarão à frente das transformações do social e que hoje formam as *serialidades* conosco (as mais "velhas"), em uma troca de forças, objetivos, experiências.

A "juventude", de fato, se define, para as mulheres, em relação à *desirabilidade* de seus corpos. E o medo de envelhecer se engendra pelo medo de não mais agradar, de não mais ser desejada, olhada – no Brasil, as mulheres de mais de 40 anos tornam-se, em grande parte, ruivas! Como suportar o peso dos cabelos brancos, de um envelhecimento anunciado?

O assujeitamento às imagens do corpo, assim, não é unicamente uma força externa que se exerce sobre os sujeitos, dando-lhes sentido e existência, mas uma *autorrepresentação* constitutiva do corpo-em-mulher, idealizado. Como não criticar, nos feminismos, a divisão entre jovens e velhas, cisão que responde, afinal, às injunções androcêntricas de um sistema binário de compreensão do mundo? De valores que definem, antes de tudo, as mulheres na medida de seus corpos?

Menopausa – mais uma armadilha

No escaninho da "velhice", a queda da autoestima é proporcional à ênfase dada pelos discursos sociais as jovens, à "juventude", como sinônimos de felicidade, sucesso, prazer, inclusão. Quem não fica encantado pela beleza dos corpos que aproveitam e cantam a vida, tomando Coca-Cola?

Nesse sentido, a menopausa é, para as mulheres, um rito de passagem; mas uma passagem para o reino das sombras, pois ao perder a fecundidade, base da feminilidade, o corpo-em-mulher torna-se "inútil"; a sexualidade sofre um deslocamento, entre liberação, culpabilidade, rejeição.

> Em certos discursos médicos, de grande peso, que transitaram ente os séculos XIX e XX, as mulheres na menopausa foram consideradas como "castradas", "doentes", presas à dispepsia, dores reumáticas, paralisia, apoplexia, hemorragias, tuberculose e diabetes, tornando-se irritáveis, deprimidas, histéricas, melancólicas e mesmo insanas. (FAUSTO-STERLING, 1999, p. 169-171)

Nessas formulações médicas e midiáticas, portanto, as transformações do corpo feminino aparecem como crise ou doença. É uma nova forma de apropriação dos corpos das mulheres, uma nova medicalização, que lhes designa um lugar fora do normal, aquele marcado pelo selo da "verdadeira mulher": não basta ser jovem, bela e sedutora; é preciso ser fértil, esta é sua essência, sua razão de ser no mundo. O que se tornam, então, as mulheres na menopausa?

A menopausa é, também, uma categoria social e neste sentido, é uma recriação do corpo doente, (todas histéricas!), por definição, feminino. Para as "jovens", esta reapropriação é realizada pelos discursos sobre a TPM (tensão pré-menstrual) que reduz os seres humanos-mulheres a seus hormônios (nada de novo sob o sol!).

É ainda e sempre o "dispositivo da sexualidade" em ação, descrito por Foucault (1976, p. 141), cuja razão de ser não é se reproduzir, mas proliferar, inovar, anexar, inventar, penetrar os corpos de modo cada vez mais detalhado e controlar as populações de maneira cada vez mais global.

É, portanto, esse "dispositivo" que cria uma *bolsa de valores sociais*, cujo índice se mede pela idade e pela beleza. Com efeito, é sobre estes corpos, construídos segundo certos modelos, que se instituem as normas, as partilhas, a grande ameaça do envelhecimento excludente, de um corpo que aos poucos vê seu valor social decrescer.

Dessa forma, a menopausa[5] significa ainda um discurso generalizado sobre as mulheres e seus corpos, afligidos por calores, vaginas secas, sono interrompido. O tratamento de tais "sintomas" é não somente o confisco e a reconstrução dos corpos-em-mulheres – para melhor desvalorizá-los – mas igualmente uma questão de vultosas somas de dinheiro, pois a indústria farmacêutica/cosmética aufere imensos benefícios com a venda de produtos antimenopausa, antivelhice, antirrugas, anticelulite, produtos *viva-a-juventude*!

Entretanto, como analisa Anne Fausto-Sterling, bióloga, os resultados das pesquisas nesse campo são enviesadas pela escolha do universo estudado, ou seja, apenas as mulheres que se queixam destes "sintomas"; assim, conseguem generalizar suas conclusões para todas as mulheres. Aumentando seu campo de observação, as pesquisas feministas (como por exemplo as de Madeleine Goodman ou Karen Fry), por sua vez, chegam a resultados inteiramente diferentes: 75% das mulheres na menopausa não se queixavam desses males, por um lado e, por outro, 16% das mulheres em plena fecundidade os apresentavam (Fausto-Sterling, 1999, p. 173).

Vemos, assim, que a menopausa é um processo que varia segundo a pessoa e o desconforto; que talvez surja, mas não é uma generalidade. Com efeito, como sublinha Anne Fausto-Sterling, os hormônios compõem um quadro sistêmico e essa complexidade é esquecida em favor, unicamente, do nível de estrogênio, o hormônio da feminilidade (id., p. 172).

Vemos, desse modo, os pressupostos representacionais e binários do mundo orientar a vida, as pesquisas, os resultados "científicos", "objetivos", as noções de doença/saúde, de juventude/velhice, de verdadeira mulher, bela, sedutora, capaz de engendrar novos pequenos machos e as velhas viragos infecundas, feiticeira assustadoras de uma outra era (a jurássica?).

A velhice, tanto quanto a juventude, é uma categoria social que cristaliza, sobre os corpos em transformação contínua, valores e significações com uma importância decisiva sobre seu lugar nas relações humanas.

Porém, diz o senso comum, pode-se estar envelhecendo, mas guardando uma juventude de espírito! E, assim, estamos de novo no grupo vencedor, aquele que dirige o mundo, que usufrui da vida, que ri e ama, já que o jovem é belo, portanto desejável, com uma alta cotação no mercado das sensações.

O referente é sempre estabelecido como modelo: é a juventude o mais importante, é uma imagem de mim no passado, um eu que *já passou*, mas que conserva as cores e o brilho de uma memória; aquela que, entretanto, escolhe os nichos a serem valorizados, que cinzela as imagens fictícias do que eu gostaria de ser sempre: ser aceita, valorizada, amada, sedutora, cotação sempre em alta nos valores de um corpo-em-mulher.

O medo da morte? Esse destino inexorável flana à nossa volta e aquelas/es que serão ceifadas não estão necessariamente marcadas por uma idade cronológica avançada. Entretanto, a ênfase na "juventude" de alguma forma afasta o gume dessa foice, ao menos no campo da ficção, que é nossa realidade.

Não, eu gosto de minha "velhice" de espírito, minha "velhice" de corpo, forjadas durante os anos que se foram e dos quais não tenho saudade. Quando se fala de "política de localização", não se trata somente de um lugar social estratégico ocupado, de uma experiência dada, mas igualmente de um lugar cronológico, histórico, minha história, da qual não me resta senão o presente. É ele meu referente de mim e o próprio presente é um lugar de passagem.

Eu quero ser o peão do Go, guiado por escolhas estratégicas, sem que me definam nem por minha imagem, nem por um lugar determinado: assim poderei emergir lá onde não sou esperada, em eterna subversão, pois o que me interessa é a explosão das constelações de sentido que aprisionam e constroem os corpos em filas, em andares, em sulcos predefinidos.

Esta velhice que me impõe o olhar externo, que me ameaça de exclusão e morte, faz de mim uma heterotopia do desvio, aguça o cansaço do renascer das verdades e suas formas de dominação, a crítica transformada em técnica de existência, ordenada, como diria Foucault, pela impaciência da liberdade.

Velha? Eu? Ainda estou rindo.

Notas

[1] Este texto é uma versão modificada de artigo publicado na revista digital Labrys, estudos feministas/études féministes (www.unb.br/ih/his/gefem).

[2] Na França hoje não se fala de velhos, mas de "seniors", o que é politicamente correto...

[3] Deleuze compara o jogo de xadrez ao jogo do Go: o primeiro seria um jogo de Estado, codificado, cujas peças são dotadas de uma natureza interna e de um poder relativo. Suas ações criariam um sujeito de enunciação, o jogador/a de xadrez. É um jogo arborescente. Ao contrário, as peças do Go não são subjetivados, definidos, não têm

propriedades intrínsecas e seu poder deriva de sua situação estratégica. Se no xadrez as peças se distribuem em um espaço definido, para as peças do Go o espaço é aberto e trata-se de ocupá-lo, guardando a possibilidade de aparecer em toda parte; o movimento, neste jogo, não vai de um ponto a outro; ele se torna perpétuo, sem finalidade ou destino, sem partida ou chegada.. O Go seria um jogo rizomático. O espaço do Go é, assim, um espaço liso, contra o espaço estriado do xadrez.

[4] Ver a este respeito a noção de *mimesis* em Luce Irigaray (ce sexe qui n'en est pas un) e de experiência em Teresa de Lauretis (1984).

[5] *Menopausa* – segundo o sentido adotado a partir do *First International Congress on the Menopause*, realizado do sul da França em 1976 – indicaria o fim da menstruação que acontece no período do climatério. Esse último seria a fase do processo de envelhecimento das mulheres que marca a transição entre o período reprodutivo e não reprodutivo. (FAUSTO-STERLING, 1999, p. 171)

Referências

BUTLER, Judith. *Gender Trouble, Feminism and the Subversion of Identity*. New York, London: Routledge, 1990.

DELEUZE, Gilles. *Mil Platôs : Capitalismo e Esquizofrenia*. v. 5. Rio de Janeiro: Trinta e Quatro, 1997.

FAUSTO-STERLING, Anne. Menopause: the storm before the calm. In: PRICE, Janet; SHILDRICK, Margrit (Ed.). *Feminist theory and the body, a reader*. New York: Routledge, 1999.

BRAIDOTTI, Rosi. *Nomadics subjects, embodiment and sexual differences in contemporary feminist theory*. New York: Columbia University Press, 1994.

DAO, Anne. Passeio com meu pudor. *Labrys, études féministes*. n. 4, agosto/dezembro, 2003. (www.unb.br/ih/his/gefem).

DE LAURETIS, Teresa. *Alice doesn't, Feminism, Semiotics, Cinema*. Bloomington: Indiana University Press, 1984.

FOUCAULT, Michel. *Histoire de la sexualité: la volonté de savoir*. Paris : Gallimard, v. I, 1976.

FOUCAULT, Michel. *Dits et écrits, 1980/1988*, v. IV, Paris: Gallimard, 1990.

FOUCAULT, Michel. *L'ordre du discours*. Paris: Gallimard, 1977.

IRIGARAY, Luce. *Ce sexe qui n'en est pas un*. Paris: Minuit, 1977.

YOUNG, Íris. Gender as Seriality. Thinking about Women as a Social Collective. In: JOERES, Ruth-Ellen; LASLLET, Barbara (Ed.). *The Second Signs reader, Feminist Scholarship 1983-1996*. Chicago: University of Chicago, 1996.

Os descaminhos da nau foucaultiana
O pensamento e a experimentação

Tony Hara

Ninguém pode se dar por satisfeito – afirma Franz Kafka – com o Conhecimento puro e simples. O sujeito do conhecimento deveria esforçar-se para agir de acordo com o seu pensamento. É neste ponto que se encontra o estado de graça, de plenitude da vida. Mas, o grande problema, a grande precariedade é que não foi facultada à criatura humana a força necessária para conduzir-se em sintonia com conhecimento. Como se tratava de uma missão extenuante, o homem do conhecimento, em um determinada época se cansou e desejou a quietude, a tranquilidade, o repouso. E neste momento o conhecimento se tornou, nas palavras de Kafka, numa espécie *"de objetivo imediato a alcançar"*. Essa foi a maneira encontrada para falsear o conhecimento, tornando-o exterior à criatura humana, desvinculado da vida. O conhecimento transformou-se em um instrumento da razão humana para produzir mais conhecimento. Em outras palavras, o sujeito do conhecimento se deu por satisfeito com o conhecimento puro e simples, como se essa produção realmente lhe bastasse para transformá-lo.

Apesar do cansaço, do esgotamento, do temor provocados pelo ato de incorporar plenamente a verdade que se conhece; apesar de todos os riscos, há certos homens singulares que se consumiram e se deixaram arder na noite dentro da noite, a fim de encontrar forças que aproximassem o conhecimento da vida. Há sujeitos que arriscaram, no limite de suas forças, transformar o conhecimento numa espécie de experimentação, de exercício venturoso e fatal de si mesmo no mundo pensamento e da vida.

Os raros pensadores dessa estirpe, pensadores de certa forma violentos, de gestos abruptos que produzem um tipo de conhecimento a partir da veemência da vontade, transformam a atividade do pensamento em uma experiência abismal, temerária, pois nesse tipo de jogo é a própria vida que se desloca para a zona de risco. Como exemplo dessa aventura do conhecimento, é possível fazer como Deleuze e convocar Melville: "Desde o começo do mundo, os mergulhadores do pensamento voltam à superfície com os olhos injetados de sangue".[1] Essa referência ao autor do "poema da vida bárbara", como qualifica o crítico Cesare Pavese ao comentar *Moby Dick*, certamente não é gratuita, pois, não há nada mais próximo do exercício do pensamento enquanto experimentação do que a aventura marítima.

Existem inúmeros paralelos entre a intrepidez e ousadia dos homens do mar e os mergulhadores do pensamento que atingem às profundezas, sem a menor garantia de retorno à superfície. Lembremos, aqui, a fantástica confissão do viajante que Edgar A. Poe captou no conto "Manuscrito encontrado numa garrafa". No final da mensagem jogada ao mar, o remetente explica que a viagem chegou àquele ponto em que não há mais retorno. E apesar da proximidade da morte, do fim da aventura, há uma força que impele a tripulação a navegar mais algumas léguas rumo ao desconhecido:

> Conceber o horror de minhas sensações é, presumo, inteiramente impossível; contudo, a curiosidade de penetrar o mistério dessas regiões espantosas chega a dominar meu desespero e me consola dos mais hediondos aspectos da morte. É evidente que estamos a precipitar-nos para alguma estonteante descoberta, para algum segredo irrevelável para sempre, cujo alcance significa destruição. Talvez essa corrente nos conduza ao próprio pólo sul. [...] A tripulação percorre o tombadilho com passos trêmulos e hesitantes; mas em sua fisionomia e em sua expressão há mais avidez de esperança do que apatia de desespero.[2]

Quando a curiosidade, a vontade irresistível de conhecer e de viver aquilo que se conhece é superior ao medo, ao desespero e ao desejo de quietude, a aventura do pensamento vai além do mero exercício da razão, da produção do Conhecimento puro e simples. Esse tipo de curiosidade é semelhante a um chamamento, a uma espécie de convocação que não se pode declinar porque se trata de um apelo da própria vida. O personagem do conto de Poe expõe de forma lapidar o momento sublime em que acontece a aliança entre a vontade de conhecer e o encantamento da descoberta. Nesse estado de graça, nem mesmo o medo da morte é uma objeção para que se realize o processo de intensificação da vida e do conhecimento.

O filósofo Friedrich Nietzsche também flagra essa aliança entre a curiosidade e a coragem observando o incessante movimento das ondas do mar. Nietzsche faz um belo paralelo do jogo entre as ondas e as falésias, entre os segredos da alma humana e a vontade de conhecimento. Assim escreve Nietzsche à beira-mar:

> Com que avidez esta onda se aproxima, como se houvesse algo a atingir! Com que pressa aterradora se insinua pelos mais íntimos cantos das falésias! É como se quisesse chegar antes de alguém; como se ali se ocultasse algo que tem valor, muito valor. E agora ela recua, um tanto mais devagar, ainda branca de agitação – estará desiludida? Terá encontrado o que buscava? Toma um ar desiludido? – Mas logo vem outra onda, ainda mais ávida e bravia que a primeira, e também sua alma parece cheia de segredos e do apetite de desencavar tesouros. Assim vivem as ondas; assim vivemos nós, seres que têm vontade![3]

É um movimento que não cessa. O pensamento se dirige aos territórios obscuros e temidos pelos homens. É como se a estirpe de intrépidos navegantes perseguisse o desconhecido a fim de experimentá-lo. E, mais ainda, o navegante retorna ao porto, para avisar aos outros homens que não há o que temer; a experiência é possível, apesar dos perigos e da agitação das águas. Feito o comunicado, o relato da experiência, a curiosidade novamente transborda do peito e solicita novos mares, novas dimensões e ensaios de movimento. É como diz Gilles Deleuze a respeito de seu amigo:

> A lógica de um pensamento é como um vento que nos impele, uma série de rajadas e de abalos. Pensava-se estar no porto, e de novo se é lançado ao alto-mar, como diz Leibniz. É eminentemente o caso de Foucault. Seu pensamento não cessa de crescer em dimensões, e nenhuma das dimensões está contida na precedente. Então o que o força a lançar-se em tal direção, a traçar tal caminho sempre inesperado? Não há grande pensador que não passe por crises, elas marcam as horas de seu pensamento.[4]

As crises e os abalos comentados por Deleuze, de certa maneira, são obstinadamente perseguidos por Michel Foucault. Ou melhor, são abalos impossíveis de conter, são inevitáveis como a quebra das ondas. Portanto, mais do que o prazer e a comunicação aos outros homens de uma descoberta, essa singular navegação pelo infinito da alma e do mundo humano visa, em última instância, a transfiguração do sujeito do conhecimento. Sabe-se que quem navega por muito tempo sente enjoo em terra firme. O saber implica, para Foucault, justamente nessa metamorfose do olhar e da própria existência, na transfiguração ou separação de si mesmo: "De que valeria a obstinação do saber – pergunta Foucault – se ela assegurasse apenas a aquisição dos conhecimentos e não, de certa maneira, e tanto quanto possível, o descaminho daquele que conhece?"[5]

Esse tipo de saber que não visa apenas e tão somente o acúmulo erudito e estéril de dados, mas sobretudo uma experiência que se exerce sobre si mesmo, exige uma espécie de "método", ou melhor, uma espécie de exercício que Foucault chamou de *ensaio*. Nas palavras do autor, o ensaio é "uma experiência modificadora de si no jogo da verdade [...] é o corpo vivo da filosofia, se, pelo menos, ela for ainda hoje o que era outrora, ou seja, uma 'ascese', um exercício de si, no pensamento."[6] A estratégia do ensaio, da experimentação de si, permite ao pensador, àquele que mergulha no informe, uma ampla liberdade e simultaneamente o impede de transformar em lei, em obrigação para todos, as verdades iridescentes e sempre provisórias, reveladas ao longo do ensaio. Como alerta Foucault, "existe sempre algo de irrisório no discurso filosófico quando ele quer, do exterior, fazer a lei para os outros, dizer-lhes onde está a sua verdade e de que maneira encontrá-la [...]"[7].

A partir da perspectiva do pensamento enquanto ensaio e experimentação consigo mesmo é possível reconhecer um grãozinho de cômica insensatez em qualquer tentativa de imposição de uma lei universal, válida e obrigatória para todos. Apesar do tom sério e grave dos discursos que asseguram "o verdadeiro" caminho para "o melhor dos mundos", esse discurso aos ouvidos de quem quer ser uma cobaia de seus próprios experimentos soa como devaneios e tagarelices de carcereiros, torturadores e de carrascos, crédulos em seus projetos de domesticação e adestramento do animal humano.

Ao contrário dos homens do conhecimento que mal dissimulam suas aspirações dogmáticas e que preferem aplicar suas verdades em corpos alheios, aquele que entende o pensamento e a vida como experimentação, a todo instante se pergunta, como faz Nietzsche, *"Até que ponto a verdade suporta ser incorporada?"*[8] Ou, dito de outra forma, até que ponto o meu corpo, a minha existência suporta meus próprios ensaios e experimentos? É nesse sentido que podemos entender com maior clareza o significado atribuído por Foucault ao conceito de ensaio enquanto *uma experiência modificadora de si no jogo da verdade*. Um jogo arriscado que pressupõe a descentralização da subjetividade, a desconstituição das crenças subjetivas, isto é, um jogo que impele o jogador a criar novos modos de subjetivação, novas formas singulares de pensar e de agir.

Há um poema de Jorge Luís Borges em que a inevitável pergunta surge na areia da praia: "O mar, quem é? Quem é esse violento/e antigo ser que rói, rói os pilares/da Terra, e é um e, a um tempo, muitos mares/e abismo e resplendor e acaso e vento?"[9] Se o mar, como diz Borges, rói os pilares da Terra, o oceano do pensamento desmorona e esculpe novas formas no interior do argonauta. Os sujeitos de exceção que engajam suas vidas na tarefa de abrir mares e que, de fato, compreendem a linguagem dos ventos e das tempestades do pensamento, tornam-se também um e, ao mesmo tempo, muitos, como diz o poema. O sujeito a quem o mar revela e partilha os seus segredos acaba se transformando e abandonando, mesmo que parcialmente, o porto seguro da identidade e das verdades herdadas, produzidas em solo firme.

Nos diários de Cristovão Colombo encontramos um caso exemplar de como o mar exige de seus adoradores um tipo de compreensão diferente daquela construída e difundida em terra firme. Segundo Todorov, em Cristovão Colombo coexistem dois personagens: o primeiro é uma espécie de epígono de seu tempo, e o outro é um discípulo do mar. O homem que segue o seu tempo se guia pelos princípios teológicos e não se afasta do que reza a doutrina cristã. Sua convicção na opinião dos santos homens da Igreja e dos sábios teólogos é anterior a qualquer evidência ou experiência concreta. Como destaca Todorov,

> Colombo pratica uma estratégia "finalista" da interpretação: o sentido final é dado imediatamente, procura-se o caminho que une o sentido inicial a este sentido último. [...] Ele sabe de antemão o que vai encontrar; a experiência concreta está aí para ilustrar uma verdade que se possui [...].[10]

A esse tipo de interpretação teleológica se contrapõe uma vigília permanente, rigorosa, algo que nos remete à observação empírica. Em uma de suas anotações Colombo diz: "Desde a tenra infância vivi a vida dos marinheiros, e o faço até hoje. Este ofício leva aqueles que o abraçam a querer conhecer os segredos deste mundo."[11] Mas para mergulhar nos segredos das terras distantes e dos mares desconhecidos, a doutrina, a verdade que ele conhecia não lhe bastava. Ele seria obrigado a novos sacrifícios, como por exemplo, renunciar ao sono, revisar e anotar diariamente todas as informações imprescindíveis para a realização de sua façanha: a localização das estrelas, o movimento dos ventos, a profundidade do mar... Esta observação, aliada a uma certa astúcia fez com que o almirante escolhesse os melhores ventos e as melhores velas; ele se adaptou a um novo ponto de referência com a ausência de uma estrela polar austral no lado baixo do equador e, além disso, percebeu as variações da agulha magnética da bússola, o que garantiu a sua orientação e sobrevivência em mares nunca antes navegados.

Mas sem a intrepidez, um temperamento um tanto bruto, que nos faz lembrar dos personagens do mar descritos por Jack London, de pouco valeria essa minuciosa e paciente atenção. No século XV os homens que miravam o Atlântico a fim de perscrutar os seus enigmas e segredos, desejando conhecer os confins, sua fronteira mais distante, logo se esbarravam em uma pergunta até então irrespondível: como retornar ao porto? Como navegar contra o vento e voltar seguro à Europa? O embarque, a partida não tinham mistérios, mas o retorno impossível, inimaginável... O que deixava os homens do mar perplexos era essa impossibilidade, esse tornar-se prisioneiro da própria partida. Daí a ousadia, a coragem dos marinheiros portugueses que, segundo o filósofo Peter Sloterdijk, conceberam a "idéia mais atraente e a mais arriscada" de todas:

Para se utilizar de uma imagem, os navegadores portugueses se casaram com o vento. Eles se deixaram levar – primeiro em pensamento, depois em embarcações – pelas belas brisas confiáveis que sopram sobre o oceano e se distanciam da Europa. Eles ultrapassaram a fronteira a partir da qual não existe mais esperança racional num retorno e deixaram o vento os levar em alto-mar, engajando incondicionalmente suas embarcações e suas vidas..."[12]

Casar-se com o vento até que a morte os separe; ultrapassar a fronteira do possível e os limites da razão. Eis a ousadia máxima, eis o ensaio maior, a experimentação mais comovente que inaugura os tempos modernos. São justas, portanto, as palavras do poeta que canta a façanha de seu povo:

> Cessem do sábio Grego e do Troiano
> As navegações grandes que fizeram;
> Cale-se de Alexandro e de Trajano
> A fama das vitórias que tiveram;
> Que eu canto o peito ilustre Lusitano,
> A quem Neptuno e Marte obedeceram.
> Cesse tudo o que a Musa antiga canta,
> Que outro valor mais alto se alevanta.[13]

Não é possível refletir neste texto as consequências e os desdobramentos inúmeros deste inédito ensaio de movimento. Porém, cabe destacar um ponto: a grande cautela, a vigília permanente, necessária para a conquista dos mares se transformou em um instrumento, em um modelo para apreender a verdade em qualquer tempo e espaço. O que foi inicialmente uma arrebatada paixão, um casamento com o vento, em terra firme, no território por excelência da razão, essa aventura fez nascer um novo regime de produção da verdade. Como constata Foucault:

> Do navio, elemento sempre móvel, o navegador deve saber em cada ponto e a todo instante, o lugar onde se encontra. O instrumento deve ser tal que nenhum instante e nenhum lugar seja privilegiado. A viagem introduziu o universal na tecnologia da verdade; lhe impôs a norma do "qualquer lugar", do "qualquer tempo" e, conseqüentemente do "qualquer um". A verdade não tem mais que ser produzida. Ela terá que se apresentar e se apresentar cada vez que for procurada.[4]

A conquista do mar, segundo a interpretação de Foucault, engendra uma reviravolta tecnológica na apreensão da verdade. Ou seja, aqui foi o momento em que o homem se cansou, como dizia Kafka, e se deu por satisfeito com o Conhecimento puro e simples. Trata-se do período em que são criados novos instrumentos que têm por função, conforme os termos do filósofo, "atravessar a distância, levantar o obstáculo que nos separa de uma verdade que nos espera em toda a parte e em todos os tempos."[15]

Nessa avaliação de Foucault, o navio, pensado a partir do problema da produção de verdade, é como que um pedaço flutuante do continente da razão investigando o território a ser conquistado. A embarcação é um espaço privilegiado no emprego de mecanismos racionais de coleta, organização e produção de informações em variados campos do conhecimento como a Geografia, a Astronomia, a Biologia, o estudo dos climas e das correntes marítimas. Uma espécie de posto avançado ligado a terra firme pela corda invisível da razão que transformou essa aventura em um importante instrumento do progresso econômico das sociedades europeias, no momento em que as relações mercantis alcançavam a escala global.

Se de um lado Michel Foucault enfatiza essa representação do navio enquanto um instrumento da razão, uma nova tecnologia da verdade que acelera vertiginosamente o desenvolvimento das sociedades civilizadas, por outro lado, ele reconhece na imagem do navio algo muito mais sutil e surpreendente. Numa memorável passagem do texto sobre as "heterotopias", Foucault é categórico: "O navio é a heterotopia por excelência."[16] Para aquele que queria uma relação com o mar "imediata, absoluta, sem civilização"[17], como escreve Foucault quando procurava uma casa sobre uma encosta selvagem no litoral da Tunísia, o navio, evidentemente, vai sugerir outras interpretações e sentidos além daqueles já explorados.

As heterotopias são contralugares que contestam e invertem o espaço real em que vivemos. Mesmo efetivamente localizáveis, esses lugares se configuram em um lugar à parte, porque eles são – explica Foucault – "absolutamente outros em relação aos lugares que eles refletem e dos quais eles falam."[18] As heterotopias são diversificadas e não há uma única forma de heterotopia que seja absolutamente universal. Cada uma tem uma função precisa e determinada no interior da sociedade. Os cemitérios, as bibliotecas, os bordéis, os jardins orientais, o palco do teatro, os balneários, etc. cada um desses contralugares desempenha um papel no tecido social, ora acolhendo, ora excluindo pessoas; acumulando o tempo ou tornando-o mais efêmero; ora delimitando espaços ilusórios como os bordéis, ora criando espaços meticulosamente perfeitos como os jardins orientais.

O navio, como já foi dito, é a imagem mais bem acabada da heterotopia, segundo o criador desse conceito. Pois, o navio, avalia Foucault, é um lugar sem lugar, fechado sobre si mesmo, como se fosse um pequeno "Estado experimental" lançado ao infinito do mar. Uma casca de noz que zanzava, no período inicial do mercantilismo, pelas Colônias recolhendo seus segredos e mistérios, além das mais preciosas espécies de seus jardins, segundo os valores e avaliações do mundo civilizado. É por isso que as embarcações, até os nossos dias – ressalta Foucault no final da década de 60 –, são a maior reserva de imaginação da civilização europeia. "Nas civilizações sem barcos – conclui o filósofo –, os sonhos se exaurem, a espionagem substitui a aventura, a polícia substitui os corsários."[19]

Quando um indivíduo, um povo ou uma civilização não tem mais para onde expandir a imaginação, um processo de implosão é detonado. Preso em si mesmo, encarcerado nos limites que se auto impôs, incapaz de deslocar-se, desviar-se, o homem invariavelmente se volta contra si mesmo e passa a viver uma vida doentia. Quanto atracamos todos os barcos, quando criamos âncoras cada vez mais pesadas e velas cada vez menores, ou seja, quando abandonamos a deriva da imaginação e as verdades oníricas, o que se cria, em última instância, é essa cisma contra si mesmo, esse desconfiança de si. Por isso o ato de espionar, de policiar e controlar torna-se regra numa civilização onde as verdades profundas da fantasia se exaurem.

Em nossa atualidade parece haver uma certa relação entre o depauperamento da imaginação e a ascensão daquilo que reconhecemos como sociedade de controle ou da espionagem, como se refere Foucault. Talvez seja possível dizer que de alguma maneira cabotina, presunçosa acabamos por esgotar o infinito. Ou melhor, é difundida uma superstição tida como verdadeira de que se chegou ao fim da história ou de que a técnica contemporânea daria conta do infinito e do ilimitado. Daí a necessidade de "novos Colombos" dispostos a experimentar, imaginar e se lançar rumo ao horizonte infinito.

Não se trata evidentemente do retorno aos antigos valores transcendentais ancorados na forma de um Deus, mas sim rachar a Terra, as palavras, as nossas convicções e perder-se e encontrar-se no labirinto infinito da própria vida, tal como o intrépido argonauta nietzschiano.

> Deixamos a terra firme e embarcamos! Queimamos a ponte – mais ainda, cortamos todo laço com a terra que ficou para trás! Agora tenha cautela, pequeno barco! Junto a você está o oceano, é verdade que ele nem sempre ruge, e às vezes se estende como seda e ouro e devaneio de bondade. Mas virão momentos em que você perceberá que ele é infinito e que não há coisa mais terrível que a infinitude. Oh, pobre pássaro que se sentiu livre e agora se bate nas paredes dessa gaiola! Ai de você, se for acometido de saudade da terra, como se lá tivesse havido mais *liberdade* – e já não existe mais "terra"![20]

Os pensadores que embarcam, queimam as pontes e vão de encontro à infinitude retiram o peso das coisas, tornam mais leve a atividade do pensamento, apesar de todo terror e abalos que enfrentam. No fundo, bem lá no fundo, eles transfiguram as angústias diante da infinitude e das vagas incertas em novas ondas de curiosidade e de vontade de saber.

Esse é o movimento característico dos pensadores singulares que exercitam um olhar leve, ágil, sempre renovado. É como se olhassem para as coisas da vida com a surpresa e o espanto da primeira vez, tal como a criança que brinca e constrói castelos de areia na praia.

No cair da tarde, as ondas ensinam a criança sobre o caráter efêmero das construções humanas. Porém, mal o dia começa, mal a aurora se desembaraça dos véus da noite, e o coraçãozinho da criança já pulsa pleno de esperança e desassombro. Há alguma razão para desencorajá-la nesse nova aventura?

Notas

[1] MELVILLE, Hermann. *apud* DELEUZE, Gilles. *Conversações. op.cit.* p. 129.

[2] POE, Edgar A. Manuscrito encontrado numa garrafa. In: *Ficção completa, poesia & ensaios.* 3.ed. Rio de Janeiro: Nova Aguilar, 1981. p. 738.

[3] NIETZSCHE, Friedrich. *A Gaia Ciência*. São Paulo: Companhia das Letras, 2001. p. 209.

[4] DELEUZE, Gilles. *Conversações, 1972 - 1990*. Rio de Janeiro: Trinta e Quatro, 1992. p. 118.

[5] FOUCAULT, Michel. *História da sexualidade 2: o uso dos prazeres*. Rio de Janeiro: Graal, 1984. p. 13.

[6] Idem, p. 13.

[7] Idem. p. 13.

[8] NIETZSCHE, Friedrich. *A Gaia Ciência. op. cit.* p. 139.

[9] BORGES, Jorge Luís. *Nova antologia pessoal*. São Paulo: DIFEL, 1982. p. 17.

[10] TODOROV, Tzvetan. *A conquista da América: a questão do outro*. São Paulo: Martins Fontes, 1993. p. 18.

[11] COLOMBO. apud. TODOROV, Tzvetan. *A conquista da América. op. cit.* p. 18.

[12] SLOTERDIJK, Peter. *Essai D'intoxication volontaire*. Paris: Hachette Littératures, 2001. p. 331.

[13] CAMÕES, Luís de. *Os Lusíadas*. Canto I. [http://www.bibvirt.futuro.usp.br/textos/autores/camoes/oslusiadas/oslusiadas_canto1.html] Texto acessado no dia 15/07/2004.

[14] FOUCAULT, Michel. A casa dos loucos. In: *Microfísica do poder*. Rio de Janeiro: Edições Graal, 1979. p. 117.

[15] Idem, p. 117.

[16] FOUCAULT, Michel. Espaços-outros: utopias e heterotopias. In: *A Outra*. n.1, Londrina; 1983. p. 19.

[17] FOUCAULT, Michel. *Problematizações do sujeito: psicologia e psicanálise. op. cit.* p. 21.

[18] FOUCAULT, Michel. Espaços-outros. p. 16.

[19] Idem, p. 19.

[20] NIETZSCHE, Friedrich. *A Gaia Ciência. op. cit.* p. 147.

Práticas sociais de divisão e constituição do sujeito

Vera Portocarrero

A questão da subjetividade no último Foucault

É do ponto de vista de um trabalho a ser utilizado que proponho retomar alguns pontos do pensamento de Michel Foucault. Pois ele ajuda a pensar nossa atualidade marcada pela importância atribuída às questões do poder com suas múltiplas formas de assimetria e pelas transformações nas relações entre saber e poder que conduziram às problemáticas contemporâneas acerca do risco.

A análise da questão da subjetividade na última fase do pensamento de Michel Foucault impõe-se tendo em vista a forma inovadora com que aí é concebida a relação entre sujeito, verdade e poder, bem como a originalidade profunda por ela traçada a partir de seu afastamento da tradição filosófica. Essa questão é elaborada por Foucault através de uma pretensão de, por um lado, definir a Filosofia como estilo de vida e não como posse da habilidade argumentativa com vistas à descoberta da verdade; por outro lado, de rediscutir a noção de ética, desvinculando-a dos tradicionais problemas morais.

A noção de subjetividade, com uma elaboração renovada de conceitos como verdade, poder, governo, crítica do presente, ontologia de nós mesmos, ascese, dentre outros, ocupa lugar de relevo nos mais atuais debates em inúmeros campos disciplinares como Filosofia, Psiquiatria, Psicanálise, História, Crítica Literária ou Artística, Ciências Políticas, Educação, remetendo a uma importante diversidade de usos da obra de Foucault. De uma forma ou de outra, essa diversidade é atravessada por uma preocupação com a questão propriamente filosófica da verdade.

Em toda sua obra, Foucault trata a relação do sujeito com a verdade não através de uma análise interior ao próprio conhecimento, como na tradição, mas a pensa a partir de sua exterioridade – a História. Ele não investiga o fundamento segundo o qual um sujeito pode conhecer verdades sobre o mundo, mas problematiza os processos históricos segundo os quais as estruturas de subjetivação ligaram-se a discursos de verdade.

Suas pesquisas apresentam uma forma de investigação que rejeita a busca do ser de um sujeito originário previamente dado, de modo a estabelecer um conhecimento verdadeiro, para descrever historicamente os procedimentos através dos quais, na história, os discursos de verdade transformam, alienam e informam os sujeitos e as subjetividades se constroem e fazem um trabalho de modificação sobre si mesmas a partir de um "dizer-verdadeiro"[1].

Se tradicionalmente a Filosofia supõe um sujeito puro *a priori* de conhecimento, Foucault, ao contrário, em sua genealogia do poder, mostra como os sistemas de poder e de verdade fabricam sujeitos, produzindo os indivíduos normais das Ciências Humanas e Biomédicas, como efeitos do poder disciplinar que os tornam úteis e dóceis, normalizando as condutas. Daí a importância da busca, na última fase de seu pensamento, de condições de possibilidade de um sujeito com capacidade de recusa e resistência, de não ser governado assim ou de opor a um saber-poder dominante outros jogos de verdade e de poder e outras formas de subjetivação. Foucault chama tal capacidade de *crítica*.

Do ponto de vista do pensamento político, esse tema mostra-se da maior relevância, na medida em que constitui uma tentativa de responder à antiga questão de quem nós somos no presente e como nos tornamos quem somos, de modo a provocar novas formas de pensar sobre nós mesmos. Ao dedicar-se a essa questão, considerando que é essa uma tarefa primordial da Filosofia, Foucault alinha-se não apenas com Kant, como encontramos em insistentes textos reunidos em *Dits et Écrits*[2] referentes ao pequeno texto de Kant sobre o que é o Iluminismo; alinha-se também, a partir de *História da Sexualidade II: O Uso do Prazeres*[3] e *História da Sexualidade III: O Cuidado de Si*[4], com os filósofos da Antiguidade, que procuraram compreender quem eles eram através de suas relações éticas e sociais. Assim, Foucault circunscreve a temática da subjetividade numa reabilitação tanto de uma ontologia do presente quanto da concepção de Filosofia como exercício espiritual a ser atualizado.

A distinção estabelecida por Foucault de duas grandes tradições críticas da Filosofia moderna – a da analítica da verdade, que estuda as condições sob as quais um conhecimento verdadeiro é possível, e a da ontologia do presente, da ontologia da atualidade, ou ontologia de nós mesmos, na qual Foucault se insere, cuja questão é o que é nossa atualidade e qual o campo atual das experiências possíveis – contribui indiscutivelmente para uma reflexão original que estabelece uma inovadora ligação entre preocupações epistemológicas, éticas e políticas.

Tradicionalmente, a Ontologia é um campo de análise delimitado pela investigação das estruturas metafísicas do ente. Fazer a ontologia do presente significaria, portanto, reunir dois domínios incompatíveis: a História e a Metafísica. Contudo, a leitura foucaultiana da definição kantiana das Luzes aponta claramente para um cruzamento entre a reflexão crítica sobre o uso da razão e a reflexão histórica sobre a finalidade interior do tempo. E é justamente ao inseri-la nesse contexto que sua reflexão sobre a atualidade torna-se relevante. É a relação entre História, atualidade e crítica, que ocupa o último Foucault e que ele define como atitude de Modernidade, que consiste na valorização do presente, indissociável da obstinação em imaginá-lo de um modo diferente do que ele é e em transformá-lo, captando-o naquilo que ele é. Essa atitude consiste na capacidade de elaborar sua própria subjetividade.

Foucault considera tal trabalho de elaboração como uma estética da existência em que o artístico torna-se um campo de experimentação e de prática moral e política, que se define pela prova das possibilidades alternativas, através de uma arqueo-genealogia do sujeito, que visa a liberá-lo das obrigações e das estruturas falsamente necessárias e essenciais que pesam sobre sua constituição.

Dessa forma, Foucault aprofunda nossa compreensão de uma das mais importantes questões da Filosofia Política: a relação do si com as estruturas mais amplas do poder que nos cercam, enfrentando uma das mais recentes preocupações da Filosofia, que se dirige ao significado da relação do indivíduo com as estruturas mais abrangentes de poder das quais faz parte, contribuindo com novas abordagens a respeito de como nos libertarmos a nós mesmos dos constrangimentos da sociedade contemporânea. A análise da questão da subjetividade elaborada no último Foucault, além de esclarecer algumas das principais ideias da trajetória de seu pensamento, apresenta novos campos de pesquisa que apenas começam a ser explorados.

Em seu último trabalho, a explicitação do poder e da subjetividade, que Foucault complementa dirigindo sua investigação na direção da ética e do governo, volta-se para uma resposta clara a suas análises anteriores ainda bastante negativas quanto à noção de um sujeito ético ativo, permitindo pensá-lo de forma mais positiva, através de uma crítica da razão atual, que consiste em nossa razão epistemológica, política e ética.

A relevância de tal projeto crítico tem por base a ideia de Filosofia como atitude experimental, prova dos limites que podemos ultrapassar, como ascese ou exercício de si no pensamento, através de um trabalho de nós mesmos sobre nós mesmos enquanto seres livres; de um desprender-se de si mesmo, para pensar diferentemente do que pensamos e perceber diferentemente do que vemos.

Formas históricas de subjetivação: ética e arte da vida

A pesquisa das formas de subjetivação no último Foucault se coloca em termos de uma investigação histórica sobre a ética sexual e a arte da vida greco-romana. Apesar de não apresentar uma ligação explícita com a atualidade, aponta para a elaboração de uma relação não normatizada do indivíduo consigo, como alternativa às estratégias de subjetivação do poder disciplinar moderno e do biopoder. Pois, através da investigação de formas históricas de constituição da subjetividade como decisão ético-estética – como cuidado de si – e não como objeto de poder e de saber científico, são analisadas determinadas operações do indivíduo sobre si, cujo objetivo é transformar-se e constituir para si uma forma desejada de existência.

Depois do estudo das formas das práticas discursivas que articulam o saber – arqueologia do saber – e do exame das relações múltiplas, das estratégias abertas e das técnicas racionais que articulam o exercício dos poderes – genealogia do poder –, Foucault opera, em sua história da sexualidade, um novo deslocamento para analisar as formas de subjetivação em termos das diferentes modalidades de relação consigo através das quais o indivíduo se constitui e se reconhece como sujeito de uma sexualidade, tomando como domínio de referência e campo de investigação aquilo que se poderia chamar de história do homem do desejo.

O Uso do Prazeres e o *Cuidado de Si* continuam a história da sexualidade, *A Vontade de Saber*[5], mas do ponto de vista de uma história da ética, compreendida como história das formas de constituição de si mesmo como sujeito moral com ênfase nas práticas de si destinadas a assegurar tal constituição.

A História da Sexualidade II e III são uma história das morais, às quais Foucault se refere distinguindo os atos do código moral, substituindo uma história dos sistemas de moral feita a partir das proibições por uma história das problematizações éticas feita a partir das práticas de si.

Os atos, as condutas, são o comportamento efetivo das pessoas diante do código moral que lhes é imposto, de suas prescrições. Trata-se do pressuposto de que de que é necessário fazer uma distinção entre o código que determina os atos permitidos ou proibidos, a conduta que pode ser medida em relação a esse código e o tipo de relação consigo mesmo que se considera devida, que ele chama ética e que determina a maneira pela qual o indivíduo deve se constituir a si mesmo como sujeito de suas próprias ações.

Para explicitar tal pressuposto, Foucault aponta três componentes da moral: o código moral – conjunto prescritivo de valores e regras de ação propostas ao indivíduo e aos grupos por intermédio de aparelhos prescritivos diversos como família, instituições educativas, etc. –; a moralidade dos comportamentos – comportamento real dos indivíduos em sua relação com as regras e valores propostos –; a ética propriamente dita – onde se reúnem as práticas ou técnicas de si.

Ao fazer tal distinção, o objetivo de Foucault é contrapor-se à tradição das histórias da moral que se engana quando focaliza exclusivamente a história dos códigos do comportamento moral, pois, a seu ver, convém prestar igual atenção à história das formas da subjetivação moral, a saber, das diferentes maneiras de se conduzir operadas através de práticas de si. Esse tipo de análise constitui-se de uma busca histórica e filosófica fundada no importante pressuposto de que a ação moral é indissociável das formas de atividade sobre si, que são tão diferentes de uma moral a outra quanto o sistema de valores, regras e interdições.

Foucault observa, por exemplo, que a ética antiga é precisamente uma moral na qual o elemento forte e dinâmico está nas formas de subjetivação elaboradas pelo sujeito. É a partir dessa ênfase na preocupação com a subjetivação que Foucault problematiza a relação entre as morais filosóficas da Antiguidade e a moral cristã, para reinterpretar a história do homem do desejo e repensar a significação ética de nossas práticas atuais da sexualidade.

Seguindo o plano inicial de Foucault apresentado na quarta capa da primeira edição de *A Vontade de Saber*, o volume II de *História da Sexualidade* deveria ter começado com uma análise das primeiras práticas confessionais cristãs, que constituíam uma hermenêutica do desejo; isso incluiria um capítulo introdutório sobre a relação da sexualidade e da mestria de si na cultura antiga. Contudo, os gregos e os romanos, de acordo com os documentos analisados por Foucault, não tinham nada a dizer sobre a sexualidade propriamente dita, e muito pouco sobre os tipos específicos de atos sexuais, apesar de falarem extensamente sobre a relação da atividade sexual com a saúde e com a ética. Ademais, Foucault descobriu que os pensadores gregos davam uma atenção muito elaborada às técnicas do cuidado de si e que suas preocupações perduraram por seis séculos, durante os quais as práticas evoluíram através de vários estágios. Mudou, assim, sua hipótese de que a elaboração das técnicas de autoanálise e controle fossem uma invenção cristã.

Em *O Cuidado de Si*, ele mostra que os cristãos retomaram, objetivando uma hermenêutica, uma elaborada tecnologia de autoexame já presente nos estoicos. A inovação cristã modificava a economia pagã dos corpos e prazeres reunidos de uma forma não problematizada. Os cristãos separaram radicalmente prazer e desejo, apropriando-se das técnicas clássicas do cuidado de si em função de uma preocupação com a verdade oculta e os perigos do desejo. Contudo, a austeridade não começa com os cristãos. Ela já é bastante desenvolvida nas práticas clássicas para a mestria de si e acabaram tornando-se um fim em si mesmo só mais tarde.

Vejamos seu argumento em *O uso dos Prazeres*. Aí, Foucault distingue quatro aspectos da ética na moral antiga e na cristã. O primeiro aspecto é uma ontologia, ou seja, a determinação da substância ética, o modo pelo qual o indivíduo deve considerar uma determinada parte de si como sendo o material principal de sua conduta moral – na moral grega clássica, do ponto de vista da sexualidade, trata-se da afrodisia composta de ato, prazer e desejo, enquanto na moral cristã trata-se da carne definida a partir da finitude, da queda e do mal. O segundo aspecto é uma deontologia: o modo de sujeição, que é aquele pelo qual o indivíduo estabelece sua relação com essa regra e se reconhece como ligado à obrigação de colocá-la em prática – trata-se na moral grega das condições e das modalidades de seu uso, enquanto na moral cristã, da lei e da obediência. O terceiro aspecto é uma ascética: as formas do trabalho ético que se efetua sobre si mesmo, não somente para tornar seu comportamento conforme a uma regra dada, mas para tentar se transformar a si mesmo em sujeito moral de sua conduta – trata-se na moral grega, da forma ativa de mestria de si, enquanto na cristã, da decifração da alma e hermenêutica dos desejos. Finalmente; uma teleologia do sujeito moral, a constituição de uma conduta moral que leva o indivíduo a um certo modo de ser, característico do sujeito moral – na moral grega constitui-se da busca liberdade ativa indissociável de uma relação com a verdade, enquanto na cristã, da busca da pureza que tende à renúncia a si.

Em *O cuidado de Si*, Foucault evidencia que, em relação à época clássica, a época helenística manifesta uma acentuação nova, uma insistência sobre a atenção que convém dirigir a si mesmo. Para dar conta desse fenômeno, que se traduz nos textos da época pela majoração da austeridade sexual, não é suficiente falar nem de um fechamento do código que define os hábitos proibidos, nem da manifestação de um individualismo crescente, como faz a tradição. Convém, antes, falar de uma intensificação da relação a si.

O período helenístico seria o apogeu da cultura de si em que se intensificaram e valorizaram as relações de si consigo. Aí, de uma certa forma, a cultura de si acaba por se tornar um fim em si mesmo; no entanto, para o pensamento foucaultiano, essa preocupação de si não repousa jamais sobre uma complacência egoísta; ao contrário, Foucault ressalta que a atividade consagrada a si mesmo constitui uma verdadeira prática social e pode mesmo aparecer como uma intensificação das relações sociais.

Dentre as técnicas de si, nessa época, Foucault ressalta a verbalização e a escritura de si – definida como um operador da transformação da verdade em *êthos*. A ascese através dessas técnicas e a história da subjetividade dela derivada pertencem, em Foucault, ao campo da governabilidade, do governo de si e dos outros; pois, efetuam-se através de complexas relações com o outro: a governamentalidade comporta uma referência a uma certa relação a si, e, inversamente, a ética do cuidado de si fica ligada com a racionalidade do governo dos outros.

O que interessa na concepção clássica de cuidado de si, afirma Foucault[6], é que sua história mostra o surgimento e o desenvolvimento de um certo número de temas ascéticos normalmente atribuídos ao cristianismo. Comumente, atribui-se ao cristianismo a substituição do estilo de vida greco-romano, geralmente considerado tolerante, por um estilo de vida austero, marcado por uma série de renúncias, interdições ou proibições.

Porém, Foucault observa que, nessa atividade de si propriamente dita, os antigos desenvolveram uma série completa de práticas de austeridade que os cristãos, mais tarde, tomaram emprestadas. Portanto, essa atividade passou a ser relacionada a uma certa austeridade sexual que foi ligada diretamente à ética cristã. Foucault rejeita, assim, uma ruptura moral entre uma Antiguidade tolerante e um cristianismo austero.

Ele analisa, na Antiguidade, a elaboração de si com sua austeridade, mostrando que ela apresenta a peculiaridade de não ser imposta ao indivíduo pela lei civil nem pela obrigação religiosa. Trata-se, ao contrário, para Foucault, de uma escolha feita pelo indivíduo para sua própria existência, segundo a qual as pessoas decidem por si mesmas se cuidam ou não de si, de modo a conferir ou não à sua própria vida certos valores – reproduzir certos exemplos, deixar uma alta reputação para a posteridade, dar o máximo possível de brilhantismo à vida. Trata-se, antes, de fazer da vida um objeto para uma espécie de saber, uma técnica, uma arte bem distante da tentativa de normalizar a população.

Dentre os gregos, as técnicas de si voltavam-se muito mais para a alimentação e a saúde do que para o sexo. E Foucault, em sua *História da Sexualidade*, levanta a questão do que era a tecnologia de si antes do cristianismo, ou de onde veio a tecnologia de si cristã, e que tipo de ética sexual era característica da cultura antiga, cuja ética não era absolutamente liberal nem tolerante, como se supunha. Contudo, a maioria dos temas sobre a austeridade cristã estava presente, claramente, quase que desde o início, na cultura pagã. A austeridade sexual na sociedade grega era, segundo Foucault, um movimento filosófico, vindo de pessoas muito cultas, com o objetivo de fornecer à vida mais intensidade e beleza. Foucault o diferencia da busca contemporânea de si realizada através das ciências humanas, afirmando que não é absolutamente necessário relacionar os problemas éticos ao saber científico; que dentre as invenções culturais da humanidade, há um conjunto de técnicas, de ideias, de procedimentos que não pode ser exatamente reativado, mas que, pelo menos, ajuda a constituir um certo ponto de vista útil como uma ferramenta para a análise do que ocorre hoje em dia e pode ser mudado.

A arqueo-genealogia foucaultiana começa com a análise do perigo atual, para mostrar que, ao tentarmos fundamentar nossas normas na religião, na lei e na ciência, teríamos sido levados a buscar a verdade de nossos desejos e, assim, nos tornamos aprisionados a nós mesmos e governados pelo poder normalizador da lei e da medicina. Seu recuo, traçando a história desse perigo, mostra que os gregos tinham uma ética independente da religião, da lei ou da ciência, livre dos perigos atuais; porém, ela tinha seus próprios perigos. Não constitui uma solução para nós. Apenas mostra que um problema similar ao nosso foi confrontado em anteriormente e que sua análise nos fornece uma nova perspectiva.

O outro como sujeito de ação

Sem dúvida, essas últimas investigações fornecem contribuições importantes para as pesquisas que conduziram, do problema da vida do indivíduo normalizado e medicalizado pelos saberes e poderes, ou melhor, do problema de sua determinação científica, social e política que o produzem como objeto de saber e poder, até a busca da constituição de formas de subjetivação, tanto no campo da psiquiatria quanto no das ciências da vida.

Desse ponto de vista, pode-se citar, por exemplo, a importância de seu uso para a investigação da questão do saber psiquiátrico e de suas práticas no Brasil – o processo saúde/doença mental, a reforma psiquiátrica, a subjetividade e a medicalização da sociedade –, investigada através de uma articulação da arqueologia dos saberes à genealogia dos poderes, utilizando o pensamento histórico-filosófico de Foucault, suas concepções de história dos saberes, de descontinuidade, de arquivo, da relação de imanência entre saber e poder, dentre outras, para analisar a exterioridade da Filosofia, articulando-a à conjuntura teórico-científica e política em que vivemos[7]. Nesse caso, a questão a ser analisada é a seguinte: que intensificação dos efeitos de poder a normalização pode produzir em seu processo de medicalização da sociedade, ao desenvolver saberes mais científicos e práticas psiquiátricas mais abrangentes?

A análise dos espaços onde opera o binômio normal/anormal termina por evidenciar a necessidade de levar em consideração os problemas da violência, do sujeito da ação e das invenções possíveis nas relações de forças, conforme apresentados no último Foucault[8]. Portanto, conduz à perspectiva da noção de poder como condução de condutas e de probabilidades, que é da ordem do governo, no sentido mais amplo e antigo de governo das almas, dos indivíduos, das crianças, dos doentes, das famílias, de si mesmo, independente da instituição e da lei.

Essa reabilitação da noção de governo é muito importante, devido à sua possibilidade de escapar ao tão discutido caráter de impossibilidade de luta, que marcaria sua analítica do poder – *Vigiar e Punir: Nascimento da Prisão*[9] e *História da Sexualidade I: A Vontade de saber* – confirmando o grande problema da sujeição do indivíduo, aí analisado através das noções de poder disciplinar e biopoder, que Foucault chama tardiamente de análise das formas de objetivação do sujeito pelo saber e pelo poder. No caso dos discursos e das práticas psiquiátricas da Modernidade que podem ser analisados em nosso país, pode-se observar que tais concepções geram uma inquietação com relação ao processo de dominação exercido pela normalização da sociedade.

A partir dessa reabilitação, a noção foucaultiana de governo recobre modos de ação mais ou menos refletidos e calculados, destinados a agir sobre as possibilidades de ação dos outros indivíduos, onde se inclui a possibilidade de o indivíduo efetuar operações para transformar-se e constituir uma forma de existência com capacidade de resistência, que podemos entender como uma zona de invenção. Essa noção de governo confere maior consistência à ideia de uma relação não normatizável consigo mesmo como alternativa às práticas divisoras do sujeito, próprias do poder disciplinar moderno e normalizador.

Se a definição foucaultiana de poder como governo – segundo a qual seu exercício seria uma maneira, para alguns, de estruturar o campo de ação possível dos outros – for mesmo levada a sério, então é preciso considerar sua afirmação de que viver em sociedade é, de qualquer maneira, viver de modo que seja possível a alguns agirem sobre a ação dos outros e que uma sociedade sem embate de forças só pode ser uma abstração; o que quer dizer que as relações de forças dadas não são nem necessárias nem uma fatalidade incontornável; mas que a elaboração da questão das relações de poder e do agonismo[10] entre as relações de poder e o caráter intransitivo da liberdade é uma tarefa política incessante; e que é exatamente essa a tarefa política inerente a toda existência social[11].

A hipótese de que essa noção de governo em Foucault permite fugir da fundamentação circular do poder e da resistência – que terminaria por inviabilizar a concepção de um sujeito ético ativo – consiste na perspectiva de uma solução ética e estética foucaultiana para o problema do sujeito face à eficácia do poder exercido nas sociedades contemporâneas; tal solução residiria nas noções de técnicas de si, de cuidado de si, de governo de si e de arte de não ser governado assim, por ele estudados a partir do final dos anos 70 do século passado.

Quanto à difícil tarefa de buscar apreender formas possíveis de subjetivação frente ao problema do indivíduo normalizado e medicalizado pelos saberes e poderes, pode-se citar, ainda, o exemplo da importância do uso do pensamento de Foucault na investigação da questão da vida, quando se privilegia a indagação da própria noção de vida e de Ciências da Vida (Biomédicas), realizada não em termos de uma definição essencial da vida, nem da verdadeira lógica da ciência, mas das formas histórico-filosóficas de problematizá-las em nossa sociedade, especialmente a arqueológica e a genealógica[12]. Essa preocupação conduz ao problema de como isolar o conceito de vida na arqueologia, tarefa que exige que se tracem os limites do conceito arqueológico de vida em relação não só à Epistemologia de Canguilhem, mas também à pesquisa genealógica, através da pesquisa dos limites entre os saberes sobre a vida e os efeitos de poder relacionados à vida do homem e a da população.

Justamente esse estudo ressalta a concepção foucaultiana do funcionamento peculiar das normas modernas e o mal-estar por ele causado. A questão das formas de ação do poder, conforme pesquisadas na genealogia, liga-se ao pressuposto da genealogia nietzschiana – afirmação de que o conhecimento, a verdade científica e o próprio sujeito são invenções resultantes de relações de forças internas e externas em confronto, particularmente as sociais – e ao problema tratado por Canguilhem da normalização em nossa sociedade. Se consideramos esses níveis da análise como complementares, a problematização da vida consiste na busca das condições de possibilidade da constituição do saber sobre a vida do homem e das formas de poder cujo alvo é a vida do indivíduo e da população e cuja função é sua objetivação, que produz, com grande eficácia, o sujeito como efeito da relação saber-poder.

A partir de tal problema, explicita-se a importância da abordagem da subjetividade em termos de uma análise das formas de subjetivação como formas possíveis de resistência à normalização, de autoconstituição, e de estilização da vida, realizada através das investigações históricas das técnicas do cuidado de si e dos outros, das práticas de si e da Filosofia como experiência modificadora de si na constituição de um sujeito ativo ético e estético que vão aparecer no último Foucault.

Em sua obra, Foucault mostra aquilo que fomos determinados a pensar, a ver e até a ser questionados; ao mesmo tempo, o que estamos ou poderíamos estar nos tornando, a partir da pesquisa das formas históricas de problematização traçadas em nossa sociedade. A problematização relaciona-se à ficção, à invenção, e à prática, à experimentação. Entretanto, a ficção presente na obra de Foucault não deve ser compreendida como o oposto da verdade, nem como uma arbitrariedade. Pois, a ficção é um modo de mostrar ou tornar visíveis as condições de possibilidade de dizer coisas verdadeiras e o que significaria delas partir para pensar. A ficção é um sistema de inteligibilidade que ajuda a fazer de nós mesmos quem somos.

Esse sistema de inteligibilidade conduz à concepção de que a interpretação nunca é suficiente para atingir uma zona de problematização que só pode ser alcançada na prática, na forma de uma experimentação. Tal afirmação contrasta com a hermenêutica que tenta encontrar naquilo que dizemos significados, ao mesmo tempo, revelados e escondidos.

É nesse sentido que compreendo que o trabalho de Foucault é algo a ser utilizado para uma história de certas relações de forças já determinadas do ponto de vista do arquivo bem como de suas condições de possibilidade, para uma análise de tipos de articulação entre discursos e práticas dirigidos aos normais e aos anormais, improdutivos ou criminosos, cujo ponto de partida é a pesquisa das coisas efetivamente ditas, dos enunciados presentes nos arquivos.

É preciso ressaltar que o arquivo é considerado como tendo a característica de que os enunciados são considerados raros; uma frase nega outras, impede outras, contradiz ou rejeita outras frases. No arquivo não há possível nem virtual – tudo é real, pois só conta aquilo que foi enunciado. É uma região próxima de nós, mas diferente de nossa atualidade, que cerca o presente e o indica em sua alteridade. É aquilo que fora de nós nos delimita. Seus discursos acabam de ser nossos. Seu lugar é o afastamento de nossas próprias práticas discursivas. Sua pesquisa deve pautar-se na seguinte questão: o que são, hoje, as condições de uma ficção que combina invenção e experimentação? Sem dúvida, tal questão pode ser direcionada para os espaços onde se inserem, hoje, relações entre as diversas forças atuantes em nossa sociedade e o binômio normal/anormal.

Esse tipo de espaço foi analisado por Foucault na segunda parte de sua obra, onde estudou a objetivação do sujeito – como ele mesmo afirma nos anos 80, ao fazer uma retrospectiva de sua pesquisa – através do estudo daquilo que ele denomina práticas de divisão: "O sujeito é dividido no seu interior e em relação aos outros. Esse processo o objetiva. Exemplos: o louco e o são, o doente e o sadio, os criminosos e os 'bons meninos'"[13].

Na década de 1970, Foucault pesquisa como se dá, através da história, a constituição de um sujeito que não é dado definitivamente, que não é aquilo a partir de que a verdade se dá na História, mas de um sujeito que se constitui no interior mesmo da História, e que é a cada instante fundado e refundado pela História a partir das práticas sociais.

Essa referência à primeira conferência de *A verdade e as formas jurídicas*[14] especifica a questão foucaultiana da invenção do sujeito, com base em Nietzsche. O objetivo de Foucault, nesta época, é desenvolver um estudo crítico do estabelecimento de técnicas de objetivação que garantem a sujeição do indivíduo – as disciplinas –, que terminam por funcionar junto a procedimentos de normalização da vida do homem como espécie.

A normalização, segundo Foucault, um dos grandes instrumentos de poder a partir do final da época clássica, constrange para homogeneizar as multiplicidades e, ao mesmo tempo, individualiza porque permite as distâncias entre os indivíduos, determina níveis, fixa especialidades e torna úteis as diferenças.

A possibilidade de encarregar-se da vida e de seus mecanismos, fazendo com que a espécie entre em suas próprias estratégias políticas, penetrando no domínio dos cálculos e da transformação da vida humana, é o que Foucault considera o limiar de modernidade biológica de uma sociedade. Foucault ressalta, nesse limiar, a importância da proliferação dos saberes e das técnicas políticas investindo sobre todo o espaço da existência, através de uma crescente importância da norma e suas práticas de divisão do sujeito.

Uma sociedade normalizadora é o efeito histórico de técnicas de poder centradas na vida. A principal característica das técnicas de normalização consiste no fato de integrarem no corpo social a criação, a classificação e o controle sistemático das anormalidades. Em *Vigiar e Punir* e em *A vontade de saber*, Foucault aponta não só o modo peculiar de funcionamento das normas modernas, como também o mal-estar que causa.

Em *Do social ao vital*[15], texto de Canguilhem privilegiado por Foucault em *Vigiar e Punir*, o normal social distingue-se do normal vital. Enquanto a exigência das normas é interna à vida do organismo – e o indivíduo é compreendido como ser normativo, inventivo –, a norma social deve-se a uma escolha e uma decisão exteriores ao objeto normalizado.

A atividade assim regulada é uma tarefa dinâmica, incerta, arbitrária e conflituosa. O conflito das normas no campo social liga-se não a seu caráter de contradição, mas ao caráter agonístico que o constitui. O que caracteriza um objeto ou um fato considerado normal é sua função de referência. O normal é ao mesmo tempo a extensão e a exibição da norma. O normal multiplica a regra ao mesmo tempo que a indica. Requer, portanto, fora dele, a seu lado e contra ele, tudo aquilo que ainda lhe escapa.

A norma é um conceito polêmico porque qualifica negativamente o setor do dado que não se inclui em sua extensão, ao mesmo tempo que depende dele para sua própria compreensão. O caráter polêmico do conceito de norma deve-se, segundo Canguilhem, à sua essência relacional: normal/anormal.

A polaridade da experiência de normalização – experiência especificamente antropológica e cultural – funda, na relação da norma com seu domínio de aplicação, a prioridade da infração. Pois, a regra só começa a ser regra ao constituir-se como regra e como tendo uma função de correção que surge da própria infração. A infração lhe é imanente.

Porém, para Canguilhem, a norma é menos unificadora do que reguladora. Ela organiza as distâncias, tentando reduzi-las a uma medida comum, restando, contudo, a possibilidade de inversão da norma: ao impor uma exigência e a unificação do diverso, a norma pode-se converter em seu contrário ou em outra norma. Sendo assim, a norma social pode ser interrompida por uma normatividade individual para a qual a valorização de um outro estado de coisas engendra uma nova possibilidade que transforma o terreno já existente da vida social. Isso porque as normas sociais só determinam a ação do indivíduo parcialmente. Pois, a mecanização do sistema social deixa margens, cria zonas vazias que somente um sujeito, cujo projeto é inventar suas próprias normas, pode delas se apropriar.

Porém, ao dirigir-se aos espaços onde operam o binômio normal/anormal, a hipótese que aqui proponho deve levar em consideração não só sua raiz no pensamento de Nietzsche e de Canguilhem, mas também as ideias de Foucault a respeito da violência, do sujeito da ação e das invenções possíveis nas relações de forças.

Uma relação de violência é diferente da relação de poder. A violência age sobre um corpo, sobre as coisas; ela força, submete, quebra, destrói; fecha todas as possibilidades; não tem portanto, junto de si, outro polo senão aquele da passividade; e se encontra uma resistência, a única escolha é tentar reduzi-la. Uma relação de poder, ao contrário, se articula sobre dois elementos que lhe são indispensáveis. É preciso "que o 'outro' (aquele sobre o qual ela se exerce) seja inteiramente reconhecido e mantido até o fim como o sujeito de ação; e que se abra, diante da relação de poder, todo um campo de respostas, reações, efeitos, invenções possíveis"[16].

É preciso, portanto, levar em conta a terceira parte da obra de Foucault, sobretudo sua noção de exercício de poder como condução de condutas e ordenação de probabilidades na ordem do governo – compreendido em sua significação mais ampla do século XVI – quando não se referia à gestão dos Estados, mas designava a maneira de dirigir a conduta dos indivíduos ou dos grupos.

Isso é importante para meu propósito, porque estamos, hoje, diante de uma crise prolongada das instituições de reclusão que constituiu, em meados do século XX, uma abertura ao processo de desconstrução das formas de poder exercidas no campo psiquiátrico e legal envolvendo saberes e práticas sociais de divisão dos indivíduos. Nas últimas décadas do século XX, passou-se a buscar novos modos, mais ou menos radicais, de ver e de gerir a loucura e a anormalidade em nossa sociedade, sua forma de objetivação do sujeito.

O importante é que, ao fazer uma história dos saberes e das práticas psiquiátricos a partir do pensamento de Foucault, não se tem em foco exclusivamente a loucura; mas é que, assim, talvez seja possível apontar com mais clareza algo de que estamos nos distanciando, sem ainda sabermos o que está se tornando o ver e tornar visível acerca do par normal/anormal, das práticas divisoras do sujeito. É, sobretudo, que aponta para uma zona na qual as forças ainda não estão claramente determinadas do ponto de vista do arquivo, um novo campo possível de invenções em que as formas de relações de poder permitam fazer ver, hoje, margens, em cujos fluxos o outro possa se inventar como sujeito de ação através do cuidado de si e da experimentação no pensamento.

Notas

[1] Em 1983, em suas conferências proferidas na Universidade da Califórnia, Foucault apresenta seus estudos sobre a noção grega de *parrhesia* como "dizer verdadeiro" compreendido como práticas que envolvem um discurso que é um certo tipo de verdade, mas sobretudo uma atitude de risco, de perigo; sobre sua relação com a crise das intituições democráticas e sobre as diferentes técnicas dos jogos "parrhesiásticos" em Sêneca, Serenus e Epicteto. (FOUCAULT, Michel. Discourse and Truth: the problematization of *Parrhesia* (six lectures given by Michel Foucault at Berkeley, Oct.-Nov., 1983). In: PEARSON, J. (ed.). *Fearless Speech*. Los Angeles: Semiotext(e), 2001.

[2] FOUCAULT, Michel. In: DÉFERT, Daniel; EWALD, François. (ed.). *Dits et écrits*. Paris: ed. Gallimard, 1994.

[3] FOUCAULT, Michel. *L'Histoire de la Sexualité II : l'usage des plaisirs*. Paris : Gallimard, 1984.

[4] FOUCAULT, Michel. *L'Histoire de la Sexualité III : le souci de soi*. Paris : Gallimard, 1984.

[5] FOUCAULT, Michel. *L'Histoire de la Sexualité I : la volonté de savoir*. Paris : Gallimard, 1976.

[6] Michel Foucault entrevistado por Hubert Dreyfus e Paul Rabinow. In: DREYFUS, Hubert; RABINOW, Paul. (org.). *Michel Foucault, uma trajetória filosófica: para além do estruturalismo e da hermenêutica*. Trad. Vera Portocarrero. Rio de Janeiro: Forense Universitária, 1995.

[7] Como analiso em PORTOCARRERO, Vera. *Arquivos da Loucura. Juliano Moreira e a descontinuidade histórica da psiquiatria*. Rio da Janeiro: Fiocruz, 2002. 152 p.

[8] FOUCAULT, Michel. O Sujeito e o Poder. In: DREYFUS, Hubert; RABINOW, Paul. *Michel Foucault, uma trajetória filosófica: para além do estruturalismo e da hermenêutica*. Trad. Vera Portocarrero. Rio de Janeiro: Forense Universitária, 1995, p. 243.

⁹ FOUCAULT, Michel. *Surveiller et Punir. Naissance de la Prison*. Paris: Gallimard, 1975.

¹⁰ Trata-se, aqui, certamente, de um agonismo que, conforme esclarecem Dreyfus e Rabinow, é "o neologismo usado por Foucault que se baseia na palavra grega agwnisma que significa combate. O termo sugeriria, portanto, um combate físico no qual opositores desenvolvem uma estratégia de reação e de injúrias mútuas como se estivessem em uma seção de luta". (FOUCAULT, Michel. 1995, p. 245).

¹¹ FOUCAULT, Michel (1995, p. 246).

¹² PORTOCARRERO, Vera. *As ciências da vida. Ensaios sobre epistemologia, arqueologia e genealogia*. Tese de Professor Titular em Filosofia da Ciência. Rio de Janeiro: Universidade do Estado do Rio de Janeiro, 2002. VI. 211 p.

¹³ FOUCAULT, Michel (1995, p. 231).

¹⁴ FOUCAULT, Michel. *A Verdade e as formas jurídicas*. Conferência 1. Trad. Roberto Cabral de Melo Machado e Eduardo Jardim. Rio de Janeiro: NAU, 1999.

¹⁵ CANGUILHEM, Georges. Du social au vital. In: *Le Normal et le Pathologique*. Paris: PUF, 1966.

¹⁶ FOUCAULT, Michel (1995, p. 243).

Este livro foi composto com tipografia Garamond e Helvetica
e impresso em papel Off set 75 g/m² na Formato Artes Gráficas.